高职学生
心理健康教育

主　审◎马经义　秦佳梅

主　编◎杨小莉

副主编◎叶　翔　胡　谍
　　　　罗　丹　付佳茵

西南交通大学出版社
·成都·

图书在版编目（CIP）数据

高职学生心理健康教育 / 杨小莉主编. -- 成都：西南交通大学出版社, 2025.8. -- ISBN 978-7-5774-0642-8

Ⅰ.G444

中国国家版本馆 CIP 数据核字第 2025UM2395 号

Gaozhi Xuesheng Xinli Jiankang Jiaoyu
高职学生心理健康教育

主　编 / 杨小莉

策划编辑 / 胡　军　黎　赞
责任编辑 / 梁　红
责任校对 / 左凌涛
封面设计 / 墨创文化

西南交通大学出版社出版发行
（四川省成都市金牛区二环路北一段 111 号西南交通大学创新大厦 21 楼　610031）
营销部电话：028-87600564　　028-87600533
网址：https://www.xnjdcbs.com
印刷：四川森林印务有限责任公司

成品尺寸　185 mm × 260 mm
印张　29.25　　字数　521 千
版次　2025 年 8 月第 1 版　　印次　2025 年 8 月第 1 次

书号　ISBN 978-7-5774-0642-8
定价　58.00 元

课件咨询电话：028-81435775
图书如有印装质量问题　本社负责退换
版权所有　盗版必究　举报电话：028-87600562

前言

在当今社会，心理健康已成为影响个人成长与社会发展的重要因素。随着国家对心理健康教育的高度重视，相关政策文件陆续出台，凸显了心理健康教育在教育体系中的重要地位。教育部多次发文，要求高校和职业院校加强心理健康教育课程建设，提升学生的心理健康素养，培养德智体美劳全面发展的社会主义建设者和接班人。这些政策为心理健康教育的开展提供了明确的方向和坚实的保障。

对于高职院校的学生而言，他们正处于人生发展的关键阶段，面临着学业压力、职业规划、人际交往等诸多挑战，因此心理健康教育尤为重要。为贯彻落实国家相关政策，帮助高职院校学生更好地认识自我、提升心理素养、促进身心健康发展，我们编写了这本《高职学生心理健康教育》。

本书由杨小莉任主编，叶翔、胡谍、罗丹、付佳茵任副主编，马经义、秦佳梅主审，肖玉、胡宏等参与编写。具体编写分工如下：模块一项目一、项目二由杨小莉编写；模块二项目一由杨小莉编写；模块二项目二由杨小莉、胡宏编写；模块二项目三由杨小莉、叶翔编写；模块二项目四由杨小莉编写；模块二项目五由罗丹编写；模块三项目一由杨小莉、付佳茵编写；模块三项目二由肖玉、叶翔编写；模块三项目三由罗丹编写；模块四由胡谍编写。

本书专为高职院校学生编写，是一本集科学性、实用性和可读性于一体的心理健康教育教材。本书以积极心理学为导向，结合高职学生心理发展特点和实际需求，创新性地采用心理知识理论线和心理练习行动线"双线并行"的编写模式，将心理理论知识与实践练习紧密结合，并以学生心理发展为主线，构建"心理健康概论""自我和谐""自我与他人和谐""自我与社会和谐"四大主题板块，旨在帮助学生构建积极心态，提升心理素养，促进身心健康发展。

本书既可作为高职院校心理健康教育课程的教材，也可作为学生自我心理调适的参考读物，同时可供广大教育工作者和家长参考。本书旨在帮助高职院校学生更好地认识自我，提升心理素质，增强应对压力与挑战的能力，为其未来发展奠定坚实的基础。

在编写过程中，我们得到了四川国际标榜职业学院的大力支持，也感谢所有参与本书编写和审校的专家、学者以及工作人员的辛勤付出。由于时间和水平有限，教材中难免存在不足之处，恳请广大读者批评指正。

本书编写组

2025年3月

/ 目 录 /

- 001　**模块一　心理探秘初体验：敲开心理健康之门**
  - 002　项目一　走进心理健康世界：认识心理健康
  - 048　项目二　心灵修复指南：心理咨询与心理治疗

- 103　**模块二　自我塑造小课堂：升级你的"心"装备**
  - 104　项目一　看清"我"是谁：自我意识
  - 135　项目二　定制个性名片：人格、气质与性格
  - 173　项目三　做情绪的主人：情绪管理
  - 217　项目四　学习路上不迷茫：学习心理
  - 257　项目五　感悟生命的乐章：生命教育

- 299　**模块三　人际互动欢乐场：搭建温暖社交圈**
  - 300　项目一　亲情搭建避风港：亲情关系及构建
  - 339　项目二　友情汇聚能量站：友情关系及构建
  - 368　项目三　恋爱甜蜜"心"攻略：爱情关系及构建

- 391　**模块四　勇闯社会"大江湖"：融入社会大舞台**
  - 392　项目一　社会群体大揭秘：个体对社会群体的认知
  - 412　项目二　群体力量面面观：社会群体对个体的影响
  - 430　项目三　社会融入进行时：个体融入社会群体

- 462　参考文献

模块一

心理探秘初体验：
敲开心理健康之门

项目一

走进心理健康世界：认识心理健康

1. 知识目标

（1）结合生活实例，清晰阐释心理产生的生理基础与社会影响因素，深入理解心理实质，明确心理在日常生活、学习及未来职业场景中的呈现方式。

（2）准确阐述心理健康的内涵，详细列举常见的影响心理健康的因素，包括家庭环境、学业压力、职业期待等与高职学生密切相关的方面。

（3）熟练掌握心理健康的多维标准，如认知正常、情绪稳定、意志健全、行为协调等，并能依据这些标准分析简单的心理健康案例。

2. 能力目标

（1）能够依据心理健康的常见分类标准，精准区分一般心理问题（如偶尔的焦虑、短暂的情绪低落等）、严重心理问题（如持续较长时间的抑郁情绪、人际关系冲突引发的心理困扰等），并能通过具体案例详细说明区分依据。

（2）学会运用所学心理健康知识，对生活、学习中遇到的简单心理现象进行初步分析，并提出合理的应对思路。

3. 素质目标

（1）通过课堂学习与实践活动，树立主动关注自身及他人心理健康的正确观念，在面对心理问题时，消除偏见，积极寻求帮助。

（2）结合高职学习特点与职业发展规划，培养积极乐观、坚韧不拔的人生态度，提升心理调适能力，以应对未来职业挑战与生活压力。

第一部分　心海指航

案例　高职护理专业学生小杨的心理"危"与"机"

小杨是一名高职护理专业的大二学生。步入校园后，护理专业课程的难度远超她的想象。人体解剖学中繁杂的人体结构，生理学里抽象的生理机制，这些知识量大且复杂的课程让她应接不暇。尽管小杨付出诸多努力，日夜苦读，可成绩依旧不理想。长时间处于这种高强度的学习压力之下，她精神高度紧绷，失眠成了常态，白天上课时脑袋昏昏沉沉，学习效率大幅下降。

在人际关系方面，小杨性格偏内向，在班级里不擅长主动与人打交道。小组实训时，她害怕表达自己的想法，总是小心翼翼，常常感觉无法融入小组活动。在一次小组汇报中，极度紧张的她表述得含糊不清，觉得其他同学会因此看不起她。这次经历如同沉重一击，使她变得更加自卑，此后便愈发抵触集体活动，与同学们的关系也越来越疏远。

面对未来的实习和就业，小杨满心迷茫。她深知护理行业对实践技能和沟通能力有着极高的要求，而她觉得自己在这两方面都存在明显不足，因而十分担心自己无法胜任未来的工作，对职业前景感到悲观失望。众多困扰交织，小杨逐渐变得焦虑、抑郁，甚至一度产生了退学的想法。

案例分析

小杨陷入心理困境的原因是多方面的。学习上，她尚未探索出适配高职护理专业的高效学习方式，一味地死记硬背，没有构建起完整的知识体系，致使学习困难、成绩欠佳。自信心在一次次的打击中受挫，学习压力也随之剧增。人际关系上，内向的性格致使她在社交中缺乏主动性，一次负面的社交体验就将她推向了自我封闭的境地。由于缺乏人际支持，她内心的心理问题难以得到及时排解与舒缓。职业规划方面，对护理行业要求的错误认知，再加上对自身能力的过低评估，进一步加深了她对未来的恐惧与迷茫。

察觉到小杨的状况后，学校心理健康老师迅速为她量身定制了综合辅导方案。学习上，老师指导小杨运用思维导图来梳理知识点，帮助她构建知识框架，同时建议她利用课余时间参与专业学习小组，通过与同学们的交流探讨，加深对知识的理解与掌握。人际关系上，老师鼓励小杨从参与宿舍内的小型活动起步，逐步融入集体，还为她安排了社交技巧培训课程，以提升她的沟通能力。职业规划上，老师邀请护理行业专家举办讲座，让小杨深入了解行业发展趋势，并组织模拟面试、实习前培训等活动，切实增强她的职业技能与信心。

经过一段时间的不懈努力，小杨逐步掌握了有效的学习方法，学习成绩稳步提升。在与同学的日常互动中，她变得开朗自信，成功结交了许多志同道合的朋友。对于未来的职业发展，她也有了清晰的规划，重新点燃了对护理专业的热情，积极主动地为实习和就业做准备。

第二部分　心理知识

一、认识心理的实质

（一）心理是人脑的机能

心理是人脑的机能，脑是心理活动的物质基础，全方位掌控着个体的心理与生理活动。正常发育的大脑为心理发展奠定了不可或缺的物质根基。从心理现象的产生及发展进程来看，心理实则是神经系统，尤其是大脑活动的产物，而神经系统，特别是大脑，正是从事心理活动的核心器官。人们的大脑拥有的脑细胞一般为140亿~150亿个，有研究统计，98.5%的细胞是处于休眠状态，只有1%参加大脑的功能活动，并且正常人脑潜能只用了不到5%，另外95%的大脑潜能尚待开发与利用。

现代脑科学研究清晰地表明，大脑的不同区域对应着各异的心理活动。比如布洛卡区，它处于大脑左半球中央前回下部，是一个言语运动区。1861年，法国神经学家、医生布洛卡（Paul Broca）对一些生前丧失言语机能的人进行尸体检查时发现，这些人大脑左半球的这一部位均存在病变或损伤，由此断定该区域与说话机能紧密相关，并将其命名为"布洛卡区"。后续通过电刺激等方法进一步证实，这个区域控制着说话运动。一旦布洛卡区受到损伤，病人能够看懂文字、听懂别人讲话，也能唱歌，但言语的表达能力却会丧失，这种失语症常被称作"运动性失语症"或"表达性失语症",不过病人的阅读和书写能力却不受影响。

再以著名的"裂脑人实验"为例。20世纪50年代,罗杰·斯佩里(Roger Sperry)及其研究团队以裂脑动物为对象开展了一系列实验。当时,医学界针对个别药物治疗无效的癫痫病人,采用切断胼胝体的手术治疗方案。术后,癫痫发作虽然得以停止,但大脑左右半球却彼此分隔开来。斯佩里在此基础上对"裂脑人"展开研究,他发现当要求"裂脑人"举手或屈膝时,右侧身体能够服从命令,左侧身体却不听使唤。当用手接触"裂脑人"身体右侧时,他们能说出被接触的部位;而接触身体左侧时,却无法说出。还有些"裂脑人"会出现左手解扣子、右手系扣子的矛盾行为,这是左右脑发出指令不同步的结果。通过大量类似实验,斯佩里指出大脑两半球存在明确分工。左半球主要掌管逻辑、理解、记忆、时间、语言、排列、分类、书写等功能,其思维方式呈现出连续性、严密性和机械性,可称为"学术脑";右半球则主要负责空间记忆、直觉、情感、身体协调、美术、音乐节奏、想象、灵感、顿悟等,思维方式具有无序性、跳跃性、直觉性,可称作"艺术脑"。这一研究充分展现出大脑两半球功能的差异,进而对人的心理和行为产生了截然不同的影响。不过,需要注意的是,右脑和左脑的分工并非绝对,像逻辑、理解、记忆、情感、想象等脑功能,实际上都需要两个半球协同参与,只是在执行不同功能时,左右脑的活跃程度有所差别。

在大脑结构上,左右半球各自包含四个对称分布的脑区,即额叶、顶叶、颞叶和枕叶,每个区域承担着各自不同的功能。额叶主管自我意识、计划与策略制定、奖励感知(因做某事而获得愉悦感)、评判(分辨是非善恶)等高级认知功能,其在大脑皮层中所占比例远超其他哺乳动物;顶叶包含处理各类感觉(如触觉、痛觉、温度觉、本体感觉等)的信息中心,助力我们合理分配有限的注意力;颞叶主要负责听觉,同时也参与情绪、记忆以及对特定相貌的"脸部识别";枕叶主要负责视觉,也在记忆和运动方面发挥一定作用。

通过这些具体研究案例和大脑区域功能的分析,我们能够更为深入、全面地理解"心理是人脑的机能"这一重要理论,明晰大脑不同区域(如图1.1所示)如何协同运作,共同塑造人类丰富多样的心理活动与行为表现。

心理与大脑相互影响。大脑是心理活动的基础,支撑心理现象产生。而心理活动和情绪也作用于大脑,积极心理能增强大脑可塑性,像冥想训练可增加相关脑区灰质体积,提升认知能力;负面心理如长期压力、焦虑等,会损害大脑,使杏仁核过度活

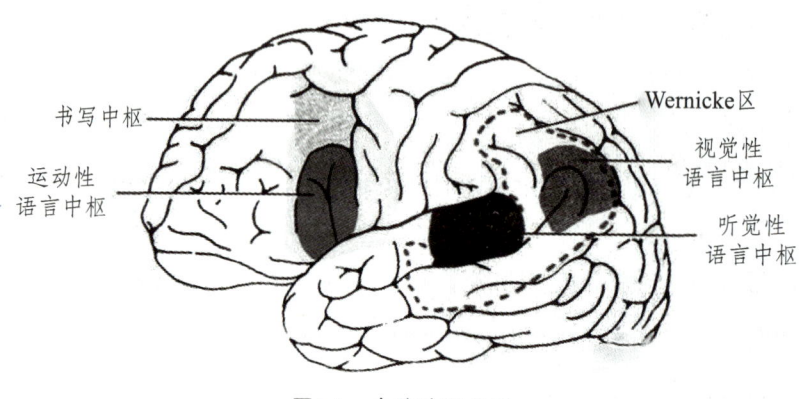

图1.1　大脑功能分区

跃、海马体缩小，影响记忆和情绪调控，形成恶性循环。二者相互作用，共同构建人类的思维与行为模式。

（二）客观现实是人心理活动的内容和源泉

心理现象的形成，起始于客观事物作用于人的感觉器官，随后经由大脑的复杂运作得以呈现。客观现实，作为心理活动的根源与内容主体，为大脑的"加工进程"供应了必不可少的原始素材。一旦缺少客观现实这一关键要素，大脑便如同巧妇难为无米之炊，心理活动也就无法产生。从本质上讲，人的心理是客观现实在人脑中经过加工处理后的主观呈现。

在当代社会，网络文化已然成为客观现实的重要构成部分，深刻地影响着大学生的心理认知。网络世界里，海量信息如潮水般涌来，涵盖了学习资料、娱乐内容、社交互动以及各类新闻资讯等。

在知识获取方面，丰富的在线课程、学术论坛以及专业知识分享平台，拓宽了大学生的学习渠道。他们可以依据自身需求，便捷地获取来自全球顶尖学府的课程资源，接触到多元的学术观点与前沿研究成果。这使得大学生在认知发展上能够突破传统课堂与校园图书馆资源的限制，极大地丰富了知识储备，促进思维的拓展与深化，有助于培养批判性思维和创新能力。比如，一些对计算机编程感兴趣的大学生，通过网络上的编程学习社区，不仅能学到专业知识，还能参与实际项目的线上协作，在交流互动中提升编程技能和问题解决能力，对自身专业发展的认知更为清晰和深入。

然而，网络虚拟世界中的信息并非全然积极有益，社交媒体上充斥的各种虚假信息、夸张言论以及负面新闻，可能误导大学生。部分媒体为博眼球，过度渲染社会阴暗面，如暴力事件、欺诈新闻等，长期接触这类信息，大学生容易对社会产生消极、片面的认知，形成焦虑、不安的心理状态。心理学上的"共情伤害"现象在此体现明显：高敏感、共情能力强的大学生在频繁接触网络负面信息后，会对他人的痛苦感同身受，潜意识长期处于焦虑、恐惧状态，进而导致情绪低落，甚至产生抑郁倾向，严重影响心理健康和对社会的正确认知。

网络游戏也是网络文化的一大组成部分。适度游戏能放松身心、锻炼反应能力和策略思维。但部分大学生容易沉迷其中，虚拟游戏世界中的成就感和即时反馈，与现实生活中的学业压力、社交挫折形成鲜明对比，使得他们愈发逃避现实。长此以往，会削弱大学生在现实生活中的人际交往能力，导致自我封闭，对现实世界的认知产生偏差，认为现实生活枯燥乏味，进而影响正常的学习和生活秩序，阻碍心理的健康成长与成熟。

网络文化中的消费主义、颜值至上等不良思潮也在潜移默化地影响大学生的价值观和自我认知。各类广告、网红文化不断向大学生灌输物质享受、外貌至上的观念，使得部分大学生过度追求名牌、奢侈品，过分在意外貌形象，产生攀比心理。他们将大量时间和金钱耗费在物质消费和形象塑造上，却忽视了内在素养的提升。这种错误的价值导向，扭曲了大学生对自我价值的认知，使其在追求外在认可的过程中迷失自我，陷入自我怀疑和不自信的泥沼，严重影响心理健康。

由此可见，网络文化作为客观现实的一部分，对大学生心理认知的塑造具有两面性。积极的网络信息能够助力大学生成长与发展，而不良信息则会对其心理产生诸多负面影响。大学生需要提升信息甄别能力，学会筛选、过滤网络信息，取其精华、去其糟粕，同时学校和家庭也应加强引导，帮助大学生正确认识网络文化，营造健康的网络环境，以促进其心理健康发展。

（三）心理是客观现实主观、能动的反映

心理作为客观现实主观、能动的反映，深刻影响着高职学生的心理健康状态。尽管心理源于客观现实，却绝非如镜子般机械映照，而是充满主观能动性的复杂过程。

从心理学理论基础来看，认知心理学强调个体的认知结构对信息加工的影响。高职学生由于成长背景、教育经历、性格特质的差异，形成了各不相同的认知结构。面对相同的客观现实，他们会依据自身认知结构进行独特的解读与加工。例如，在

专业课程学习中，面对难度较大的实操课程，性格乐观、之前有相关实践经验的学生，可能将其视为提升技能、展现自我的机遇，积极主动地投入学习，通过反复练习攻克难题，在这个过程中增强自信心，心理状态也更为积极向上；而性格内向、缺乏自信且过往实践经验不足的学生，可能会将其看作巨大挑战，产生畏难情绪，甚至逃避学习，导致学习成绩不佳，进而陷入自我怀疑，心理压力增大。这种差异体现出个体主观能动性对心理反应的深刻影响，如同"一千个人眼中有一千个哈姆雷特"，不同学生基于自身主观因素，对同一门课程会产生截然不同的心理认知和应对态度。

社会学习理论也能很好地解释这一现象。高职学生身处校园、家庭、社会等多元环境中，受到不同榜样和社会规范的影响。在校园里，积极参与社团活动的学生，目睹身边社团负责人组织活动时展现出的自信与干练，可能会受到激励，主动参与社团事务，锻炼自己的组织协调能力，在这个过程中不断提升自我认知和人际交往能力，心理更加成熟自信；而长期处于消极氛围、缺乏积极榜样引导的学生，面对社团活动可能会表现出冷漠与抵触，错过锻炼机会，人际交往圈子狭窄，心理上容易产生孤独感和无助感。这表明，高职学生在不同社会学习环境下，主观选择和受影响程度不同，对客观现实的心理反映也截然不同。

依据埃里克森的人格发展理论，高职学生正处于自我同一性对角色混乱的关键阶段，他们在探索自我、确立职业方向的过程中，对客观现实的主观反映会极大地影响其心理健康。以就业为例，就业市场竞争激烈这一客观现实摆在所有高职学生面前，但不同学生的心理反应和应对方式差异巨大。对自己专业技能有清晰认知、职业规划明确的学生，会积极收集就业信息，有针对性地提升自己的面试技巧和专业能力，主动向心仪企业投递简历，即便遭遇挫折也能保持乐观，不断调整求职策略；而那些对自身定位模糊、缺乏职业规划的学生，面对就业压力容易陷入迷茫和焦虑，对就业信息视而不见或盲目投递简历，频繁遭遇失败后可能一蹶不振，甚至产生严重的心理问题。

二、健康与心理健康

（一）健康的多维内涵

1989年，世界卫生组织（WHO）对健康给出了全面且权威的定义："健康不仅是没有疾病，而且包括躯体健康、心理健康、社会适应良好和道德健康。"这一定义清晰地表明，健康绝非局限于身体层面的无病痛，心理、社会适应与道德等维度同样不可或缺。

在明确健康概念之后，世界卫生组织基于现代生物—心理—社会医学模式，进一步提出了健康十条细则。

（1）能从容应对繁重工作，且不会感到过度紧张与疲惫。这要求个体拥有良好的体能和心理调适能力，以应对生活中的各种挑战。例如，高职学生在面临专业课程学习、实训操作及社团活动等多重任务时，精力充沛才能保证各项任务顺利完成，避免因过度劳累引发身心问题。

（2）积极乐观的处事态度。处事乐观、秉持积极态度的人，乐于承担责任，无论事务大小均不挑剔。这种积极心态有助于个体更好地面对困难与挫折，主动解决问题。高职学生参与团队项目时，积极的处事态度能促使他们勇于担当、协调团队成员关系，推动项目顺利开展。

（3）良好的精神与情绪状态。精神饱满、情绪稳定，且善于休息、睡眠质量良好。稳定的情绪和优质的睡眠是身心健康的重要保障。高职学生若长期处于精神萎靡、情绪波动大的状态，不仅会影响学习效率，还可能引发一系列心理和生理疾病。

（4）强大的自我控制与适应能力。自我控制能力强的人，能够适应外界环境的各种变化。外界环境复杂多变，个体只有具备良好的自我调控和适应能力，才能保持身心平衡。以高职学生实习为例，他们进入新的工作环境后，面对不同的工作要求和人际关系，强大的适应能力能帮助他们快速融入，避免因环境变化产生焦虑、抑郁等情绪。

（5）卓越的应变能力。应变能力强的人，同样能适应外界环境的各类变化。这与自我控制和适应能力相互关联，二者共同强调个体在面对突发情况或意外变化时，能够迅速做出合理反应并调整自身状态。例如，高职学生参与技能竞赛时若遇到设备故障等突发状况，良好的应变能力能帮助他们冷静应对，减少失误。

（6）良好的免疫力。能够抵抗一般性感冒和传染病。免疫力是人体自身的防御机制，反映了身体的健康状况。在集体生活环境中，良好的免疫力有助于高职学生抵御疾病传播，保持身体健康，保证正常的学习和生活节奏。

（7）适宜的体重与身体协调性。体重适当、身体匀称，站立时头、肩、臂位置协调。合理的体重和良好的身体协调性不仅关乎外在形象，还是身体健康的体现。高职学生通过合理饮食和适当运动维持适宜体重，有助于预防肥胖等相关疾病，同时提升身体的运动能力和协调性。

（8）健康的眼睛与敏捷的反应。眼睛明亮，眼睑不易发炎；视觉敏锐且应变反应能力强。视觉作为获取信息的主要通道，其敏锐性直接影响学习效率和工作精确度；与之匹配的敏捷反应则确保个体能快速应对环境变化。对于从事精密操作实训的高职学生而言，视觉与反应的协同能力是保障实践安全性和准确性的关键要素。

（9）口腔与头发健康。牙齿洁净无龋无痛，牙龈色泽健康无出血；头发润泽无头屑。口腔状况直接体现局部清洁习惯与潜在病理风险，发质状态与机体营养代谢水平相关。高职学生加强口腔保健可降低龋病/牙周炎罹患率，维护秀发健康则兼具礼仪形象价值与心理认同增益。

（10）肌肉与皮肤健康体征。骨骼肌匀称强健，皮肤润泽富有弹性。肌肉围度与肌力水平反映运动机能储备及蛋白质代谢状况，皮肤保水度与胶原蛋白含量关联代谢速率与屏障功能。高职学生通过周期性抗阻训练维持肌肉功能，配合科学补水和光防护延缓皮肤光老化，这是实现体魄强健的生物学基础。

近年来，"亚健康"状态受到了广泛关注。处于这种状态的人，虽然没有明确的疾病，但已经出现活力下降、适应能力减退的情况。如果不及时调整，亚健康可能会发展成身心疾病，这种情况在部分高职学生中也比较常见。

（1）持续性疲劳。充分休息后仍持续感到倦怠无力。高职学生因课业与实践任务繁重，长期高压易引发身体耗竭，进而发展为亚健康状态。

（2）睡眠质量下降。表现为入睡困难、睡眠易中断、多梦或早醒等现象。睡眠障碍将降低高职学生的学习效率，长期睡眠不足可能导致记忆力衰退及情绪波动。

（3）认知功能减退。表现为记忆力下降、注意力不集中，影响高职学生的知识吸收与学习效能。

（4）免疫力下降。易感性增强且病程延长，集体生活环境进一步增加患病风险，干扰高职学生正常学习生活。

（5）情绪调节障碍。出现抑郁、焦虑、紧张或兴趣减退等情绪问题，多重压力源易使高职学生陷入持续性情绪失调。

（6）躯体局部疼痛。如头痛、颈肩或腰背酸痛，多因久坐、电子设备使用及姿势不良引发。

（7）胃肠功能紊乱。表现为胃痛、腹泻或便秘，饮食不规律与精神压力是主要诱因。

（8）社交回避行为。在社交场合中感到不适并回避交往，这种行为可能会损害高职学生的人际交往能力，还会影响其心理健康。

（二）心理健康的内涵

心理健康是人类健康的重要组成部分。深入理解心理健康的内涵，并掌握有效的维护方法，对于提升生活质量、预防心理疾病、维持身心和谐发展具有不可忽视的重要意义。

心理健康指一种高效且令人满意的、持续稳定的心理状态。这一状态并非仅仅意味着没有心理疾病或困扰，更涵盖了个体在认知、情感、意志、行为和人格等多方面的协调统一与完善发展。它既强调个体内部心理的平衡与稳定，又注重个体与外部环境的和谐共生。

具体包含以下两层含义：

1. 内部心理的积极状态与调控功能

个体的认知、情绪反应、意志行为处于积极正向状态，并且能够维持正常的调控功能。在认知方面，高职学生应具备清晰准确的自我认知和良好的学习能力，能够正确认识自己的优势与不足，积极主动地习得知识和技能。例如，在面对专业课程的学习困难时，能够运用有效的思维方式和学习策略去克服困难，而非盲目焦虑或逃避。在情绪方面，能够合理表达和调节自己的情绪，遇到挫折时不气馁，保持乐观积极的心态。如在参加技能比赛失利后，能够迅速调整情绪，分析原因，总结经验教训。在意志行为方面，具有坚定的意志品质，能够为实现目标而坚持不懈地努力，自觉抵制各种诱惑和干扰。比如，为了通过职业资格考试，能够克服懒惰心理，制订并严格执行学习计划。

2. 与外部环境的协调适应

个体在适应不断变化的环境时，生理、心理和社会层面保持协调平衡，并表现出稳定的个性特征。对于高职学生而言，在学校环境中，要能够与同学、老师建立良好的人际关系，积极参与班级和社团活动，融入集体生活。在实习或未来的工作环境中，能够快速适应职场要求，与同事、领导和谐相处，发挥自己的专业能力。此外，良好的心理健康状态还体现在个体能够根据环境变化调整自己的行为和思维方式，保持开放的心态，不断学习和成长。同时，完善的个性特征意味着个体具有独特而积极的人格魅力，如自信、善良、勇敢、有责任心等，这些品质有助于高职学生更好地应对生活中的各种挑战，实现自我价值。简单来讲，心理健康的个体需要具备妥善处理与自己、与他人、与社会、与环境关系的能力，以实现身心的全面发展和社会适应的良好状态。

三、心理健康和身体健康的关系

心理健康与身体健康紧密相连，相互影响，共同构成个体的整体健康状态。从生理机制来看，心理状态能通过神经、内分泌和免疫系统对身体健康产生作用。当人长期处于焦虑、抑郁等负面情绪状态时，大脑分泌的神经递质如血清素、多巴胺会失衡，致使内分泌紊乱，进而影响免疫系统功能。研究表明，长期压力下，体内皮质醇水平升高，抑制免疫细胞活性，使人更易患病。

身体状态同样影响心理。身体疾病或慢性疼痛干扰大脑神经传导，影响情绪和认知。如患慢性疾病的人群，因长期被病痛折磨，易出现焦虑、抑郁情绪。

这种相互影响在日常生活中也有诸多体现。一个身体健康、精力充沛的人，往往更易保持积极乐观的心态；面对生活难题时，也往往更具有信心与勇气。而积极的心理状态又促使其养成良好生活习惯，进一步维护身体健康。反之，身体抱恙时，人容易陷入消极情绪，心理压力增大，影响病情康复。例如，一位骨折后长期卧床的患者，身体活动受限，易产生烦躁、孤独等负面情绪，而这些不良情绪又可能影响身体恢复进程。

对于正处身心发展关键期、逐步迈向社会的高职学生，明晰二者关系，对学业、职业和生活意义重大。

（一）高职学生心理健康对身体健康的影响

1. 心理疾病引发身体症状

近年来，全社会都非常重视学生心理健康工作，但学生出现抑郁、焦虑、学业倦怠、网络成瘾等方面的比例仍然呈现上升趋势，学生心理健康问题仍呈高发、多发、低龄化的态势。[①]《2022年国民抑郁症蓝皮书》指出，18岁以下的抑郁症患者占总人数的30%；50%的抑郁症患者为在校学生。青少年抑郁症患病率已达15%~20%，接近

---

① 《努力提升学生心理健康工作成效》，《新华日报》，2024-09-27。

于成人。[1]一般来说，抑郁的高职学生常感疲惫，学习时难以集中精力，对社团活动失去兴趣。他们食欲减退，体重波动大，睡眠质量差，多梦易醒。高职学生在面临学业考核、实习就业压力时，焦虑症尤为突出。患有焦虑症的高职学生，会突然呼吸急促、心跳加快、手心出汗，这些身体反应长期累积，会严重损害健康，影响学习和社交。若心理问题未及时治疗，身体不适将不断加重，形成恶性循环，干扰正常生活与学业。

2. 负性情绪的健康隐患

高职学生因学业、社交及未来职业规划等压力，易长期处于负面情绪中。长期的负面情绪会破坏免疫系统平衡，降低免疫细胞活性，使学生在流感季等时期更易生病，影响学习节奏。在心血管系统方面，愤怒、焦虑等情绪会短时间内导致血压升高、心率加快，长期如此，会增加患心血管疾病的风险。消化系统也会受到影响，负面情绪使胃肠蠕动迟缓、胃酸增多，引发胃痛、消化不良等问题，很多学生压力大时会食欲不振、胃部不适。神经系统受到干扰，出现失眠、头痛、记忆力减退等症状，备考时精神压力大就易失眠。

3. 维护心理健康的策略

高职学生保持积极情绪很重要。适当运动能缓解负面情绪，每周3~5次，每次30分钟以上的慢跑，可促使身体分泌内啡肽调节情绪。参与篮球、羽毛球等体育社团活动，既能释放压力，又能增强社交互动。规律作息，每天保证7~8小时高质量睡眠，合理饮食，摄入营养食物，能维持良好心理状态。学习深呼吸、冥想等放松技巧，可快速调整身心状态。长期受负面情绪困扰的学生，要及时向学校心理健康中心的专业心理咨询师求助，由咨询师制定个性化调适方案。

（二）高职学生身体健康对心理健康的影响

1. 健康身体对心理的积极影响

从心理学的自我效能理论来看，个体对自身能力的信念会显著影响其行为和心理状态。健康的身体能为高职学生构建起强大的自我效能感基石，对他们的心理健康产生积极且深远的影响。

在高职院校，拥有良好身体素质的学生在各类校园活动中往往表现突出。以运动

---

[1] 《让青少年远离抑郁症的困扰和伤害》，人民网，2023-02-23。

会为例，那些日常坚持锻炼、体能出色的学生，在短跑、跳远、篮球等项目中能够充分发挥自身优势，凭借矫健的身姿和顽强的拼搏精神赢得比赛，收获荣誉。这一过程中，他们不仅收获了他人的掌声与认可，还在内心深处强化了对自身能力的肯定，自信心得到极大提升。这种积极的自我认知如同涟漪般扩散到学习生活的其他方面。

在课堂学习中，健康的体魄为他们提供了充沛的精力，使他们能够全神贯注地听讲、积极思考老师提出的问题，高效地吸收专业知识。当他们在学业上取得优异成绩时，自尊心和自我价值感也随之增强。面对学业中诸如复杂专业课程的学习、高难度实训操作等挑战，他们因具备良好的身体素质而拥有更坚韧的毅力和耐力，基于过往成功体验所积累的自我效能感，赋予他们充足的勇气去迎难而上，相信自己有能力克服困难，达成目标。这种身心良性互动的模式，有助于高职学生塑造积极健康的心理品质，为未来的职业发展和个人成长奠定坚实基础。

2. 身体疾病对心理的负面冲击

从应激与应对理论来看，个体在面对身体疾病或异常时，心理状态极易受到冲击。高职学生处于身心快速发展且积极为未来职业做准备的关键时期，身体疾病或异常往往会打破他们原本的生活和学习节奏，进而对心理健康造成一定的负面影响。例如在高职学生群体中，部分学生因成长环境、心理压力等因素出现口吃现象。

社会比较理论认为，个体在缺乏客观的自我评价标准时，往往会通过与他人进行比较来评估自己的能力和观点。在社交情境中，人们尤其倾向于选择与自己在年龄、背景、身份等方面相似的对象进行比较，以此获取关于自身的反馈信息，进而明确自己在社会中的位置。对于患有口吃的高职学生而言，校园环境是他们社交生活的主要场所，身边的同学自然成为其进行社会比较的参照群体。在日常交流、课堂互动以及各类社交活动中，表达流畅是一种被普遍认可的社交优势。当患有口吃的学生置身于这样的环境，目睹周围同学能够自如地表达想法，语言流畅且富有感染力，而自己却因口吃频繁卡顿、词不达意时，他们会下意识地将自身表达能力与其他同学相比较。在这种对比之下，他们清晰地感知到自己与他人的差距，并且会将这种差距归结为自身的不足。在不断强化的负面认知中，内心逐渐滋生出强烈的自卑与失落情绪。

由于对这种差距感到难堪和无助，他们常常为了避免在社交场合中频繁遭受因口吃带来的挫败感，开始有意识地减少与他人交流互动的机会，在社交中选择退缩。如此一来，他们参与集体活动的频率降低，与同学们交流的时间变少，彼此之间缺乏深入了解和沟通，关系也日益疏远。

在实践课程中，如市场营销专业的实训，学生需要进行产品推销模拟、客户沟通等实践活动。患有口吃的学生在模拟销售场景中，难以清晰、流畅地介绍产品优势，无法有效地与"客户"建立良好沟通，难以达成销售目标。他们害怕因为口吃导致实训成绩不佳，担心老师和同学会因此质疑自己的专业能力，进而对自身职业发展产生严重的自我怀疑，不确定自己能否在未来从事市场营销相关工作，陷入对职业前景的深深迷茫，焦虑情绪如影随形，严重影响他们对专业学习的热情和对未来职业的期待。

3. 身心互为补充的重要性

心理健康与身体健康相辅相成，对高职学生成长极为关键。

治疗慢性疾病时，心理因素不容忽视。许多高职学生因学业压力大、饮食不规律患上慢性胃病，身体不适引发焦虑、抑郁等负面情绪，又反过来加重病情。医生在药物治疗的同时，会关注学生心理压力，通过沟通了解其学业、人际困扰，进行心理疏导，引导学生合理安排时间、正确看待压力。胃肠既是消化器官，也是情绪器官，被称为"第二大脑"，与大脑之间有一条脑肠轴"情绪专线"，两者相互影响。既往研究表明，功能性消化不良患者的心理障碍共病率高达49.3%，且症状轻重与心理疾病严重程度相关。[①]

治疗心理问题时，身体健康同样重要。部分高职学生因实习就业压力、复杂人际关系等患焦虑症，常伴有睡眠问题，形成身心恶性循环。医生治疗时，除心理辅导如认知行为疗法外，还会建议学生增加体育锻炼，如每天慢跑30分钟以上或参加健身操课程，运动能促使身体分泌内啡肽，从而改善情绪、帮助睡眠；同时指导改善睡眠环境。当学生身体状况好转、睡眠质量提高时，焦虑症状明显缓解，心理治疗效果更佳。

高职学生自身要重视身心协调发展，课余参加体育社团增强体质、释放压力，保持规律作息、合理饮食，培养乐观心态，遇困难主动倾诉。学校应加强心理健康课程建设，配备专业心理咨询师，开展体育活动，营造良好氛围。家庭要给予关爱，关注学生身心变化，与学校密切沟通。各方共同努力，预防和治疗疾病时采取综合方法，将身体治疗与心理干预结合，提升高职学生生活质量，助其顺利完成学业，健康步入社会。

---

① 《这些常见的胃肠不适，病根可能在"情绪"》，环球网，2024-11-22。

四、对心理健康的误解及辨析

误解1：心理健康等于没有心理困扰，比如悲观想法、消极情绪或异常行为。

辨析：心理健康并不意味着个体始终处于纯粹积极的心理状态。实际上，心理健康的人心理机能总体正常，但在现实生活中，完全杜绝悲观想法、消极情绪或异常行为几乎是不可能的。当面临消极事件或不利情境时，心理健康的人会有相应的心理和行为反应。例如，学业或事业遭遇挫折后感到消极郁闷，遭受不白之冤时产生愤怒失望，痛失至亲后陷入悲伤恍惚，这些"正常的"负性情绪恰恰是心理正常且健康的体现。此外，心理健康还体现在个体遭遇挫折后，能够主动进行认知、情绪与行为的调节，尽快从困境中恢复过来。

误解2：心理不健康就是心理变态。

辨析：人的心理健康水平呈现出连续的状态，涵盖心理健康、一般心理问题、严重心理问题以及心理异常等多种状态。从健康到不健康之间存在一个漫长的过渡阶段。通常而言，心理正常与异常并非有着绝对清晰的界限，更多是程度上的差别。心理不健康并不等同于心理变态，心理变态只是心理异常中较为极端的一种表现形式，大多数心理不健康的情况处于一般心理问题或严重心理问题的范畴，经过适当干预和调整是可以改善的。

误解3：我的心理现在是健康的，以后也一定是健康的。

辨析：心理健康并非一成不变的固定状态，而是处于动态变化之中。个体的心理健康状况既可能从不健康向健康转变，也可能从健康走向不健康。随着个体的成长、阅历的增加以及生活环境的改变，心理健康状态也会随之发生变化。所以，当前的心理健康状态仅反映个体在某一特定时间段的情况，并不代表其一生的心理状态。我们需要持续关注自身心理健康，积极应对生活中的各种变化，以维持良好的心理状态。

误解4：生活条件富足的人一定心理健康，受教育程度高的人一定心理健康。

辨析：生活环境和教育确实会对人的心理发展产生影响，在一定程度上也关系到心理健康水平，但这种影响并非简单的线性关系，不是单纯由"量"决定的。心理健康是一个复杂的系统，受到生物基础、心理特质、人际关系、文化因素等多种因素的交互作用。物质条件优越并不必然带来心理健康，受教育程度高也不能确保个体心理完全健康。例如，一些生活富足的人可能因精神空虚、人际关系复杂等问题出现心理困扰；而部分高学历者也可能因学业压力、职业发展困惑等陷入心理困境。所以，不能仅凭物质条件或受教育程度来判定一个人的心理健康状况。

误解 5：任何事情都有标准，心理健康也要达到标准才能是健康的。

辨析：心理健康标准是一种理想化的参照尺度。它一方面为我们提供了判断心理健康与否的依据，另一方面也为提升心理健康水平指明了方向。个体心理健康的基本表现是能够有效地开展工作、学习和生活。倘若这些基本的生活功能难以正常维持，就需要引起重视，及时对自身状态进行调整。需要注意的是，心理健康标准并非绝对的、刻板的，它会受到个体差异、文化背景等因素的影响。不同个体在不同情境下，心理健康的表现形式可能有所不同，只要个体能够较好地适应生活，保持积极的心理状态，即便不完全符合标准中的某些细节，也可认为其心理处于健康状态。

五、高职学生心理健康的表现

高职学生的心理健康状态关乎其个人成长、学业进展与未来职业发展。清晰界定心理健康的表现，有助于高职学生更好地认识自我、调整状态，也能为学校及相关教育工作者提供参考，助力学生心理健康发展。心理健康是指个体处于生活适应良好的状态，既包含良好的自我状态，也涵盖与社会的和谐契合，同时还涉及维持心理健康、减少行为问题和精神疾病等方面。以下从多个维度详细阐释高职学生的心理健康的表现[①]。

1. 独立生活能力

步入高职校园，学生们离开家庭庇护，需独立面对生活琐事。拥有独立生活能力的高职学生，能够合理安排个人时间，有条不紊地处理如洗衣、打扫宿舍等日常事务，维持良好的个人卫生与生活环境。在饮食方面，他们懂得合理搭配膳食，确保营养均衡。例如，一些学生能制订每周的饮食计划，依据自身口味与营养需求选择食材，烹饪简单饭菜。在经济管理上，这些学生可以制定预算，区分必要与非必要支出，避免盲目消费，防范校园贷等财务风险，如每月合理规划生活费，确保各项开销在预算范围内。

2. 独立思考和判断力

高职阶段是学生思想快速发展的时期。具备独立思考和判断力的学生，在面对学业问题时，不盲目接受现成答案，而是通过查阅资料、分析论证，形成自己的见解。

---

① 《你好，大学生！开启你的心理健康之旅吧》，中国大学生在线，2022-12-20，略有改动。

比如在专业课程学习中，对于复杂的案例，他们能从不同角度思考解决方案，权衡利弊。在面对校园里的各种思潮和观点时，他们也能保持清醒，依据事实和逻辑进行判断，不随波逐流。例如，在讨论校园热点事件时，他们不会仅凭他人言论就下结论，而是综合多方面信息，得出自己的判断。

3. 心理上接纳自己

健康的心理状态要求高职学生能全面认识自己，接纳自身的优缺点。他们认可自己的外貌、性格、能力等各方面，不因为身材不够高挑、性格不够外向或学习成绩不够突出而自卑。他们能看到自己的优势，如擅长写作、具备良好的沟通能力等，并以此为基础增强自信。同时，对于自身的不足，他们也能以积极的心态面对，努力改进。比如，意识到自己在公众场合发言容易紧张，便主动参加演讲社团，锻炼表达能力。

4. 勇于面对现实，充满信心

高职学生面临学业压力、就业竞争等诸多现实挑战，心理健康的学生能够正视这些问题，不逃避、不幻想。在学业上，即使遇到挂科等挫折，也能勇敢面对，分析原因，制订学习计划，努力提升成绩。在面对就业市场的激烈竞争时，他们提前了解行业需求，积极参加实习和技能培训，提升自身竞争力，对未来职业发展充满信心。例如，一些学生在大二就开始关注就业信息，参加企业宣讲会，为毕业后的求职做充分准备。

5. 较强的自我调节能力

进入高职新环境，学生需适应新的学习节奏和人际关系等。自我调节能力强的学生能迅速调整心态，适应变化。在学习中遇到困难，产生焦虑情绪时，他们懂得运用深呼吸、运动、听音乐等方式缓解压力。在人际关系出现矛盾时，他们能够换位思考，主动沟通，调节心理冲突。比如，与室友因作息时间不同产生矛盾，他们会积极协商，找到双方都能接受的解决方案，维持良好的宿舍关系。

6. 良好的人际关系

良好的人际关系对高职学生至关重要。心理健康的学生乐于与人交往，具备良好的沟通能力和同理心。在班级中，他们积极参与小组活动，与同学协作完成任务，尊重他人意见，善于倾听。在社团组织里，他们能结识志同道合的朋友，拓展社交圈子。例如，在社团举办的活动中，他们积极与其他成员合作，充分发挥自己的优势，为活动成功贡献力量，同时也增进了与他人的感情。

7. 得当的学习方法

高职教育注重实践与理论结合，拥有得当学习方法的学生能更好地掌握知识和技能。他们会制订合理的学习计划，平衡理论课程学习与实践操作练习。在学习过程中，善于总结归纳，将知识点串联成知识体系。比如在学习一门专业课程时，他们通过制作思维导图，梳理各章节之间的逻辑关系，加深对知识的理解和记忆。同时，他们积极参加实践课程，将理论知识应用于实际操作，以此提高动手能力和解决问题的能力。

8. 一定的挫折应对能力

在高职生活中，挫折难以避免，如比赛失利、竞选干部失败等。心理健康的学生具备较强的挫折承受力，将挫折视为成长的机遇。当遭遇挫折时，他们不会一蹶不振，而是冷静分析原因，从中吸取教训。例如，在参加技能比赛失败后，他们会认真反思自己在技能操作、比赛心态等方面的不足，有针对性地进行训练，提升自己，为下次比赛做好准备。

值得一提的是，在关注心理健康标准时，需明确几点：其一，心理不健康与存在不健康的心理表现不能简单画等号。偶尔出现负面情绪或异常行为，并不代表心理不健康，可能只是对特定情境的正常反应。其二，健康与不健康之间不存在绝对界限，而是处于连续变化的状态。其三，心理健康状态并非固定不变，会随着个人经历、环境变化而改变。其四，心理健康标准是一种理想化的较高尺度，旨在为个人提升心理健康水平提供努力方向，并非要求每个人时刻完全符合标准。

六、影响高职学生心理健康的主要因素

高职学生的心理健康状况受到多种因素的综合影响，这些因素相互交织，对他们的心理发展和适应能力产生着深刻作用。了解这些因素，对于促进高职学生心理健康、制定有效的干预措施具有重要意义。

（一）个体因素

1. 生物遗传

生物遗传因素在心理健康领域扮演着重要角色，但其影响机制颇为复杂。众多国内外关于遗传生物因素的研究显示，在诸如精神分裂症、躁狂抑郁症、人格障碍、精神发育迟滞等精神疾病中，遗传因素占据一定比例。以精神分裂症为例，家族中有该

病史的高职学生，其发病风险相对较高。不过，必须明确的是，遗传绝非心理健康的决定性因素。心理健康是一个由多种因素共同塑造的结果，家庭环境、心理冲突以及生活事件等均在其中发挥关键作用。例如，即便有精神疾病遗传倾向的高职学生，若成长于温馨和谐、积极向上的家庭环境，接受良好的心理引导，其发病概率也会显著降低。同时，个体在气质、智力、神经活动特点等方面，也明显受到遗传因素的影响。有些高职学生天生性格开朗活泼，这可能与遗传的气质类型相关，在面对学习和生活压力时，相对更容易保持积极心态。

2. 躯体机能

躯体机能与心理健康紧密相连，相互影响。一般而言，躯体健康状况良好的高职学生，更易拥有积极心态，对生活充满信心。比如，经常参加体育锻炼、身体素质佳的学生，在学习和社交中往往更具活力与自信。反之，躯体疾病或不适则会对心理健康产生负面影响。慢性疾病如慢性胃病，长期的胃痛、胃胀等不适症状，不仅影响学生的学习状态，还可能导致其情绪低落、焦虑，担心病情影响学业和未来发展。身体功能障碍，像患有口吃的高职学生，在校园生活中面临诸多不便，可能产生自卑、孤独等心理问题，进而影响其社交能力和自我认知。另外，身体机能发展的不同阶段也会对心理健康状态产生作用。高职学生进入青春期后，身体快速发育，内分泌系统的剧烈变化可能引起情绪波动。部分学生可能因脸上长痘等生理变化而产生自卑心理，影响其在校园社交中的表现。女性高职学生在经期，受内分泌系统功能变化影响，情绪易不稳定，可能出现焦虑、烦躁等情绪，若不能正确调适，可能引发心理问题。

3. 人格特征

人格特征对高职学生的心理健康有着显著影响。乐观、坚韧、自我控制力强等积极人格特质，通常与良好的心理健康状况相关。乐观的高职学生，面对学业上的困难，如专业课程考试未通过，能积极看待，将其视为提升自我的机会，主动寻求老师和同学的帮助，努力弥补知识漏洞。自我控制力强的学生，在面对网络游戏、手机娱乐等诱惑时，能够克制自己，合理安排时间用于学习和自我提升，保持良好的学习和生活节奏。相反，悲观、敏感、多疑、缺乏自我控制等消极人格特质，容易对心理健康造成负面影响。悲观的高职学生，在参加社团竞选失败后，可能会过度沮丧，认为自己一无是处，对未来的社团活动和自身发展失去信心。敏感多疑的学生，在与同学日常交往中，可能会因他人不经意的一句话或一个眼神，就产生过多联想，觉得自己被针对，从而陷入自我纠结和痛苦之中，影响人际关系和自身情绪状态。

4. 生活事件及应对方式

生活事件涵盖了高职学生日常生活中经历的各类情境与事件，无论积极或消极，都会对其心理健康产生深远影响。积极事件，如在专业技能竞赛中获奖、获得学校的奖学金、得到老师的公开表扬等，能够极大地激发学生的积极情绪，增强自信心和自尊心，为心理健康提供有力支撑。一位高职学生在省级技能竞赛中荣获一等奖，这不仅让他对自己的专业能力充满信心，还在校园中获得了更多关注和尊重，促使他以更饱满的热情投入后续的学习和实践。消极事件，如考试挂科、失恋、与室友发生激烈冲突等，则可能引发消极情绪和心理压力。例如，考试挂科可能使学生产生挫败感，对自己的学习能力产生怀疑，陷入焦虑和自我否定的情绪中。面对同样的生活事件，不同的应对方式会带来截然不同的结果。采取积极应对方式的高职学生，在遭遇考试失利后，会冷静分析原因，制订详细的学习计划，主动向老师和同学请教，努力提升成绩。他们还会调整心态，将这次挫折视为成长的契机，通过参加学习小组、利用课余时间补习等方式解决问题，有效缓解心理压力，维护心理健康。而采取消极应对方式的学生，可能会选择逃避，不去分析考试失利的原因，而是沉迷于网络游戏或其他娱乐活动，试图麻痹自己。他们可能会抱怨老师教学方法不好、考试题目太难等，而不是从自身寻找问题，这种方式不仅无法解决问题，还可能导致学业问题愈发严重，心理压力不断加剧，对心理健康造成更大损害。

（二）社会环境因素

1. 就业竞争压力

高职学生面临"毕业即就业"的现实挑战，社会对技能型人才的需求标准不断提升，岗位竞争日趋激烈。部分学生因专业对口岗位少、薪资预期与市场行情差距大、缺乏实践经验等问题，过早陷入就业焦虑。例如，临近毕业时，若多次求职受挫或收到的offer与职业期待不符，容易产生自我怀疑，担心"学历竞争力不足"，进而出现失眠、情绪低落等心理问题。

2. 网络环境冲击

互联网的普及使高职学生长期处于信息爆炸的环境中。一方面，网络上的负面信息（如就业歧视、社会不公事件）可能放大学生的焦虑感；另一方面，社交媒体中"理想化生活"的展示（如同龄人光鲜的实习经历、消费场景）易引发攀比心理，让部分学生因"自身发展滞后"产生自卑。此外，过度沉迷网络游戏、短视频等虚拟世界，可能导致现实社交能力退化，加剧孤独感，甚至出现逃避现实的心理倾向。

3. 社会文化期待

社会对"职业教育"的认知仍存在一定偏见，部分高职学生因"学历标签"承受隐性压力。例如，部分亲友对"高职毕业能否找到好工作"的质疑、社会上一些单位和个人对技能型岗位"低人一等"的刻板印象，可能让学生产生身份认同感危机，觉得"不如本科生有前途"，进而影响学习动力和自我价值感。同时，传统文化中"成功学"的单一导向（如"必须出人头地"），也会加剧学生的心理负担。

4. 校园环境氛围

校园是学生主要生活场所，其环境直接影响心理健康。若学校管理严苛缺乏人文关怀、师生关系疏离、同学间竞争氛围过度紧张，可能导致学生产生压抑感。反之，民主开放的管理模式、和谐的同学互动、丰富的校园活动（如心理讲座、社团活动），则能为学生提供情感支持，缓冲外部压力。例如，部分高职院校因实训设备不足、课程设置与市场脱节，可能使学生对"技能习得"产生迷茫，间接引发心理困扰。

（三）家庭环境因素

在高职学生的成长历程中，家庭环境的影响极为深远，从早期的性格塑造到后期的心理发展，都起着关键作用。家庭环境主要通过家庭氛围和家庭教育方式两个方面影响学生心理健康。

1. 家庭氛围

家庭成员之间关系紧张，如父母频繁争吵、冷战，会使高职学生长期处于不安和恐惧之中，容易产生自卑、痛苦、嫉妒等不良心理反应。在这样的家庭环境中成长的学生，可能会对亲密关系产生恐惧，在校园人际交往中表现出退缩、敏感的特质。亲子关系紧张同样会给学生带来心理创伤。有些父母对孩子期望过高，过度关注成绩，一旦孩子成绩不理想，就严厉批评指责，这会让孩子感到自己总是让父母失望，从而产生强烈的自卑心理。

2. 家庭教育方式

家庭教育方式对高职学生心理健康发展影响重大。过度保护的教育方式，使孩子缺乏独立面对问题和解决问题的能力。当进入高职校园，需要独立生活和学习时，他们可能会因无法应对新环境中的挑战而产生焦虑和无助感。溺爱则可能导致孩子以自我为中心，在与同学相处中，难以理解和包容他人，容易引发人际冲突，进而影响心理健康。过分干涉孩子的生活和学习选择，如强制孩子选择不感兴趣的专业，会让孩子感到压抑和迷茫，对未来失去方向感。粗暴专制的教育方式，如打骂孩子，可能使孩子产生逆反心理，甚至出现暴力倾向。放任自流的教育方式，父母对孩子缺乏关心和引导，孩子可能会在成长过程中迷失自我，沾染不良习惯，产生行为问题和心理困扰。相反，在稳定、和谐的家庭环境中成长，且接受民主、支持性家庭教育方式的高职学生，更容易形成积极乐观的心态，具备良好的心理调适能力，在面对校园生活中的各种问题时，能够从容应对。

（四）学校环境因素

学校作为高职学生成长的重要场所，其环境质量对学生心理健康有着多方面的深远影响，主要体现在校园氛围、学习压力、活动参与度、教师引导以及同伴关系等方面。

1. 校园氛围

积极、和谐、友好的校园氛围能有效缓解高职学生的心理压力，提升安全感，为心理健康发展营造良好环境。在这样的校园中，学生感受到老师和同学的关爱与支持，能够自由表达想法，积极参与各类活动。例如，学校经常组织丰富多彩的社团活动、文化节等校园活动，鼓励学生发挥特长，增进交流，让学生在活动中找到归属感和成就感，从而促进心理健康。相反，紧张、冷漠、压抑的校园氛围则可能导致学生产生焦虑、孤独和无助等负面情绪。如果学校管理过于严格，缺乏人文关怀，且学生之间竞争激烈、缺乏互助，会使学生长期处于高压状态，对学习和生活失去热情。高职学校若过于注重理论成绩排名，将给学生带来巨大的心理负担，部分学生可能出现考试焦虑、厌学等心理问题。

2. 学习压力

高职教育注重实践与理论结合，课程设置和学业要求具有一定难度。超出学生合理承受范围的学习压力，如课程密度过大、作业繁重、考试频繁，会对学生心理健康产生负面影响。一些高职学生为了完成学业任务，经常熬夜学习，长期处于疲劳状态，进而导致精神萎靡、注意力不集中，进而产生焦虑和抑郁情绪。而且，如果学生在学习过程中遇到困难，如专业课程理解困难、实践操作不熟练，且得不到及时有效的帮助，可能会对自己的学习能力产生怀疑，自信心受挫，影响心理健康。

3. 活动参与度

积极参与学校活动有助于高职学生培养兴趣爱好、提升综合素质，对心理健康有着积极促进作用。通过参与社团活动、志愿者服务等，学生能够拓展社交圈子，锻炼沟通和团队协作能力，增强自信心和自我认同感。例如，参加学校话剧社的学生，在排练和演出过程中，逐步学会了表达情感、理解他人，提高了人际交往能力，同时在舞台上展示自己，获得成就感，促进了心理健康发展。相反，长期活动参与度低且缺乏其他兴趣寄托的学生，可能会感到生活单调乏味，缺乏成就感和归属感，容易产生孤独和失落感。一些高职学生因性格内向或缺乏兴趣，很少参加学校活动，长期处于相对封闭状态，在面对问题时，缺乏有效的宣泄和解决途径，其心理问题容易积累。

4. 教师引导

教师在高职学生心理健康教育中扮演着重要角色。教师的教学方法、评价方式以及对学生的关心程度，都会影响学生的心理健康。一位教学方法生动有趣、善于鼓励学生的教师，能够激发学生的学习兴趣，增强学生的自信心。相反，教学方法单一、对学生评价过于严苛的教师，可能会让学生产生厌学情绪和自卑心理。教师对学生的忽视，也会使学生感到被冷落，缺乏存在感，影响心理健康。

5. 同伴关系

同伴关系是高职学生在学校中重要的社交关系，对心理健康有着直接影响。良好的同伴关系能提升学生的自尊心和归属感，帮助他们建立健康的人际关系和社会技能。在学习和生活中，同伴之间相互支持、鼓励、分享，能够缓解压力，促进心理成长。例如，在小组作业中，成员之间分工明确、协作默契，共同完成任务，不仅提高了学习效果，还增进了彼此之间的友谊，让学生感受到团队的力量，提升心理健康水平。然而，同伴关系紧张或被孤立，会对学生心理健康产生负面影响。校园欺凌行为，如言语辱骂、排挤、肢体冲突等，会使受害者产生焦虑、抑郁和自卑等负面情绪，严重影响身心健康。性格内向的学生在班级中容易被忽视，长期下去可能自我封闭，对社交产生恐惧，甚至出现心理问题。

（五）大众传媒因素

在自媒体蓬勃发展的时代，大众传媒对高职学生心理健康的影响日益显著。手机等电子设备让各种信息和价值观迅速传播，高职学生正处于价值观形成的关键时期，容易受到大众传媒的多方面影响。

1. 暴力和侵略性内容的影响

大众传媒中部分暴力和侵略性内容，如一些暴力影视作品、游戏等，可能会引发高职学生的心理恐惧、攻击性和冲动行为。长期接触这类内容，学生可能会对暴力行为产生麻木感，对暴力和侵略性的观念形成错误认知，甚至在现实生活中模仿这些行为，对社会产生负面影响。例如，一些高职学生沉迷于暴力游戏，在游戏中频繁体验暴力对抗场景，可能会使其在现实生活中变得易怒，处理问题时倾向于使用暴力手段，对自身和他人的安全构成威胁，同时也影响其心理健康和价值观的塑造。

2. 身体形象和自尊心的固化

大众传媒中仍存在推崇单一化审美标准的倾向，这与现实中大众的真实身体形象存在较大差距。高职学生，尤其是女生，容易受到这种观念影响，对自己的身体形象产生不满和焦虑，即所谓的"容貌焦虑"。为了追求这种被塑造的美，一些学生可能会采取不健康的减肥方式，如过度节食，甚至选择整形手术，这不仅对身体健康造成损害，还会对自尊心和身体形象产生负面影响。社交媒体上充斥着大量经过美颜处理的照片和视频，高职学生将自己与这些完美形象进行对比，从而产生自我怀疑和不自信，影响心理健康。

3. 价值观的影响

一些高职学生受社交媒体上炫富、消费主义内容的影响，过度追求物质享受，将金钱和物质财富视为衡量成功的唯一标准，从而忽视了自身内在品质和能力的提升。他们可能会盲目追求名牌、奢侈品，陷入消费陷阱，为了满足物质欲望而不择手段，导致价值观扭曲，缺乏社会责任感，只关注自身利益，而忽视社会理想和集体利益。这种价值观的偏差不仅影响学生的校园生活，还会对其未来的职业选择和人生发展产生不良影响。

4. 社交孤独感

随着互联网的普及，高职学生过度依赖社交媒体，如微信、微博、抖音等。虽然社交媒体提供了便捷的交流平台，但也容易让部分学生沉迷于虚拟世界，忽视现实生活中的社交和情感交流。他们在虚拟社交中花费大量时间，却难以建立真实、深厚的人际关系，导致在现实生活中感到孤独和社交焦虑。一些学生在网络上与他人频繁互动，但在面对面交流时却变得沉默寡言，不知道如何与他人进行有效的沟通，并建立情感连接，这对他们的心理健康和社交能力发展极为不利。

5. 睡眠障碍

高职学生过度使用手机和其他电子设备，容易产生睡眠障碍。这些设备发出的蓝光会干扰人体的生物钟，抑制褪黑素的分泌，从而影响睡眠质量。许多高职学生在睡前长时间玩手机、刷视频、玩游戏或聊天，导致大脑处于兴奋状态，难以入睡。长期睡眠不足会引发疲劳、注意力不集中、记忆力下降等问题，影响学习效率和身心健康。睡眠障碍还可能进一步加重学生的焦虑和抑郁情绪，形成恶性循环。

6. 自卑感和焦虑感

大众传媒中充斥着各种关于外表、社会地位和成功的比较信息，这使得一些高职学生将媒体中的理想形象与自己的现实情况进行对比，从而对自己的能力和价值产生怀疑，产生自卑感和焦虑感。在社交媒体上，看到他人展示的精彩生活、优秀成就，而自己在学业、社交或生活中遇到挫折时，容易陷入自我否定，觉得自己不如别人，进而产生焦虑情绪，担心自己无法达到社会和他人的期望。这种过度比较和焦虑情绪会严重影响学生的心理健康和自我认知。

7. 沉迷网络

过度沉迷于网络对高职学生的心理健康和生活质量产生严重影响。一些学生沉迷于网络游戏、网络小说或虚拟社交，花费大量时间和精力在虚拟世界中，忽视了现实生活中的人际关系、学业和健康。他们可能会出现逃课、成绩下滑、身体素质下降等问题，同时在现实生活中感到孤独、迷茫与空虚。

在人际关系方面，这些学生逐渐疏远了身边的同学与朋友。课堂小组讨论时，他们心不在焉，无法专注参与；宿舍聚会中，他们也总是低头沉浸在网络世界，对室友的热情邀约敷衍回应。久而久之，现实中的人际交往圈子愈发狭窄，当他们在网络世界中遭遇挫折或感到疲惫时，却发现身边无人倾诉，内心的孤独感愈发强烈。

学业上，由于长时间沉迷网络，他们无法集中精力学习专业知识。面对复杂的专业课程，如机械制造专业的"机械制图"、软件编程专业的"编程语言"等，他们因缺乏足够的专注和思考，难以理解其中的要点。作业无法按时完成，考试成绩一降再降，考试失利成为常态，对未来的职业发展也失去了清晰的规划和信心，陷入迷茫的困境。

健康层面，日夜颠倒的上网习惯严重破坏了他们的生物钟。凌晨时分，别人都在酣睡，他们却还在屏幕前兴奋地点击、滑动。久坐不动玩游戏或看小说，缺乏必要的体育锻炼，导致身体免疫力下降，频繁生病。视力也在长期紧盯电子屏幕的过程中急剧恶化，戴上厚重眼镜的同时，身体素质也大不如前。

更为严重的是，长期沉迷网络会扭曲他们的价值观和世界观。网络游戏中的暴力元素，网络小说中的虚构情节，可能让他们对现实世界的认知产生偏差，误以为虚拟世界的规则可以套用于现实。在虚拟社交中塑造的虚假形象，也让他们越发难以面对真实的自己，内心充满矛盾与挣扎，心理健康状况岌岌可危，生活质量更是无从谈起，陷入了一种恶性循环而难以自拔。

七、高职学生常见心理问题

高职学生在校园生活与成长过程中，面临着诸多挑战，由此产生了一系列常见的心理问题，这些问题对他们的学习、生活和未来发展产生着重要影响。

（一）学习问题

1. 学习压力大

随着高职教育对专业技能要求的不断提高，以及职场竞争压力的前置影响，高职学生承受着较大的学业压力。各类专业课程难度增加，学生不仅需要掌握扎实的理论知识，还需具备熟练的实践操作技能。实训课程的频繁考核、职业资格证书的考取要求，都使得学生精神高度紧张。长期处于这种状态下，一些学生出现了过度的紧张不安情绪，在课堂上难以集中注意力，思维变得迟钝，情绪也愈发烦躁。例如，在一些工科类专业中，学生需要同时学习多门复杂的专业课程，如机械制造专业的学生要掌握"机械制图""工程力学""数控编程"等课程，面对繁重的学习任务，不少学生感到力不从心，焦虑情绪日益加重。

2. 学习动力不足

部分学生进入高职院校后，出现了学习动力缺失的情况。一些学生在填报志愿时，对所选专业缺乏深入了解，入学后发现专业内容与自己的兴趣相悖，导致学习积极性大打折扣。还有部分学生对未来职业规划感到迷茫，不清楚所学专业在未来职场中的应用方向，认为学习缺乏目标和意义，从而丧失了学习的热情，成绩也随之下滑。以某高职院校的市场营销专业为例，一些学生原本以为该专业涉及的市场推广和销售工作充满乐趣和挑战，但入学后发现课程中有大量理论知识，如市场营销学、消费者行为学等，与自己的预期不符，学习动力逐渐消退。

3. 学习效能感低

高职教育的课程设置具有多样性和深度，与高中阶段的学习模式差异较大。然而，部分学生仍沿用高中时期的学习方法，难以适应大学的学习节奏。高中阶段的学习注重知识的记忆和重复练习，而高职学习更强调知识的理解、应用和实践操作。一些学生在学习过程中，不懂得如何自主学习、总结归纳，也不善于利用学校提供的丰富学习资源，如图书馆、实训设备、在线学习平台等。这导致他们在面对复杂的专业课程时，学习效率低下，无法有效掌握知识和技能，进而对自己的学习能力产生怀疑，学习效能感降低，容易陷入自我否定的心理状态。比如，在计算机编程课程中，一些学生只是死记硬背代码，不理解程序的逻辑结构和设计思路，一旦遇到实际编程问题，就无从下手，逐渐失去学习信心。

（二）人际关系问题

1. 人际交往意愿问题

高职学生来自不同地区，有着不同的家庭背景、文化观念和生活习惯。在校园生活中，这些差异可能引发各种矛盾和冲突。个别学生自视甚高，不屑与其他同学交往，认为他人不如自己，久而久之，将自己孤立于集体之外。而有些学生则因自卑怯懦，对自己缺乏信心，害怕在人际交往中受到伤害或被他人拒绝，从而不敢主动与同学交流，将自己封闭起来。例如，在宿舍生活中，自负的学生可能对室友的行为习惯百般挑剔，不愿意参与宿舍集体活动；自卑的学生则不敢表达自己的想法和需求，默默忍受着宿舍关系中的一些小摩擦，导致内心压力不断积累。

2. 人际交往技能问题

一些学生虽然有主动交往的意愿，但由于缺乏必要的人际交往技能，在与他人交往过程中困难重重。他们不懂得如何倾听他人的意见，在沟通中往往以自我为中心，只关注自身需求，导致交流无法顺利进行。同时，部分学生缺乏人际信任，对他人持有怀疑态度，不愿意敞开心扉，难以与他人建立深厚的友谊。这种情况使得他们在社交场合中感到紧张和不自在，进而产生社交焦虑。患有社交焦虑的学生在面对社交活动时，如班级聚会、社团活动等，会感到极度紧张、不安和恐惧，害怕在众人面前出丑，不敢主动发言或参与互动，严重影响了他们的自信心和社交能力，对学业和未来职业发展也产生了负面影响。

3. 人际冲突问题

由于高职学生在人际交往能力、沟通方式、价值观等方面存在差异，人际冲突时有发生。在小组作业、社团活动组织等场景中，可能因为任务分工不明确、意见不合等原因产生冲突。这些冲突如果不能得到及时妥善的解决，会影响学生之间的关系，进而破坏校园和谐氛围，甚至可能导致一些极端行为的出现。比如，在一次社团组织的校园文化节活动筹备中，因活动策划方案的分歧，两位学生干部发生了激烈争吵，双方互不相让，导致社团内部出现分裂，影响了活动的顺利开展，也对涉事学生的心理造成了创伤，使其在后续的社团活动中产生抵触情绪。

（三）自我认同问题

进入高职校园后，学生们开始对自我进行更为深入的自我反思和探索，思考自己的价值观、兴趣爱好以及未来的人生目标。然而，在这个过程中，许多学生常常陷入自我认同的迷茫和困惑之中。高职教育注重培养学生的职业技能，学生需要在学习过程中明确自己未来的职业方向。但部分学生对自己的能力和优势认识不足，不清楚自己适合从事何种职业；同时，还受到社会舆论、家庭期望等多方面因素的影响，他们在选择专业和职业规划时，容易产生动摇和迷茫。例如，一些学生在家人的建议下选择了热门专业，但在学习过程中发现自己对该专业并不感兴趣，继续学习感到痛苦，又担心转专业会影响学业进度和未来就业，陷入了两难境地，对自己的价值和未来发展感到困惑和迷茫。

（四）恋爱与性心理问题

高职学生正处于青春发育期，对恋爱和性充满好奇和探索欲望。在恋爱过程中，他们可能会遇到各种困扰，如恋爱关系的处理、分手带来的情感创伤等。部分学生在恋爱中既缺乏正确的沟通方式，也缺乏相互理解的意识，容易因一些小事产生矛盾和争吵，影响恋爱关系的稳定。而当面临分手时，一些学生难以承受情感上的打击，出现情绪低落、失眠、食欲不振等情况，甚至影响到正常的学习和生活。此外，由于在高职阶段性教育可能存在不足，个别学生在性心理方面可能存在一些问题，如对性知识的误解、性观念的冲突等，这些问题如果得不到及时解决，且缺乏对学生的正确引导，可能会对学生的身心健康造成不良影响。

（五）网络和手机依赖问题

在信息时代，手机和网络成为高职学生生活中不可或缺的一部分。然而，部分学生过度依赖手机和网络，导致生活失衡。他们沉迷于网络游戏、短视频、社交媒体等，忽视了学习和现实生活中的人际交往。在课堂上，一些学生偷偷玩手机，无法集中精力听讲，导致学习成绩下降。在宿舍中，他们也常常沉浸在虚拟世界里，与室友之间的交流日益减少，人际关系变得淡漠。长期过度使用手机和网络还会影响学生的睡眠质量，部分学生在深夜仍沉迷于手机，导致生物钟紊乱，进而影响白天学习状态，形成恶性循环。

八、高职学生心理健康教育的意义

高职学生心理健康教育对于高职学生的成长与发展意义非凡，从多个维度深刻影响着他们的生活与未来。其涵盖的提升心理素质、促进全面发展、增强适应能力、预防心理问题以及促进校园和谐等内容，对高职学生的人生进程而言，都具有不可或缺的意义。

1. 提升心理素质

心理健康教育对高职学生提升心理素质起着关键作用，能够显著增强他们的心理适应能力。高职学生在学业上要攻克复杂专业课程、应对频繁的实训考核；就业方面，需直面激烈的职场竞争压力；在人际关系中，还要处理与室友、同学、老师等多元的人际互动。在这些压力之下，良好的心理素质成为应对各类挑战与困难的核心能力。通过心理健康教育，高职学生能够培育积极乐观的心态，以阳光视角看待生活中的不如意。比如学生在面对学业难题时，不再消极抱怨，而是主动寻找解决办法。同时，教育过程有助于增强他们的自信心，让学生清晰认识自身优势与潜力，在参与校园活动、专业竞赛时更加自信从容。此外，心理健康教育还能有效提升自我调节能力，当陷入焦虑、沮丧等负面情绪时，学生能够运用所学心理调适方法，如深呼吸放松、积极的自我暗示等，快速调整状态，更好地迎接生活中的各种挑战。

2. 促进全面发展

心理健康教育是推动高职学生全面发展、提升综合素质的重要助力。高职学生的成长，不仅局限于专业知识与技能的提升，思想境界、文化修养、身体素质以及艺术审美等方面的全面提升对他们的成长同样关键。心理健康教育通过营造包容探索的氛围，能够激发学生的创新精神，鼓励他们突破思维定式，在专业学习中提出新颖见解，如在设计专业中创作出别具一格的作品。同时，通过结合实践活动、小组项目等形式，帮助学生锻炼实践能力，使其将理论知识有效应用于实际操作。在团队协作方面，引导学生学会倾听他人意见、发挥自身优势，共同完成任务，增强团队协作能力。这些能力的培养，使高职学生能更好地适应社会多元化发展的需求，为未来职业发展和个人成长奠定坚实基础。

3. 增强适应能力

心理健康教育有效帮助高职学生增强适应能力，使其能更好地融入社会与生活。高职学生毕业后，无论是踏入职场开启职业生涯，还是选择继续深造，都需具备良好的适应能力，以应对社会快速变革带来的诸多不确定性。心理健康教育通过模拟社会场景、开展职业规划指导等方式，提升学生的社会适应能力。例如，通过引导学生提前了解职场规则和人际交往模式，减少初入社会时的不适感，同时增强自我调节能力，使他们在面对社会环境变化产生压力时，能够及时调整心态与行为。同时，注重促进学生的自我成长，引导他们在不断适应社会的过程中，反思自身不足，持续提升综合素质，从而在复杂多变的社会环境中立足。

4. 预防心理问题

心理健康教育是高职学生预防心理问题、促进身心健康的重要防线。在成长过程中，高职学生会遭遇学业挫折、人际矛盾、情感困扰等各类困难与挑战。若这些困难与挑战不能及时得到妥善应对，可能诱发焦虑、抑郁等心理问题。心理健康教育通过系统课程、心理咨询服务等途径，帮助学生深入了解自身心理状态，初步识别潜在心理问题。例如，借助心理健康测评，让学生清晰了解自己的情绪稳定性、压力应对模式等。同时，传授学生实用的问题解决方法与技巧，如情绪管理策略、有效沟通技巧等。掌握这些技能后，学生能够在问题萌芽阶段及时化解，有效预防心理问题的产生，切实维护身心健康。

5. 促进校园和谐

心理健康教育在促进高职校园和谐、营造优良学习与生活环境方面发挥着积极作用。在校园生活中，高职学生每天会接触到形形色色的人和事，处理不当极易引发矛盾，甚至升级为冲突。心理健康教育着力培养学生正确处理人际关系的能力，教导学生尊重他人、理解他人，以包容心态对待差异。当与室友在生活习惯上出现分歧时，能够通过有效沟通协商解决。在情绪管理方面，帮助学生学会识别和缓解自身情绪压力，避免因一时冲动引发矛盾。并且，提升学生的沟通技巧，使其在表达自身想法与诉求时更加清晰、得体，增进与他人的相互理解。通过这些努力，营造出和谐融洽的校园氛围，让学生在积极向上的环境中学习与生活，促进校园和谐稳定发展。

九、提升高职学生心理健康水平的途径

心理健康对高职学生至关重要，不仅关系到他们当下的学习与生活质量，还影响着未来的职业发展与人生走向。明晰心理健康的内涵，掌握切实有效的维护方法，是高职学生预防心理疾病、增强心理韧性、从容应对生活挑战的关键。

（一）保持健康的生活方式

1. 优质睡眠

对于高职学生而言，良好的睡眠是精力充沛地学习和积极生活的基石。高职院校宿舍通常有多人居住，学生容易受到噪声、作息差异等因素干扰。高职学生应尽量营造利于睡眠的环境，比如使用遮光窗帘、耳塞，在宿舍倡导规律作息，避免夜间大声喧哗。合理安排学习与娱乐时间，杜绝熬夜打游戏、刷剧等不良习惯。例如，制订晚上11点前上床睡觉的计划，睡前半小时放下电子设备，通过阅读轻松书籍、听舒缓音乐放松身心，长期坚持形成稳定生物钟，有助于提升睡眠质量，让大脑和身体得到充分休息，以饱满精神应对学业与生活中的各种事务。

2. 均衡饮食

校园食堂提供丰富多样的菜品，但部分学生偏爱高油高糖的垃圾食品。高职学生要注重营养均衡，多摄入富含蛋白质的食物，像食堂的清蒸鱼、水煮蛋，为身体机能维持和日常活动提供能量；多吃各类新鲜蔬果，如菠菜、橙子，补充维生素和膳食纤维，增强免疫力，促进肠道蠕动。制订每周饮食计划，保证每天食物种类丰富。避免因过度节食减肥或暴饮暴食影响身体健康，进而引发心理问题。比如，一些女生为追求苗条身材节食，导致营养不良、情绪低落，而规律、均衡饮食能稳定血糖水平，维持良好精神状态。

3. 适量运动

高职校园拥有丰富的运动设施，学生可充分利用这些资源。课余时间，学生既可以参加学校组织的篮球社、羽毛球社等体育社团，在团队运动中锻炼身体、培养团队协作能力；也可以独自进行慢跑、瑜伽等运动，释放心理压力。每周保持3~5次、每

次30分钟以上的运动频率。运动时身体分泌的内啡肽能有效调节情绪，提升心理健康水平。例如，准备职业技能考试时压力较大，借助跑步宣泄情绪、放松大脑，能帮助自己维持积极的备考状态。

（二）学会自我管理

1. 时间管理

高职学生课程安排紧凑，还需参加实训、社团活动等。合理规划时间至关重要，学生可借助手机日历、学习计划本制定每日、每周任务清单。按重要程度和紧急程度对任务排序，优先完成专业课程作业、实训项目等重要紧急任务，避免拖延。例如，每天预留2~3小时用于完成当天课程作业和预习复习，周末安排半天参加社团活动，半天用于休闲放松。高效的时间管理能让学生有条不紊地学习生活，减少因任务堆积产生的焦虑感，增强自我掌控感。

2. 压力管理

学业压力、就业压力常困扰高职学生。识别压力源后，要采取有效应对策略。面对复杂专业课程，主动向老师、同学请教，参加学习小组共同攻克难题；对未来就业感到迷茫时，学生可提前了解行业动态，参加企业实习和职业规划讲座。学会劳逸结合，感到压力过大时，进行10~15分钟的冥想，放空思绪；或进行简单的伸展运动，放松肌肉，缓解身心紧张，将压力转化为前进动力。

3. 情绪管理

高职学生情绪波动较大，需掌握情绪管理技巧。当产生愤怒、悲伤等负面情绪时，先冷静下来，进行深呼吸，从1数到10，避免冲动行事。尝试用积极的思维方式看待问题，将挫折视为成长的契机。例如，在社团竞选失败后，思考自身不足，制订提升计划。也可通过写日记记录情绪变化及原因，分析规律，找到适合自己的情绪调节方法，如听音乐、找朋友倾诉，以此保持情绪稳定，维护心理健康。

（三）建立良好的人际关系

1. 与家人沟通

高职学生虽离开家，但与家人保持密切联系很重要。定期与父母视频通话，分享校园生活点滴，包括学习进步、社团趣事，遇到困难也坦诚交流，寻求父母的建议和支持。家人的关心与理解能给予学生心灵慰藉，增强归属感。例如，在面临专业选择困惑时，与父母深入沟通，参考他们的人生经验，结合自身兴趣确定方向，缓解内心焦虑。

2. 与朋友相处

在校园中结交志同道合的朋友，而参加兴趣小组、社团活动是拓展社交圈的好途径。与朋友相处要真诚、包容，学会倾听他人的想法，尊重差异。在朋友遇到困难时提供帮助，自己有心事也能向朋友倾诉。如在学习上遇到难题，和朋友组成学习互助小组，互相监督鼓励；生活中遭遇挫折，朋友的陪伴与安慰能让自己更快走出阴霾。良好的朋友关系能让高职学生的校园生活变得丰富多彩，在与朋友的相处、交流和共同参与活动的过程中，学生们能够有效缓解心理压力，以更轻松的状态投入到学习和生活中。

3. 与老师互动

与老师建立良好的关系对高职学生学习和心理发展大有裨益。例如课堂上积极回答问题，课后主动与老师交流学习困惑、职业规划等问题。老师的专业知识能为学生提供具体指导，丰富的经验可供学生借鉴；在学习和生活中遇到问题时，老师的建议和鼓励能帮助学生树立信心，克服困难。例如，在准备毕业设计时，与指导老师保持密切沟通，及时调整方案，顺利完成任务，增强专业能力和自信心。

（四）定期进行心理咨询

1. 了解咨询途径

多数高职院校设有心理咨询中心，配备专业心理咨询师。高职学生要了解咨询中心的开放时间和预约方式。学校官网、宣传栏通常有相关信息，也可向辅导员咨询。此外，一些学校还提供线上心理咨询服务，方便学生随时获取帮助。当遇到心理困扰，如长期情绪低落、人际关系紧张、学业压力过大无法缓解时，学生要主动寻求心理咨询，不要因羞耻感或误解而错过解决问题的时机。

2. 配合咨询过程

在心理咨询过程中，学生要坦诚与咨询师交流。如实讲述自己的困扰、感受及问题产生的背景、发展过程。积极回应咨询师的提问，认真思考并尝试采纳咨询师给出的建议。比如，咨询师建议通过放松训练缓解焦虑，学生要按照指导坚持练习。通过与咨询师建立信任关系，获得专业有效的指导，更好地认识自己，解决心理问题，提升心理健康水平。

（五）培养兴趣爱好

1. 发掘兴趣点

高职院校提供丰富的兴趣培养资源，学生可根据自身特点发掘兴趣爱好。喜欢文学的学生可加入文学社，参与诗歌朗诵、写作比赛；对艺术感兴趣的学生可报名参加绘画、摄影社团，也可利用课余时间尝试新事物，如学习一门乐器。通过不断探索，找到能让自己全身心投入、获得愉悦感的活动，丰富课余生活，缓解学习压力。

2. 坚持兴趣活动

确定兴趣爱好后，要坚持参加相关活动。一方面，可定期参加社团组织的专业关联活动，如文学社每周组织一次读书分享会，学生持续参与能提升文学素养，结交志同道合的朋友；另一方面，利用业余时间深入学习兴趣领域知识，如学习绘画的学生，课后通过网络课程、阅读专业书籍提升绘画技巧。当兴趣爱好真正融入高职学生的生活，他们在专注投入时，既能放松身心，忘却技能学习或求职准备的压力，还能在实践中积累与职业发展相关的能力，为自身心理健康持续注入活力。

（六）学会适应变化

1. 学业变化适应

高职学习模式与高中不同，课程难度增加，实践课程增多。学生要及时调整学习方法，适应新的学业要求。主动参加学习方法讲座，向学长学姐请教经验。例如，在学习复杂专业课程时，学会利用思维导图梳理知识点，参加实训课程前认真预习操作流程，快速适应学业变化，提升学习效果，避免因学习困难产生心理落差。

2. 生活变化应对

高职学生面临生活环境变化，要学会独立生活。适应宿舍集体生活，与室友建立良好关系，共同制定宿舍规则。在校园生活中，积极参与学校组织的各类活动，融入新环境。面对生活中的突发变化，如宿舍调整、社团活动变动，保持积极心态，主动寻求应对策略，增强应对变化的能力，维护心理健康。

3. 社会变化认知

高职学生终将步入社会，需关注社会发展变化。通过阅读新闻、参加社会实践活动，了解行业动态和就业形势。面对社会变革带来的挑战，如新兴职业兴起、传统行业转型时，提前做好知识技能储备，调整职业规划。以开放心态接受新观念和新事物，提升社会适应能力，更好地应对未来的社会生活，保持心理健康。

第三部分　心理练习

一、心理健康自我评估

通过以下练习，帮助你更全面地了解自己的心理健康状态。

任务一　心理健康自我评测

通过完成自评量表，了解自身心理健康状态，及时调节身心健康。

SCL-90症状自评量表

指导语：

下面呈现了一些关于人们可能存在的问题的陈述。请您仔细阅读每一个条目，随后依据最近一周内这些情况对您实际产生影响的感受，在最契合的选项上打"√"。答案并无对错之分，无需在每个陈述上花费过多时间斟酌，只需确保给出的回答能最精准地反映您当下的真实感觉。请注意，不要遗漏任何题目。

本问卷共90题，作答时间约15分钟。

题序	题目	无	很轻	中等	偏重	严重
1	头痛	0	1	2	3	4
2	神经过敏，心中不踏实	0	1	2	3	4
3	头脑中有不必要的想法或字句盘旋	0	1	2	3	4
4	头昏或昏倒	0	1	2	3	4
5	对异性的兴趣减退	0	1	2	3	4
6	对旁人求全责备	0	1	2	3	4
7	感到别人能控制你的思想	0	1	2	3	4
8	责怪别人制造麻烦	0	1	2	3	4

续表

题序	题目	无	很轻	中等	偏重	严重
9	忘性大	0	1	2	3	4
10	担心自己的衣饰整齐及仪态的端正	0	1	2	3	4
11	容易烦恼和激动	0	1	2	3	4
12	胸痛	0	1	2	3	4
13	害怕空旷的场所或街道	0	1	2	3	4
14	感到自己的精力下降，活动减慢	0	1	2	3	4
15	想结束自己的生命	0	1	2	3	4
16	听到旁人听不到的声音	0	1	2	3	4
17	发抖	0	1	2	3	4
18	感到大多数人都不可信任	0	1	2	3	4
19	胃口不好	0	1	2	3	4
20	容易哭泣	0	1	2	3	4
21	同异性相处时感到害羞、不自在	0	1	2	3	4
22	感到受骗、中了圈套或有人想抓您	0	1	2	3	4
23	无缘无故地突然感到害怕	0	1	2	3	4
24	自己不能控制地大发脾气	0	1	2	3	4
25	害怕单独出门	0	1	2	3	4
26	经常责怪自己	0	1	2	3	4
27	腰痛	0	1	2	3	4
28	感到难以完成任务	0	1	2	3	4
29	感到孤独	0	1	2	3	4
30	感到苦闷	0	1	2	3	4

续表

题序	题目	无	很轻	中等	偏重	严重
31	过分担忧	0	1	2	3	4
32	对事物不感兴趣	0	1	2	3	4
33	感到害怕	0	1	2	3	4
34	我的感情容易受到伤害	0	1	2	3	4
35	旁人能知道您内心真实的想法	0	1	2	3	4
36	感到别人不理解您、不同情您	0	1	2	3	4
37	感到人们对您不友好，不喜欢您	0	1	2	3	4
38	做事必须做得很慢以保证正确	0	1	2	3	4
39	心跳得很厉害	0	1	2	3	4
40	恶心或胃部不舒服	0	1	2	3	4
41	感到比不上他人	0	1	2	3	4
42	肌肉酸痛	0	1	2	3	4
43	感到有人在监视您、谈论您	0	1	2	3	4
44	难以入睡	0	1	2	3	4
45	做事必须反复检查	0	1	2	3	4
46	难以作出决定	0	1	2	3	4
47	害怕乘电车、公共汽车、地铁或火车	0	1	2	3	4
48	呼吸困难	0	1	2	3	4
49	一阵阵发冷或发热	0	1	2	3	4
50	因为感到害怕而避开某些东西、场合或活动	0	1	2	3	4
51	脑子变空了	0	1	2	3	4
52	身体发麻或刺痛	0	1	2	3	4

续表

题序	题目	无	很轻	中等	偏重	严重
53	喉咙有梗塞感	0	1	2	3	4
54	感到前途没有希望	0	1	2	3	4
55	不能集中注意力	0	1	2	3	4
56	感到身体的某一部分虚弱无力	0	1	2	3	4
57	感到紧张或容易紧张	0	1	2	3	4
58	感到手或脚发沉	0	1	2	3	4
59	想到有关死亡的事	0	1	2	3	4
60	吃得太多	0	1	2	3	4
61	当别人看着您或谈论您时感到不自在	0	1	2	3	4
62	有一些不属于您自己的想法	0	1	2	3	4
63	有想打人或伤害他人的冲动	0	1	2	3	4
64	醒得太早	0	1	2	3	4
65	必须反复洗手、点数目或触摸某些东西	0	1	2	3	4
66	睡得不稳不深	0	1	2	3	4
67	有想摔坏或破坏东西的冲动	0	1	2	3	4
68	有一些别人没有的想法或念头	0	1	2	3	4
69	感到对别人神经过敏	0	1	2	3	4
70	在商店或电影院等人多的地方感到不自在	0	1	2	3	4
71	感到任何事情都很难做	0	1	2	3	4
72	一阵阵恐惧或惊恐	0	1	2	3	4
73	感到在公共场合吃东西很不舒服	0	1	2	3	4
74	经常与人争论	0	1	2	3	4

续表

题序	题目	无	很轻	中等	偏重	严重
75	单独一人时神经很紧张	0	1	2	3	4
76	别人对您的成绩没有作出恰当的评价	0	1	2	3	4
77	即使和别人在一起也感到孤单	0	1	2	3	4
78	感到坐立不安、心神不宁	0	1	2	3	4
79	感到自己没有什么价值	0	1	2	3	4
80	感到熟悉的东西变得陌生或不像是真的	0	1	2	3	4
81	大叫或摔东西	0	1	2	3	4
82	害怕在公共场合昏倒	0	1	2	3	4
83	感到别人想占您的便宜	0	1	2	3	4
84	为一些有关"性"的想法而苦恼	0	1	2	3	4
85	认为应该因为自己的过错而受到惩罚	0	1	2	3	4
86	感到要赶快把事情做完	0	1	2	3	4
87	感到自己的身体有严重问题	0	1	2	3	4
88	从未感到和其他人很亲近	0	1	2	3	4
89	感到自己有罪	0	1	2	3	4
90	感到自己的脑子有毛病	0	1	2	3	4

评定时间：可以评定一个特定的时间，通常是评定一周时间。

分析统计指标：

（一）总分

1．总分是90个项目分别按0~4分评分后所得分之和。

2．总症状指数，也称总均分，是将总分除以90（＝总分÷90）。

3．阳性项目数是指评为1~4分的项目数，阳性症状痛苦水平是指总分除以阳性项目数（＝总分÷阳性项目数）。

4．阳性症状均分是指总分减去阴性项目（评为0的项目）总分，再除以阳性项目数。

（二）因子分

SCL—90包括9个因子，每一个因子反映出病人的某方面症状痛苦情况，通过因子分可了解症状分布特点。

因子分＝组成某一因子的各项目总分／组成某一因子的项目数

9个因子含义及所包含项目为：

1．躯体化：包括1，4，12，27，40，42，48，49，52，53，56，58共12项。该因子主要反映身体不适感，包括心血管、胃肠道、呼吸和其他系统的主诉不适，头痛、背痛、肌肉酸痛，以及焦虑的其他躯体表现。

2．强迫症状：包括了3，9，10，28，38，45，46，51，55，65共10项。主要指那些明知没有必要，但又无法摆脱的无意义的思想、冲动和行为，还有一些比较一般的认知障碍的行为征象也在这一因子中反映。

3．人际关系敏感：包括6，21，34，36，37，41，61，69，73共9项。这主要是指个体在人际交往中，相较于他人，会产生明显的不自在感与自卑感。这种自卑感常表现为心神不安、行为举止明显拘谨。在人际互动时，个体过度关注自我形象，对交流结果抱有消极预期，这也是导致此类症状的常见原因。

4．抑郁：包括5，14，15，20，22，26，29，30，31，32，54，71，79共13项。以苦闷的情感与心境作为典型症状，同时具备生活兴趣减退、动力匮乏、活力丧失等显著特征。在认知层面，充斥着失望、悲观等负面想法；躯体感受上也伴随与抑郁相关的不适。此外，这类状况还涵盖对死亡的思考，甚至产生自杀观念。

5．焦虑：包括2，17，23，33，39，57，72，78，80，86共10项。该因子主要描述的是个体呈现出烦躁不安、坐立难安、神经过敏以及紧张的状态，同时伴有因这些情绪引发的躯体表现，像身体震颤等情况。其核心测定内容为游离且无明确指向的焦虑情绪，以及突发的惊恐。此外，因子中还涵盖了一项关于个体体验到自我解体感受的项目。

6．敌对：包括11，24，63，67，74，81共6项。主要从三方面来反映敌对的表现：思想、感情及行为。其项目包括厌烦的感觉、摔物、争论直到不可控制的脾气爆发等方面。

7．恐怖：包括13，25，47，50，70，75，82共7项。恐惧对象包含出门旅行、空旷场地以及人群聚集的公共场所、各类交通工具。除此之外，该量表中还设有反映社交恐怖相关情况的项目，用以评估个体在特定社交场景下的恐惧表现。

8．偏执：包括8，18，43，68，76，83共6项。本因子围绕偏执性思维的基本特征而制订：主要指投射性思维、敌对、猜疑、关系观念、妄想、被动体验和夸大等。

9．精神病性：包括7，16，35，62，77，84，85，87，88，90共10项。反映了各类急性症状及行为表现，这些表现往往是界定并不十分明确的精神病性过程的外在指征。同时，它也能体现出精神病性行为引发的后续继发症状，以及个体呈现分裂性生活方式的相关指征。

此外还有19，44，59，60，64，66，89共7个项目未归入任何因子，反映睡眠及饮食情况，分析时可将这7项作为附加项目或单独列为"其他"因子，以便使各因子分之和等于总分。

各因子的因子分的计算方法是：各因子所有项目的分数之和除以因子项目数。例如强迫症状因子各项目的分数之和假设为30，共有10个项目，所以因子分为3。在0~4评分制中，可通过因子分是否超过3分进行初步判断：若超过3分，即表明该因子的症状已达到中等以上严重程度。下面是正常成人SCL—90的因子分常模，如果因子分超过常模即为异常。

正常成人SCL—90的因子分常模：躯体化1.37+0.48、敌对性1.46+0.55、强迫1.62+0.58、恐怖1.23+0.41、人际关系1.65+0.61、偏执1.43+0.57、抑郁1.5+0.59、精神病性1.29+0.42、焦虑1.39+0.43。

任务二　心理健康状态记录表

在一周内，每天记录自己在以下方面的感受和表现。

星期	情绪状态	睡眠质量	学习/工作状态	人际交往	自我评价
周一					
周二					
周三					
周四					
周五					
周六					
周日					

情绪状态：记录当天的情绪情况，是否有快乐、焦虑、抑郁、平静等感受，同时标注情绪的强度（如很焦虑、有点焦虑）。

睡眠质量：记录入睡时间、起床时间以及夜间是否醒来、睡眠是否深沉等睡眠相关情况。

学习/工作状态：记录能否集中注意力、完成任务的效率高低，以及是否感到压力等情况。

人际交往：记录与家人、朋友、同学等的相处情况，包括是否发生冲突、是否感到被理解等。

自我评价：记录对自己当天整体表现的评价，如"今天感觉还不错，情绪稳定，学习效率高"或"今天情绪低落，不想和人交流"等。

任务三　心理困扰识别

回顾自己近期的经历，思考是否存在以下心理困扰，并记录下来。

心理困扰类型	具体表现	发生频率	影响程度
焦虑	如过度担心未来、紧张不安等		
抑郁	如情绪低落、兴趣减退、自我否定等		
人际关系困扰	如与他人相处不融洽、经常发生冲突等		
学习/工作压力	如感到学习或工作任务繁重、难以应对等		
自我认同问题	如对自己的能力、价值产生怀疑等		

具体表现：详细描述自己在该心理困扰方面的具体感受和行为表现。

发生频率：记录该心理困扰出现的频率，如每天、每周、偶尔等。

影响程度：评估该心理困扰对自己生活、学习或工作的影响程度，如轻微、中等、严重。

二、心理健康自我提升

通过以下练习，帮助你提升心理健康水平。

任务一　积极心理品质挖掘

思考自己在以下积极心理品质方面的表现，并记录下来。

积极心理品质	具体表现	发生频率
乐观	如对未来充满希望、积极看待困难等	
韧性	如在面对挫折时不轻易放弃，能够快速恢复等	
自信	如相信自己的能力，敢于尝试新事物等	
情绪调节能力	如能够有效控制自己的情绪、保持情绪稳定等	
社交能力	如善于与人交往，能够建立良好的人际关系等	

具体表现：详细描述自己在该积极心理品质方面的具体行为和感受。

发生频率：记录该积极心理品质出现的频率，如经常、偶尔等。

任务二 自我激励与积极暗示

每天早上起床后，站在镜子前，对自己说以下积极的自我暗示语，并持续践行一周。

1. 我今天充满活力，能够很好地应对各种挑战。
2. 我相信自己的能力，能够完成今天的目标。
3. 我是一个乐观向上的人，能够看到生活中的美好。
4. 我能够很好地控制自己的情绪，保持平静和理智。
5. 我能够与他人和谐相处，并建立良好的关系。

序号	星期一	星期二	星期三	星期四	星期五	星期六	星期天
1							
2							
3							
4							
5							

任务三　心理健康周总结

一周结束时，回顾自己的心理健康状态，包括情绪、睡眠、学习/工作、人际交往等方面的表现，以及在心理练习中的收获和体会。

1. 我认为自己的心理健康状态如何？其中是否存在需要关注和改善的地方？
___
___
___

2. 在面对心理困扰时，我通常采用哪些应对方式？这些应对方式是否有效？
___
___
___

3. 我在哪些方面表现出了积极的心理品质？这些品质对我的生活和学习有哪些帮助？
___
___
___

4. 我认为在心理健康方面还需要学习哪些知识，提升哪些技能？
___
___
___

5. 我将如何在今后的生活中更好地关注和维护自己的心理健康？
___
___
___

第四部分　课后应用实践

任务一　掌握一个重点知识：心理健康影响因素

请简述心理健康的影响因素。

_____
_____
_____
_____
_____
_____

任务二　带走一个实用方法：校园心理健康资源探索

具体要求：全面了解学校开设的心理健康服务，包括心理咨询中心、心理健康讲座、心理健康社团等；至少参加一次相关活动，并撰写心得报告。

第五部分　拓展阅读

1. 书籍

《心理学与生活》（第19版），人民邮电出版社2014年版

《心理学与生活》是心理学领域的经典入门教材。本书语言通俗易懂，案例丰富，既系统阐述了心理学的核心理论及记忆、学习等基础研究，也涉及心理健康、压力管理、人际关系等现实议题。作者通过"生活中的心理学"专栏，将理论与日常行为相结合，例如解析睡眠障碍成因、探讨社交媒体对人际关系的影响等。书中配备大量图表、实验数据和批判性思考问题，帮助读者理解心理学研究方法。值得一提的

是,第19版新增了神经科学、积极心理学等前沿内容,并更新了关于文化差异、性别认同等社会热点的讨论。本书是心理学专业学生常用的经典教材,也因内容通俗、贴近生活,成为普通读者提升自我认知、改善生活质量的热门读物,在心理学爱好者中广受好评。

2. 节目

《心理访谈》曾是中央电视台的一档节目(目前已停播)。节目通过邀请心理学专家,对来访者的心理问题进行剖析和解答,让心理学知识走进千家万户。整个访谈过程约1个小时,心理学家在访谈开始前对来访者的情况完全陌生,这要求心理学家具备扎实的理论知识和丰富的实践经验,在短时间内敏锐地把握问题并提供解决方案,帮助观众更好地了解自己的心理状态,学会应对各种心理问题。

3. 网络资源

中国心理卫生协会是由我国心理健康、医疗卫生、教育、社会工作等专业领域科学工作者和有关单位自愿结成的全国性、行业性社会团体,为中国科学技术协会的团体会员单位。中国心理卫生协会官网汇聚了丰富且优质的资源。在这里,你可以第一时间获取最新的心理健康资讯,涵盖国内外心理学研究的前沿成果、行业动态以及心理健康政策法规等信息。网站持续更新由心理学领域知名专家学者带来的讲座视频,他们围绕各类心理健康主题抽丝剥茧、深入讲解,让你足不出户就能聆听专业见解,汲取知识养分。同时,平台配备多样化心理测试项目,如常见的心理健康自评量表测试、人格测试等,从多个维度帮助你洞察自身心理状态。无论是深耕专业的心理学工作者,还是怀揣热忱、对心理健康满怀好奇的普通大众,都能在这一平台上各取所需,挖掘到有价值的信息,收获专业支持与贴心指导。

项目二

心灵修复指南：心理咨询与心理治疗

学习目标

1. 知识目标

（1）通过生活实例，准确理解心理咨询与心理治疗的核心定义，明确两者在促进个人心理健康、提升幸福感中的独特作用与关联。

（2）掌握心理咨询的主要类型（如发展性咨询、障碍性咨询）及心理治疗的常见分类（如针对神经症、人格障碍的治疗）及其特点；了解不同干预方法（如精神分析疗法、认知行为疗法、人本主义疗法等）的基本原理、适用场景及核心技术。

（3）理解心理咨询与心理治疗在服务对象、干预深度、专业资质要求等方面的区别，掌握两者共通的核心原则（如保密性、尊重、以来访者为中心等）。

2. 能力目标

（1）通过案例分析和情景模拟，能够识别常见的心理困扰（如焦虑情绪、抑郁情绪、人际关系冲突等）及其典型表现，初步区分正常心理波动与需要专业干预的心理问题，并在识别后及时寻求专业评估。

（2）了解基本的心理评估工具（如症状自评量表、焦虑自评量表、抑郁自评量表等）的适用范围，掌握自评量表的使用方法。

（3）学会运用心理咨询中的基础沟通技巧（如积极倾听、共情回应、开放性提问），通过模拟练习提升对他人心理需求的感知能力和支持性沟通能力。

3. 素质目标

（1）通过案例分析和实践活动，树立科学的心理咨询与治疗观念，认识到其不仅是解决心理问题的有效手段，更是促进个人成长、深化自我探索的重要途径。

（2）结合自身经历，培养积极的人生态度，学会以开放的心态看待心理咨询与治疗，增强面对心理挑战时的心理韧性和主动应对能力。

（3）通过实践活动（如模拟心理咨询、制订心理求助计划），提升对他人心理状态的敏感性和理解力，在人际互动中秉持尊重、共情与支持的态度。

第一部分　心海指航

案例　从孤独到融入——心理咨询改变大学生活

小张是一名来自偏远地区的大二学生，他怀揣着对知识的渴望和对大城市的向往，踏入了心仪已久的大学校园。然而，随着大学生活的深入，他逐渐发现自己难以融入这个新环境。室友们来自不同地域，生活习惯和兴趣爱好与他大相径庭；课堂上，同学们讨论的话题他往往难以参与；社团活动中，他也因缺乏自信而不敢主动参与。渐渐地，小张感到自己被孤立，晚上常常独自一人对着电脑屏幕发呆，内心充满孤独与迷茫。

一次偶然的机会，小张得知学校设有心理咨询中心，专门为学生提供心理支持和帮助。起初，他有些犹豫，担心自己的问题不够"严重"，又怕被别人嘲笑。但内心的孤独感和对改变的渴望，最终促使他鼓起勇气走进了心理咨询室。

在与心理咨询师的交流中，小张感受到了前所未有的理解与支持。咨询师不仅耐心倾听他的困惑和感受，还帮助他找出产生孤独感的原因，并给出了一系列实用建议，比如参加兴趣小组、主动与同学交流、参与志愿服务等。更重要的是，咨询师教会他运用积极心理策略应对孤独，例如自我肯定训练、情绪调节方法和社交技巧提升等。

案例分析

小张的案例反映了大学生在适应新环境时可能遭遇的心理挑战。通过心理咨询，他不仅获得了情感上的支持与理解，更重要的是学会了主动寻求改变、建立积极的人际关系，从而实现了从孤独到融入的转变。这一转变不仅提升了他的心理健康水平，也为其未来的大学生活奠定了坚实基础。心理咨询的力量，正在于帮助个体认识自我、面对困难，最终实现自我成长与超越。

正如小张的故事所展现的，心理咨询的价值远不止解决当下的心理困境，它更像是一把钥匙，开启了通往自我成长与超越的大门。不过，心理咨询只是心理健康支持体系中的重要一环。在面对更为复杂和深层的心理问题时，心理治疗则能提供更具针对性和深度的系统干预手段。接下来，我们将深入探讨心理咨询与心理治疗之间的联系与区别，以及它们如何协同作用，为个体的心理健康保驾护航。

第二部分 心理知识

一、心理异常的概念及判断维度

（一）心理异常的概念

心理异常是指个体在感知、记忆、思维、情感、行为及人格等心理特征上出现的异常状态。广义的心理异常指心理活动偏离了正常范围，狭义的心理异常即心理障碍。心理异常的表现有轻重之分，人们在日常生活中常用精神病、异常行为、情绪障碍等词汇对其进行描述和区分。

一般来说，心理异常者往往会有主观不适感。例如，自我感觉痛苦、恐惧、焦虑，出现睡眠问题或人际关系困扰等，寻求心理帮助的人大多是因为无法自行应对这些不愉快的感受。但需要特别注意的是，部分心理异常个体并不会产生这种不适感，如某些精神障碍患者缺乏对自身精神状态的认知能力（即自知力缺失），他们通常不认为自己患病，也没有痛苦的体验。

心理异常还有一个核心特征是适应不良，这提示我们在判断心理是否正常时，需结合个体处理日常问题的能力，衡量其行为能否有效应对生活环境。

我们可以通过同一情景中普遍性焦虑与病理性焦虑的不同表现来理解这一点。在"基础护理技术"静脉穿刺考核现场，两位学生的表现引起了教师的注意：小张在考前一周开始担忧进针角度问题，每天用橙子皮加练半小时；考核当天走进实训室时手心微微出汗，抽签时短暂手抖后很快平复，失误后主动向教师请教止血带绑扎技巧。而小林从一个月前看到仿真血管模型就持续心悸，深夜用圆珠笔反复戳刺自己手背"练习"，导致皮肤结痂仍无法停止；考核前三天出现严重腹泻却拒绝就医，甚至偷偷翻找实训室的医疗垃圾桶检查他人用过的针头，还颤抖着喃喃自语"如果扎穿血管模型会害死真人"；当小张和同学们讨论考核经验时，小林独自蜷缩在更衣室角落，即便把护士服领口扯到变形也无法缓解窒息感，他的手机里存着上百条"护理操作失败导致严重后果"的新闻推送。

静脉穿刺考核中普遍性焦虑和病理性焦虑的不同表现

核心维度	小张（普遍性焦虑）	小林（病理性焦虑）
时间线	考前1周出现，考核后2天内消退	提前1个月持续加重，考核后仍存在
认知特点	关注具体操作细节	产生与事实不符的灾难化后果想象
行为指向	针对性技能提升（科学加练）	非理性应对（自伤性"练习"）
生理反应	短暂性躯体症状	持续性心身紊乱（腹泻/震颤）
职业认同	"我要成为技术过硬的护士"	"我根本不配穿这身护士服"
求助行为	主动寻求教师/同学帮助	隐藏症状并拒绝沟通

（二）心理异常的判断维度

1. 个人经验

个人经验维度即根据当事人的主观体验和专业人员的临床经验进行判别。个人经验包括两方面：一是当事人的主观体验和感受。如当事人有痛苦、抑郁、焦虑等感觉，且难以控制和摆脱的，则视为不健康；自我感觉好，没有心理不适应的，通常可视为健康。二是专业人员的临床经验。即根据其以往的治疗经验，结合当事人的心理和行为表现来加以判断。

个人经验维度是最快捷、最直接的判断维度，但主观随意性较大。比如，有些严重的精神病患者看似精神十足，且坚决否认自己有"病"，但不能据此判定其心理正常。这一以主观体验为核心的个人经验标准往往只是作为鉴别心理异常的辅助依据。

对于高职院校学生来说，从个人经验维度来判断自己的心理状态，首先可以从自身的主观感受入手。如果在一段时间内，你经常感到情绪低落、焦虑不安，或者对曾经感兴趣的事情失去了兴趣，这可能是心理状态出现异常的信号。例如，你可能发现自己在面对学业压力时，总是感到难以缓解的紧张和恐惧，甚至会出现心跳加速、手心出汗等身体反应。这种持续的负面情绪如果无法通过自我调节得到缓解，就可能表明你的心理健康状况需要关注。

另外，观察自己在日常生活中的行为模式也是一个重要的方法。比如，你是否经常因为一点小事就大发脾气，或者变得异常敏感，容易与他人发生冲突。再如，你是否出现了明显的社交退缩行为，不愿意参加集体活动，甚至回避与朋友的交流。这些行为变化可能暗示着你的心理状态正在偏离正常轨道。

同时，高职学生还可以通过回顾自己在面对困难和挫折时的反应来评估心理状态。一个心理健康的人通常能够在逆境中保持相对的冷静和理智，积极寻找解决问题的方法。相反，如果你发现自己在遇到问题时总是陷入消极情绪，无法自拔，甚至采取自伤等极端的行为逃避现实，这可能意味着你的心理调节能力出现了问题。

需要注意的是，个人经验维度具有一定的主观性和局限性。因此，高职学生在利用这一维度进行自我判断时，应该保持客观和理性。如果对自己的心理状态感到困惑或担忧，最好及时寻求专业的心理咨询师或心理医生的帮助，以便得到更准确的评估和指导。

2. 症状检查维度

症状检查维度主要依据心理学理论，通过心理测验等方法，对人的心理异常症状进行描述与评价。当前，多数评定心理异常状况的工具主要是心理障碍评定量表和与心理障碍有关的人格量表。前者主要以SCL-90（心理症状自评量表）、SAS（焦虑自评量表）和SDS（抑郁自评量表）为代表；后者以MMPI（明尼苏达多相人格测验）、16PF（卡特尔16项人格因素问卷）和EPQ（艾森克人格问卷）等为代表。这些用来评定大学生心理异常状况的量表多数来源于国外，由国内的有关学者进行了本土化的修订后投入使用。高职学生可以通过相关心理量表进行自我评估，以了解自己的心理状态。选择合适的量表，仔细阅读说明，并在安静环境中诚实回答问题。完成量表后，根据提供的评分标准解读结果，若某些维度得分异常，则需关注并寻求专业帮助。需要注意的是，在使用量表时，应结合个人经验和专业意见，全面评估自己的心理健康状况。

3. 数理统计维度

数理统计维度是指以心理特征偏离统计常模（即平均值）的程度，作为判断心理正常或异常的依据。心理异常是相对于心理正常而言的，二者的界限可结合对普通人心理特征的测量结果——统计数据来划定。对人们心理特征的测量结果通常呈常态分布，处于中间范围的大多数人被视为心理特征在常态水平，处于两端且偏离程度达到一定阈值的，可能被视为异常倾向。这一判断维度能提供心理特征的数量资料，虽较为客观，但方法过于机械。

数理统计维度为心理健康评估提供了一种客观的量化方式，但其应用需谨慎。在高职学生群体中，该标准可帮助识别那些心理特征显著偏离常模的个体，为心理干预提供参考。不过，由于其机械性，可能会忽视个体差异和情境因素，进而导致误判。例如，某学生可能在焦虑量表上得分显著高于常模，但这或许是由临时压力引发的，而非长期心理异常。因此，在实际应用中，需结合个体经历和临床观察，对心理状态进行综合判断，以保证评估的准确性和有效性。

4. 社会文化维度

以社会规范为判断维度，行为符合公认规范的视为心理正常；反之，明显偏离社会行为规范的可能视为心理异常。这一维度主要考察当事人对人对己的态度、对社会事件的反应与看法、人际关系的处理方式等，总之是考察其在群体中的表现。

由于地域、习俗存在差异，社会文化维度具有相对性。就如同在某些地区，人们见面时行拥抱礼被视作正常社交礼仪，而在另外一些较为传统保守的地区，这种过于亲密的肢体接触在公开场合则可能被看作当地不符合社会规范的行为，但未必属于心理异常。跨文化心理学研究表明，在一定地域上形成的文化因素虽然可随着社会及时代的变化而有所改变，但这种文化常常直接或间接地影响着在该地域上生活的人们的思想和行为，无形中左右着他们的心理和行为，也影响着他们遭遇心理挫折与困难后的反应，以及应对生活的方式。因此，在不同的文化习俗背景下，判断心理异常的社会文化维度需要做出相应调整。

以上鉴别心理异常的维度虽各有优势，但由于存在差异，即使面对相同的行为和心理表现，也可能得出不同结论。因此，仅用单一维度衡量一个人的心理健康状态，难免存在偏颇。鉴于此，判断一个人的心理健康程度，应综合运用多个维度进行评估，从整体上谨慎分析，以得出更科学的结论。

5. 病理标准

DSM-5（Diagnostic and Statistical Manual of Mental Disorders, Fifth Edition）即《精神障碍诊断与统计手册（第五版）》，由美国精神医学学会于2013年发布，是精神卫生领域权威的诊断与分类工具。其核心价值在于通过系统化的分类体系和明确的诊断标准，为临床医生提供科学依据，帮助准确识别和描述精神障碍。此外，DSM-5的修订版（DSM-5-TR）进一步强化了病因学与多维度的分析框架，为临床实践提供更精准的指导。心理异常的诊断标准通常结合临床心理学评估与统计学方法，形成多维度的判断体系。例如，其通过明确的症状持续时间、功能受损程度等标准，帮助区分正常情绪波动与病理症状，为专业评估提供结构化框架。

高职学生心理异常的判断可以参考DSM-5的多维度分析框架。例如，学生在面对学业压力、就业竞争等现实问题时，可能会出现焦虑、抑郁等情绪反应。如果这些情绪反应持续时间较长，且对日常生活和学习造成显著影响，可能需要进一步评估是否存在心理异常。通过了解DSM-5所强调的"心理状态需结合多维度评估"的理念，高职学生可以更科学地看待自身心理反应，及时向专业人员寻求帮助。

常见心理异常的DSM-5诊断要点

常见类型	DSM-5诊断要点	高职生特殊表现
适应障碍	应激事件后3个月内出现情绪/行为紊乱，且症状持续＜6个月，对社会功能（如学习、社交）造成明显影响	转专业失败（3个月内发生）后，近2个月出现社交退缩，不愿参与班级活动；新生入学（3个月内）后，持续1个多月失眠，影响课堂学习状态
社交焦虑障碍	对一种或多种社交情境显著恐惧、焦虑，主动回避，症状持续≥6个月，恐惧回避影响日常社交、学业等	近7个月，每次临近小组汇报（社交情境）就极度恐惧，汇报时出现颤抖、失语等惊恐表现，长期主动找借口逃避小组作业展示
持续性抑郁障碍	抑郁心境大部分时间存在，持续≥2年（儿童青少年期症状稍不同，持续≥1年），伴有自卑、精力不足等症状，对学业、社交等造成影响	近2年多，常觉得情绪低落、提不起劲，因长期自卑觉得自己做不好事，逐渐对学习失去热情，出现学业倦怠，持续自我评价过低
注意缺陷多动障碍	12岁前出现注意缺陷（如难以集中注意力、易分心）、多动—冲动（如坐不住、频繁小动作、冲动插话等）症状，影响≥2种环境（如课堂、宿舍、实训场景等），持续≥6个月	小学起就容易上课走神、写作业分心（12岁前起病），现在实训课上也频繁因注意力不集中操作失误，在宿舍里做事也丢三落四、难以专注整理物品，症状持续多年，影响课堂学习和宿舍生活
躯体形式障碍	反复关注、复述躯体症状，医学检查无法解释，症状持续≥6个月，造成显著痛苦或功能影响	近8个月，频繁在考试前、课堂展示前说头痛、腹痛，多次体检无异常，因担心身体不舒服影响考试发挥，不敢参与课堂活动，反复向同学、老师诉说身体难受

（三）心理异常的区分

根据个体是否具有正常的心理活动，可将心理状况分为心理正常与心理异常。心理正常的群体可进一步划分为心理健康和心理不健康两类。心理健康指个体没有或几乎没有心理问题，心理处于和谐状态；心理不健康则指个体虽然心理活动正常，但存在明显的心理问题（如情绪困扰、适应困难）。据相关研究，在人群中，完全心理健康的人占比并不高，大部分人处于心理正常中的心理不健康状态。

依据心理问题的严重程度，心理不健康状态可进一步划分为一般心理问题、严重心理问题和神经症性心理问题。其中，存在一般心理问题、严重心理问题的个体，是心理咨询和心理辅导的主要对象；而神经症性心理问题，必要时需考虑寻求心理治疗的帮助。心理异常涵盖神经症、癔症、性心理异常、人格障碍、精神障碍等，针对这些问题，通常需要将心理治疗与药物治疗相结合。

心理正常与心理异常的区分及干预手段

心理状况		表现	干预手段
心理正常	心理健康	心理和谐	不需要
	心理不健康	一般心理问题、严重心理问题、神经症性心理问题	心理咨询、心理辅导
心理异常		神经症、癔症、性心理异常、人格障碍、精神障碍等	心理治疗、药物治疗

辨别心理异常的三条重要原则如下：

第一，主观世界与客观世界的统一性原则。心理正常者的认知、情感和行为，能基于客观现实建立关联，主观体验与外部环境保持一致。对高职学生而言，面对学业考核、技能竞赛、就业竞争等现实压力，产生焦虑、紧张情绪是合理的现实反应。但心理异常者会出现主观与客观割裂的情况，比如部分高职学生坚信自己因"得罪同学"被集体孤立，但客观观察中并无明显孤立行为；或是声称听到不存在的"同学议论声""老师批评声"，陷入虚幻的主观体验，与客观事实完全背离。

第二，心理活动的内在协调性原则。心理正常者的认知、情感、行为相互协调，符合内在逻辑。以高职学生常见场景为例，遇到挂科、实训操作失误等挫折，会产生沮丧、懊恼情绪，行为上可能出现短暂回避学习、独自复盘问题的表现，情绪强度与事件影响匹配。而心理异常者会出现"错位反应"：得知自己未通过关键的职业资格考试，却毫无悲伤情绪，甚至表现得格外轻松；或是因校园人际关系矛盾极度悲伤，却仍能若无其事参加社团聚会，情感、行为与现实情境严重脱节，失去内在协调性。

第三，人格的相对稳定性原则。人格特征（如性格、行为模式）长期保持相对稳定，是心理正常的重要标志。高职学生在学业压力（如技能集训）、就业焦虑（如求职季）下，人格通常会呈现"适应性调整"（如原本外向的学生暂时变得沉默，专注准备竞赛），但整体模式稳定。若学生出现"突兀且持久的改变"，需警惕心理异常可能：比如性格向来温和、总主动帮同学解决实训难题的学生，突然变得暴躁易怒，拒绝参与小组作业；或是原本自律的学生，毫无预兆地陷入长期旷课、沉迷游戏状态，且无法用现实压力（如挂科补考）、短期情绪波动或其他重大生活事件解释，进而严重影响学业进度与同学关系，就可能突破人格稳定性原则，提示心理异常风险。

二、精神疾病的症状及识别

（一）精神疾病的症状

精神疾病患者会在认知、情感、意志行为等维度出现明显异常，具体表现如下：

1. 认知障碍

思维逻辑严重断裂，言语表达支离破碎，常出现"语词杂拌"（如将毫无关联的词汇、概念混乱堆砌），旁人难以理解其传递的意图。患者易陷入妄想症状，常见类型有：

（1）被害妄想。坚信自己被同学、老师"迫害"，比如老师故意针对自己挂科，即便无任何证据仍固执坚持。

（2）夸大妄想。认为自己拥有"超能力"（如能控制校园广播、预测考试题目等），或宣称是"重要人物"（如行业顶级专家接班人），内容脱离现实且难以被说服。

（3）注意力与记忆力问题。注意力持续涣散，无法专注课堂学习、实训操作，甚至日常对话都难以集中聆听；记忆力异常，表现为遗忘（如刚交代的实训任务一会就忘了）、记忆错乱（混淆不同事件的时间线）、虚构记忆（编造未发生的校园经历且坚信不疑），严重影响学习与生活秩序。

（4）感知觉异常。易出现幻觉，主要表现为：幻听，如听到不存在的声音，认为是"同学议论自己的坏话"；幻视，如看到不存在的事物（校园里出现的"奇怪影子""凭空冒出的恐怖画面"）；同时伴随多疑、敏感、恐惧等心理，如害怕实训设备"会伤害自己"、觉得教室桌椅"藏着监视仪器"，对周围环境充满不安全感，甚至因过度恐惧出现回避行为（如不敢进实训室、躲在宿舍角落）。

2. 情感异常

（1）情感淡漠。对身边人和事丧失情感反馈，面对亲人来校探望、班级获奖等场景，面部表情、语言回应都极度平淡，仿佛"事不关己"；遇到同学突发意外（如受伤送医），也无担忧、同情等正常情绪波动，情感联结基本断裂。

（2）情感反应不协调。情绪表现与现实情境严重脱节，比如在考试失利后"大笑庆祝"，或是得知好友退学消息时"面无表情讲笑话"；课堂上老师宣布取消考试，其他同学欢呼，情感异常的学生却突然痛哭，情感表达完全背离场景逻辑。

（3）情绪波动大。情绪状态极不稳定，可能前一刻因小事（如实训工具摆放不齐）暴怒（摔砸物品、辱骂同学），下一刻又陷入抑郁沉默（独自流泪、拒绝交流）；也会莫名出现焦虑（反复检查书包、担心"被学校开除"到产生窒息感），情绪切换突兀且剧烈，其情绪状态旁人难以预判和安抚。

3. 意志行为障碍

（1）意志减退。生活陷入"懒散失控"状态，不重视个人卫生（长期不洗澡、衣服散发异味、床铺堆积垃圾），对学业、生活毫无规划与动力，实训课找借口请假、长期拖欠作业，对正常生活的追求明显弱化。

（2）冲动与攻击行为。极小的外部刺激就能引发强烈的情绪波动，如因同学一句无心玩笑"大打出手"，或因食堂排队插队纠纷"砸毁餐盘"；行为完全失控，不仅伤害他人，也会破坏校园设施，事后能回忆冲动细节，但对当时的失控感到困惑，缺乏有效的自我约束能力。

（3）怪异行为。做出违背常规的举动，比如在实训楼突然跪拜，或无故蹦跳、攀爬窗台，或在自习室持续性自言自语（内容混乱，一会儿说"老师要抓我"，一会儿哼奇怪曲调），毫无征兆地高吼（如喊"外星人来了"）或低语（念叨听不清的"神秘指令"），行为模式与常人差异极大。

（二）精神疾病的识别方法

识别精神疾病可从个体的行为表现、情绪状态、言语表达、认知功能四个维度入手，具体方法如下。

1. 观察行为表现

（1）生活习惯变化。留意其日常状态是否出现明显反差，例如原本注重整洁的人突然变得邋遢（如长期不换衣物、宿舍堆积垃圾），生活作息彻底紊乱（昼夜颠倒，白天昏睡、夜间吵闹）；是否有无明显原因的异常行为，如长时间发呆凝视某处、重复性踱步或搓手，且难以被外界干预中断。

（2）社交行为异常。观察其在社交中的表现，是否突然回避人际交往（如拒绝参加班级活动、躲在宿舍拒绝见人），对亲友态度冷漠（如无视家人电话、对同学的问候毫无反应）；或出现不合时宜的社交行为，如对陌生人出现社交边界异常行为（强行拥抱、诉说私密信息）、无故对他人进行言语攻击（辱骂室友、顶撞老师）甚至肢体冲突。

2. 关注情绪状态

（1）情绪稳定性。判断学生的情绪是否长期处于极端状态，如持续数周甚至数月的低落（整日哭泣、对多数事物失去兴趣）、过度焦虑（坐立难安、反复念叨"会有坏事发生"）、烦躁易怒（因小事大发雷霆），或异常兴奋（如彻夜不眠规划"宏大目标"、滔滔不绝且难以被打断，超出正常情绪范围）。

（2）情绪合理性。观察其情绪反应是否与现实情境匹配，例如无端哭泣（无明显悲伤事件触发）、莫名大笑（课堂严肃讨论时无明显诱因突然发笑），或对重大事件（如挂科、获奖）缺乏正常情绪反应（如毫无波动）。

3. 分析言语表达

（1）逻辑性与连贯性。倾听其说话时的逻辑，是否存在表达混乱（如话题跳跃，从"食堂饭菜"突然转到"外星人入侵"）、词不达意（想说"实训工具坏了"，却表达成"实训工具丢了"）、答非所问（问："吃饭了吗？"答："今天天气不好。"），这些情况会导致沟通难以正常进行。

（2）内容合理性。注意其言语内容是否明显脱离现实，如反复诉说"听到不存在的声音"（如"耳边总有人叫我跳楼"）"看到奇怪的景象"（如"天花板上有虫子在爬"），并坚信这些是真实发生的，即使他人举证反驳也难以被说服。

4. 评估认知功能

（1）记忆力与注意力。通过简单互动评估，如询问"昨天课堂上老师讲了什么内容""早上吃了什么"，观察其是否存在明显遗忘；或让其完成"整理实训工具""抄写一段文字"等简单任务，判断其是否难以集中注意力（如频繁分心、中途放弃、任务完成质量极差）。

（2）思维能力。观察其思维逻辑，如让其解释"为什么上课不能迟到"，观察其是否能清晰表达逻辑（如"会影响老师讲课和同学听讲"），还是答非所问（如

"因为地球在转")。

若发现身边人出现上述多项异常表现,且持续时间较长(如超过2周)、明显影响其学习生活,应及时建议其前往专业精神卫生机构进行详细检查和诊断,以便尽早干预治疗。

三、常见人格障碍及其防治

(一)常见人格障碍类型及特点表现

1. 偏执型人格障碍

这类患者内心筑起坚固的信任壁垒,对他人普遍存在根深蒂固的不信任与猜疑,总觉得别人心怀恶意、暗藏阴谋。在日常生活和工作中,他们常无端怀疑同事背后议论自己,对伴侣的行踪过度关注,稍有异常便怀疑对方不忠。人际交往中,他们极易与他人发生争执,习惯性将他人的善意曲解为恶意,且过度自信、固执己见,要求他人绝对听从自己;若被拒绝,便会心生怨恨,甚至对他人产生强烈敌意,拒绝接受不同意见。

2. 分裂型人格障碍

他们的情感世界如同被厚冰覆盖,极度冷漠,对社交活动毫无兴趣,更愿独自沉浸在幻想中。部分患者可能表现出与主流价值观不符的观念或行为。人际关系存在明显缺陷,对他人情感冷漠至极,总是独来独往,与周围人格格不入,难以建立亲密关系,如同人际海洋中的一座孤岛。

3. 反社会型人格障碍

反社会型人格障碍又称"悖德型人格障碍",这类患者宛如社会秩序的破坏者,完全无视社会规范和他人权利,行为极具攻击性和冲动性。他们常违法乱纪,缺乏道德和法律意识,对他人的感受和需求漠不关心,仿佛生活在无规则的世界里。其行为常给他人带来伤害和痛苦,却毫无愧疚之心,对社会规则缺乏敬畏。

4. 边缘型人格障碍

他们的情绪如同暴风雨中的大海,极不稳定,人际关系也紧张到令人窒息。情绪上,时而高涨如炽热火焰,时而低落如坠入冰渊,变化迅速且强度极大;情感脆弱易碎,常陷入自我怀疑的漩涡。人际关系中,时而与他人亲密无间,视彼此为生命中最重要的人,时而又形同陌路、冷漠如陌生人,令人捉摸不透。

5. 自恋型人格障碍

这类患者常以自我为中心，非常自负，仿佛自己是世界的中心，所有人都应围绕自己转。他们极度渴望他人的赞美和关注，坚信自己优于他人，对能力和成就夸大其词，仿佛无所不能。难以接受任何批评，常忽视他人的需求和感受。

6. 回避型人格障碍

他们内心深处极度害怕被拒绝和批评，这种恐惧如同无形的手扼住喉咙，导致他们不敢主动与人交往，在公众场合发言或表现自己会让他们无比恐惧。他们宁愿独自躲在角落，也不愿参与社交活动，视社交为可怕的噩梦。

7. 依赖型人格障碍

他们过度依赖他人，缺乏自主性。生活和决策中完全依赖别人，仿佛没有他人帮助就难以独立完成任务或做决定；内心时刻害怕被抛弃，仿佛离开他人就无法生存。

8. 强迫型人格障碍

他们过分追求完美和秩序，做任何事情都有严格的标准和程序。比如物品必须摆放整齐，工作必须按特定流程进行，一旦不符合要求，就会陷入焦虑，仿佛世界即将崩塌。生活如同精密的机器，每一个零件都必须完美，否则便会陷入混乱。

9. 表演型人格障碍

他们情绪化严重且极度寻求关注，行为夸张如戏剧表演。常通过夸张言行吸引他人目光，在聚会上过度表现自己。情绪变化迅速强烈，如同六月的天气说变就变。

（二）人格障碍的防治措施

人格障碍通常始于童年或青少年时期，并持续至成年甚至终身。一般认为，其形成多与遗传易感性有关，同时受到童年不良成长环境的影响，是生物与环境因素共同作用的结果。人格障碍在高职院校学生的心理咨询中较为常见。尽管人格障碍类型复杂，但存在一些共同特点：患者一般意识清醒，无明显意识障碍、记忆力及智力活动缺陷，但存在情感与行为活动的显著异常；他们虽能处理日常基本生活和工作，也能理解自身行为的后果，但因对自身人格缺陷缺乏自知力，难以从错误或过往经验中吸取教训并纠正，因此无法适应周围环境。此外，人格障碍具有相对稳定性，一旦形成便不易改变，矫治难度较大。

从生物—心理—社会医学模式来看，人格障碍的发生往往受生物学因素、心理发育因素和社会环境因素的共同影响，其中幼年期心理发育因素起着主要作用。人格障碍的治疗以心理治疗为主，尽管形成后矫治困难，但通过环境适应训练、择业行为指导等心理干预，症状可逐步缓解和改善。

1. 药物治疗

药物虽无法从根本上改变人格结构，但对缓解人格障碍的某些症状有一定作用。例如，情绪不稳定是边缘型、冲动型人格障碍患者的主要特征，患者可遵医嘱服用稳定心境的药物以改善症状；抗精神病药对分裂型人格障碍患者的抑郁、焦虑、人格解体及社会隔离等症状有缓解作用。药物治疗能暂时缓解症状，为后续治疗创造有利条件。

2. 心理治疗

心理治疗是人格障碍的核心治疗手段之一。治疗中，咨询师通过与患者建立良好关系，帮助其认识到自身个性缺陷，引导其认识到适应不良的行为模式，逐步调整互动方式，重建更灵活的行为模式。临床上常用的方法包括认知疗法、精神分析疗法、行为治疗等。

3. 营造良好环境

家庭是个体成长的重要环境，营造良好的家庭氛围至关重要。对于患者的不合理行为，家人应适当提醒，注意方式方法，避免过度指责和批评，以防加重其心理负担。社会层面应建立完善的社会支持系统，积极的社会支持能减轻压力和创伤带来的影响，从而降低人格障碍发生的风险，具体包括引导个体建立亲密的人际关系、与家人朋友保持良好沟通、参与社区和群体活动等。

4. 保持良好心态

保持乐观愉快的情绪很重要，长期精神紧张、焦虑、烦躁、悲观，会引起大脑皮质兴奋与抑制过程失衡，增加患精神心理疾病的风险，因此需主动调节心情。可通过适当运动、听音乐、旅游等方式缓解压力、放松心情；积极参与社交活动，社交如同"实践舞台"，能让人在互动中提升社交能力和心理素质，同时帮助个体在人际交往中认识到自身行为的不合理性及性格缺陷，进而在他人支持下改正。

（三）人格障碍防治的注意事项

1. 及时就医

若怀疑自身存在人格障碍倾向，应及时前往正规医院的精神心理科就诊，在专业医生指导下接受治疗，避免因延误干预导致症状加重或继发抑郁、焦虑等情绪问题及社会适应困难。

2. 专业评估

人格障碍的诊断需由专业医生通过详细的临床评估、面谈及标准化量表测量等进行综合评估后做出，非专业人员不能仅凭少数外在表现轻易下结论。专业评估能为病情程度的判断和治疗方案的制定提供科学依据。

3. 长期治疗

人格障碍的预后因类型和个体差异而有所不同，尽管部分类型的改善过程较慢，但通过持续的干预，多数患者的生活质量可得到显著提升。人格障碍的治疗是一个长期的过程，需要患者、家属与医生共同坚持，逐步改善。

四、精神分裂症及其防治

（一）精神分裂症的临床类型

精神分裂症存在不同的临床类型，每种类型在发病年龄、症状表现、治疗效果及预后等方面均有差异。

1. 偏执型精神分裂症

以系统妄想为主要症状。若出现幻觉，通常与幻想内容相关；在不涉及妄想的情况下，患者其他心理活动无明显异常。多在青壮年时期（25~35岁）发病，妄想内容较固定，具有一定现实性，常见表现为被害妄想、嫉妒妄想、夸大妄想、疑病妄想、钟情妄想等。该类型患者较为多见，坚持治疗通常能取得较好效果。

2. 青春型精神分裂症

起病于15~25岁的青春期，起病较急，病情发展迅速。主要表现为思维、情感和行为的不协调，具体包括思维破裂、喜怒无常、行为幼稚，精神症状复杂且易变。此类型患者较为多见，患者生活难以自理，预后较差。

3. 紧张型精神分裂症

起病较急，多发于青壮年期。主要临床表现为紧张性木僵，表现为不吃、不动、不说话，但意识清醒；有时会突然从木僵状态转为难以遏制的兴奋躁动，严重时可昼夜不停，行为暴烈。该类型患者较为少见，经及时治疗后缓解效果较理想。

4. 单纯型精神分裂症

起病隐匿，发展缓慢，多在青少年期发病。主要症状为情感淡漠、意志减退、社交退缩等，无妄想、幻觉。患者社会功能严重受损，趋向精神衰退，病程至少2年。此类型患者较为少见，预后最差。

（二）精神分裂症的治疗要点

精神分裂症的病因和发病机制尚未完全明确，一般认为与遗传易感性、宫内不良环境（如感染、缺氧）、神经发育素质及后天环境等多种因素相关。其治疗以药物治疗为主，辅以心理治疗，同时需改善社会环境和患者心境，具体包括以下方面。

1. 药物治疗

针对急、慢性病例，临床需采取积极的药物治疗措施。药物治疗可有效缓解患者症状、改善其与外界的接触，促进精神功能的康复。

2. 康复治疗

在药物及其他治疗的同时，配合康复治疗（如音乐疗法、体育疗法等），能使治疗效果更加显著。

3. 心理治疗

在疾病的不同阶段进行适当的心理治疗，尤其在缓解期和恢复期更为重要。心理治疗可发挥患者在治疗中的主观能动性，增强其战胜疾病的信心，帮助其提高对疾病的认识、巩固疗效；对于存在社会功能缺损和精神衰退的患者，需帮助其训练劳动及生活能力。

4. 院外延续治疗及护理

对于临床治愈或基本缓解的患者，需加强院外治疗及护理：患者需长期服用维持剂量的精神类药物；家庭应为患者安排丰富的疗养生活，如读报、下棋，参与音乐欣赏、美术创作、体育锻炼等娱乐活动，并督促其参加集体活动；此外，可根据患者的兴趣爱好，协助其每天完成一定任务，帮助其保持规律生活，利于病情康复。

5. 营造和谐的康复环境

精神分裂症的发生和复发多与周围环境中的不良刺激相关，因此营造和谐的环境至关重要。对于曾出现过精神症状的人，应给予关心、爱护和尊重，避免施加不良精神刺激。

6. 培养乐观向上的生活态度

长期处于不良情绪状态，如持续压力、抑郁情绪，可能增加精神分裂症的发病风险。因此，需保持宽广的心胸和积极的生活方式，以客观心态看待生活中的得失，避免背负沉重的思想负担，逐步适应轻松的生活和工作节奏，减少过度压力。

五、抑郁症及其防治

（一）抑郁症的定义

抑郁症是一种以显著而持久的心境低落为主要临床特征的精神障碍，绝非单纯的"心情不好"。其心境低落程度与患者所处环境不相称，且持续时间较长，严重者可能出现自杀念头或行为。

对于高职学生群体而言，这种情绪低落并非源于考试失利、同学间小摩擦等日常琐事的短暂情绪波动，而是呈现为一种持续性的状态。患者往往会深陷于深切的悲伤与绝望，如同被一层挥之不去的阴霾笼罩，难以挣脱。举例来说，有些同学原本对学习饱含热情，积极准备各类技能竞赛，但一旦受到抑郁症困扰，他们就可能对学习彻底失去兴趣，甚至看到书本都会心生烦躁与不安。

更重要的是，这种情绪状态并非转瞬即逝的波动——不是今天情绪不佳，次日便能好转，而是会持续数周乃至数月，严重干扰患者的日常生活、学习与工作节奏。

（二）抑郁症的成因分析

1. 生物因素

（1）遗传因素。若直系亲属（如父母、兄弟姐妹）中有抑郁症患者，个体患抑郁症的风险会相对较高，但并非一定会发病。例如，父母或兄弟姐妹患有抑郁症的高职学生，需更关注自身情绪变化，提前做好预防。

（2）神经递质失衡。脑内5-羟色胺、多巴胺等神经递质功能失衡（如水平低于正常范围或受体敏感性异常），会影响情绪调节功能。当这些神经递质含量低于正常水平时，可能引发情绪低落、兴趣减退等抑郁症状，就像身体里的"快乐信号"传递系统出现故障，使人难以感受到愉悦。

（3）内分泌失调。女性在经期等特殊时期，体内激素水平本就波动较大，若此时伴随心理压力或社会支持不足，可能在一定程度上增加患抑郁症的风险。高职女生日常也会经历经期，这一时期要注重情绪调节，通过听音乐、散步等轻松的方式释放压力，保持心情舒畅，减少负面情绪带来的影响。

2. 环境因素

（1）生活压力。高职学生面临学业与就业双重挑战。学业上，需掌握专业知识、应对考试和技能竞赛；就业上，会担忧毕业后能否找到合适的工作。比如，有同学为备战重要技能竞赛日夜苦练,最终却未能获奖,这种挫败感可能诱发焦虑与抑郁情绪。

(2)人际关系。与同学、老师、家人的关系不和谐,如被宿舍同学孤立、因实训分工与老师产生冲突、和家人缺乏有效沟通等,可能加剧心理压力,对易感个体而言,可能诱发抑郁症。若长期与室友存在矛盾,会使人持续烦躁,干扰学习和生活状态。

(3)重大生活事件。亲人离世、失恋、实习受挫等重大事件,会对心理造成强烈冲击,增加患抑郁症的可能性。例如,高职学生在实习期间遭遇失恋,同时面临实习考核压力,双重打击下容易陷入抑郁情绪。

3. 心理因素

(1)性格特点。自卑、过度内向、过度敏感、完美主义等性格特质,可能增加患抑郁症的风险。这类个体往往对自己要求过高,一旦未达预期,就易产生挫败感和自责情绪。比如,有些高职学生在技能操作训练中追求绝对完美,只要出现一点小失误就会陷入深深的自责。

(2)思维方式。过度概括、灾难化思维、非黑即白思维等消极思维模式,会使个体更易聚焦负面信息,进而陷入抑郁。例如,某次实训成绩不理想,就认定自己"天生不适合这个专业""以后肯定找不到好工作",将单次失败扩大为对未来的全盘否定。

(三)抑郁症的症状与识别方法

1. 典型症状

(1)情绪低落。情绪低落是抑郁症最显著的症状之一,表现为患者长期处于深深的悲伤、无助与绝望中。这种情绪具有持续性(通常持续数周甚至数月),且不会因外界环境变化而显著或持久缓解。患者可能觉得生活毫无意义,对未来失去希望,对曾经热爱的事物也提不起兴趣。例如,原本热爱绘画的学生,可能突然对绘画失去热情,甚至看到画具就感到烦躁。此外,这种情绪常伴随自责、自罪和无价值感,患者可能认为自己是家庭或社会的负担,对一切都持悲观态度。

(2)思维迟缓。思维迟缓是抑郁症常见的认知症状,患者大脑反应速度减慢,注意力难以集中,记忆力下降。这种迟缓会影响日常学习和工作,导致决策犹豫,甚至无法完成简单任务。例如,原本能轻松记忆知识点的学生,可能变得难以记忆,或在考试中因注意力涣散而无法答题。

（3）意志活动减退。意志活动减退指患者对日常活动和社交的兴趣与动力显著下降，表现为懒散、不愿参与任何活动，甚至难以完成基本自我照顾。例如，原本积极参加社团活动的学生，可能变得孤僻、不愿与人交流，甚至整天卧床不起。这种状态并非单纯的"懒惰"，而是病态表现——患者会觉得任何活动都毫无意义，对生活本身失去热情，进而影响学业和职业发展。

2. 识别方法

（1）观察行为变化。注意身边人的行为是否出现异常，如突然变得沉默寡言、孤僻（不愿与人交流），对原本感兴趣的事物失去热情，或经常独自发呆等。例如，以前爱说爱笑的同学突然变得不爱说话，总是独自坐在角落，需引起注意。

（2）关注情绪状态。了解身边人的情绪是否长期低落，是否经常感到悲伤、绝望、无助，是否对未来失去希望等。如果发现身边的同学经常情绪低落，对生活逐渐失去信心，就要及时关心和帮助。

（3）进行专业评估。如果怀疑身边人患有抑郁症，可以建议其寻求精神科医生或专业精神卫生机构的帮助，通过专业的评估工具和方法进行诊断。避免随意猜测和判断，以免给患者带来不必要的压力。

（四）抑郁症的治疗途径

1. 药物治疗

抗抑郁药物是治疗抑郁症的常用手段之一。这些药物可以调节脑内神经递质的水平，改善患者的情绪状态。但药物治疗需要在医生的指导下进行，患者应严格按照医嘱服药，不可自行增减药量或停药。

2. 心理治疗

心理治疗在抑郁症的治疗中也起着重要作用。常见的心理治疗方法有认知行为疗法、人际治疗、心理动力治疗等。认知行为疗法可以帮助患者改变消极的思维模式和行为习惯，提高应对压力的能力；人际治疗可以帮助患者改善人际关系，增强社会支持；心理动力治疗可以帮助患者深入了解自己的内心世界，解决潜在的心理冲突。例如，通过认知行为疗法，患者可学会理性看待失败与挫折，避免陷入过度自责或抱怨的负面循环，逐步建立积极的认知与行为模式。

3. 生活方式调整

保持健康的生活方式对抑郁症的治疗与康复至关重要，具体可从以下方面着手：

（1）规律作息。保持规律的睡眠时间（如每天固定时间入睡、晨起），保证充足休息（一般成人每天7~8小时，具体以次日精力充沛为宜）。

（2）合理饮食。均衡摄入营养，多吃蔬菜水果等富含维生素和矿物质的食物，减少咖啡因、高糖食品及垃圾食品的摄入。

（3）适度运动。每周可进行3~5次运动（如散步、跑步、瑜伽等），每次30分钟左右，初期可从短时间、低强度开始，逐步增加。坚持适度运动，有助于释放压力、改善情绪状态。

这些生活方式的调整虽不能直接治愈抑郁症，但能为身体和心理提供基础支持，辅助提升治疗效果。

（五）常见误区解读

1. 误区一：抑郁症就是"矫情"，想开点就好了

许多高职学生及身边的人存在这样的错误认知：认为抑郁症患者只是太"矫情"，遇到小事就扛不住，只要自己"想开点"就能好转。但事实上，抑郁症是一种真实存在的疾病，其发病与生物、心理、环境等多方面因素相关，绝非仅凭"想开点"就能解决。

抑郁症患者可能存在大脑神经递质水平异常、内分泌失调等生理变化，这些是无法通过主观意志控制的。若对患者说"你想开点就好了"，不仅无法提供帮助，反而会让他们感到更无助、自责（觉得自己连"想开点"都做不到），进而加重病情。

2. 误区二：抑郁症患者都是性格内向、孤僻的人

虽然性格内向、孤僻的人可能更容易患上抑郁症，但这并不意味着抑郁症患者就一定是这种性格。很多性格开朗、外向的人也会患上抑郁症。比如，有的同学在学校里是社交达人，朋友众多，经常组织各种活动，但因为家庭突然遭遇变故，如亲人离世，也可能患上抑郁症。抑郁症的发生与多种因素有关，不能仅仅根据性格来判断一个人是否会患上抑郁症。

3. 误区三：抑郁症不用治疗，自己就能好

部分同学认为，抑郁症就像普通的情绪低落，过段时间会自行缓解，不需要专门治疗。但实际上，抑郁症是一种严重的心理障碍，若不及时干预，病情可能逐渐加重，甚至引发自杀等极端后果。这就像一棵小树生了病，若不及时诊治，枝叶会逐渐枯萎、长势衰退，而及时治疗能帮助它重新焕发生机。抑郁症患者同样需要尽早寻求专业帮助,通过药物治疗、心理治疗及生活方式调整等综合手段改善病情,避免因延误治疗导致自伤、自杀等极端后果。

4. 误区四:抗抑郁药物有副作用,不能吃

抗抑郁药物确实可能存在一些副作用,如口干、便秘、嗜睡等,但这些副作用通常存在个体差异,多数人症状较轻微,且在医生的专业指导下合理用药,副作用可得到有效控制和缓解。更重要的是,与抑郁症本身带来的身心痛苦(如长期情绪低落、社会功能受损)及潜在危害(如自伤风险)相比,药物的副作用影响相对较小。若因害怕副作用而拒绝服药,可能错过最佳治疗时机,导致病情进一步恶化。

(六)为身边的抑郁症患者提供支持的方法

1. 给予理解和关爱

抑郁症患者往往感到孤独和无助,他们需要身边人的理解和关爱。应耐心倾听他们的感受,不要轻易打断或批评他们,让他们感受到自己被接纳和支持。比如,当身边的同学向你倾诉自己的烦恼时,你要认真倾听,给予适应的支持,如温和的语言鼓励"我会一直陪着你",或在对方同意时给予轻拍肩膀等肢体安慰。

2. 鼓励积极接受治疗

鼓励抑郁症患者主动寻求专业帮助,配合医生的治疗方案。可以陪伴他们前往医院就诊,协助了解治疗流程和注意事项,增强其战胜疾病的信心。比如,陪同学一起去精神科门诊或专业精神卫生机构,帮忙挂号、排队,让他感受到"不是一个人在战斗"。

3. 提供实际帮助

在日常生活中,可为抑郁症患者提供具体帮助,比如协助完成购物、做饭等力所能及的事务;同时帮助他们建立健康的生活习惯,如一起运动、散步等。例如,和同学共同制订运动计划,每天一起跑步、打球,让他在运动中释放压力、改善情绪。

4. 避免指责和歧视

不要指责或歧视抑郁症患者,要明确抑郁症是一种疾病,并非患者的过错。应尊重他们的感受和选择,给予其足够的空间和时间。比如,避免说"你怎么这么矫情,一点小事就抑郁了"这类话语,而是理解他们的痛苦,给予鼓励和支持。

（七）抑郁症的预防措施

1. 增强心理素质

通过学习心理健康知识，提高自己的心理素质，尤其是应对压力的能力。培养积极乐观的心态，学会正确看待生活中的挫折和困难。比如，可以参加学校组织的心理健康讲座，阅读心理健康方面的书籍，学习一些应对压力的方法和技巧。

2. 建立良好的人际关系

与家人、朋友、同学等保持良好的沟通和交流，建立和谐的人际关系。当遇到问题时，可以及时向他们倾诉，获得他们的支持和帮助。比如，多参加一些社团活动，结交志同道合的朋友，建立深度连接的社交关系。

3. 合理安排生活

保持规律的生活作息，合理安排学习和工作时间，避免过度劳累。同时，要注意劳逸结合，适当参加一些有益的社交或娱乐活动，丰富自己的生活。比如，制订一个合理的学习计划，每天保证一定的学习和休息时间；周末可以和朋友一起去看电影、逛街，放松心情。

4. 关注自身情绪变化

要适度觉察自己的情绪变化，当发现自己出现持续两周以上的情绪低落、焦虑、失眠等症状时，要及时采取措施进行调整，如进行适当的运动、听音乐、与朋友聊天等。如果症状持续得不到缓解，应及时寻求专业帮助。比如，当你感觉心情不好时，可以去操场跑几圈，或者听一首自己喜欢的音乐，放松心情。

（八）抑郁情绪和抑郁症的区别

在心理健康领域，抑郁情绪与抑郁症是两个易被混淆但本质不同的概念，这种混淆在青少年群体中较为常见。由于缺乏专业心理健康知识，许多高职学生难以准确辨别自身状态——是处于正常的抑郁情绪阶段，还是已患上抑郁症。

这种混淆可能导致两种极端：部分学生出现短暂抑郁情绪时，过度担忧自己患了抑郁症，徒增心理压力；而真正患有抑郁症的学生，却可能误以为只是普通情绪低落，未能重视，从而延误治疗。因此，准确区分二者对高职学生至关重要：既能帮助他们正确认知自身情绪状态——处于抑郁情绪时可通过自我调节缓解，确诊抑郁症时能及时寻求专业医疗帮助，避免病情恶化，进而更好地维护心理健康，保障学习和生活正常进行。

具体而言，二者的核心区别如下：

抑郁情绪：是一种短暂、常见的情绪状态，通常由生活中特定事件（如考试失败、朋友争执、学业压力等）引发。这种情绪具有暂时性，通过自我调节（如运动、与朋友交流等）可逐渐缓解，通常不会对日常生活和社会功能造成明显影响。

抑郁症：一种临床诊断的抑郁障碍，以持续的情绪低落、兴趣丧失为核心症状，且症状会严重影响个体的日常生活和社会功能。患者可能深陷悲伤、无助与绝望，这种状态往往持续数周甚至数月，明显干扰学习、工作和人际关系，需通过专业治疗（药物、心理干预等）才能改善。

接下来我们通过案例对比来区分抑郁情绪和抑郁症。

	抑郁情绪	抑郁症
场景描述	小张最近工作上遇到了一些难题，比如项目推进不顺利、被领导批评等，这让他感到有些沮丧和失落	小李长期以来一直觉得生活没有意义，对任何事情都提不起兴趣，即使之前喜欢的活动（如打篮球、看电影）现在对他也毫无吸引力。这种情况已经持续了好几个月，而且越来越严重
情绪表现	小张只是偶尔会感到心情低落，但大部分时间还是能够保持正常的情绪状态。他可能会在工作不顺时叹气、皱眉，但下班后和朋友聚聚、看看电影就能恢复过来	小李的情绪持续低落，整天都感到沮丧、无助，甚至有时候会无缘无故地哭泣。他对生活失去了热情，对未来感到绝望
行为表现	小张在工作上可能会因为情绪低落而效率稍有下降，但他还是会尽力完成任务，也会和同事保持正常的交流。下班后，他会选择和朋友聚会、运动等方式来放松	小李缺乏工作动力，工作上经常出错，甚至开始逃避工作。他不再愿意和家人、朋友交流，整天把自己关在房间里，对什么都提不起兴趣
持续时间	小张的抑郁情绪随着工作问题的解决而逐渐缓解，大概持续了一两周的时间	小李的症状已经持续了好几个月，而且没有自行缓解的迹象，反而越来越严重
影响程度	小张的抑郁情绪对他的日常生活和工作产生了一定的影响，但这种影响是暂时的、可逆的。他通过自我调节和寻求社会支持，很快就恢复了正常	小李的抑郁症严重影响了他的日常生活和工作，甚至可能导致他失去工作、与家人朋友关系疏远。他需要专业的医疗干预和治疗才能逐渐恢复
是否需要专业帮助	小张的抑郁情绪无须专业医疗干预，通过自我调节和寻求社会支持即可缓解	小李的抑郁症需要专业的医疗干预和治疗，包括药物治疗、心理治疗等。他应尽快就医，以免病情进一步恶化

六、常见的神经症及防治

（一）焦虑症

1. 焦虑症的定义

焦虑症（Anxiety Disorder）是一类以过度、持续且难以控制的焦虑情绪为主要特征的心理障碍。与正常的焦虑反应不同，焦虑症患者的焦虑情绪往往缺乏合理的现实原因，或对现实威胁的反应强度明显超出正常范围。例如，普通人可能因即将到来的重要考试而感到紧张，但焦虑症患者可能会在毫无实际威胁的情况下持续感到极度不安，甚至对日常生活中的小事（如出门购物、乘坐电梯）也充满担忧。这种焦虑情绪不仅表现为心理上的烦躁、恐惧，还常常伴随显著的躯体症状，如心悸、出汗、颤抖、呼吸急促、头晕等，并可能导致认知偏差和行为改变。患者可能难以集中注意力，反复思考负面事件，或因过度担忧而出现回避行为。焦虑症会严重影响患者的日常生活功能，导致学业、工作、人际关系等多方面的困扰。

2. 高职学生常见的焦虑症类型

（1）广泛性焦虑障碍（Generalized Anxiety Disorder，GAD）。

广泛性焦虑障碍是高职学生中较为常见的一种焦虑症类型。患者长期处于"自由浮动性焦虑"状态，对学业、人际关系、未来规划等泛化性担忧，难以集中注意力，常伴随肌肉紧张、易疲劳、睡眠障碍等症状。例如，某学生因担心挂科、无法找到工作，每天反复检查课程表，深夜仍无法入睡，白天精神萎靡，导致学习效率下降，形成恶性循环。

（2）社交焦虑障碍（Social Anxiety Disorder，SAD）。

社交焦虑障碍在高职学生中也不容忽视。这类患者在社交场合（如课堂互动、聚餐、集体活动）中，会过度恐惧被他人评价或羞辱，进而出现脸红、身体颤抖、刻意回避等表现，甚至因害怕社交而选择独处。例如，有高职学生因害怕在小组讨论中表现不佳，每次轮到自己发言时便紧张到结巴，最终逐渐退出所有需要互动的课程，这又进一步加剧了其社交孤立感。

（3）惊恐障碍（Panic Disorder，PD）。

惊恐障碍的典型表现为突然发作的强烈恐惧或不适感，常伴随心悸、出汗、颤抖、呼吸困难、濒死感等躯体症状。这类发作持续时间短暂，但会反复出现。患者往往因担心再次发作而刻意回避特定场所，进而影响正常生活。例如，有学生在图书馆自习时，突然感到胸闷、心跳加速，误以为是突发心脏病，拨打急救电话后症状逐渐缓解。但此后，他因害怕再次发作而不敢独自前往图书馆，这一回避行为严重干扰了其正常的学习节奏和生活状态。

3. 焦虑症的成因分析

（1）生物因素。

焦虑症的发生与遗传易感性、神经递质失衡（如血清素、多巴胺水平异常）、脑区功能异常（如杏仁核过度活跃）等生物学因素密切相关。研究显示，焦虑症患者的家族中往往存在类似病史，且神经影像学检查发现其大脑杏仁核等情绪调节区域的结构和功能存在异常。

（2）心理因素。

完美主义倾向、低自尊、灾难化思维（如"如果考砸了，我一辈子就毁了"）、早期创伤经历等心理因素，是焦虑症的重要风险因素。例如，部分学生因从小接受过度严厉的教育，形成追求完美的性格，对任何可能的失败都充满恐惧，进而陷入焦虑的恶性循环。

（3）社会环境因素。

学业压力、就业竞争、家庭冲突、人际关系困扰（如校园欺凌、室友矛盾）、网络信息过载等社会环境因素，可能诱发或加重焦虑症。高职学生处于人生发展的关键阶段，面临学业、就业、人际关系等多重压力，若这些压力得不到有效缓解，便可能转化为焦虑情绪。

4. 焦虑症对高职学生的影响

（1）学业表现。

焦虑症会导致学生注意力分散、记忆力下降，或因过度担忧"做不好"而出现拖延行为。长期处于焦虑状态的学生，往往难以集中精力学习，对课程内容的理解和掌握受到影响，进而影响学业成绩和未来发展。

（2）人际关系。

焦虑症会影响学生的人际交往能力，导致其回避社交、难以建立亲密关系，或因过度敏感而误解他人意图。例如，社交焦虑障碍患者可能因害怕被评价而避免参加集体活动，错失与他人建立联系的机会，进一步加剧孤独感和焦虑情绪。

（3）身心健康。

长期焦虑可能诱发抑郁症、睡眠障碍、消化系统疾病、免疫功能下降等问题。焦虑症患者的身体长期处于应激状态，可能导致内分泌失调、免疫力下降，增加患病风险。

5. 应对焦虑症的策略

（1）重构思维模式。

焦虑常源于"灾难化思维"的陷阱，例如将一次考试失利放大为"人生失败"。通过 ABC 理论剖析焦虑背后的非理性认知，会发现"必须考第一"只是自我设限的枷锁，而"尽力而为，结果随缘"才是更健康的信念。尝试用成长型思维替代固定型思维，将"我数学差"转化为"我正在学习数学解题方法"，用每一次微小进步瓦解自我否定，让思维从焦虑的漩涡转向积极行动的轨道。

（2）规律生活，释放压力。

规律作息是抵御焦虑的基石，固定睡眠时间（如晚上十一点前入睡）能修复大脑神经网络，避免熬夜刷手机加剧情绪波动。每日进行 30 分钟有氧运动（如慢跑、跳绳）可释放内啡肽，降低焦虑水平；"番茄工作法"（学习 25 分钟+休息 5 分钟）既能保持专注，又能避免过度疲劳。正念呼吸练习（闭眼专注呼吸，走神时将注意力温柔拉回到呼吸上）与情绪日记（用"我感到……因为……"记录焦虑）结合，能帮助觉察情绪，逐步放下评判，回归内心平静。

（3）构建安全网络。

主动寻求社会支持是缓解焦虑的关键。与室友、同学建立互助小组，在分享压力中感受"我不是一个人"；加入兴趣社团（如摄影、运动社团），在共同目标中增强归属感；定期与家人通话，倾诉生活琐事，让情感支持成为抵御焦虑的屏障。学习"非暴力沟通"技巧（如"我感到……因为……我希望……"），既能清晰表达需求，又能避免冲突升级，让人际关系成为焦虑的缓冲带。

（4）及时干预，科学应对。

焦虑症的早期信号（如持续心悸、失眠、注意力不集中）需引起重视，若症状持续超过两周，应及时寻求专业支持。学校心理咨询中心可提供免费心理筛查与个体咨询，认知行为疗法（CBT）通过认知重构、暴露疗法、放松训练等，能有效缓解焦虑症状。必要时遵医嘱服用抗焦虑药物，并配合心理治疗，是科学应对焦虑的双重保障。记住，焦虑是身体的"求救信号"，而非缺陷，勇敢求助是对自己生命的尊重。

（5）营造积极氛围。

减少信息过载可降低焦虑，限制社交媒体使用时间，避免与他人过度比较；每日睡前 1 小时关闭电子设备，用纸质书籍替代短视频，让大脑在安静中恢复能量。在宿舍布置绿植、香薰，创造"安全空间"；焦虑时进行"5-4-3-2-1"感官训练（说出 5 种可见物、4 种触感、3 种声音、2种气味、1种味道等），能快速将注意力拉回当下，打破焦虑的恶性循环。

（二）恐惧症

1. 恐惧症的定义与核心特征

恐惧症（Phobia）是一种以特定对象或情境引发的强烈、不合理且持续的恐惧情绪为核心特征的心理障碍。与正常恐惧反应不同，恐惧症患者的恐惧程度通常与实际威胁不成比例——患者明知这种恐惧不合理，却无法控制，进而通过主动或被动方式回避相关情境。例如，普通人对蛇类可能保持警惕，而恐惧症患者可能仅看到蛇的图片或听到"蛇"字就产生剧烈恐慌；或因害怕乘坐电梯而拒绝进入高楼，严重影响日常出行。这种恐惧常伴随显著生理反应（如心跳加速、呼吸急促、出汗、颤抖、恶心等），并可能导致生活功能受限。

2. 常见的恐惧症类型

（1）特定恐惧症（Specific Phobia）。

这是高职学生中较常见的恐惧症类型，患者对特定物体或情境（如动物、血液、高度、飞行等）产生强烈恐惧。例如，某学生因幼年被狗追赶，进入高职学校后对所有犬类极度恐惧，即使看到宠物狗也会恐慌，甚至因害怕被咬而绕开小区花园。

（2）社交恐惧症（Social Phobia）。

社交恐惧症在高职学生中同样需受到重视。患者在社交场合中过度恐惧被评价或羞辱，表现为脸红、颤抖、刻意回避社交场合，甚至因害怕社交而选择独处。例如，某学生因担心小组讨论表现不佳，发言时紧张到结巴，进而逐渐退出所有需要互动的课程，进一步加剧社交孤立感。

（3）广场恐惧症（Agoraphobia）。

典型表现为对难以逃离的场所（如开放空间的商场、人流密集的地铁站、密闭的电梯）产生强烈恐惧，患者担心在这些情境中突发恐慌或晕倒却无法获得帮助。例如，某学生曾在地铁中因拥挤感到窒息，此后对所有密闭或拥挤场所产生恐惧，甚至拒绝乘坐公共交通工具，这导致其活动范围严重受限。

3. 恐惧症的成因分析

（1）生物因素。

恐惧症的发生与遗传易感性、杏仁核等脑区功能异常、神经递质失衡密切相关。通常来说，若直系亲属（如父母、兄弟姐妹）中有人患恐惧症，其他成员出现类似问题的可能性会相对较高；从生理结构看，恐惧症患者大脑中负责恐惧信号处理的杏仁核等区域，其结构和功能也可能存在异常，这会影响他们对恐惧信号的处理和反应。

（2）心理因素。

创伤性经历（如被动物攻击、公开场合出丑）、过度保护或忽视的教养方式、认知偏差（如"我必须完美，否则会被所有人嘲笑"）等，是恐惧症的重要诱因。例如，部分学生因幼年被同学嘲笑，形成"我永远无法被接受"的信念，进入高职学校后便可能对社交场合充满恐惧。

（3）社会环境因素。

学业压力、就业竞争、家庭冲突、同伴压力、媒体过度渲染（如恐怖电影、犯罪新闻）等，可能诱发或加重恐惧症。高职学生处于人生关键阶段，面临学业、就业、人际关系等多重压力，若这些压力长期得不到有效缓解，可能使个体对压力源相关的特定情境产生过度警觉，进而转化为恐惧。

4. 应对恐惧症的策略

（1）重构恐惧思维。

恐惧症常源于"灾难化想象"，例如认为"社交场合出丑就会被所有人嘲笑""乘坐电梯必定会被困住"。个体通过认知行为疗法（CBT）可识别并挑战这些非理性认知：用证据反驳恐惧（如"上次我成功完成了演讲，并没有被嘲笑"），或通过概率分析（如"飞机失事概率仅百万分之一"）让恐惧回归现实。将恐惧描述转化为客观表述（如"电梯有故障风险，但现代安全系统很可靠"），逐步摆脱"夸大陷阱"，转向理性思维。

（2）逐步暴露与放松训练。

系统脱敏法（暴露疗法）是克服恐惧的核心策略之一：从最轻度的恐惧情境开始（如看电梯图片），逐步过渡到真实场景（如独自乘坐电梯），并在焦虑中停留至情绪自然平复（如从1分钟延长至10分钟），让大脑适应"安全信号"。配合4-7-8

呼吸法（吸气 4 秒→屏息 7 秒→呼气 8 秒）或渐进式肌肉放松（从脚趾到头部逐一紧绷再放松），可快速缓解躯体紧张。

（3）构建安全网络。

克服恐惧症需依赖社会支持：与信任的人共同面对恐惧（如一起乘坐电梯、练习社交对话），能缓解面对恐惧时的压力；加入互助小组分享经验，可获得情感共鸣与实用建议。提前告知他人自己的恐惧（如"我有点怕电梯，但会努力克服"），或用幽默化解尴尬（如"实不相瞒，我对电梯有点'小偏见'，每次进去都得给自己打气——今天就拜托各位当我的'勇气后盾'啦！"），既能减少误解，又能增强自我掌控感。

（4）科学应对恐惧。

若恐惧导致生活严重受限（如无法正常学习、社交），或伴有心悸、晕厥等躯体症状，需及时寻求专业帮助。认知行为疗法（CBT）通过暴露训练改变恐惧反应；虚拟现实暴露疗法利用 VR 技术模拟恐惧场景，提供安全的练习环境；必要时，可在精神科医生的指导下，短期服用相关药物，可缓解急性症状。需明确的是，恐惧症是可治愈的，专业干预能显著加速康复。

（5）减少恐惧触发。

提前准备可降低恐惧发生概率：社交恐惧者可准备话题清单，练习开场白（如"今天天气不错，你们最近在忙什么？"）；幽闭恐惧者可携带安抚物品（如音乐播放器）分散注意力。在恐惧情境中关注安全信号（如电梯内的紧急按钮、人群中的熟人），能增强控制感；若恐惧特定物体（如蜘蛛），可通过"图片→视频→实物"的逐步暴露，配合正念接纳（如"它存在但不会伤害我"），实现脱敏。

（三）强迫症

1. 强迫症的定义与核心特征

强迫症是一种以反复出现的强迫观念或强迫行为为主要特征的心理障碍。强迫观念是个体无法控制、反复出现的侵入性思维、冲动或图像，通常会引发显著焦虑或痛苦；强迫行为则是为缓解这种焦虑而进行的重复性行为。例如，某学生反复出现"门未锁好会导致家中被盗"的担忧，为缓解焦虑，他必须反复检查门锁，甚至离开宿舍后多次返回确认。这种行为并非出于实际需要，而是由强迫观念驱动，患者虽明知不合理，却难以停止。

2. 高职学生常见的强迫症表现

（1）清洁与污染恐惧。患者因过度担忧细菌、病毒或污染，会反复洗手、清洁物品，甚至回避接触公共场所。例如，某学生因害怕感染疾病，每天洗手超过50次，导致皮肤皲裂却仍无法停止。

（2）检查与确认。患者反复检查门窗、电器开关、作业内容等，以求"绝对安全"或"完美无缺"。例如，某学生为确认作业是否提交，每天登录学习平台超过10次，即便已收到提交成功的提示仍不放心。

（3）计数与对称。患者需通过特定数字（如3的倍数）或对称行为（如左右对称摆放物品）缓解焦虑。例如，某学生必须按特定顺序整理书桌，一旦顺序被打乱就极度不适，需重新整理以缓解焦虑。

（4）侵入性思维。患者反复出现与道德、暴力或性相关的侵入性思维，因无法控制这些思维而感到内疚或恐惧。例如，某学生反复担忧自己会伤害他人，尽管从未有过暴力行为，却仍因这些想法回避与他人接触。

3. 强迫症的成因分析

（1）生物因素。遗传易感性、神经递质失衡（如血清素水平异常）、大脑前额叶皮层、基底神经节与丘脑构成的环路功能异常等，与强迫症的发生密切相关。通常来说，强迫症患者的家族中可能存在类似病史，神经影像学检查也显示其大脑相关区域的结构和功能存在异常。

（2）心理因素。完美主义倾向、过度责任感、创伤性经历（如目睹暴力事件）、认知偏差（如"若不检查，灾难就会发生"）等，可能诱发或加重强迫症。例如，一些学生因幼年被父母过度要求"完美"，成年后对任何小事都追求绝对正确，进而形成强迫行为。

（3）社会环境因素。学业压力、家庭冲突、同伴压力、文化观念（如对"干净"的过度强调）等，也可能成为强迫症的诱因。高职学生处于人生关键阶段，面临学业、就业、人际关系等多重压力，若这些压力得不到有效缓解，可能转化为对特定行为的强迫。

4. 强迫症对高职学生的影响

（1）学业表现。强迫症会导致学生因反复检查、清洁等行为浪费大量时间，影响学习效率和成绩。例如，某学生因反复确认作业内容，原本1小时可完成的作业需要3小时才能完成。

（2）人际关系。强迫症会影响人际交往能力，导致患者回避社交、因过度关注细节误解他人意图，或因强迫行为干扰他人引发冲突。例如，某学生因反复洗手而拒绝与同学共用餐具，被误解为"洁癖"或"不合群"。

（3）身心健康。长期出现强迫行为可能诱发焦虑症、抑郁症、睡眠障碍，或导致皮肤损伤（如过度洗手引发的手部湿疹）等。强迫症患者的身体长期处于应激状态，会导致内分泌失调、免疫力下降，增加患病风险。

5. 强迫症的应对策略

（1）打破"灾难化思维"。

强迫症的强迫思维常伴随"绝对化要求"（如"必须确保万无一失"）和"过度责任假设"（如"若未检查，后果将不堪设想"），导致焦虑升级。通过认知行为疗法（CBT），可识别并挑战这些非理性逻辑：用证据反驳强迫思维（如"上次未反复检查，并未发生危险"），或通过概率分析（如"意外发生的概率仅千万分之一"），让恐惧回归现实；将强迫观念转化为客观描述（如"门可能已锁好，即使不检查，风险也极低"），逐步瓦解"夸大陷阱"，让思维从焦虑转向理性。

（2）延迟与减少强迫行为。

暴露与反应预防是克服强迫症的核心策略：从最轻度的强迫行为开始（如减少一次洗手次数），逐步过渡到完全克制（如直接触碰"不洁"物品而不洗手），并在焦虑中停留至其自然缓解（如从10分钟延长至1小时），让大脑适应"安全信号"。配合时间延迟法（如"先等5分钟再检查门锁"）或替代行为（如用湿巾简单清洁后直接进食），可快速缓解躯体紧张。通过"暴露—延迟—反应预防"的循环，强迫行为会逐渐减弱。

（3）与强迫共存。

接纳焦虑而非对抗，是接纳与承诺疗法（ACT）的核心原则。当强迫思维出现时，用"观察者视角"描述感受（如"我现在感到焦虑，但这种情绪会过去"），而非陷入思维漩涡；将注意力从强迫行为转移到个人目标（如"即使焦虑，我也要完成今天的作业"），通过行动证明"强迫并非必需"。可类比焦虑为"脑中的广播"——允许它播放，但不必全盘接受，最终实现与强迫症状和平共处。

（4）减少触发因素。

优化生活环境能显著降低强迫行为频率：简化物品摆放（如减少易引发焦虑的刀具、清洁剂），或固定物品位置（如将钥匙放在指定挂钩，避免反复寻找）；设定

"安全信号"（如门锁上贴红色贴纸代表已锁好），减少重复检查；规律作息（如每日散步 30 分钟）、均衡饮食和适度运动，也可降低焦虑水平。通过环境调整，为患者创造更"安全"的生活空间。

（5）科学应对强迫症。

若强迫行为导致生活严重受限（如每日花费 3 小时以上检查），或伴有抑郁、自伤倾向，需及时寻求专业支持。认知行为疗法（CBT）通过暴露与反应预防改变强迫反应；药物治疗可缓解症状；神经调控技术（如深部脑刺激）则为严重病例提供新选择。需注意的是，强迫症的治疗需要专业人士的指导，切勿自行调整方案。

（6）培养健康习惯。

日常习惯是维持康复的关键：记录"进步日志"，聚焦每一次克服（如"今天只检查了 2 次门锁，比昨天少 1 次"），增强自我效能感；加入互助小组分享经验，获得情感共鸣与实用建议；若症状严重，避免独自承受压力，及时寻求精神科医生与心理咨询师的联合帮助。通过科学管理，患者可逐步重获生活掌控感。

七、心理咨询的概念与对象

（一）心理咨询的概念

心理咨询是指接受过系统训练的心理咨询师，运用心理学原理和技术，遵循心理咨询的专业原则，通过多种技术和方法，帮助当事人解决心理问题的过程。

在这一过程中，咨询师通常通过与来访者的交谈、商讨，为其提供启发和疏导，协助来访者澄清自身成长中的困惑，探索自身心理和行为问题的可能原因，分析问题的关键所在，进而探寻摆脱困境与解决问题的方法。最终帮助来访者解除心理负担，最大程度发挥自身潜能，提高对环境的适应能力，学会悦纳自己和他人。

心理咨询的显著特征是"助人自助"，其根本目的是促进求助者自身的成长，使其能够独立面对和处理个人生活中的心理及相关行为问题。除此之外，咨询师不会帮助来访者解决生活中其他任何具体问题。

（二）心理咨询与心理治疗的区别

1. 工作对象不同

心理咨询的对象是心理正常的健康人群，或存在一般心理问题、严重心理问题的人群；心理治疗的对象则是心理异常人群，主要包括患有神经症、人格障碍、精神病性障碍等心理障碍的个体，其心理功能与社会功能已明显受损。

2. 工作内容不同

心理咨询着重处理个体在发展过程中遇到的适应性问题，如人际交往困扰、环境适应困难、职业生涯规划迷茫等，核心是帮助个体提升自我认知与应对能力；心理治疗的适应范围则以临床诊断的心理障碍为主，如抑郁症、强迫症、创伤后应激障碍等，需通过专业技术缓解或消除病理症状，改善心理功能，恢复社会适应功能。

3. 工作地点不同

心理治疗属于医疗行为，需在具备资质的医疗机构（如医院精神科、心理科）内开展，且从业者需具备医疗相关资质；心理咨询的开展地点更灵活，可在学校心理咨询中心、社会心理服务机构、社区服务中心及部分医疗机构等场所进行。

八、心理咨询的原则

心理咨询作为一项专业性极强的助人工作，其有效开展不仅依赖咨询师的专业技能，还需要遵循一系列核心原则。这些原则既是保障咨询伦理的"底线"，也是维护来访者权益、确保咨询效果的基石。它们明确了咨询关系的边界、咨询师的角色定位以及工作开展的基本规范，让心理咨询在科学、有序的框架内发挥作用。下面具体介绍心理咨询的核心原则。

1. 保密性原则

保密原则是心理咨询中最重要的原则，是建立良好咨询关系的基础，也是咨询师职业道德的基本要求。高职学生对心理问题往往较为敏感，因此对保密的需求更高。坚持为来访者保守秘密、尊重其个人隐私，但需明确保密例外（如涉及自杀、伤人等重大风险时，需在伦理框架内适当突破保密以保障安全），是每一位心理咨询师义不容辞的责任。

2. 尊重原则

咨询师需尊重每一位来访学生的人格及其独特性，认真、耐心地倾听来访者的诉说，给予非评判性的积极应答，以体现尊重与平等的态度，让来访者获得足够的安全感与心理安慰。尊重意味着咨询双方在人格上完全平等，这是对咨询人员最基本的要求。

3. 中立原则

中立原则是指咨询师在咨询过程中需保持价值中立，不掺杂个人偏见，不轻易批评来访者，也不将自己的态度强加于对方。这样才能让来访者感到轻松，无所顾虑地敞开心扉。

4. 发展性原则

发展性原则要求咨询师以发展变化的视角看待来访者的问题——心理咨询的核心是助力来访者成长。因此，咨询师应关注大学生的全面发展，不仅解决当前问题，还要促进其未来成长；鼓励他们探索自身潜能，培养适应未来挑战的能力。

5. 时间限定原则

心理咨询需遵守时间限制，每次咨询时间通常为50分钟左右，原则上不随意延长或缩短（特殊情况需提前与来访者协商约定）。这一原则能帮助来访者建立明确的时间概念，更有效地利用咨询时间，同时保障咨询过程的结构性与专业性。

6. 自愿原则

咨访关系的建立必须基于来访者的自愿。缺乏咨询意愿的来访者，往往难以取得理想效果；只有当来访者自身感到心理不适并主动寻求帮助时，咨询师的专业能力才能有效发挥。对此，咨询师应秉持"自愿求助优先，专业匹配为要"的态度——来访者有权自愿开始或终止咨询，咨询师也可在评估后对不匹配的案例进行转介。

7. 感情限定原则

咨访关系是咨询顺利开展的关键，体现为咨询师与来访者在专业边界内的心理沟通与情感联结，但这种关系需严格限定在咨询工作范围内。超出工作范围的双重关系（如亲密关系、朋友关系等），不仅可能使来访者过度依赖咨询师、介入其私人生活，从而抑制自身的自我探索与成长，最终影响咨询效果，还可能破坏咨询的客观性与专业性，甚至对来访者造成二次伤害。

九、心理咨询的分类

心理咨询可根据不同维度划分为多种类型，每种类型在服务对象、开展形式和适用场景上各有侧重，以下从性质、规模和形式三个角度具体说明。

（一）按照心理咨询的性质分类

（1）发展心理咨询。主要面向心理正常的个体，聚焦其成长过程中的适应性问题，目的是帮助个体更好地适应环境、突破自我局限，实现更完善的发展。例如，应对新环境适应（如升学后的校园融入）、人际交往困扰、职业生涯规划等。咨询师通过提供专业视角和启发性提问，助力个体挖掘潜能，提升自我认知与应对能力。

（2）健康心理咨询。针对因情绪困扰或心理创伤导致心理健康受损的个体，尤其是存在焦虑、抑郁等情绪问题，或已出现轻度心理障碍（如强迫症、创伤后应激障碍早期表现）的人群。咨询的核心是缓解症状、修复认知偏差、重塑健康人格，常见内容包括抑郁症干预、焦虑情绪调节、应激创伤处理等，需结合专业心理技术与干预方法。

（二）按照心理咨询的规模分类

（1）个体心理咨询。由来访者单独向咨询机构提出需求，通常由一名咨询师与来访者进行一对一沟通。这种形式的优势在于聚焦个体独特性，能深入探索个人内心世界，针对性解决个性化问题（如深层情绪冲突、原生家庭影响等），保密性和针对性更强。

（2）团体心理咨询。咨询机构根据共性问题（如社交焦虑、学业压力），招募自愿参与的来访者组成小组，在专业咨询师的引导下，通过团体互动、主题讨论、角色扮演等形式开展咨询。成员在分享与反馈中获得情感共鸣、借鉴他人经验，同时在模拟社交场景中提升应对能力，这些过程有助于成员提升应对能力，使团体心理咨询适用于解决群体性共性问题。

（三）按照心理咨询的形式分类

（1）门诊心理咨询。在专门的心理咨询机构或医院心理科门诊开展，以面对面交谈为主要形式。咨询师可通过观察来访者的言行举止、表情神态，全面掌握其心理状态，深入分析问题根源，制定个性化方案。对于已被精神科医生诊断为心理障碍的个体，可在医生指导下，结合诊断结果制订系统干预计划。

（2）电话心理咨询。借助电话通话提供即时支持，具有便捷、快速的特点，尤其适用于心理危机干预（如自杀倾向、急性情绪崩溃），因此也被称为"希望线""生命线"。此外，因其隐蔽性强，更易被羞于面对面咨询的个体（如社交焦虑者）接受，能及时缓解其紧急情绪困扰。

（3）网络心理咨询。依托互联网平台（如视频通话、文字聊天）开展，兼具保密性、实时性和跨地域优势。来访者可在熟悉的环境中倾诉，减少心理压力；咨询师则能通过文字或视频互动，快速掌握基本情况并实时调整引导策略。随着网络技术发展，这种形式逐渐成为传统咨询的重要补充，尤其适合不便线下咨询的人群。

十、学校心理咨询

适应和发展是人生的两大任务。高职学生在适应与发展过程中，难免因各种因素遇到困难，产生心理问题与冲突。学校心理咨询的核心，就是帮助他们克服这些困扰，成长为人格健全、身心健康、快乐幸福的人。

（一）学校心理咨询的含义

学校心理咨询是学校心理咨询教师运用心理学原理与方法，对在校学生的学习、适应、发展、择业等问题给予直接或间接的引导与支持，并对学生的轻微心理困扰或障碍信号进行识别、疏导及转介的过程。它是当前学校开展心理健康教育、引导学生成长的普遍方式。

学校心理咨询的直接目标是提升全体学生的心理素质、预防心理问题，最终目标是促进学生人格健全发展。其秉持"以学生为本"的理念，通过挖掘学生自身潜能，助力他们健康成长——它不是指示性地说教，而是耐心地聆听与引导；不是代替学生解决问题，而是协助他们自主成长。

（二）学校心理咨询的内容

1. 以教育发展为中心的咨询内容

聚焦学生成长中的发展性问题，如不同阶段的身心特点与发展规律、各时期的发展目标及影响因素、促进最佳发展的心理支持策略等，助力学生更好地规划成长路径。

2. 以校园适应为中心的咨询内容

围绕学生在校生活的实际困扰，包括学习习惯培养与调整、学习方法优化、人际交往技巧提升、升学与职业选择中的心理支持（如兴趣探索、决策困惑疏导）等，帮助学生适应校园环境与学习节奏。

3. 以心理卫生为中心的咨询内容

主要涉及常见心理困扰的识别与疏导，如焦虑情绪、适应相关的情绪行为困扰、轻度强迫相关症状等，同时为有需要的学生提供专业转介建议（如转至医疗机构处理较严重的心理问题）。

（三）当前高职学生心理咨询的主要问题

1. 适应问题

适应是高职新生面临的首要挑战，本质上是社会角色的转换适应，涵盖环境适应、人际关系适应、学习适应等。若学生无法在新环境中认同并践行新角色，可能出现行为退缩、焦虑、融入困难等问题。

部分高职学生因高考失利带着失落感入学，加之对高职教育的认知偏差或部分社会偏见的影响，易产生"竞争力不足""低人一等"的自我否定，对未来缺乏信心，甚至以"混日子"的态度对待学习生活，不愿主动改变。

2. 学业问题

面对新的学习内容、教学方式与方法，部分学生易出现适应困难，表现为学习方法不当、动力不足、目标迷茫等，进而引发焦虑与恐惧。适度焦虑能促使个体主动调整行为，进而推动角色适应，但过度焦虑会干扰正常的学习、生活与工作。

3. 人际沟通与交往问题

部分学生因高中阶段侧重学业，人际交往经验较少，进入大学后可能面临沟通挑战。入校后，如何与同学友好相处、建立和谐关系成为重要课题。高职学生来自不同环境，待人接物方式、个性特征、生活理念存在差异，加之青春期心理的闭锁、羞怯、敏感与冲动，易在交往中遇到困难，产生紧张、困惑、焦虑等情绪。此外，校园人际交往中多元的关系类型也让部分学生缺乏心理准备，若问题未及时解决，可能加剧孤独感，甚至发展为自我封闭。

4. 感情与恋爱问题

高职学生处于青春期后期，性发育成熟使恋爱与性问题不可避免。他们既对爱情充满憧憬，渴望与异性交往，又因心理不够成熟、对爱情认知不深刻，易陷入暗恋、失恋等困扰，在对异性的好奇、试探与交往渴望中，可能因经验不足产生心理冲突。

5. 择业与就业问题

就业市场竞争加剧带来的压力让不少高职学生从入学起就有潜在危机感。部分用人单位对学历的过度强调，使高职学生在部分岗位中处于相对劣势。面对现实，一些学生选择消极逃避，整日无所事事，试图掩盖内心焦虑，反而陷入"逃避—更焦虑"的恶性循环。

（四）高职学校心理咨询的常用方法

1. 个体咨询

个体咨询是学校心理咨询的主要形式，通过咨询师与学生一对一沟通建立信任关系。其优势在于保密性强、针对性高，能让学生在安全氛围中敞开心扉，降低防御心理。咨询中，学生可围绕就业、情感、人际、学习等问题与咨询师深入交流，咨询师通过直接观察全面了解学生的个性、心理状态及问题严重程度，共同探讨个性化的应对与成长方案。虽耗时较多，但效果显著，也更易被学生接受。

2. 团体咨询

由接受过团体心理咨询系统培训的咨询师带领，围绕共同关注的问题（如社交焦虑、学业压力），通过活动与互动让成员在交往中观察、学习、体验。它能帮助成员认识自我、探索自我、接纳自我，调整与他人的关系，习得新的态度与行为方式，提升生活适应能力。团体辅导效率高、感染力强，成员间的共鸣与经验分享能让效果更易巩固。

3. 电话咨询

电话咨询是学生通过电话与咨询师沟通的方式，适用于不愿暴露身份的学生。其特点是方便、及时、保密，能快速缓解紧急情绪困扰。但电话咨询仅能暂时疏解压力，若问题较为复杂或持续时间较长，建议结合面对面咨询深入处理。

4. 朋辈心理支持

朋辈心理支持指年龄相近的非专业心理工作者（如同学、朋友）对身边有需要的同学给予心理开导、安慰与支持，提供情感开导、支持与经验分享，作为专业心理咨询的补充。"朋辈"包含"朋友"与"同辈"双重含义："朋友"是值得信赖的交往对象，"同辈"是年龄相近者，他们往往有相似的价值观、生活经验与理念，更易建立信任。其有效开展需满足：（1）牢固的友谊与信任（降低防御、增强共鸣）。（2）助人者具备基础心理支持技巧（如倾听、共情）。（3）以宽容接纳的心态对待对方。（4）理性分析问题（避免情感过度卷入）。

（五）大学生心理咨询常见误区

误解1：心理咨询能帮我解决所有问题

辨析：不能改变现实，但能改变看待问题的视角

心理咨询并非"速效止痛药"。例如，若有人因失恋陷入痛苦，咨询师会先接纳这种痛苦的合理性——"失恋本就会带来痛苦",但会进一步引导来访者反思:"这种痛苦为何被放大?它对自己有什么深层意义?为何难以释怀?"

咨询师的核心作用是激发来访者的自我觉察,让其从"被动承受者"转变为"问题的主动应对者"。当其视角改变,应对方式也会随之调整,问题的影响便可能弱化。但心理咨询无法直接改变现实,而是帮助人以更成熟的心态面对现实。

误解2:心理咨询就像生病吃药,能"药到病除"

辨析:效果难以立竿见影,但会为成长埋下伏笔

心理咨询不同于治疗感冒——一剂或数剂药即可见效。有时,来访者在首次咨询中可能全程倾诉宣泄,咨询师看似仅在倾听,未给出具体方法,甚至约定下次咨询后,来访者可能因"没得到答案"而失约。但这并非无效:咨询师会在来访者的情绪宣泄过程中给予共情支持,待其情绪相对平稳、做好探索准备后,再逐步引导深入。

误解3:心理咨询就是像朋友一样聊天

辨析:不同于与朋友间的倾谈,但能提供安全的探索空间

心理咨询中建立的信任关系,有时看似与朋友交往相似,实则有本质区别:来访者的感受会被完全接纳与尊重,隐私会被严格保密;咨询结束后,关系仅停留在专业范畴,无私人牵扯——这种边界感能让倾诉更无顾虑。

更关键的是,咨询师的回应并非出于"安慰",而是"引导探索"。例如,当来访者说"我想自杀",咨询师不会直接劝阻,而是探讨:"自杀能解决什么?会留下什么?还有其他选择吗?"——事实上,主动讨论自杀的人,往往尚未真正下定决心,这种探讨恰恰能帮他们梳理矛盾。

误解4:心理咨询就是缓解情绪,总能让人很轻松

辨析:未必全程让人满意,但能引领心灵探索

理想的咨询像"双向选择"——来访者与咨询师需"同频",才能产生深度影响。咨询师技术越成熟,适配范围越广,但没有谁能让所有人时刻满意。

有时,咨询甚至会带来痛苦:咨询师不会刻意回避来访者的痛点,因为症结往往藏在痛苦背后。这种"不舒服"是探索深层问题的必经之路,如同伤口清创——过程虽痛,却是愈合的前提。

误解5:心理咨询就是等着咨询师为我指明方向,我不用太上心也能解决问题

辨析:来访者是"水",咨询师是"船",水涨才能船高

咨询的前提是来访者主动投入:坦诚困惑、积极反思,而非被动等待。

这种投入体现在：带着"心理学头脑"在生活中觉察自己——尝试新的应对方式，记录不同视角下的内心体验，并在咨询中与咨询师反馈互动。心理咨询的核心是"助人自助"，来访者的动力、投入程度，才是成功的关键。就像"水涨船高"："水"是来访者的努力与成长，"船"是咨询师的专业支持——只有水涨，船才能真正承载前行。

（六）大学生心理咨询的目标

大学生心理咨询的目标可从四个层面展开，层层递进助力学生实现心理成长。

1. 引导求助者认识主客观世界，聚焦内心觉察

心理咨询的首要任务是帮助求助者厘清主客观世界的边界，尤其侧重对主观世界的探索——包括未被察觉的内心冲突、认知偏差等。对缺乏自知之明的学生，咨询师会引导其发现：许多心理困扰源于自身未解决的内部矛盾。

例如，有人可能因"过度讨好他人"而疲惫，却从未意识到这是"害怕被拒绝"的内心冲突所致。当这种冲突被看见，学生往往会发现：理顺内心情结后，未被整合的自我部分会逐渐变得协调有力，生活也会更充实。这一过程不仅帮助学生认识主客观世界的相互作用，还能激活其积极适应能力与潜能，为后续成长奠定基础。

2. 纠正与现实需求不匹配的欲望和错误观念，打破认知陷阱

许多学生的心理问题源于片面的认知模式：他们坚信自己的需求"绝对合理"、对事物的理解"绝对正确"，却意识不到这些观念正在制造困境。例如，有人固执认为"必须获得所有人认可"，最终因无法实现而陷入焦虑；还有人从未怀疑自己的判断，直到与咨询师交流后才恍然大悟——"原来我的观念存在偏差"，或"我从未看清自己的深层欲望"。

心理咨询的目标之一，就是协助学生识别并走出这些认知陷阱。这并非理论推导，而是咨询师从临床经验中总结的核心结论：只有纠正片面认知，才能从根源上减少心理冲突。

3. 引导学生学会面对现实，从"逃避"转向"主动应对"

逃避现实的人常困在"回味过去"或"空想未来"中，而心理咨询的关键是带他们回到"此时此地"——因为对生存有真实意义的，唯有当下。咨询师会帮助学生建立以下三个认知：

（1）不同反应方式各有价值（如适当情绪宣泄与理性应对并不矛盾）。

（2）平衡理性与情绪才能更有效地处理问题。

（3）接纳自身情绪体验才能提升生活质量。

在此基础上，引导学生将认知转化为行动：把合理想法付诸实践、发展新的有效行为、抓住时机构建应对模式。例如，有人因"害怕失败"而拖延学业，咨询师会鼓励其"先完成5分钟任务"，通过小行动打破逃避循环，逐步学会直面现实。

4. 协助构建合理行为模式，实现持久心理平衡

"合理的行为模式"由一系列具体有效的行动组成，咨询师会按计划引导学生逐步实践。以社会交往为例，需培养的行为包括：诚恳待人、耐心倾听、真实表达、理解包容、危难时主动援手、面对利益冲突时能基于自身价值观灵活应对。

当这些行为形成稳定模式，会带来多重积极反馈：学生能体会到"自我约束的能力"，进而建立满意的自我评价与合理的自我接纳；同时，良好的人际互动会构建社会支持系统，减少道德冲突，最终实现持久的心理平衡。

十一、心理咨询与治疗技术

在心理咨询与治疗实践中，不同方法基于差异化的理解逻辑，形成了各具特色的操作路径与应用重点。以下介绍几种常见的心理咨询与治疗技术。

（一）精神分析法

精神分析流派认为，人的内心深处存在潜意识，潜意识中的欲望与冲突是心理问题的根源。精神分析治疗的目标是帮助个体觉察并解决潜意识中的冲突，最终实现人格的成熟与整合。

精神分析流派的代表人物弗洛伊德提出，人的心理分为意识、前意识和潜意识三个层次：

意识是心理的表面部分，指当前注意到的、与外界直接接触的心理活动，具有暂时性。

前意识是介于意识与潜意识之间的中层部分，指当前未被感知但可通过回忆呈现的内容，其作用是阻止潜意识中的本能欲望侵入意识。

潜意识是心理的深层部分，无法被直接意识到，包含本能欲望、被压抑的愿望等，是心理活动与行为的内驱力——人的大部分心理活动和日常行为都受潜意识支配。癔症、强迫症、恐惧症等神经症的成因复杂，潜意识中的冲突可能是重要影响因

素之一。

在人格结构上，弗洛伊德将人格分为本我、自我和超我三个部分：

本我位于潜意识中，遵循"快乐原则"，追求本能欲望的即时满足。

自我位于意识中，遵循"现实原则"，协调本我与超我的冲突，平衡本能需求与现实限制。

超我是人格的最高层，遵循"道德原则"，代表社会规范与道德理想。

人格的发展本质上是本我、自我、超我之间的对抗与协调过程：三者平衡则人格正常发展，失调则可能引发神经症。

弗洛伊德认为，个体幼年的痛苦经验是神经症产生的重要原因。这些经验成年后虽可能遗忘，但会潜伏在潜意识中，当意识的控制力减弱时（如梦中），这些被压抑的经验会以变形的形式显现。因此，精神分析疗法的核心是通过对来访者的分析，释放压抑在潜意识中的冲突与痛苦，使其领悟自身行为模式背后的深层心理原因。

常用治疗技术包括自由联想、梦的分析、阻抗分析、移情分析等。

（二）行为疗法

行为疗法以行为主义心理学为理论基础，是现代心理咨询与治疗的重要方法。该流派认为，行为通过学习获得，心理问题源于不良的学习和行为模式。行为疗法的目标是通过行为矫正、行为塑造等技术，改变不良行为模式，进而通过行为改变缓解负面情绪，间接影响相关思维模式，最终解决心理问题。

行为疗法的理论来源主要有三个：巴甫洛夫的经典条件反射理论；斯金纳的操作性条件反射理论；班杜拉的社会学习理论。

三者的共同核心是"学习"——遗传和生理成熟会对行为产生基础影响，而学习是行为获得与改变的主要途径。无论是适应行为还是不良行为，都通过学习形成；因此，学习也是实现治疗目标的关键手段。行为疗法认为，通过咨询师特定技术训练，个体可以摒弃不良习惯，重塑健康的行为方式。

常用治疗技术包括系统脱敏疗法、代币疗法、厌恶疗法（需在严格专业评估和伦理规范下使用，避免造成身心伤害）等。

（三）以人为中心疗法

人本主义流派强调人的主观体验、自我意识和内在价值观，认为每个人都有内在的成长潜能。通过咨询师的真诚、共情与无条件积极关注，营造安全、支持的治疗关系，让个体自由探索和表达内在体验，从而促进自我实现与成长。

以人为中心疗法又称"非指导性疗法"，由美国人本主义心理学家罗杰斯创立。罗杰斯提出：人的本性具有建设性和自我实现的倾向，自我实现是人性的基本动力；心理问题的产生并非源于"潜能缺陷"，而是环境支持不足，阻碍了潜能的正常发展。由于人际关系是影响自我实现的核心因素，治疗的关键是为来访者提供良好的人际环境，始终以其为中心。

在治疗中，咨询师需以伙伴而非权威的身份与来访者互动：不打断倾诉、不评价内容、不下诊断结论，通过真诚一致的态度、倾听与共情回应其情感（如重复关键话语、澄清感受），让来访者感受到被理解与信任。当来访者放下防御，倾诉埋藏的秘密与情感后，会逐渐摆脱对他人评价的依赖，形成协调一致的自我概念。人天生具有自我实现的潜能，一旦认清问题根源，便会主动改变环境、改善关系、积极成长，最终恢复身心健康。

（四）认知疗法

认知疗法基于"认知过程影响情感与行为"的理论，通过认知与行为技术改变来访者的不良认知，以消除不良情绪和行为。其代表人物为亚伦·贝克和阿尔伯特·艾利斯。

1. 贝克的认知疗法

亚伦·贝克认为，个体的情绪与行为由认知过程决定，心理问题的根源是异常或扭曲的认知模式。治疗的重点是修正被歪曲的认知、失调的情绪与行为。例如，抑郁症患者对自我、世界和未来的消极看法，正是源于认知扭曲（如过度关注负面事件、以偏概全、非黑即白的思维）。

2. 斯的理性情绪疗法

理性情绪疗法（又称"合理情绪疗法"）由美国心理学家阿尔伯特·艾利斯于20世纪50年代提出，旨在帮助来访者解决因不合理信念引发的情绪困扰。艾利斯认为，情绪障碍的核心是不合理信念，治疗的目标是用理性思维取代非理性思维，减少不合理信念的影响，建立合理的认知模式，最终缓解或消除情绪障碍。

其核心理论是ABC理论：

A（Activating events）：诱发性事件。

B（Beliefs）：个体对事件的解释、评价与信念。

C（Consequences）：事件引发的情绪与行为结果。

该理论指出，情绪结果（C）并非由事件本身（A）直接引起，而是由个体对事件的信念（B）决定（A通过B间接影响C）。

不合理信念具有三个特征：

绝对化要求：以自身或他人意愿为出发点，认为事物"必须""应该"按预期发生（如"我必须成功""别人必须对我好""环境必须绝对公平"）。这种信念忽视客观规律，易导致情绪困扰。

过分概括化：以偏概全的思维方式，如因一次失败认为自己"一无是处"，或因他人一点差错判定其"毫无价值"。此类以偏概全的思维会引发自责、自卑或对他人的敌意。

糟糕至极：认为一件坏事的发生会导致"可怕的灾难"（如"一次考试失败就意味着人生完了"）。这种思维常伴随绝对化要求——当个体"必须""应该"的期待未被满足时，便会陷入极端负面情绪（焦虑、抑郁等）。

十二、AI赋能心理咨询

（一）AI在心理咨询中的应用

1. 在线心理咨询平台

AI技术可赋能在线心理咨询平台，通过互联网和移动设备提供24小时在线咨询服务，打破时间与地理限制，使用户能随时随地获取心理支持。用户在平台注册后，可自主选择咨询师进行咨询。这种模式既为咨询师提供了灵活的工作方式（如居家或远程咨询），减少了交通成本与场地限制，也为用户提供了更便捷的咨询渠道。

2. 智能客服机器人

借助自然语言处理技术和机器学习算法，AI可设计智能客服机器人。这些机器人能模拟人类咨询师的问答逻辑，帮助用户解答基础心理健康问题（如科普知识、情绪调节技巧），或通过简单对话提供情绪陪伴与基础调节建议（如引导放松练习），以初步缓解用户轻度焦虑与压力，从而减轻咨询师的工作负担。值得一提的是，这些机器人需明确标注"非人类咨询师"，它们仅能模拟人类咨询师的基础问答逻辑。

3. 情绪分析技术

情绪分析技术是 AI 在心理咨询中的创新应用。通过机器学习与自然语言处理算法，AI 可分析用户的语言内容、语气特征及面部表情（需用户授权），辅助咨询师更全面地理解用户的即时情绪状态。该技术能辅助呈现用户的情绪特征，为咨询师的评估提供参考，进而提升咨询的针对性与效果。

4. 虚拟现实（VR）技术

VR 技术在心理咨询中的应用逐渐广泛。通过构建模拟场景（如公共场所、社交情境、特定恐惧场景），让用户在安全的虚拟环境中体验并练习应对策略，深化对自身问题的理解。例如，社交焦虑的学生可在虚拟社交场景中练习互动（需在专业咨询师指导下进行），逐步降低现实中的回避行为，增强咨询的实践效果。

（二）AI对高职院校心理咨询的意义

近年来，人工智能（AI）技术在心理咨询领域的应用逐渐崭露头角，为高职学生的心理健康支持提供了全新路径。

1. 全天候心理健康支持

AI 心理咨询能为高职学生提供 24 小时不间断的支持服务。通过智能情绪识别与自然语言处理技术，AI 可实时捕捉学生的情绪波动，提供适配的即时情绪支持。这种即时性让学生在情绪突发时（如深夜、节假日）能迅速获得支持，有效缓解焦虑、减轻压力，进而在心理问题萌芽阶段及时干预，降低恶化风险及对学习和生活的影响。

2. 降低求助心理负担

传统心理咨询的"污名化"仍未完全消除，许多高职学生因担心被误解或偏见对待，在寻求帮助时伴随羞耻感。AI 心理咨询通过匿名机制和严格的数据隐私保护，为学生营造了安全私密的空间，使其能无顾虑地表达内心困惑。这种匿名性不仅增强了学生求助的信心，还弱化了隐私顾虑带来的压力，助力心理健康服务的普及与"污名"消解。

3. 个性化心理干预

在获得学生明确授权后，AI 技术可整合学生的情绪数据、心理测评结果及咨询记录，通过持续学习构建个性化心理画像。基于画像，系统能为学生推荐适配的自助资源与练习：如焦虑倾向明显的学生可获得情绪调节课程推荐，受学业压力困扰的学生可获取时间管理指导。这种定制化支持提升了服务的精准度，帮助学生更有效地理解并应对自身问题，强化心理健康改善效果。

4. 动态情绪监测与早期干预

AI 心理咨询可实时监测学生的情绪变化，在波动显著时及时引导，预防情绪恶化。通过分析文字、语音中的情绪特征（如高频负面词汇、语调变化），AI 能识别语言或语音中的负面情绪信号，结合出现频率与强度为心理状态评估提供参考数据。例如，当学生连续多次表达抑郁倾向时，系统会自动推荐放松练习或引导其联系咨询师，使问题在萌芽阶段得到关注，降低升级风险。

5. 丰富心理健康资源供给

AI 心理咨询为高职学生提供了多样化的心理健康资源，涵盖经专业人员审核的正念训练、认知行为疗法练习、情绪调节技巧等。学生可根据自身需求与偏好自主选择，提升参与积极性。这种个性化资源供给有助于学生主动参与心理健康教育，逐步培养自我调节能力，为长期心理健康奠定基础。

6. 实时反馈与动态调整

AI 技术的动态性使其能根据学生的情绪变化与反馈，实时调整支持策略，确保不同阶段的干预适配性。相较于传统固定课程，这种灵活性更能满足高职学生在不同成长阶段（如入学适应、实习就业）的心理需求。尤其在远程教育场景中，AI 能基于算法快速响应学生因环境变化产生的常见心理困扰，提升心理健康教育的精准度。

AI 作为新兴辅助工具，为心理咨询带来了显著优势：在线平台与智能机器人突破了时空限制，节省了等待时间；情绪分析与 VR 技术辅助提升了咨询效果。但需注意，AI 在心理咨询中的应用仍存在风险：技术成熟度不足可能导致语言理解偏差或建议不当；用户隐私与数据安全需严格保障；算法偏见可能引发不公平的干预结果。此外，AI 无法替代人类咨询师的深度共情与复杂问题处理能力，其定位始终是"辅助工具"，需与传统咨询结合使用。

十三、高职学生如何接受心理咨询

在当今快节奏、高压力的学习生活环境中，高职学生面临着学业竞争、职业规划、人际关系等多重挑战，心理健康问题日益凸显。心理咨询作为一种专业的心理支持手段，能帮助学生有效应对压力、解决心理困扰，促进个人成长与发展。然而，许多学生对心理咨询存在误解或缺乏了解，不清楚何时需要寻求帮助、如何准备以及如何在咨询中积极配合。以下从"什么时候接受心理咨询""咨询前准备"和"咨询过程中的配合"三个方面进行介绍。

（一）什么时候接受心理咨询

1. 持续的情绪困扰

当高职学生出现持续的焦虑、抑郁、悲伤、愤怒等负面情绪，且这些情绪已明显影响日常生活、学习或社交功能时，是寻求心理咨询的明确信号。例如，学生连续2周及以上情绪低落，对以往感兴趣的活动失去动力，或出现睡眠紊乱、食欲骤变等情况。

2. 人际关系问题

若学生在与同学、老师或家人相处时频繁发生冲突，感到孤独、被排斥，或无法有效沟通、解决人际矛盾，心理咨询可提供具有针对性的沟通技巧与冲突解决策略，帮助改善关系模式。

3. 学业压力与适应困难

学生面对繁重的学业任务、考试压力，或对新学习环境（如刚入学、实习阶段）适应不良，表现为注意力不集中、学习效率低下、逃避学习等，心理咨询能协助学生探索学业压力背后的心理因素（如焦虑情绪、目标迷茫），提升其应对压力的心理弹性，进而更自主地调整学习状态。

4. 自我认知与身份探索

在成长过程中，学生若对自身兴趣、价值观、职业方向等产生迷茫，心理咨询可为其提供安全的探索空间，帮助他们厘清自我定位，明确个人目标，增强自我认同感。

5. 创伤与危机事件

学生经历重大生活事件（如亲人离世、失恋、意外事故等）后，若出现情绪崩溃、行为异常，甚至产生自杀念头或伤害倾向，应立即联系学校危机干预热线、校医院或信任的师长，同时，寻求专业心理咨询或危机干预服务，避免风险升级。

（二）咨询前准备

1. 正确认识心理咨询

首先需明确：心理咨询是帮助人们解决心理困扰的专业服务，并非"只有生病的人才需要"。了解咨询的基本流程、保密原则及咨询师的角色（支持者而非评判者），可减轻对咨询的恐惧或抵触情绪。

2. 明确咨询目标

预约前，尝试梳理自己希望通过咨询解决的问题（如"缓解考试焦虑""改善人际关系"），以及期望达成的改变（如"学会情绪调节方法"）。清晰的目标能帮助你与咨询师更高效地沟通，共同制订计划。

3. 整理相关信息

回顾近期的生活经历、情绪变化、重要事件（如冲突、挫折），准备具体例子或感受（如"上周因小组作业冲突失眠3天"），以便在咨询中准确表达情况。同时，记录自己的疑问（如"咨询会持续多久"），避免遗漏。

4. 选择合适的咨询师

了解学校或社区的心理咨询资源，关注咨询师的资质（如专业背景、擅长领域）、咨询方式（如面对面咨询、线上咨询）。选择让自己感到舒适、值得信任的咨询师，是咨询成功的重要前提。

5. 调整心态与期望

保持开放积极的心态：理解心理咨询是渐进过程，可能需要多次咨询才能看到明显效果；同时做好准备——咨询中可能触及深层情感或记忆，这需要勇气和耐心，但也是成长的必经之路。

（三）咨询过程中的配合

1. 诚实表达

咨询中，尽可能真实、具体地描述自己的感受、想法和行为，不隐瞒或夸大细节。咨询师需要准确信息才能评估问题，进而制定有效策略，隐瞒可能导致干预方向偏差。

2. 积极参与

咨询不仅是咨询师的工作，更是学生自我探索的过程。主动参与讨论，尝试实践咨询师提出的新思考方式或行为模式（如"试着用'我'开头表达需求"），并及时反馈效果（如"这个方法在宿舍冲突中不太管用"），共同调整咨询方向。

3. 建立信任与尊重

学生应尊重咨询师的专业意见和职业边界（如不追问私人生活），同时相信咨询师的保密承诺。信任是咨询的基石——只有放心分享内心世界，才能让咨询师更精准地提供支持。

4. 实践与反思

在日常生活中实践咨询里学到的技巧（如情绪调节方法、沟通策略），并记录效果（如"今天用深呼吸缓解了考试紧张"）。定期回顾咨询内容，思考自己的变化，这样做能巩固效果，加速成长。

5. 及时反馈感受

若咨询中感到不适（如话题让自己压力过大），或对咨询方式有疑问（如"为什么一直让我回忆童年"），应直接向咨询师反馈。坦诚沟通是调整咨询节奏、确保效果的关键。

接受心理咨询是高职学生主动寻求支持、促进自我成长的积极选择。通过明确求助时机、做好准备并积极配合，学生能更有效地利用这一资源，解决心理困扰，以更健康的状态面对学习与生活。

第三部分　心理练习

任务一　分析心理咨询案例

阅读以下心理咨询案例，分析来访者的问题表现、可能的原因以及咨询师可以采用的咨询方法和策略，并记录下来：

小明是一名大二的学生，最近因为与室友发生矛盾而感到非常烦恼。他觉得室友总是不尊重他，经常在背后说他的坏话。小明因此心情低落，学习也受到了影响，甚至产生了报复室友的念头。他来到学校心理咨询中心寻求帮助。

问题表现：

_____

_____

可能原因：

_____

_____

咨询方法和策略：

任务二　心理咨询技巧模拟练习

　　选择一个心理咨询技巧（如倾听、共情、提问等），与同学或朋友进行模拟练习。例如：

　　（1）角色分配。一人扮演咨询师，另一人扮演来访者（可设定场景，如"因考试失利感到自我怀疑"）。（2）技巧应用。若练习"共情"，当来访者说"我这次期末考砸了，感觉自己很没用"，咨询师可回应："这次考试失利让你对自己产生了否定，这种无力感一定很难受吧？"（而非"别难过，下次努力就好"）；若练习"开放式提问"，可问"这次考试对你来说，最让你在意的是什么？"（而非"你是不是没好好复习？"）（3）反馈与总结。练习结束后，双方交流。来访者："当你说'这种无力感一定很难受'时，我觉得被理解了，愿意多说一点"；咨询师："我发现自己容易忍不住给建议，下次需要更专注于倾听，少评判。"

任务三　制订心理求助计划

　　思考自己在面对心理问题时，可能会向哪些人或机构寻求帮助，并制订一个心理求助计划。例如，你可以列出以下求助资源及其联系方式：

　　学校心理咨询中心：电话、地址、咨询时间等。

专业心理医生：所在医院、联系方式等。

信任的老师或朋友：姓名、联系方式等。

心理健康热线：电话号码、服务时间等。

其他支持团体或组织：如心理互助小组、社区心理服务中心等。

任务四　自我支持策略探索

探索并记录自我支持策略的使用感受，示例如下：

1. 写日记

实践方式：每晚花 10 分钟，用手机备忘录记录当天的情绪触发事件（如"今天小组作业被同学否定，感到委屈"）及真实感受。

使用后感受：写下"委屈"的瞬间，好像把情绪"倒"了出去，睡前没那么烦躁了；回顾一周记录时，发现自己总在"被否定"时情绪崩溃，这让我意识到可能对"他人认可"太敏感。

2. 运动放松

实践方式：选择瑜伽（每天睡前 20 分钟，跟随线上课程练习）。

使用后感受：专注于呼吸和动作时，脑子里的杂念会减少；坚持 1 周后，原本因焦虑导致的失眠情况有所改善，躺下后能更快平静。

3. 兴趣爱好培养

实践方式：培养"拼乐高"爱好，每周六下午花 1 小时组装。

使用后感受：拼搭时需要专注于步骤，暂时忘记了学业压力；完成一个模型后，会产生"我能做好一件事"的成就感，这种感觉能缓解自我怀疑。

4. 积极心理暗示

实践方式：每天早上对着镜子说 3 遍："我可以犯错，犯错不代表我不行，每一次尝试都在积累经验"。

使用后感受：一开始觉得有点刻意，但这样练习持续 10 天后，当课堂回答错误时，第一反应不再是"完了，大家会嘲笑我"，而是想起"犯错也是积累经验"，由此紧张感减轻了。

第四部分　课后应用实践

任务一　掌握一个重点知识：心理咨询原则

请简述心理咨询的原则。

_____

_____

_____

任务二　带走一个实用方法：建立"心理健康伙伴"关系

1. 活动目的

通过同伴支持，提升情绪觉察能力，增强心理韧性，营造互助的心理氛围。

2. 实施步骤

（1）配对方式。

采用匿名抽签（适合陌生群体）或兴趣标签匹配（如"喜欢运动""擅长倾听"等，适合已有一定了解的群体），为每位学生配对1位"心理健康伙伴"。

（2）核心任务。

第一，定期互动。

每周约定1次固定时间（如周五晚8点，时长30分钟），通过线上（文字/语音）或线下形式交换"微反思日记"（内容可包括：本周最困扰的1件事、1个小成就、1种想改善的情绪）。

第二，互动规则。

倾听优先：不打断对方，用"你当时一定很难受吧"等共情回应，而非直接给建议。

鼓励探索：当对方分享困扰时，可问"这件事让你想起了什么？"引导其自我梳理。

共同行动：若双方有相似问题（如"拖延"），可约定"每周三互相提醒完成1项小任务"，共同实践改善方法。

（3）注意事项。

明确"伙伴"是支持角色，而非"咨询师"，若对方提及严重心理问题（如自伤倾向），需及时反馈给老师或心理咨询师。

3. 预期效果

通过持续的同伴互动，学生能在安全的关系中练习表达与倾听，同时在互相鼓励中增强应对问题的信心，构建校园心理支持网络的基础单元。

第五部分　拓展阅读

1. 书籍

《蛤蟆先生去看心理医生》，天津人民出版社2020年版

本书以童话故事的形式，生动展现了心理咨询的全过程及其对个体心理成长的深远影响。全书以蛤蟆先生因抑郁接受十次心理咨询为核心线索，巧妙融入愤怒管理、潜意识探索、埃里克·伯恩的自我状态理论（父母自我状态、成人自我状态、儿童自我状态）、适应不良行为模式等专业心理学知识。

书中通过蛤蟆先生与咨询师苍鹭的对话，逐步剖析抑郁的成因、情绪的调节机制及人际关系中的心理模式：苍鹭引导蛤蟆识别"挑剔型父母自我状态"下的自我批判，重建"成人自我状态"的理性认知，最终实现从"僵化的适应性儿童自我状态"到三种自我状态灵活整合的成熟心理状态蜕变。

值得一提的是，作者以动物角色隐喻人类心理特质，将晦涩的心理学术语转化为通俗易懂的故事情节，让读者在感受童话魅力的同时，深入理解心理学核心概念。本书既是心理学入门者的理想读物，也因其温暖治愈的叙事风格，成为普通读者探索自我、改善情绪管理、提升心理韧性的热门选择。无论是心理学爱好者，还是希望改善心理健康的普通读者，都能从中获得启发。

2. 节目

《幸福有方》是一档家庭教育系列节目，旨在普及心理学知识，助力大众解决与心理相关的实际问题。节目内容聚焦家庭教育场景中的各类心理议题，如儿童情绪管理、专注力培养等，兼具专业性与实用性。

在儿童情绪发展板块，节目从 0~1 岁的原始情绪发展讲起，延伸至青春期的情绪波动，结合具体案例解析不同阶段的特点，并为家长提供针对性引导方法——强调家长需通过情感共鸣与自身情绪调节示范，帮助孩子学会表达与管理情绪。例如，当孩子情绪激动时，家长可先通过转身深呼吸平复自身状态，再与孩子沟通，为孩子树立情绪管理的榜样。

在专注力培养板块，节目首先清晰阐释了"专注力"的核心特征，进而剖析年龄、大脑发育、家庭环境、兴趣动机等影响因素，最终给出系列实用策略：如协助孩子制定具体目标、营造无干扰的专注环境、打破"男孩更专注"等性别成见、家长积极参与孩子的成长过程、及时对孩子的努力给予具体认可和适度奖励等。

整体而言，节目以专业视角回应现实问题，为面临家庭教育困惑、亲子心理矛盾的群体提供可操作的解决方案，帮助家长树立科学的教育观念，从而预防潜在的亲子冲突与孩子心理问题，减少其对家庭和谐及孩子成长的负面影响，助力构建积极健康的家庭心理环境。

模块二

自我塑造小课堂：
升级你的"心"装备

项目一

看清"我"是谁：自我意识

学习目标

1. 知识目标

（1）结合生活实例，清晰阐释自我意识的定义与内涵（包括自我认知、自我体验、自我调控三个核心维度），并能具体说明自我意识在日常生活（如人际互动）、学习（如目标设定）及未来职业场景（如职业角色适应）中的表现形式。

（2）掌握自我意识的结构与关键特点（如自我意识的分化状态、常见矛盾类型、发展中的波动性等），能够结合个人成长经历（如升学、角色转变）分析这些特点对自身认知、情绪或行为的具体影响。

（3）深入理解自我意识与心理健康的关联，明确自我意识对个体情绪稳定性（如自我接纳程度与焦虑水平的关系）、行为协调性（如自我调控能力与目标达成的关联）等方面的作用，并能结合实际案例（如因自我认知偏差导致的社交困扰）说明其影响机制。

2. 能力目标

（1）掌握至少 2 种自我观察与分析的实用方法（如撰写每周反思日记、收集 3~5 位他人的反馈评价），能够从多个维度（如性格特质、能力优势、待改进领域）系统梳理自身的优点与不足，形成清晰的自我认知清单。

（2）学会运用至少 3 种自我调节与控制的具体技巧（如"情绪 ABC 理论"调节负面情绪、"SMART 原则"设定阶段性目标以提升自信），能根据自身实际情况（如学习压力、人际冲突）选择适配的方法调整心态与行为。

（3）能够结合自我意识的特点（如当前的自我认知水平、自我调控能力），具体分析自己在学习（如专注力、学习方法）、生活（如时间管理、情绪管理）及未来职业（如职业兴趣匹配度）中的表现，制订可量化的改进计划（如"每周 3 次，每次 20 分钟专注练习以提升专注力"），并通过 2~3 周的实践记录效果。

3. 素质目标

（1）通过课堂学习与实践活动（如"自我优势发掘"小组分享），形成积极悦纳自我的稳定态度：能够客观看待自身优点与不足，不回避缺陷，不夸大优势，逐步养成自尊、自信、自强的心理品质。

（2）结合高职专业学习特点与职业发展规划，确立1~2个阶段性成长目标（如"3个月内掌握某项专业技能"），通过目标驱动持续完善自我，提升应对职业挑战（如岗位竞争）和生活压力（如角色转换）的心理调适能力。

（3）通过"团队合作任务""人际反馈练习"等实践，培养主动的团队合作意识与有效的人际交往能力：在与他人协作中，能通过观察互动模式深化自我认知（如"我在冲突中更倾向于妥协还是坚持"），同时学会理解他人需求，形成互信互助的健康人际关系。

第一部分 心海指航

案例 谁把我的青春弄丢了——小宇的自我意识觉醒

小宇是一名大一学生，从小被父母的关爱与期望所包围。小学至高中阶段，他的成绩中等偏上，原本以为能顺利考入本科院校。然而，他在高考时的发挥未达预期，最终他进入了一所高职院校。这个结果与他的预期差距较大，对他而言无疑是沉重的打击。接到录取通知书的那一刻，小宇感到崩溃与绝望，既无法接受现实，也不愿面对同学和朋友。

进入高职院校后，小宇始终对高考失利耿耿于怀。他将自己的失败归咎于命运不公，较少主动反思自身的不足。这种消极心态逐渐影响了他的学习和生活：他盲目认为自己比其他同学优秀，因此学习缺乏动力，生活也没有明确目标。随着时间推移，小宇的成绩不断下滑，第一学期就出现了不及格的科目。面对学业挫折，他依旧没有认真反思，反而将责任推给"未能进入理想大学"这一外部因素。

第二学期，小宇愈发迷茫。他开始沉迷网络，彻夜上网聊天、打游戏，在虚拟世界中寻找短暂的成就感。但这种逃避现实的方式，让他与同学的关系日益疏远，学业也进一步恶化。期末考试时，他有5门课程不及格，学业警告如晴天霹雳般降临。直到这时，小宇才意识到问题的严重性，开始深深自责，觉得辜负了父母的期望、老师的培养，更对不起自己的青春。

在一次与辅导员的谈话中，小宇了解到学校心理健康中心可以提供帮助。起初他有些犹豫，担心别人的看法，但最终还是鼓起勇气走进了心理咨询室。咨询师耐心倾听他的困扰，帮助分析问题根源，并提出了具体建议：

重新设定目标：结合自身实际制定短期和长期学习目标，分析兴趣与优势，鼓励参加实习实训和职业技能竞赛，通过实践提升专业能力。

调整心态：学会接受现实，将高考失利视为人生中的一次挫折而非终点，在咨询师指导下，通过认知行为疗法识别并改变消极思维模式，培养积极心态。

建立支持系统：主动与家人、朋友保持联系并寻求支持，参与学校心理健康讲座和团体辅导活动，与同学分享经验和感受。

经过一段时间的努力,小宇逐渐找回了学习动力和生活方向。他开始认真对待每一门课程,积极参与实习和社团活动。在这个过程中,他不仅提升了专业技能,还结交了许多志同道合的朋友。小宇终于意识到:高职院校的生活同样丰富多彩,只要调整心态、积极面对,就一定能找到属于自己的价值和方向。

案例分析

该案例反映了高职学生在自我意识发展中可能遇到的困境。小宇因高考失误未能进入理想大学,导致自我认同受挫,从盲目自信逐渐转为消极逃避。他既未能正确审视自身能力,又将学习失败归咎于外部因素,始终缺乏自我反思。网络成为他逃避现实的工具,进一步加剧了学业困境。直至面临严重后果,他才意识到自我价值与现实生活的关联。

对高职学生而言,正确的自我意识至关重要:需学会客观评价自己,积极面对挫折,及时调整心态,明确目标与方向,避免陷入消极循环。

以上案例反映了高职学生在自我意识发展中的典型困境。主人公的经历提醒我们,自我意识的偏差不仅会影响心理健康,还可能导致学业受阻、生活失衡。但这只是一个缩影——在高职学习生活中,自我意识的形成与发展是一个复杂且动态的过程,它贯穿于成长的每一个阶段,深刻影响着学生的行为选择、情绪状态和未来规划。

那么,自我意识究竟是什么?它如何在高职学习生活中发挥作用?又该如何培养健康的自我意识,以更好地应对成长中的各种挑战?接下来,我们将深入探讨自我意识这一关键主题,帮助你更好地认识自己、理解自己,在高职学习生活中实现自我成长与突破。

第二部分 心理知识

一、自我意识的基本概念与结构

(一)自我意识的概念

自我意识是个体在社会化过程中逐步形成的,对自身生理、心理状态及与周围世界关系的认识、体验和评价。现代心理学认为，当个体将注意力指向自身——关注身高、体重、相貌、兴趣、性格、能力，以及与他人的关系、在集体中的地位等时，自我意识便会被激活。

健全的自我意识是心理健康的重要标志，也是个体发展的重要前提。在大学阶段，若能客观全面地认识自我、接纳自我，树立合理目标以完善和超越自我，高职学生就会充满动力。简单来说，自我意识是个体对自身的探索与发现——既包括了解自己是什么样的人、有哪些特点和能力、能发挥什么作用，也包括如何看待和接纳自己，是认识自己与对待自己的统一。

（二）自我意识的结构

自我意识是多维度、多层次的复杂心理现象，涉及认知、情感和意志过程，其结构可分为自我认知、自我体验和自我调控三个核心方面。

1. 自我认知

自我认知是个体对自身的观察、理解与评价，主要回答"我是一个什么样的人""我为什么是这样的人"等问题。由于个体始终处于发展变化中，自我认知是一个持续终身的课题。

个体对自己的客观评价，对其心理活动、行为表现及人际关系协调都具有重要影响。例如，若认为自己"毫无价值"，做事会缺乏自信，交往中易产生自卑感；若只看到自身优点，交往中则可能自以为是、以自我为中心。

对高职学生而言，他们处于从青少年向成年人转变的关键期，自我认知尤为重要。正确的自我认知能帮助他们清晰识别优势与不足，为职业规划奠定基础：在学习上，可根据实际情况制订合理计划（既不保守也不冒进）；在职业选择上，能结合兴趣、能力与市场需求做出明智决策；在人际交往中，能保持谦逊开放的态度，积极合作以建立良好关系。

2. 自我体验

自我体验是伴随自我认知产生的内心情感体验，是自我意识的情感维度。它体现为个体对"是否接受自己""是否满意自己""是否悦纳自己"等问题的内心回应，具体表现为自尊、自爱、自信、自卑、自怜、自弃、自傲等内心情感体验。

这些情感体验深刻影响高职学生的情绪状态与行为模式。例如，拥有高度自尊与自信的学生，面对学习压力或职业挑战时能保持积极心态，勇于尝试新事物；长期处于自卑、自怜状态的学生，可能在学习上缺乏动力，职业选择上犹豫不决，人际交往中表现出退缩与孤僻。

因此，培养积极的自我体验对高职学生的心理健康与生活质量至关重要。学校与家庭需共同创造支持性、鼓励性的环境，通过积极反馈，帮助他们建立正确的自我认知，进而形成积极健康的自我体验。

3. 自我调控

自我调控是个体主动驾驭与引导自身心理和行为的能力，是自我意识的意志维度。它基于自我认知与自我体验，是为实现目标而采取的主动策略与行为，主要回答"如何控制自己""如何改变自己""怎样成为理想的自己"等问题。

对高职学生而言，自我调控能力影响学习效率、职业表现乃至未来人生轨迹，具体表现为自主、自立、自强、自律、自我监督、自我教育等。例如，具备高度自主性的学生，能主动规划学习、独立决策职业方向，人际交往中保持独立思考；自律的学生，能合理安排时间、管理情绪、坚持健康习惯，在学习与生活中更易保持稳定的进步。

因此，学校与家庭应通过教育引导、实践锻炼等方式，帮助高职学生培养自我调控能力，为其全面发展与价值实现奠定基础。

（三）自我意识的分类

1. 从内容上来看，可分为生理自我、社会自我和心理自我

（1）生理自我。

生理自我是个体对自身生理属性的意识，包括对身高、体重、容貌、身材、性别、体能等的认知。

对高职学生而言，生理自我影响显著：身高出众的学生可能因运动优势增强自信；体能较弱的学生可能通过锻炼克服自卑；对容貌的评价可能带来自我认同，也可能引发形象焦虑。例如，当学生说"我个子很高"时，他们可能既享受身高在体育、社交中的优势，也意识到衣物选购、空间适应等不便——这些认知共同构成生理自我。

此外，生理自我还可能间接影响职业选择：对自身外貌有积极认知的学生，可能倾向考虑模特、表演等对形象有一定要求的专业；体能出众者可能更倾向选择体育相关专业，为未来从事运动员等职业奠定基础。

（2）社会自我。

社会自我是个体对自身社会属性的意识，包括对自己在各种社会关系中的角色、

作用、地位、责任等的认识、评价与体验。它在社会化过程中形成，反映个体对社会的适应程度。例如，担任班长的学生可能因领导能力获得认可，增强社会认同感；在社会实践中表现出色的学生可能因贡献获得赞誉。当学生说"我是班长"时，既可能因责任担当感到自豪，也可能意识到需承担协调关系、组织活动等压力——这些认知与体验共同构成社会自我。

社会自我影响职业方向：擅长协作且乐于团队合作的学生，可能更倾向团队型职业；组织能力强的学生可能更适合管理岗位。

（3）心理自我。

心理自我是个体对自身心理状态的意识，包括对能力、气质、性格、兴趣、爱好、情感、意志等的认知与体验。

对高职学生而言，心理自我助力自我认知与职业规划：具备创新思维的学生可能选择创业；擅长技术操作并接纳自身优势的学生，可能更倾向技术型职业。例如，认识到自己"学习能力强"的学生，面对挑战会更自信；意识到"性格内向"的学生，可能通过社交活动提升沟通能力。

2. 从认知中的自我观念看，可分为现实自我、投射自我、理想自我

（1）现实自我。

现实自我是个体基于当下实际状态，经审视与反思后，对当前自我形成的相对清晰、贴近实际的认知，涵盖能力、性格、外貌、社会角色等综合特征。例如，学生通过考试成绩与人际互动，可能认识到"学业有基础但某学科需加强，善于倾听但表达不够自信"——这就是现实自我。它如同相对稳定的坐标，让个体明确自身在现实中的大致位置，为决策与发展奠定基础。

（2）投射自我。

投射自我是个体想象中他人对自己的看法，是基于自身经验、价值观等构建的主观想象，未必等同于他人的真实反馈。例如，内向者可能担心自己表现不佳，想象他人认为自己"孤僻"。这种认知可能源于不安全感或过度在意他人评价，既可能驱动个体调整行为，也可能引发社交焦虑——如同无形的镜子，反映对他人评价的预期与担忧。

（3）理想自我。

理想自我是个体理想中的自己，是内心憧憬的理想状态，涵盖能力、性格、成就等目标。例如，有人渴望"成为创新型技术专家"，有人希望"拥有乐观心态与健康

体魄"。理想自我为个体提供方向与动力,但需通过持续努力实现。

现实自我、投射自我、理想自我的关系对高职学生影响深远:差距较小时,个体内心协调——现实自我与投射自我的积极认知接近时(如他人的实际评价与自己想象的认可一致),则社交压力可能更小;差距过大时,可能引发孤独(现实自我与投射自我不符)、沮丧(现实自我与理想自我悬殊)。但差距也是成长动力,学生可能通过实践、培训、社交等缩小差距,在现实与理想的碰撞中反思不足、调整方向,最终实现自我成长,为职业发展与社会融入奠定基础。

(四)自我意识的发展

埃里克森认为,自我意识的发展通过阶段性心理社会冲突对个体的心理健康和行为表现具有深远影响。在青少年时期,成功建立自我同一性有助于个体更好地适应社会、形成积极的人际关系,并为未来的职业与生活奠定基础。这一阶段的自我探索与整合是个体心理发展的重要组成部分,对整体幸福感与人生成功至关重要。

1. 埃里克森阶段论

心理学家埃里克森(Erik Erikson)提出,自我意识的发展贯穿一生,不同阶段面临不同的核心心理社会危机(冲突),每个阶段都有特定的发展任务。这些阶段按固定顺序展开,无法逾越,但具体出现的时间因人而异。个体在每个阶段中若能积极解决危机,会获得相应的心理力量(美德);若未能妥善应对,则可能积累消极体验,影响后续发展。根据埃里克森的理论,自我意识的发展可分为以下八个阶段。

(1)婴儿期(0~18个月):基本信任对基本不信任——信任的奠基。

这是人生的初始阶段,婴儿完全依赖主要照顾者(多为父母)满足生理与情感需求(如喂养、安抚、陪伴)。若需求得到持续、可靠的满足,婴儿会形成"基本信任",相信世界是安全的、他人是可信赖的,发展出"希望"的美德(对未来的乐观)。若需求被忽视(如饥饿时无人回应)或不稳定满足(如有时及时回复,有时完全忽略),则可能形成"基本不信任",表现为对世界的警惕、焦虑,甚至对他人的怀疑。

(2)儿童早期(18个月~3岁):自主性对羞怯与疑虑——自主能力的萌芽。

随着动作发展(如行走、语言),儿童开始尝试独立完成任务(如自主进食、如厕、穿衣),渴望掌控自身行为。若照顾者给予适度自由与鼓励(如允许尝试、失败时耐心引导),儿童会发展出"自主性",形成"意志"的美德(坚持目标、自我控制）。若受到过度控制或严厉惩罚（如强迫完成任务、嘲笑失败的尝试），则可能产生"羞怯与疑虑"，怀疑自身能力，变得依赖他人。

（3）学前期（3~6岁）：主动性对内疚——探索与目的的形成。

儿童的想象力与好奇心显著发展，开始主动探索环境、参与角色扮演（如模仿成人职业）、提出问题，试图通过探索理解"自己能做什么"，并获得对行为主动性的认知。若探索行为被认可与引导（如鼓励"为什么"的提问、接纳想象游戏），儿童会形成"主动性"，发展出"目的"的美德（明确目标、勇于行动）。若探索被过度限制或指责（如"别捣乱""这有什么用"），则可能产生"内疚感"，认为自己的行为是"不好的"，抑制探索欲与创造力。

（4）学龄期（6~12岁）：勤奋感对自卑感——能力的建立。

儿童进入学校，开始系统学习知识与技能，通过学业、运动、社交等活动与同伴比较，关注"自己是否有能力"。若在学习或任务中获得成就感与认可（如老师的表扬、同伴的接纳），会形成"勤奋感"，发展出"能力"的美德（相信自己能完成任务）。若持续遭遇失败或否定（如成绩落后、被嘲笑"笨"），则可能产生"自卑感"，怀疑自身价值，逃避挑战。

（5）青春期（12~18岁）：自我同一性对角色混乱——身份的整合。

青少年面临身体成熟、社会角色转变（如从儿童到成人），开始探索"我是谁""我未来要成为什么样的人"，整合价值观、兴趣、社会期待等，形成一致的自我形象。若能清晰整合自我形象与社会角色（如明确职业方向、接纳自身特质），会形成"自我同一性"，发展出"忠诚"的美德（对自我与他人的承诺）。若无法整合（如对未来迷茫、被迫接受他人期待），则可能陷入"角色混乱"，表现为行为叛逆、目标模糊，甚至逃避身份探索。

（6）成年早期（18~40岁）：亲密对孤独——情感联结的建立。

个体进入成年，核心任务是与他人建立深层、稳定的情感关系（如爱情、挚友），愿意为关系付出、妥协，而非仅关注自我。若能建立真诚的亲密关系（相互接纳、支持），会获得"亲密感"，发展出"爱"的美德（关怀与奉献）。若因恐惧暴露自我或以自我为中心，无法建立亲密联结，则可能陷入"孤独感"，难以体验情感归属。

（7）成年中期（40~65岁）：繁殖感对停滞感——传承与贡献

此阶段的核心是"繁殖"（并非仅指生育），包括对下一代的抚养（如养育子女）、对社会的贡献（如职业成就、社区服务），以及自我价值的延续。若能积极参与传承（如培养子女、指导晚辈、创造社会价值），会获得"繁殖感"，发展出"关怀"的美德（关注他人）。若过度关注自我需求（如仅追求个人享乐），或因挫折放弃贡献，则可能陷入"停滞感"，感到生活无意义、与社会脱节。

（8）成年晚期（65岁以上）：自我整合对绝望——生命的接纳。

个体开始回顾一生，整合过往经历，接纳自身的成功与遗憾，试图理解"我这一生是否有意义"。若能坦然接纳完整的人生（包括不足与局限），认可自身价值，会实现"自我整合"，发展出"智慧"的美德（对生命的深刻理解与接纳）。若对过往充满遗憾、悔恨或未完成感，且无法释怀，则可能陷入"绝望"，恐惧死亡，认为人生虚度。

埃里克森的心理—社会八阶段发展理论

阶段	年龄范围	心理—社会矛盾	积极解决矛盾形成的品质	矛盾解决失败形成的品质
婴儿期	0~18个月	基本信任对基本不信任	对人信任、对外界有安全感	恐惧、对外界害怕和不信任
童年期	1.5~3岁	自主性对羞怯与疑惑	能按社会要求表现目的性行为，发展自主能力	缺乏信心，畏首畏尾，感到羞愧，怀疑自己的能力
学前期	3~6岁	主动性对内疚	主动，表现出积极性和进取心	畏惧、退缩，产生内疚感和失败感
学龄期	6~12岁	勤奋感对自卑感	勤奋，掌握求学、做事、待人的各种基本能力	缺乏生活的基本能力，充满自卑和无价值感
青春期	12~18岁	自我同一性对角色混乱	有明确的自我观念，达到自我内部与外部环境的协调	对于自我与他人的角色混乱，充满不确定感
成年早期	18~40岁	亲密对孤独	建立友情和爱情，发展爱的能力	与社会疏离，孤独寂寞
壮年期	40~65岁	繁殖感对停滞感	热爱家庭，关心社会，追求事业成功	只顾及自我和"小家"，缺乏社会责任感
老年期	65岁及以上	自我整合对绝望	回顾一生，感到生活有意义	悔恨旧事、消极失望

2. 自我同一性

青春期，宛如一幅绚丽多彩却又蒙着迷雾的画卷，是自我意识发展的关键阶段。这一时期，青少年像茁壮成长的树苗，在风雨洗礼与阳光照耀下，努力探寻专属方向，而该阶段的核心课题，便是"自我同一性"。通俗来讲，自我同一性是自我的建立与统合，意味着青少年要在内心找到独一无二、真实完整的自己，将特质、经历、价值观等有机融合。

青少年身心迅速发展，内心世界似广袤神秘的海洋，满是可能与未知。他们对世界有了更深思考，不再满足于接受他人观念和现成答案，于是踏上探索不同角色与身份的旅程。在学校，他们或许在运动场挥洒汗水，体验运动员的拼搏荣耀；在舞台化身表演者，用歌舞展现魅力；在社团尝试当领导者，锻炼组织管理能力。每一次尝试体验，都像在心灵画布上添彩，勾勒初步自我轮廓。通过持续探索，青少年逐渐形成稳定的自我概念，这一过程像拼图，把零散角色身份体验碎片拼接成完整画面，对未来发展意义重大——它如明灯照亮前路，帮青少年认清自己，明确价值观与人生目标，面对选择挑战时，能凭内心意愿决策。

同一性建立是复杂奇妙的过程。青少年整合过去、现在与未来，形成内在连续感：过去是成长足迹，欢笑泪水、成败得失皆为宝贵财富；现在是当下的经历过程，当下的选择与行动塑造未来；未来是憧憬方向，是奋斗目标。这种连续感像无形纽带，串联起过去、现在与未来，让他们能与环境和谐共处。

拥有连续感，如同为未来生活与职业绘就详尽清晰的规划图。他们清楚自身优劣势，知道在不同环境如何扬长避短、应对挑战。面对职业选择，能结合兴趣与能力做适配决定；人际交往中，也更懂他人需求和感受。可若青少年无法成功整合自我，就像黑暗中迷失方向的船只，陷入迷茫不安，难以形成统一自我概念。角色混乱如无形风暴，席卷内心——他们在不同角色间徘徊，时而热情投入，时而因缺乏信心退缩；面对未来，就像站在十字路口的行人，不知何去何从。

例如，某位学生高中时理科成绩优异，计划报考工科院校，成为工程师。但高三参与话剧社编剧后，他发现自己对剧本创作满怀热情，其投入感远超理科学习。在探索自我同一性时，他陷入纠结：放弃多年理科积累、违背父母预期去学编剧，这让他感到不安；但若按原计划选择工科院校，又怕将来留下遗憾。这种冲突让他在高考志愿填报时犹豫不决，反复修改志愿表，最终错过部分志愿填报的关键节点，与几所心仪院校的目标专业失之交臂。再如，部分青少年在家庭中与父母关系紧张，学校里遭同学排挤孤立，负面经历让他们自我怀疑，觉得自己"不够好、不值得被爱与尊重"，探索自我同一性时困难重重——他们刻意回避与他人深入交流，害怕再受伤害，导致自我同一性建立受阻。

自我同一性的建立，是青少年时期重要且艰巨的发展课题，既关乎当下心理健康与成长，更对未来人生走向影响深远。唯有成功建立自我同一性，青少年才能在人生道路上坚定前行，勇敢追梦，书写属于自己的精彩篇章。以下是建立自我同一性的具体方法。

（1）记录成长轨迹。用日记、回忆录或时间轴等形式，梳理个人经历中的关键事件（如学业转折、人际关系变化），标注当时情绪反应与选择背后的价值观。比如，记录"选某专业是因兴趣还是家庭期望"，分析行为动机的连贯性。

（2）性格与能力评估。借助 MBTI、霍兰德职业兴趣测试等工具，结合自我观察（如"我更擅长独立完成任务还是团队协作"），构建多维度自我画像。

（3）价值观澄清。列出对自己最重要的 10 个价值观（如诚信、自由、家庭），通过排序或权重分配，明确核心原则。例如，若"自由"排首位，需思考如何在职业选择中体现该价值。

（4）多元化角色尝试。参与学术研究、志愿服务、艺术创作等不同领域活动，观察自身在不同场景的表现与反馈。比如，通过短期实习，发现"数据分析"和"创意策划"的偏好差异。

（5）阶段性目标设定。把长期目标（如职业方向）拆解为可执行的短期任务（如"每周学 3 小时编程"），逐步达成积累成就感，强化自我认同。

（6）批判性接受反馈。区分"建设性意见"与"过度干涉"。比如，朋友指出"你过于内向"，要结合自身性格特质判断是否需调整，而非盲目迎合。

（7）认知重构。以"成长型思维"面对"理想自我"与"现实自我"的差距。例如，把"我数学差"转化为"我需要加强逻辑思维训练"，将挫折视作重要的成长机会。

二、自我意识与心理健康

自我意识能助力个体洞察内心世界，明晰自身情感、需求与价值观，进而更从容应对生活中的各类挑战。同时，它可帮助个体调节情绪和行为，规避如过度反应、冲动行为等不当表现，维护心理健康。健全的自我意识，能帮个体在复杂多变的生活环境中找准定位、明确目标，更高效地实现自我规划。

1. 促进自我认知与理解

自我意识让个体深入洞察内心，包括自身的情感、需求、价值观、动机等。清晰的自我认知，能帮个体识别优势与不足，面对生活情境时，能更从容地决策，避免盲目跟从或陷入自我怀疑。例如，明确自身价值观的个体，面对选择时会坚守内心原则，减少因价值观冲突产生的心理压力。

2. 增强情绪调节能力

自我意识使个体敏锐觉察情绪变化，理解情绪根源。面对压力或挫折时，个体能及时调整情绪，避免过度反应或冲动。比如，因学业压力焦虑时，个体可通过自我反思找到焦虑源头，再采用合理安排学习时间、寻求支持等方式缓解，维持心理平衡。

3. 提升应对挫折的能力

自我意识让个体客观评估自身能力与边界，面对挫折时，能理性分析问题，而非盲目归责于外界。这有助于个体从失败中吸取教训、调整策略、重新出发。例如，考试失利后，具备健康自我意识的个体，不会一味责怪老师或考试制度，而是反思自身的学习方法与努力程度，找到改进方向，增强抗挫折韧性。

4. 促进人际关系的和谐

自我意识不仅帮个体认识自己，还能进而提升理解他人的能力。当个体清晰地了解自身情感与需求，沟通时会更真诚，也更易理解和尊重他人的感受与需求。这有助于建立良好人际关系，减少冲突误解，为心理健康营造优质外部环境。

5. 明确目标与方向

自我意识让个体清晰认知兴趣、能力与价值观，进而设定契合自身的目标。目标导向能赋予个体动力与方向感，使其在追求目标的过程中收获成就感、满足感，提升心理幸福感。例如，明确对某领域兴趣后，可有针对性地规划学习与职业发展路径，避免在迷茫中消耗时间和精力。

三、高职学生自我意识发展的特点

（一）自我意识分化

自我意识的分化，是指个体将自身内心世界与行为进行不同维度的划分，并进行差异化的认知和评价。具体涵盖以下几个方面。

1. 主体我和客体我的分化

个体开始把自身分为观察者（主体我）与被观察者（客体我）。主体我负责对自身进行观察与评价，客体我则是被审视和评判的对象。这种分化，让高职学生得以用更客观的视角审视自己的内心活动与行为表现，进而更好地认识自我。

在课堂学习中，高职学生能通过自我反思，以主体我的身份去观察作为客体我的学习习惯与方法是否高效，然后有针对性地调整学习习惯与方法。这一能力对高职学生至关重要，不仅助力他们在学习与工作中不断进步，还能培养批判性思维和自我管理能力，使他们在面对复杂问题时更加从容。

2. 理想我和现实我的分化

个体依据自身价值观和目标，构建理想的自我形象（理想我），同时也清晰认识到现实中的自己（现实我）与理想我之间存在差距。这种分化，能让高职学生更清楚地了解自身优点与不足，进而制定出更合理的目标和计划。

处于该阶段的高职学生，开始明确职业目标与人生方向，就像在茫茫大海中寻找灯塔，努力朝着理想前行。他们通过对比理想我和现实我，清醒地认识到自身不足，并努力缩小差距。比如，一名怀揣成为杰出工程师梦想的学生，在现实中发现自己某些专业技能欠缺，基于这种分化，他可以制订详细学习计划，逐步提升专业能力，向理想我靠近。

3. 公开我和私密我的分化

个体将自己的内心世界与行为分为公开的部分和私密的部分。公开我是个体在社交场合展示的自我形象，私密我则是个体独处时的内心世界。这种分化，有助于高职学生更好地控制自己在不同场合的表现，以适应社交环境。

在社交场合中，高职学生逐渐学会恰当地展示自己。公开我让他们在团队合作和社交活动中自信表达观点与想法，而私密我则为他们提供独处时进行自我反思与情绪调节的空间。这种分化，能使学生在不同社交环境中应对自如，既能自信展现自我，又能保持内心的稳定与健康。

（二）自我意识冲突

高职学生自我意识的冲突主要表现在以下几个方面。

1. "理想我"与"现实我"的冲突

高职学生往往对未来期望较高，但由于生活范围较窄、社会交往单一、缺乏社会阅历，对自我认识的参照点有限，难以将理想与现实有效结合，导致"理想我"与"现实我"之间存在较大差距。这种差距既可能带来苦恼和不满，也能激发奋发进取的动力。例如，一名学生渴望成为杰出工程师，却发现自己在核心专业技能上存在不足——这种差距会促使他有针对性地提升能力，逐步缩小理想与现实的距离。

2. 独立需求与心理依附的冲突

高职学生的独立意识快速发展，希望在生活、经济、思想等方面摆脱成人管束，自主处理问题；但心理上仍依赖成人支持，难以实现真正的人格独立。这种冲突使他们在追求独立时常常感到困惑不安。例如，学生可能希望自主安排学习生活，却在遇到困难时本能地渴望父母或老师的帮助。这种冲突会推动他们在"尝试独立"与"适度依赖"中寻找平衡，逐渐理解"独立并非拒绝所有支持"。

3. 目标设定与实现能力的冲突

高职学生通常有明确的学业或职业目标，但在追求过程中可能遭遇超出预期的困难。当他们无法应对时，便容易产生沮丧、自我怀疑，甚至放弃目标。例如，一名学生设定了冲刺专业竞赛一等奖的目标，却因基础薄弱多次受挫，进而对自身能力产生怀疑。缓解这种冲突，高职学生需要学会设定"跳一跳够得着"的合理目标，制订具体可行的计划，并在受挫时调整策略而非否定自我。

4. 自我期望与现实表现的冲突

高职学生往往对自己有较高期望，希望在学习、社交、实践等多方面表现出色，但现实中难免在某些领域遭遇挫折（如考试失利、竞赛落选等），导致期望与现实的落差，引发消极情绪。例如，一名学生期待在校园演讲比赛中获奖，最终却止步初赛——这种落差会促使他反思准备过程中的不足，在复盘后积累经验，而非陷入自我否定。

5. 社交渴望与孤独感的冲突

高职学生渴望与他人建立深厚友谊和情感联结，但部分学生因性格内向、社交技能不足或环境适应困难，难以融入集体，时常感到孤独。这种"渴望社交"与"实际孤独"的矛盾可能引发焦虑和自我怀疑。例如，性格内向的学生希望参与社团活动并结交朋友，却因担心"表现不好"而犹豫退缩，最终独自待在宿舍时感到失落。缓解这种冲突，需要主动尝试小范围社交（如小组讨论、兴趣小组），逐步提升社交信心和技能。

为缓解上述冲突，高职学生可采取以下措施：

（1）理性定位自我。通过自我反思和他人反馈，客观评估"理想我"与"现实我"的差距，避免过度理想化或自我贬低。

（2）建立弹性目标。将长期目标分解为阶段性小目标，确保每个目标符合自身当前能力，通过"小成功"积累信心。

（3）学习独立与求助的平衡艺术。在自主处理问题的同时，接纳"适度依赖"的合理性——遇到超出能力范围的困难时，主动向老师、同学求助。

（4）正视挫折的价值。将"未达期望"视为成长机会，例如考试失利后分析错题而非否定自身努力，竞赛落选后总结经验而非怀疑能力。

（5）主动拓展社交支持。从兴趣出发参与小规模社交活动（如专业实训小组、志愿服务），在互动中逐渐克服孤独感，理解"社交不必追求'被所有人喜欢'，而是找到志同道合的人"。

这些措施能帮助高职学生在冲突中调整自我认知，避免陷入消极循环，逐步实现自我整合与成长。

（三）自我意识统一

自我意识分化引发的矛盾冲突，是高职学生心理发展的重要特征，也是走向成熟的必经过程。这些矛盾一方面可能带来焦虑、不安甚至迷茫；另一方面，却会促使学生主动寻找解决方法，最终实现自我意识的统一，达成内心的和谐。

自我意识的统一，是指个体在自我分化的基础上，将自我意识的各个部分（如理想我与现实我、公开我与私密我等）整合为有机的统一整体，形成相对稳定、一致的自我概念。这种统一不仅能帮助学生更清晰地认识自己，更为其未来职业发展和社会适应奠定坚实的心理基础。

实现自我意识统一的路径主要有以下三种：

1. 立足现实自我，逐步接近理想自我

高职学生在这一阶段会更清晰地认知自身现实状态，并与理想自我对标。通过持续努力和实践，逐步缩小两者差距。例如，一名学生渴望成为优秀工程师，发现自己在机械设计技能上存在不足后，会设定"每周完成2个设计案例练习"的具体目标，制订分阶段学习计划并坚持执行——这种有针对性的努力不仅能提升学生的专业能力，还会使学生在阶段性目标达成中增强自信与成就感，推动现实我向理想我靠近。

2. 修正不合理的理想自我，实现动态平衡

部分学生可能因缺乏对自身能力或现实条件的客观认知，设定了过高的理想目标

（如"半年内考取 5 项职业证书"）。当实践中发现目标难以实现时，需要理性调整理想自我的标准，使其更贴合实际。例如，一名学生原本计划"一年内掌握 3 门编程语言"，经过两个月尝试后，意识到精力有限，便将目标调整为"优先精通 1 门核心语言，再逐步拓展"——这种修正并非放弃追求，而是通过制定合理目标减少挫败感，让现实我与理想我在动态调整中逐步趋近。

3. 接纳现实自我，调整理想方向

当理想自我与现实自我存在难以逾越的差距（如自身兴趣、能力与理想职业不匹配）时，学生可能选择放弃原理想，接纳现实自我并重新定位。例如，一名学生曾立志成为临床医生，却在专业学习中发现自己对医学理论毫无兴趣，反而擅长设备操作，他最终选择转向医疗设备维护领域，在新方向上找到价值感。这种选择并非妥协，而是基于自我认知的理性调整，帮助个体在适合自己的轨道上实现成长。

自我意识的统一对高职学生的成长至关重要：它能帮助学生在矛盾冲突中找到解决路径，实现内心的稳定；更能让学生明确自我定位与发展方向，在学习、生活中保持自信与从容，为职业发展和社会适应提供持续的内在动力。

四、高职学生常见自我意识发展的困扰

高职学生在自我意识发展过程中，常面临多种困扰，这些问题不仅影响心理健康，还可能阻碍学业进步与职业发展。

1. 以自我为中心

部分高职学生过度关注自身需求与感受，忽视他人立场，缺乏共情能力。在团队合作中，他们可能只在意个人任务完成，无视团队整体目标，引发同伴不满；长期以自我为中心还会使其在社交中被孤立，进一步削弱社交技能，为未来职业中的协作埋下隐患。

2. 自傲与自卑的两极化

自傲者对自身能力与价值估计过高，轻视他人建议与批评，导致在学习工作中故步自封。例如，拒绝接受老师对专业技能的指导，坚信"自己的方法最优"，最终错失提升机会。

自卑者则过度怀疑自身能力，缺乏自信，面对挑战时习惯性退缩。例如，因害怕失败而回避竞赛、不敢展示才能，错失成长机遇。

3. 独立感与依赖感的冲突

随着成长，高职学生逐渐渴望在生活、决策中自主独立，但心理上仍依赖他人支持（如父母的意见、老师的指导）。例如在职业选择时，既想遵从内心意愿，又担心违背父母期待，导致决策时犹豫不定，长期可能引发焦虑，削弱自主判断能力。

4. 逆反心理明显

高职学生处于青春期向成年期过渡阶段，部分学生对传统观念、权威规范（如校规、师长教导）产生抵触，表现为反抗、消极应对。这种心理可能激化与家庭、学校的矛盾，例如因抵触课堂纪律而故意迟到早退，影响学习状态，若这种心理长期得不到引导，学生出现焦虑、抑郁等心理问题的风险可能会增加。

5. 自我认知模糊

进入高职后，部分学生对自身能力、兴趣、价值观缺乏清晰认知，导致选择时迷茫。例如，他们在选专业方向时因不了解自身优势，盲目跟风热门领域，最终发现与自身兴趣不符；这种模糊性还会导致学习生活缺乏目标，降低效率与质量。

6. 自我期望与现实的落差

很多高职学生对未来都有非常清晰的规划，但现实往往不如预期。例如发现专业难度远超想象，或在学业、社交中频繁受挫。这种落差易引发学生的挫败感与焦虑，甚至动摇其对未来的信心。

7. 自我价值感偏低

部分学生在中学阶段因成绩不理想，较少获得教师、同学的积极反馈，易产生"自我价值不足"的认知，认为"不如本科院校学生优秀"，陷入自卑。这种心态会削弱学习动力。例如因过去失败经历否定自己，拒绝尝试新学习方法或参与实践活动，错失成长机会。

8. 自我角色冲突

进入高职后，学生需适应"大学生""准职业人"等新角色，但部分人难以快速转换，引发角色认知矛盾：既渴望独立自主，又依赖家庭与学校的支持；既想展现个性特长，又恐惧他人负面评价。例如，课堂上想主动发言，却担心"说错被嘲笑"，内心挣扎影响表现与自信心。

针对上述困扰，高职学生可从以下方面调整：

1. 深化自我认知，构建清晰自我画像

定期通过标准化职业测评（如霍兰德职业兴趣测试、MBTI性格测试）和日常反

思（如每日记录"今天我擅长/不擅长的事"），梳理自身兴趣、能力短板与核心价值观。例如，在专业学习中记录"每次完成任务时，我更享受数据分析还是与人沟通"，逐步明确"我适合做什么""我想成为什么样的人"，减少选择时的盲目性。

2. 平衡期望与现实，建立弹性目标体系

接纳"理想与现实存在差距是常态"，将长期目标（如"3 年内成为技术骨干"）拆解为可量化的短期目标（如"本学期掌握 2 项核心操作技能"）。每完成一个小目标，及时记录进步（如"今天独立完成了设备检修，比上周快了 10 分钟"），借助具体成果的积累，逐步建立自信，避免因"未达完美"而否定全部努力。

3. 主动社交实践，提升共情与协作能力

从兴趣切入选择社交场景（如喜欢公益就加入志愿服务队，擅长技术就参与专业实训小组），在互动中刻意练习"换位思考"。例如团队合作时，先倾听他人方案再表达自己的想法，而非直接否定；遇到分歧时，尝试说"你的想法让我想到了……"，在理解中建立信任。通过持续实践，逐步改善"以自我为中心"的倾向，积累优质人际关系。

4. 理性过滤外界评价，建立稳定自我认同

收到评价时，先问自己两个问题："对方的意见是否基于事实？""这个建议对我的成长是否有帮助？"例如，面对"你动手能力太差"的评价，若事实是"某次操作失误"，可转化为"我需要加强某步骤的练习"；若仅是片面否定，则提醒自己"他人看法不能定义我的全部"。同时，每天记录 3 件"自己做得好的事"（哪怕是"今天主动请教了问题"），强化自我肯定。

5. 掌握情绪调节技巧，应对冲突与压力

面对独立与依赖的矛盾、逆反心理等困扰时，可通过"情绪日记"梳理感受：写下"我现在纠结的是什么？""我真正担心的是？"，理清内心需求后再行动（如职业选择时，列出"自己的意愿"与"父母的期待"的重合点，寻找折中方案）。遇到焦虑、挫败等情绪时，用"5 分钟呼吸法"平复心情，避免冲动决策。

6. 寻求多元支持，打破自我封闭

当困扰难以自行化解时，主动向"支持系统"求助：学业困惑找专业老师分析技能短板，人际矛盾请辅导员协调沟通，情绪问题预约学校心理咨询中心——专业人士能提供客观视角，帮助我们跳出"自我否定"的循环。同时，多与同学交流"成长中

的烦恼",会发现"大家都有类似困惑",减少孤独感。

通过这套"认知—行动—支持"的组合策略,高职学生能逐步化解自我意识中的矛盾,在试错与调整中形成更成熟、稳定的自我认知,为职业发展和终身成长奠定基础。

五、完善自我意识的途径与方法

(一)良好自我意识表现

良好的自我意识是高职学生心理健康的重要标志,有助于他们更好地认识自我、接纳自我,推动学习、生活与职业发展的成功。

1. 自我认知清晰

能客观认识自身优点与不足,既不盲目自大,也不过度自卑。例如,清楚自己在数学领域有优势,但语言表达能力待提升,并愿意针对性改进;同时,对自身兴趣、能力、价值观有深入了解,能据此对自身做出合理的职业规划与人生决策(如通过职业测评发现艺术设计天赋,进而选择相关方向)。

2. 自我体验积极

对自身能力与价值有充分信心,遇挫折时仍能保持积极心态,相信自己能克服困难(如考试失利后调整方法,以更坚定的态度迎接下一次考试挑战);能有效管理情绪,保持稳定乐观的心态,面对压力时冷静应对(如团队分歧中以平和心态沟通解决方案);接纳自身不完美,宽容对待过往经历与现状,不因失败否定自我(如项目表现不佳时,视为成长必经过程并从中学习)。

3. 自我调控有效

能设定清晰合理的目标,并制订详细计划(如为实现理想工作,规划"提升专业技能+参与实习+考取证书"的路径);具备强自律性,能管理时间与行为(如制订学习计划并严格执行,避免拖延);能快速适应新环境与挑战,灵活调整策略(如进入新岗位后,迅速适应工作要求与团队文化);遇到困难时能自我激励,保持动力(如学习任务繁重时,通过自我鼓励与奖励机制保持积极性)。

4. 社交能力良好

能建立和谐人际关系,具备沟通与协作能力(如团队项目中与队友高效配合完成任务);社交中能自信表达观点,不因他人评价而过度紧张或自我怀疑(如课堂讨论中积极分享见解);具备同理心,能理解关心他人(如主动帮助遇到困难的同学,建立深厚友谊）。

5. 心理韧性较强

面对压力与挑战时能保持冷静，积极寻找解决方法（如考试周通过合理规划时间与放松技巧维持心理平衡）；能接受失败并吸取教训，不轻易放弃（如求职被拒后分析原因，调整策略继续努力）；对未来充满信心，逆境中仍能寻找机会（如行业波动时，坚信自身能力并主动学习新技能）。

6. 追求自我实现

持续追求自我提升，愿意学习新知识与技能（如毕业后通过在线课程深化专业能力）；努力实现人生价值，为社会做贡献（如毕业后投身公益事业，用专业知识帮助他人）。

（二）完善自我意识的方法

1. 正确认识自我

（1）自省法。

"吾日三省吾身"强调通过自我反省认识自我，核心是有意识地觉察自身想法、情绪与行为，且需以无条件积极接纳的态度完成觉察——唯有接纳，改变才可能发生（如通过认知疗法调整想法、用放松技巧调节情绪）。

自省还可从过往成败中总结优劣，实现扬长避短。例如，高职学生可梳理专业技能课程（如室内设计制图）的学习情况，明确自身在动手操作上的优势；同时分析文化基础课的学习问题，找出学习方法需改进的不足；社交中，可分析自己"善于协调"或"内向不善表达"的特点，有针对性地改进。

（2）比较法。

合理比较能树立榜样、激发动力，但需避免盲目攀比引发的负面情绪，关键在于：第一，选对比较对象。结合自身专业目标，选能带来进步动力的对象。如技能学习中，可参考班级里"实践能力强"的同学或行业内的技术骨干，分析其优势并借鉴其方法；避免拿自己的长处对比他人的短处，以防滋生自负心理；也避免拿自己的短处对比他人的长处，以免陷入自卑情绪。

第二，灵活调整比较方向。受挫时可"向下比"（如技能竞赛失利后，看到自己比基础薄弱的同学积累了更多实践经验），重拾信心；骄傲时可"向上比"（如成绩提升后，关注国家级技能大赛获奖者的努力，认识自身不足）。

第三，多与自己的过去比。关注自身成长轨迹，如"从刚接触专业时的手足无措，到如今能熟练操作专业设备"，这种看得见的进步本身就是自信的重要来源；同时，通过对比发现不足（如"过去在公共场合发言会感到紧张，现在虽有进步，但仍有提升空间"），由此明确努力方向。

（3）他人评价法。

依据乔韩窗口理论（将自我分为"公开的自我""盲目的自我""秘密的自我""未知的自我"），他人评价是认识"盲目的自我"的重要途径，但需理性对待：

第一，重视重要他人（父母、老师、好友）的评价，其基于长期观察，多为客观建设性反馈（如老师指出"你专注力强但需提升创新力"）。

第二，关注高度一致的评价（如多位同学认为你"乐于助人"），这类评价往往反映真实特质。

第三，兼顾与自己观点一致和不一致的评价：一致评价增强自信，不一致评价（如"你表达急躁"但自己未察觉）能揭示盲点，促进改进。

第四，保持开放态度，通过多元途径认识自己（如参加体育活动发现体能优势，借助职业测评了解性格特点）。

2. 积极悦纳自我

悦纳自我是完善自我的核心，需从以下方面实践：

（1）无条件接纳完整自我。

接受自己的全部（优点与缺点、成功与失败），不苛求完美。如同自然万物各有特质，人也需正视不足，珍视优势，将失败视为成长机会。

（2）喜欢自己，建立价值感。

肯定自身独特价值，通过日常小事（如完成任务后自我点赞、培养兴趣爱好）积累自信，让内心充满满足感与自豪感。

（3）承认不完美，保持自信。

没有人十全十美，接纳不完美是自信的表现。例如，坦然面对"专业技能强但理论稍弱"的现状，有针对性地改进而非自卑；同时，以宽容心态看待他人不足。

（4）珍惜独特性，在接纳中追求成长。

不盲目攀比，结合自身实际设定目标（如将长期目标分解为小步骤）；坚守原则，在社交中做真实的自己；定期回顾成长点滴，及时肯定并奖励自己的每一点进步，持续学习新知识和新技能。

3. 有效调控自我

自我调控是主动改变心理与行为的能力，是完善自我的根本途径，需从以下方面着手。

（1）立足社会与实际，树立合理目标。

目标制定需结合社会需求与个人能力，避免目标脱离现实。例如，电商专业学生可参考行业需求，设定"提升运营能力+积累实战经验"的目标，而非盲目追求"短期内创业成功"。

（2）制订计划并严格执行。

将大目标分解为具体小目标，明确时间节点（如"每周掌握 1 个核心操作技能"），预留弹性空间应对突发情况；执行中需克服拖延，用自律确保目标落地（如通过"番茄工作法"管理时间）。

（3）培养意志力，运用激励措施。

通过自我分析（明确优势与不足）、自我鼓励（如"我能克服这个困难"）、自我监督（记录行动进度）等方式强化意志。例如，备考时每天复盘学习内容，用"完成当日任务后玩半小时手机"作为奖励，维持动力。

有效调控自我能帮助个体在挫折与诱惑中保持方向，最终实现理想自我。

第三部分　心理练习

一、客观认识自我

（通过多维度自测与他人反馈，全面、客观地认识自我，明确优势与待提升方向）

任务一　自画像：多维度拆解"我"

从生理、社会、心理三个层面系统梳理自我认知，避免片面化的倾向；通过"20个我是谁"深入探索性格与内在特质。

1. 生理"我"的自我评价

生理"我"是指我们对自身身体的认识，包含我们对性别、身高、体重、容貌、身体状况等方面的认知及由此产生的情绪体验。我们对自身身体的认知和满意程度，在很大程度上影响着自信、自尊等自我体验的强弱程度。如果你感兴趣，可以试着完成以下自测题。回答无对错之分，请根据你的实际情况，在空格内填入答案，或圈选相应的选项。

（1）我身高_____cm，我（很满意、比较满意、无所谓、比较不满意）我的身高。

（2）我体重_____kg，我（很满意、比较满意、无所谓、比较不满意）我的体重。

（3）我是（男，女）性，我（完全认同、比较认同、无所谓、比较不认同、完全不认同）我的性别属性。

（4）相对于其他人，我长得（很漂亮、比较漂亮、一般、不太漂亮、根本不漂亮），我（很满意、比较满意、无所谓、比较不满意）我的容貌。

（5）我最满意的身体部位是（眼睛、鼻子、耳朵、嘴、胸部、腹部、背部、手臂、掌、腿、足），或其他_____。

（6）其他人对我外貌的评价是_____。

（7）我的身体状况（非常好、良好、一般、有点不好、非常不好）。

（8）在一天的大多数时间里，我感到精力（很充沛、比较充沛、一般、有点不充沛、非常不充沛），思维（很清晰、比较清晰、一般、有点不清晰、非常不清晰）。

（9）我（曾经、现在、从未）患过大疾病。如果有，是_____，该病对我现在的生活影响（非常大、比较大、一般、轻微、没有）。

（10）我现在（患有、未患）慢性病。如果有，是_____，该病对我现在的生活影响（非常大、比较大、一般、轻微、没有）。

2. 社会"我"的自我评价

社会"我"是我们对自己在社会关系、人际关系中的角色认识，包括与父母、同伴和老师的关系以及自己在这些圈子里的地位。通过以下试题，你可以增进对社会"我"的认识。

（1）我生命中最重要的五个人依次是_____、_____、_____、_____、_____，他们与我的关系是_____、_____、_____、_____、_____。

（2）在父亲眼中，我是_____。

（3）在母亲眼中，我是_____。

（4）在我最看重的老师眼中，我是_____。

（5）在好友眼中，我是＿＿＿＿＿＿＿＿＿＿＿＿＿＿＿＿＿＿＿＿＿＿＿＿＿＿＿。

（6）在其他我生命中重要的人眼中，我是＿＿＿＿＿＿＿＿＿＿＿＿＿＿＿＿＿。

（7）与我交往的朋友中，同性朋友比异性朋友（多、差不多、少）。

（8）我（更、无所谓、不）喜欢与异性交往。

（9）我的亲友、朋友（非常、一般、不）理解我。

（10）在人多的才场合，我（能、一般能、不能）自然地表达自己。

（11）在聚会上，我扮演的角色是（大家关注的中心，被遗忘的人，被众人嘲笑、攻击的对象）。

（12）我（更喜欢、无所谓、害怕）一个人独处。

3. 心理"我"的自我评价

（1）＿＿＿＿＿＿＿＿＿＿＿＿是我做得最出色的事，这体现了我最大的长处。

（2）＿＿＿＿＿＿＿＿＿＿＿＿是我经历中最独特的部分，凭借这一点，我能做出的与众不同的事是＿＿＿＿＿＿＿＿＿＿＿＿＿＿＿＿＿＿＿＿＿＿＿＿＿＿。

（3）＿＿＿＿＿＿＿＿＿＿＿＿能够点燃我内心的激情，一想到它，我就分外激动，投入其中时总能感到无穷乐趣，永远不会觉得疲惫。

（4）我最突出的优势是＿＿＿＿＿＿＿＿＿＿＿＿＿＿＿＿＿＿＿＿＿＿＿＿。

（5）我最明显的不足是＿＿＿＿＿＿＿＿＿＿＿＿＿＿＿＿＿＿＿＿＿＿＿＿。

（6）我最欣赏自己对待家人的态度是＿＿＿＿＿＿＿＿＿＿＿＿＿＿＿＿＿＿。

（7）我最欣赏自己做事时的态度是＿＿＿＿＿＿＿＿＿＿＿＿＿＿＿＿＿＿＿。

4. 我是谁

"20个我是谁"量表常用于自我分析。该量表操作简单：请写出20句描述自己的语句，需侧重描述性格、想法等内在特质，尽量避免仅陈述客观事实（如避免"我是一个男生""我是一个大一学生"这类表述）。

（1）我是一个＿＿＿＿＿＿＿＿＿＿＿＿＿＿＿＿＿＿＿＿＿＿＿＿＿＿＿＿＿。

（2）我是一个＿＿＿＿＿＿＿＿＿＿＿＿＿＿＿＿＿＿＿＿＿＿＿＿＿＿＿＿＿。

（3）我是一个＿＿＿＿＿＿＿＿＿＿＿＿＿＿＿＿＿＿＿＿＿＿＿＿＿＿＿＿＿。

（4）我是一个＿＿＿＿＿＿＿＿＿＿＿＿＿＿＿＿＿＿＿＿＿＿＿＿＿＿＿＿＿。

（5）我是一个＿＿＿＿＿＿＿＿＿＿＿＿＿＿＿＿＿＿＿＿＿＿＿＿＿＿＿＿＿。

（6）我是一个＿＿＿＿＿＿＿＿＿＿＿＿＿＿＿＿＿＿＿＿＿＿＿＿＿＿＿＿＿。

（7）我是一个＿＿＿＿＿＿＿＿＿＿＿＿＿＿＿＿＿＿＿＿＿＿＿＿＿＿＿＿＿。

（8）我是一个＿＿＿＿＿＿＿＿＿＿＿＿＿＿＿＿＿＿＿＿＿＿＿＿＿＿。
（9）我是一个＿＿＿＿＿＿＿＿＿＿＿＿＿＿＿＿＿＿＿＿＿＿＿＿＿＿。
（10）我是一个＿＿＿＿＿＿＿＿＿＿＿＿＿＿＿＿＿＿＿＿＿＿＿＿＿。
（11）我是一个＿＿＿＿＿＿＿＿＿＿＿＿＿＿＿＿＿＿＿＿＿＿＿＿＿。
（12）我是一个＿＿＿＿＿＿＿＿＿＿＿＿＿＿＿＿＿＿＿＿＿＿＿＿＿。
（13）我是一个＿＿＿＿＿＿＿＿＿＿＿＿＿＿＿＿＿＿＿＿＿＿＿＿＿。
（14）我是一个＿＿＿＿＿＿＿＿＿＿＿＿＿＿＿＿＿＿＿＿＿＿＿＿＿。
（15）我是一个＿＿＿＿＿＿＿＿＿＿＿＿＿＿＿＿＿＿＿＿＿＿＿＿＿。
（16）我是一个＿＿＿＿＿＿＿＿＿＿＿＿＿＿＿＿＿＿＿＿＿＿＿＿＿。
（17）我是一个＿＿＿＿＿＿＿＿＿＿＿＿＿＿＿＿＿＿＿＿＿＿＿＿＿。
（18）我是一个＿＿＿＿＿＿＿＿＿＿＿＿＿＿＿＿＿＿＿＿＿＿＿＿＿。
（19）我是一个＿＿＿＿＿＿＿＿＿＿＿＿＿＿＿＿＿＿＿＿＿＿＿＿＿。
（20）我是一个＿＿＿＿＿＿＿＿＿＿＿＿＿＿＿＿＿＿＿＿＿＿＿＿＿。

任务二　他人眼中的我

1. 漂流瓶

游戏规则：（1）每人制作1个漂流瓶（可在卡片上写下自己的姓名，作为身份标识）。（2）游戏开始后，所有人将漂流瓶混合打乱，随机抽取1个（不可抽取自己的），在瓶内附带的便签上写下对该同学的具体印象（需包含1个优点和1个可改进的点，举例说明，避免空泛评价）。（3）所有漂流瓶回收后，每个人领回自己的瓶子，阅读他人反馈，随后写下200字左右的感悟（可围绕"意外的评价""认同的观点""未来的调整方向"展开）。

2. 以人为镜可以正衣冠，请写出他人眼中的我。

家人眼中的我：

朋友眼中的我：

恋人眼中的我：

二、积极悦纳自我

任务一　优势树

通过优势树练习，培养学生发现自己正向心理资源的能力，增强自信，提升自我效能感。

操作步骤：

（1）绘基础树。在空白处画大树轮廓（含树干、树枝），可创意装饰（纹理、贴纸等）。

（2）找优势果。从生活/学习/人际等方面，挖掘能力（如"数学计算快"）、品质（如"耐心倾听"）等优势，以果实形状写/画在树枝旁，标注具体内容（例"耐心倾听者——擅长倾听并接纳朋友的情绪，帮对方缓解情绪压力"）。

（3）理关联线。思考优势间联系（如"好奇心→实践能力"），用线条连接关联果实，并在树干上标注关联逻辑。

（4）分享更新。与他人交流，补充遗漏优势、细化描述，定期回顾，新增成长后的优势果实。

（5）写感悟。树旁记录对自身优势的发现与悦纳想法（例如"原来我有这么多闪光点，要多给自己点赞"）。

三、树立理想我

任务一　投射练习

（1）如果我是一种动物，我希望是_____，因为_____。
（2）如果我是一朵花，我希望是_____，因为_____。
（3）如果我是一棵树，我希望是_____，因为_____。
（4）如果我是一种乐器，我希望是_____，因为_____。
（5）如果我是一种颜色，我希望是_____，因为_____。
（6）如果我是一种天气，我希望是_____，因为_____。
（7）如果我是一种食物，我希望是_____，因为_____。
（8）如果我是一种交通工具，我希望是_____，因为_____。

| 任务二 | 勾画未来 |

1. 我最欣赏的人是：
_____

我最欣赏他/她的是：
_____

2. 我期待三年后完成的目标是：

A：_____

B：_____

C：_____

为了实现以上目标，我现在需要做出的行为改变和心态改变是：

A：_____

B：_____

C：_____

为了实现以上目标，我需要做的事情是：

A：_____

B：_____

C：_____

第四部分　课后应用实践

| 任务一 | 掌握一个重点知识：埃里克森阶段论 |

请简述埃里克森阶段论。
_____
_____
_____
_____

任务二　带走一个实用方法：自我接纳与成长计划

1. 活动目的

通过制订自我接纳与成长计划，帮助学生明确目标，提高自我激励和自我管理能力。

2. 活动步骤

（1）自我洞察梳理。回顾自身，从性格、能力等维度，梳理已发现的优点、待改进的不足，同时结合学习生活场景，分析当前面临的机遇（如参与竞赛、结识优秀伙伴）与挑战（如时间管理难题、学科知识掌握难题）。

（2）多维目标锚定。围绕学习（如学科成绩提升、技能证书考取）、社交（如拓展优质社交圈、提升沟通力）、兴趣爱好（如掌握新乐器、完成绘画创作）等领域，思考并写下未来3～6个月内（可自定义周期）希望实现的具体目标，确保目标可衡量（如"数学成绩从80分提高到90分"）。

（3）行动路径拆解。针对每个目标，细化具体行动步骤（如提升数学成绩，可拆解为"每天整理10道错题、每周总结1次题型规律"），并关联时间表（明确"每天睡前完成错题整理、每周日晚进行题型总结"），保障计划可落地执行。

（4）动态复盘优化。设定每周或每两周为回顾节点，对照行动步骤与时间表，评估目标进展（如"已坚持错题整理15天，完成题型总结3次"），分析成果与不足，结合实际情况（如临时加试、兴趣班调整）调整目标或行动路径，保持计划适配性。

第五部分　拓展阅读

1. 书籍

《自卑与超越》，吉林出版集团2015年版

《自卑与超越》是奥地利心理学家阿尔弗雷德·阿德勒的代表作。该书从个体心理学视角出发，深入剖析自卑感的形成机制，以及其对人类行为产生的影响，还给出超越自卑、实现自我成长的方法。

书中提出，自卑感并非全然消极，反而是人类行为的驱动力之一。阿德勒认为，

自卑感能够转化为推动个人成长的力量，关键在于如何正确认识并运用它。对于高职学生而言，这一观点尤为重要，毕竟在学习与职业规划过程中，自卑感时常伴随出现，比如因对学业成绩不满意、对未来职业感到迷茫而产生自卑。

此外，书中还探讨自卑感与优越感的内在关联，分析了童年记忆、家庭、学校、青春期、职业、爱情与婚姻等多个领域因素对人生的影响。这些内容能够帮助高职学生更好地理解自身心理状态，找到克服自卑的路径，进而在学习和生活中实现自我超越。同时，阿德勒强调"社会兴趣"的重要性，提出通过合作与奉献可以缓解自卑感，构建更良好的人际关系，融入更和谐的社会生活，这对高职学生开展团队协作、推进职业发展等方面也具有启发意义。

2. 电影

《当幸福来敲门》是一部美国传记励志电影。主人公克里斯·加德纳是一位穷困潦倒的医疗设备推销员，他把自己所有积蓄都投入了一款医疗设备，可这款设备却因价格高昂，始终未被医院采购。他每天早出晚归努力推销产品，却无法维持家庭生计。随着债务累积，他失去了车子，妻子也因不堪压力离开。克里斯与儿子相依为命，在生活中遭遇了无数困难。但克里斯从未放弃希望，尽管生活充满艰辛，他始终坚信幸福终将到来。

这部电影不仅展现了主人公在逆境中的坚韧与勇气，还深刻描绘了父子之间深厚的情感联结。克里斯对儿子的爱和责任感成为他坚持下去的动力，而儿子的陪伴也让克里斯在艰难时刻找到了温暖和力量。影片通过细腻的情感描写和真实的困境场景，让观众深刻感受到亲情的温暖与力量。它传递了积极面对挑战、追求幸福的正能量，鼓励观众相信自己、勇敢追求梦想，告诉我们：无论面对多大的困难与挑战，只要坚持不懈、积极进取，就一定能迎来属于自己的幸福时刻。

项目二

定制个性名片：人格、气质与性格

学习目标

1. 知识目标

（1）通过生活中的具体例子，清晰理解人格的定义、构成要素（如性格、气质、能力等），以及人格特质的分类，并能结合自身特点分析人格对行为、情绪和认知的影响。

（2）通过案例分析，理解完善人格如何帮助我们更好地适应社会、应对挑战，而不完善人格可能导致的困扰（如过度敏感、情绪失控等），并能结合自身经历讨论其实际影响。

（3）以通俗易懂的方式理解弗洛伊德的"本我—自我—超我"理论、埃里克森的"人生八阶段"理论和罗杰斯的"自我实现"理论，学会用这些理论解释自己或他人的成长经历（如青春期的自我认同危机）。

2. 能力目标

（1）通过填写人格测评量表，客观分析自己的人格优势和不足，并能结合测评结果制订改进计划（如通过模拟面试提升自信心）。

（2）学习气质的四种分类（多血质、胆汁质、黏液质、抑郁质），通过气质量表测评自己的气质类型，并能结合实际场景（如团队活动中的表现）讨论不同气质类型的优势与挑战。

（3）学会用"人格发展理论"反思自己的成长经历，并能提出具有针对性的调整策略（如通过阅读或心理咨询提升情绪管理能力）。

3. 素质目标

（1）通过课堂讨论和实践活动，学会用乐观的心态面对困难，将挫折视为成长机会，逐步建立"我能行"的信念，增强面对未来挑战的心理韧性。

（2）通过小组分享和案例分析，学会接纳自己的不完美，建立健康的自我认同感，并通过设定小目标逐步增强自信心和自我效能感。

（3）理解人格差异对人际关系的影响（如外向型与内向型同学的沟通方式存在差异），学会尊重他人的性格特点，培养团队合作中的包容心态。

第一部分　心海指航

> **案例** 内向电商生的"破茧成蝶"——小林的自我认知与成长之旅

小林是高职电子商务专业的大二学生，性格内向敏感，是典型的抑郁质——敏感细腻、情绪体验深刻。他从小习惯独自完成作业，极少主动参与集体活动。进入专业课学习阶段后，团队合作项目逐渐增多，如网店运营实训、直播策划大赛等。小林在首次小组任务中因不敢表达创意，被组长误认为"不积极"。某次直播方案讨论会上，他鼓起勇气提出一个创新点子，却因语气犹豫被组员打断，想法未被完整倾听，此后变得更加沉默，甚至借口身体不适逃避小组会议。

小林在团队中总觉"格格不入"，认为同学对他有偏见，常因他人无心之言暗自纠结。任务截止前常焦虑失眠，一次因精心准备的方案被否决，他当场情绪崩溃，摔门离开教室。电商行业强调沟通与应变能力，小林担心自己"不适合这行"，萌生了转专业的念头。

小林的内向敏感性格和抑郁质气质，使他在团队合作中表现得较为被动，容易陷入自我否定。比如，他会将直播方案讨论时的沟通失败归因为"自己能力差"，却忽视了自身在创意能力上的优势。不仅如此，他回避冲突的行为模式还加剧了人际隔阂。此外，小林缺乏主动寻求帮助的意识，导致负面情绪长期积压，进而使得学习和社交效能感下降。

通过心理辅导和实践锻炼，小林逐渐认识到内向和敏感并非缺陷，而是独特的资源。他开始用积极的心态看待自己的特质，发现敏感也能成为洞察用户需求的优势。在"618电商营销大赛"中，小林主动提出"情感化文案策划"方案，并耐心用数据说服组员。最终，方案获得校级二等奖，小林被评为"最佳创意贡献者"。他还尝试运营个人短视频账号，用细腻的镜头语言展示产品故事，短视频平台粉丝量突破5000，这更坚定了他从事电商行业的决心。

案例分析

小林的故事表明，内向与敏感并非缺陷，而是独特的资源。通过科学的自我认知与定向训练，每个人都能找到与自身性格适配的成长路径，将"短板"转化为职业竞争力。这一案例也揭示了大学生在完善人格方面可能面临的挑战：从小在家庭过度保护、社交圈单一的封闭环境中成长，可能使个体在人际交往、情绪管理等方面存在短板；进入大学后，这些短板可能进一步凸显，影响自信心和社交能力。但正如小林所做的，大学生在面临人格完善的挑战时，应勇于反思自我，积极寻求成长机会，通过学习和实践不断提升人格修养。

那么，人格究竟是什么？它又如何影响我们的行为、情绪和人际关系？而在大学这一关键成长时期，我们该如何通过科学的方法完善自己的人格，提升心理健康水平呢？接下来，我们将深入探讨人格、性格和气质这三个紧密相关但含义不同的核心概念，它们共同构成了个体稳定的心理特征。

第二部分　心理知识

高职院校大学生的人格健康不仅关系到其身心健康，还影响着他们的顺利成长与成才。高职院校大学生出现的许多心理问题，往往与人格发展尚不完善相关。青春期是人格形成的关键时期。若教育者能及早了解青少年的人格状态，并积极培养其健全人格，他们（青少年）将能在很大程度上提高自身的抗压抗挫能力，进而积极面对生活、努力挖掘自身最大价值，为社会做出更大贡献。

在日常生活中，人们也常常提到"人格"。比如"他人格高尚""他人格卑劣""他人格有缺陷"等，这些说法多聚焦道德评价和社会行为规范，仅涵盖了心理学中"人格"概念的部分维度——心理学中的人格更强调个体心理特质的整体性与独特性，而非单一的道德评判。

一、人格的概述

英文中的"人格"（Personality）一词来源于古希腊语"Persona"，原指戏剧演员在舞台上扮演角色时所戴的面具，通过面具的造型与象征意义，集中体现剧中某类人物的典型心理特征。后来，这个词被引申为对个体心理特征的描述。心理学中，人格也称为"个性"，是指一个人在遗传素质的基础上，在后天环境与成长经历中形成的、区别于他人的、独特而稳定的心理倾向与心理特征的总和。

心理学将完整的人格结构分为心理倾向性和人格特征两个方面。心理倾向性包括需要、动机、兴趣、信念和世界观，构成了人格心理的动力系统和调节机制；人格特征包括能力、气质和性格，体现了人在心理活动效能（如能力表现）和活动风格（如气质与性格特质）上的差异性。

二、人格的特征

（一）人格的整体性

人格是人的心理结构的整体表现，人格倾向性和人格特征这两个方面并非单独存在，而是相互联系、相互制约、相互作用的。人格的整体性主要体现在以下几个方面。

第一，人格内部的协调一致性，即人格倾向性与人格特征这两个方面是整体协调统一的。也就是说，人的需要、动机、世界观与性格、能力等是协调一致的。当一个人持有积极向上的世界观时，其性格往往表现为乐观开朗，能力也会在积极态度的驱动下得到更好的发挥；相反，若其世界观消极悲观，性格可能变得孤僻内向，能力发展也可能受到限制。

第二，人格存在内外的统一性，即主观与客观、动机与行为的和谐一致。当一个人失去人格的内在统一性时，其行为就会经常受几种相互抵触的动机支配，进而导致人格失调，形成双重人格或多重人格。例如，一个内心极度渴望成功却又害怕失败的人，可能在面对挑战时表现出矛盾行为：时而积极进取，时而退缩逃避，长期下去可能引发人格困扰。

第三，只有从整体人格出发，才能更好地理解一个人的行为。在一个人身上偶尔发生的行为，往往不能反映其真实状态，因此不能以偏概全。比如，某位同学在一次公开演讲中因紧张表现不佳，仅凭这一次表现就认定他沟通能力差是不准确的，需要结合他平时在课堂讨论、小组活动中的表现等整体人格特征综合判断。

人格是由各个紧密联系的成分构成的多层次、多侧面的统一整体。离开了人格结构的整体性，就无法正确分析和理解任何人的人格。

（二）人格的独特性

每个人因家庭环境、成长历程、生活阅历等因素的不同，会塑造出独特的人格结构。这种独特性体现在生活的方方面面，是每个人独一无二的精神印记。

第一，家庭环境是塑造人格独特性的重要因素。不同的家庭氛围、教育方式和亲子关系，会赋予孩子不同的人格特质。例如，在充满爱与尊重的家庭中成长的孩子，往往更自信开朗，具备良好的情绪调节能力和人际交往能力；而在充满冲突和压抑的家庭环境中长大的孩子，可能形成自卑、敏感、孤僻等性格特点。有的家庭注重培养孩子的独立性与自主性，孩子长大后可能更具决断力和责任感；有的家庭过度保护孩子，则可能导致孩子依赖性强、缺乏应对挫折的能力。

第二，成长历程中的关键事件对人格塑造起着关键作用。童年时期的创伤经历（如遭受虐待、亲人离世等），可能在孩子的心灵深处留下难以磨灭的印记，影响其人格发展，使其变得胆小、缺乏安全感；相反，一次成功的挑战或难忘的荣誉经历，能增强个体的自信心与自我认同感，使其形成积极向上的人格品质。例如，在体育比赛中取得优异成绩的学生，可能因此变得更加勇敢坚韧，敢于追求更高目标。

第三，个体的生活阅历和学习经历会不断丰富并影响其人格。不同的职业选择、社交圈子、文化体验等，都会对个体人格产生影响。例如长期从事艺术创作的人，可能形成细腻、感性、富有想象力的人格特质；从事科学研究的人，则可能形成理性、严谨，逻辑思维突出的人格特质。在学习过程中，与不同性格的同学和老师相处，接受多元知识与观念的熏陶，也会使个体人格更趋丰富与包容。

尽管人格具有独特性，但从荣格的集体潜意识理论来看，人格也存在共性的一面。这种共性源于共同的社会背景、文化环境或信念信仰。共性与个性是一对相对的概念，二者相互依存、相互影响，共同构成了丰富多彩的人类人格世界。

第一，共同的社会背景是人格共性形成的重要基础。生活在同一时代的人，会受到当时社会价值观、道德规范和法律法规的影响，形成一些相似的人格特征。例如，在强调集体主义的社会环境中，人们往往更注重团队合作、关心他人利益，具有较强的社会责任感；而在注重个人主义的社会环境里，人们可能更追求个人成就与自我实现，竞争意识较强。

第二，文化环境是塑造人格共性的重要力量。同一文化体系内的文化传统、宗教信仰、风俗习惯等，会对生活在这一文化体系中的人产生影响，进而催生出相似的人格倾向。比如，农耕文化圈中，人们因长期从事定居农业生产，需协作应对自然风险，在这种文化氛围中成长的人，通常具有务实、隐忍、重视集体协作的人格特点；游牧文化圈中，人们因逐水草而居的生活方式，需适应频繁迁徙与资源竞争，其文化背景下的人可能更具开拓性、应变力强，重视个体在群体中的行动力。

第三，信念信仰是人格共性的精神支柱。共同的信念与信仰能凝聚人们的力量，塑造相似的人格品质。例如，秉持环保理念的群体，往往在生活中表现出责任感、同理心与行动力——他们会主动践行低碳生活、关注生态保护，在集体活动中更倾向于合作解决环境问题，这些一致的行为倾向背后，是"人与自然和谐共生"的共同信念所塑造的相似人格特质；坚守职业伦理的从业者（如医护人员、教师），则常展现出严谨、奉献、尊重他人的人格品质，这种共性源于对"职业责任高于个人利益"的共同信仰。

（三）人格的稳定性和可变性

个体因先天遗传、后天社会文化因素及个人生活学习阅历的不同，会在成长过程中逐渐形成自身稳定的人格特点。也就是说，一个人格稳定的人，在面对相同情况时会表现出稳定的心理反应方式。比如，一个胆小怯懦的人，在陌生人面前总会脸红，遇事时往往会退缩，即便只是在小范围的熟人聚会中发言，也多半会面红耳赤、声音发颤。不过，个人行为中偶然表现出的心理特征和心理倾向，并不能代表其人格。例如，一个胆小怯懦的人，也可能在恼羞成怒等特殊情况下做出与自身人格特点相异的攻击行为。

人格虽具有较强的稳定性，但并非一成不变。每个人的人格都可能随着现实环境的多样性和多变性，或多或少地发生改变。对于儿童而言，他们的人格发展正处于塑造期，就像一块未完全定型的陶土，外界的每一次影响都可能留下深刻印记。家庭氛围的温暖或冷漠、学校教育的鼓励或压抑、同伴关系的和谐或冲突，都在无形中影响着他们的人格塑造。因此，儿童时期是人格干预和塑造的黄金时期，通过积极的教育引导和情感支持，能帮助他们形成更健康、积极的人格特质。对于成年人，尽管人格的稳定性较高，却并非无法自我改变。实际上，随着年龄增长和阅历丰富，许多人会主动寻求自我提升与人格完善。这种改变可能源于对自我认知的深化，也可能源于对生活目标的重新定位。例如，一个曾经内向寡言的人，在经历职业生涯挑战或个人生活重大变故后，可能逐渐打开心扉，变得外向开朗，更善于表达自我；一个曾经急躁易怒的人，通过学习冥想、瑜伽等放松技巧，也可能学会更好地管理情绪。

自我调控在人格改变中扮演着至关重要的角色。它要求个体具备自我反思能力，能够识别自身人格中的不足，并设定具体可行的改变目标。同时，自我调控还需要强大的意志力，以克服改变过程中可能遇到的困难与挫折。此外，建立积极的社会支持系统也是促进人格改变的重要因素。朋友、家人或专业心理咨询师的鼓励与支持，能为个体提供持续的动力和信心，帮助他们更好地坚持下去。

三、健全人格的主要维度

国内外众多研究者从不同视角对健全人格展开探索，虽观点多元，但综合来看，大致涵盖以下几个关键方面。

（一）和谐的人际关系

人格健全的人乐于与他人交往，并能与他人建立良好的关系；与人相处时，尊敬、信任等积极态度明显多于嫉妒、怀疑等消极态度，且常常以真诚、公平、谦虚、宽容的态度尊重他人，同时也能得到他人的尊重与接纳。从某种程度上来说，人际关系最能体现一个人人格健全的程度。对于高职学生而言，和谐的人际关系不仅关乎校园生活的质量，更对未来的职业发展有着深远影响。在校园里，良好的人际关系能营造积极向上的学习氛围，促进知识的共享与交流；步入社会、走向工作岗位后，和谐的人际关系将成为事业发展的助力。例如，高职学生在实习期间，与同事和领导建立良好关系，往往能够获得更多学习机会和职业发展建议；相反，若缺乏和谐的人际关系，高职学生可能会陷入孤独与人际困境，进而影响学业进步和职业发展。

（二）良好的社会适应能力

人格健全的人能在社会中保持良好的适应状态：他们以开放的态度主动关心社会、了解社会，在认识社会的同时，使自身思想与行为既适应时代发展、又符合社会要求，表现出对新环境的快速适应能力。

对高职学生而言，在思想层面，他们能紧跟时代步伐，积极学习新知识与新理念，不断更新认知结构。面对社会的多元化发展，能以客观理性的态度看待各类社会现象——既不盲目跟风，也不固执己见。例如，在信息爆炸的时代，他们能从海量信息中筛选出有价值的内容，运用批判性思维分析判断，形成独立见解。

在行为层面，他们能迅速适应新环境，无论是生活环境的改变还是工作场景的转换，都能较快地应对。这一能力对高职学生尤为重要：毕业后步入社会开启职业生涯时，不同岗位有不同要求与挑战，而从校园到职场，工作模式、人际关系、压力程度等都会发生巨大变化。人格健全的高职学生能以积极心态调整自我，主动学习专业操作技能与行业知识，适应新的工作环境和团队文化，快速成长为合格的职场人。同时，他们还会主动关心社会，积极参与公益活动，用所学为社会贡献力量，实现个人价值与社会价值的统一。

（三）恰当的自我意识

自我意识是个体对自身，以及自身与他人、与周围世界关系的认识。具有健全人格的人对自己有恰如其分的评价：既充满自信，又懂得扬长避短，在日常生活中能有效调节自身行为，与环境保持平衡。

缺乏恰当自我意识的人，常常表现出自我冲突与矛盾：要么自视清高、妄自尊大，去做力所不能及的事；要么自轻自贱、妄自菲薄，过度否定自身价值。

对高职学生而言，具备恰当的自我意识意味着：面对学习压力时，不会一味焦虑抱怨，而是合理安排时间，制订科学学习计划，通过运动、阅读等方式缓解压力，保持良好学习状态；与他人发生冲突时，能冷静思考，从自身找原因，调整行为方式，以平和心态解决问题。

缺乏恰当自我意识的高职学生，往往陷入自我冲突与矛盾的旋涡。有的自视清高，对自身能力估计过高，盲目追求超出能力范围的目标，结果屡屡受挫，陷入自我怀疑与沮丧。例如，看到他人参加电子商务技能竞赛获奖，便不顾自身实际仓促报名，最终因准备不足而失败。有的则自轻自贱、妄自菲薄，过度关注自己的缺点与不足，忽视自身优点与潜力，缺乏尝试新事物的自信与勇气，进而错失许多成长发展的机会。

（四）积极稳定的情绪状态

人格健全的人具备积极稳定的情绪管理能力。他们能敏锐感知自身的情绪变化，在面对生活中的喜怒哀乐时，既能充分体验情绪带来的感受，又不会让情绪过度泛滥而失去控制。在面对压力、挫折或突发状况时，能保持相对冷静，以理性方式应对，避免陷入焦虑、抑郁等负面情绪中。

对高职学生而言，他们正处于从校园向社会过渡的关键阶段，面临学业压力、职业规划、人际关系等多方面挑战，情绪容易波动。具备健全人格的高职学生能更好地应对这些情绪挑战。比如在专业技能学习中遇到困难时，不会一味沮丧抱怨，而是积极寻找解决办法，将负面情绪转化为前进的动力；在与同学、老师发生矛盾时，能主动地、及时地调整情绪，以平和心态沟通解决问题，维护良好的人际关系。

（五）明确的职业规划与进取精神

健全人格体现在对未来有清晰的认知和规划，这一点尤其在职业领域表现明显。人格健全的高职学生了解自身的兴趣、优势和潜力，结合市场需求与行业发展趋势，制定符合自身特质与发展需求的职业规划。他们既有远大的职业理想，又有脚踏实地的进取精神，愿意为实现目标付出努力。

高职教育注重培养学生的职业技能和实践能力，具有健全人格的高职学生会充分利用学校资源，积极参加各类实习、实践活动，不断提升综合素质。他们不满足于现状，勇于挑战自我，敢于尝试新领域和新机会，在面对职业竞争时充满信心，以积极态度迎接各种挑战，努力在未来的职业生涯中实现专业价值与职业成长。

（六）良好的道德品质与责任感

道德品质是健全人格的重要组成部分。具体而言，人格健全的人具备诚实守信、正直善良、乐于助人等优秀道德品质，践行社会公德、职业道德和家庭美德，在行为上表现出高度的自律性。同时，他们具有强烈的责任感，无论是对个人、家庭还是社会，都能承担起相应的责任。

对高职学生来说，良好的道德品质和责任感不仅关系个人的成长发展，也影响未来职业领域的表现。在校园生活中，他们遵守校规校纪、尊重师长、团结同学，积极参与公益活动，展现出良好的道德风貌；在未来的职业生涯中，他们能坚守职业道德底线，对工作认真负责，为团队和社会贡献力量。例如，在实习或工作中，面对技能操作类任务时，不仅能按时完成并保证质量，遇到问题也不推诿，而是主动寻求解决方案。

（七）较强的心理韧性

心理韧性是指个体在面对逆境、挫折或创伤时，能够迅速恢复并适应的能力。人格健全的人具备较强的心理韧性，他们将困难和挫折视为成长的机会，因此在困境中能保持乐观积极的心态，不断调整策略与方法，努力克服困难。

高职学生在学习和生活中难免遇到各种挫折，如考试失利、实习受挫、人际关系紧张等。具备健全人格的学生能从挫折中吸取教训、总结经验，不断提升抗压能力与挫折应对能力。他们不会因一次失败而一蹶不振，而是把失败当作前进的阶梯，激励自己更努力地追求目标。这种心理韧性不仅有助于他们在学业和职业上取得成功，更能在未来的人生道路上应对各种未知风险与生活难题，保持身心健康并始终持有积极向上的生活态度。

（八）丰富的精神世界与兴趣爱好

健全人格的人拥有丰富的精神世界，他们热爱生活，因而对知识、艺术、文化等领域充满好奇心和探索欲，通过阅读、艺术欣赏、旅行等方式不断拓宽视野、丰富内心体验。同时，他们有广泛而健康的兴趣爱好，如运动、音乐、绘画、手工等，这些爱好不仅能缓解压力、调节情绪，还能培养专注力、创造力和团队合作精神。

高职学生在学习之余参与各类兴趣活动，可培养综合素质、提升个人魅力。例如，参加运动社团能增强体质，培养坚韧不拔的毅力；参与专业相关的手工制作社团能提升动手能力与创新思维。这些兴趣爱好将成为他们未来职业与生活中的宝贵财富，让他们在面对各种挑战时更从容自信。

四、高职院校大学生人格发展中存在的倾向及原因

谈到高职院校大学生的人格发展，需关注人格异常这一倾向。人格异常又称"人格障碍"，是指一种或几种人格特质的强度超出常规范围，进而影响正常人际交往，表现为持久的适应不良情绪与行为反应模式，通常有不同的具体类型。人格异常并非精神病（无幻觉、妄想等精神病性症状），也非神经症（无明显的焦虑、强迫等神经症性症状），但可能给个体自身或社会带来精神困扰与不良影响。从人格健全到人格异常并无绝对界限，而是呈现由量变到质变的发展过程。

（一）人格障碍的类型

在高职院校大学生的日常生活中，比较常见的人格障碍主要有以下几种。

1. 偏执型人格

偏执型人格的主要特点包括：对他人态度极度敏感，思想与行为固执刻板，会无根据地质疑他人，进而表现出情感冷淡、性格孤僻；过分关注自我，无端夸大自身重要性，自尊心极强却又伴随自卑心理，对他人的批评格外敏感；对他人要求过多过

高，始终不信任他人的善意与真实动机；过高估计自身能力，失败时常常迁怒他人，将责任归咎于他人，不断指责他人、强加过错。这类人难以处理人际关系，即便与亲人朋友也难以融洽相处。

2. 强迫型人格

强迫型人格障碍最核心的特征是过分追求完美、对自己要求严格，过分关注自身行为的正确性，且执着于细节、规则与秩序，因此行事刻板僵化、缺乏灵活性。这类人虽责任感极强，却常因害怕犯错而优柔寡断，难以做出决策。情绪上，他们时常伴随紧张、焦虑与悔恨，很少有轻松愉快的感受；做事刻板、毫无弹性，既缺乏幽默感，又过度克制；会要求他人完全遵照自己的方式行事，或因不信任他人而拒绝接受建议；还会过度投入工作，进而放弃休闲活动与人际交往；在涉及伦理、道德或价值观的问题上，表现得过于较真、固守己见，甚至因过分强调规则而缺乏灵活变通的能力。

3. 自恋型人格

这类人格的特点多在青春期显现，表现为以自我为中心，缺乏同情心；常幻想自己在各方面都很优秀、具有超强魅力，并沉浸在这种想象中自我满足；无法接受他人的建议与批评，需要持续获得关注与赞美；认为自己的问题很独特，需要特定对象的理解；专注于追求成功、权力与成就；注重争夺权力，不合理地期待特殊待遇与特权；无法体会或谅解他人的感受，反而因他人的成就专注于嫉妒他人。

4. 回避型人格

回避型人格障碍的表现为：害怕参与社交活动，根源在于在意他人的负面评价，在人际交往中表现出害羞、胆小、自卑，行为退缩；面对挑战时采取逃避态度或因恐惧失败而无力应对；除非确信能获得友善接纳，否则不愿与人建立关系；回避或不参与重要社交活动，若必须参与，通常也保持沉默——因害怕言语不当、表现不好或无法回答他人问题而陷入尴尬。

5. 依赖型人格

依赖型人格障碍始于青年期，这类人因常恐惧被抛弃，往往对他人过度依赖、顺从。他们往往无法独立做决定，也难以独立开展工作或执行计划，必须依赖他人过度的指导或保证，自身缺乏判断能力。常因害怕被拒绝，即便认为他人的意见或建议有误，仍表示同意；为赢得他人好感，甚至愿意做自己不情愿的事。

6. 戏剧型人格

戏剧型人格障碍又称"癔症型人格障碍",始于青年期,其核心特征是过度情绪化且刻意寻求关注。这类人情绪表现夸张,常通过自吹自擂、装腔作势吸引关注;在人际交往中过分热情,即便在轻微伤感的场合,也可能无法自制地哭泣;过分关注自身外在吸引力,喜欢吸引他人的注意与关心;爱慕虚荣,渴望发生兴奋刺激的事;常以自我为中心,难以考虑他人的意见与建议,因此也难以建立良好的人际关系。

7. 反社会型人格

该类人格的行为表现为无所顾忌地与人为敌:倾向于挑起争端、盛气凌人,时常表现出仇视与恶毒中伤;频繁做出不符合社会要求的行为,妨碍公众利益,且不愿遵守社会准则;容易动怒且喜好攻击他人;缺乏羞耻心与罪责感,犯错后毫无悔意,即便屡受惩罚,也难以吸取教训。

上述不同类型人格障碍的某些特征,在正常人的心理与行为中也可能存在,但不能因此认定为人格障碍。只有当这些特征表现超出正常范围,且难以被他人接受时,才属于病态人格。

当人格障碍发展到严重程度时,不仅会危害个人,还可能在医学与社会层面产生严重问题。因此,及早发现、及早干预人格障碍,是非常必要的。总体而言,在高职院校大学生群体中,典型的人格障碍者占比极低,更为常见的是一些轻度的人格发展倾向偏差,如偏执、敌对、孤独、冷漠、依赖、自卑、敏感、多疑、嫉妒、自负、傲慢、急躁、冲动、自制力不足、自信心欠缺、责任与义务意识薄弱等。这些表现大多属于人格发展过程中待完善的范畴,而非严格意义上的人格异常。

(二)高职院校大学生人格障碍发生的原因

在当今社会,人格障碍作为影响个体心理健康与社会功能的重要问题,已引起社会各界的广泛关注。为探寻人格障碍的成因,众多研究者针对大学生群体开展了深入且大量的调查研究。综合现有研究成果可知,人格障碍的形成是一个复杂过程,涉及遗传与环境两大核心因素,且两者相互交织、共同作用。

1. 家庭环境

家庭作为个体成长的最初场所,对人格的形成与发展起着至关重要的作用。一方面,遗传因素在人格障碍的形成中具有不可忽视的影响:若家族存在人格障碍病史,大学出现人格障碍的风险会显著增加。遗传素质不仅决定个体的生理特征，还可能影响其心理特质，使部分个体对社会环境中的不良因素抵抗力较低，更易成为易感人群。这就像在相同环境下，有的人能以坚韧意志和积极心态将逆境转化为动力，最终取得成功；而有的人可能因无法有效应对压力，逐渐出现适应困难甚至人格障碍的倾向。

另一方面，家庭关系的和谐程度、教养方式是否恰当，同样对个体人格发展产生深远影响。在充满爱与支持的家庭中成长的孩子，往往能形成健全的人格特质，具备良好的情绪调节能力和社会适应能力；反之，若家庭关系紧张、缺乏温暖，或父母采用溺爱、专制等不当教养方式，会对孩子的心理发展造成负面影响。长期处于这类环境中的孩子，可能感到孤独、无助、缺乏自信与安全感，其人格发展可能出现偏差，甚至形成异常的人格特征。

2. 成长经历

成长经历指个体在成长过程中，除家庭教养外，在学校和社会中经历的一系列事件。这些经历中，尤其是异于常人的坎坷与意外事件，对个体人格的影响往往更为深刻且持久。对于高职院校大学生而言，他们正处于人生发展的关键期，面临学业、职业、人际关系等多方面挑战。在此过程中，一些突如其来的打击或挫折，如突发的失恋、亲人离世、重大疾病等不幸事件，或被他人欺骗等经历，都可能成为人格障碍形成的重要诱因。

这些经历不仅会对他们的情绪造成巨大冲击，还可能改变其对自我、他人和世界的认知方式，进而影响人格发展。例如，一次突然的失恋，可能让原本乐观开朗的大学生陷入深度自我怀疑与痛苦中。若这种情绪得不到及时疏导，长期积累可能导致其人格特征逐渐发生改变，如变得孤僻、冷漠、缺乏信任感等。同样，突然遭遇不幸事件或被欺骗，也可能使大学生对人性产生怀疑、对社会失去信心，进而在人格上表现出偏执、多疑、攻击倾向等特征。

五、高职院校大学生健全人格的塑造

人格虽具有稳定性，但并非一成不变。高职院校大学生既可以主动培养良好的人格品质，也能修正不良的人格特质，即便存在一定程度的人格障碍，也可通过干预得到矫治。因此，塑造健全人格需关注以下几个方面。

（一）树立正确的"三观"

一个人若拥有正确的世界观、人生观、价值观，便能对人生与社会形成合理的认识，以适宜的态度与行为面对生活中的各类事件，冷静稳妥地分析和处理客观事物。同时，这也能促使其形成心胸开阔、乐观开朗等良好人格品质，提高对心理冲突与挫折的应对能力，维护心理健康。

高职院校大学生正处于价值观形成的关键期，学校与家庭应协同努力，引导他们树立积极向上、符合社会主流的世界观、人生观、价值观。例如，通过主题班会、讲座、社会实践等活动，帮助学生深刻理解个人价值与社会价值的统一性，明白唯有将个人成长与社会进步紧密结合，才能实现真正的人生意义；同时，鼓励他们培养乐观的生活态度，以积极的心态面对困难与挫折，而非一味抱怨或逃避。

（二）在实践活动中培养健全人格

俗话说"实践出真知"。无论是知识的获取、能力的形成，还是意志的锤炼，都离不开实践。对高职大学生而言，实践活动既是提升技能的重要途径，更是塑造健全人格的关键环节。通过参与有益身心健康的实践活动，他们能在真实的社会情境中先磨砺自我、再反思自我、最终完善自我，逐步形成健全人格。

近年来，校园内的青年志愿者活动和学生社团活动为大学生提供了丰富的实践平台。例如，志愿者活动让高职学生走出校园，深入社区、乡村或公益机构，运用专业技能帮助他人，这类经历能培养他们的责任感、同理心与社会关怀意识，学会尊重他人、关爱社会；学生社团活动则为他们提供了展示自我、锻炼能力的机会——在社团中，需与不同性格、背景的同学合作完成目标，这不仅能提升团队协作能力，还能帮助他们学会倾听、包容与解决问题，进而塑造成熟、包容的人格。

（三）建立良好的人际关系

人格的发展与塑造是个体实现社会化的过程，也是个体与他人、集体、社会相互作用的过程。人格通过行为体现，而健全的人格唯有在人际交往中才能充分展现。因此，塑造健全人格必须发展良好的人际关系，具体包括：尊重社会习俗，关心他人需求；真诚赞美他人，不做无建设性的批评；主动与他人沟通，同时保持自尊与独立。

集体是人格塑造的重要土壤。在集体的人际交往中，个体的某些人格品质可能受到赞扬与鼓励，也可能遭到否定与排斥，这会促使个体有针对性地调整自身人格结构，以更好地适应集体，并在此基础上形成良性互动，进而推动人格的优化与完善。例如，在专业技能实训团队合作中，一个人可能因自身过于强势的性格引发冲突，在反思冲突根源后，学会包容与倾听；或因乐于助人的品质获得认可，进而强化这一积极特质。这种反馈机制能帮助个体在集体中实现良性互动，促进人格的完善。

六、高职院校学生气质的培养

（一）气质概述

日常生活中，我们也常用到"气质"一词，比如"某某人很有气质"，这指的是一个人通过仪容仪表、神态举止等给人留下的印象和感觉。但我们这里要探讨的"气质"并非此意，而是心理学意义上个体在行为中表现出的典型、稳定的心理动力特征，主要体现在心理活动的速度、强度、灵活性与稳定性等方面的动力特征。例如，有的人性情急躁、容易冲动（体现心理活动强度高、速度快），常与人发生冲突；有的人处事冷静、不慌不忙（体现心理活动强度低、速度平缓），这些都是气质的体现。

（二）气质特点

1. 气质的先天性与后天性

我们常说气质是后天形成的，这种说法并不完全准确，事实上，气质的雏形在个体出生时就已存在。刚出生的婴儿虽无任何社会经验，却已表现出某些与生俱来的气质特征：有些婴儿天性好动、哭闹频繁、不害怕陌生人；另一些则安静平稳、容易受惊、害怕陌生人。这些早期呈现的行为差异，恰恰反映了气质的先天性，并且与他们未来的行为特征存在极强的关联。

从理论上看，气质的生理基础是高级神经活动的类型。由于高级神经系统具有遗传性（属于先天因素），气质在很大程度上受先天因素制约。婴儿出生时的气质特征（如活动水平、情绪反应性、注意力广度等），往往是其未来人格发展的基础。例如，天生活泼好动的婴儿，成长过程中可能表现出外向、热情的性格；而安静、谨慎的婴儿，可能发展出内向、稳重的特质。

然而，气质并非完全由先天决定。后天的环境与经验对气质的塑造同样重要，家庭氛围、教育方式、文化背景及个人生活经历，都会对气质发展产生深远影响。例如，天生有胆汁质倾向（表现为冲动、急躁）的孩子，若在严格的家庭环境中成长，可能逐渐学会控制冲动；而多血质的孩子，若在宽松环境中成长，其活泼开朗的性格可能进一步强化。

气质的先天性与后天性共同作用，构成了个体独特的气质特质：先天性为气质提供基础，后天性则为其发展提供塑造和调整的空间。因此，理解气质的先天性这一特性，既有助于我们更好地认识自我，也能为教育实践中因材施教、日常生活中挖掘个体优势提供依据，进而充分发挥每个人的潜力。

2. 气质的稳定性和可变性

气质的稳定性源于其生物遗传基础与早期经验交织形成的"心理锚点"。托马斯（A. Thomas）等学者的追踪研究显示，婴幼儿时期的气质特征（如活动水平、情绪反应性、注意广度等）具有惊人的延续性：襁褓中表现出高度活跃、情绪反应强烈的婴儿，20年后可能仍展现外向、冲动的行为模式；而早期显露出谨慎、适应缓慢特征的个体，成年后往往更倾向于规避风险、追求稳定。这种"气质遗传轨迹"的稳定性，恰似基因在行为层面的显性表达。

例如，天生"急性子"（胆汁质倾向）的人，即便经过多年训练，在高压环境下仍可能本能地选择快速决策而非深思熟虑；而"慢性子"（黏液质倾向）者即便身处快节奏环境，仍会不自觉地放慢节奏，追求计划性与条理性。研究表明，早期气质类型与成年后的职业偏好显著相关：外向型个体更可能选择销售、管理等需要社交互动的职业，内向型者则倾向于科研、写作等独立性较强的工作。

尽管气质具有遗传烙印，但并非不可改变的"心理宿命"。大量研究表明，气质特征会在教育、文化、生活事件等环境因素的持续作用下"逐渐改变"。这种可变性体现在：其一，神经可塑性为气质调整提供生理支持（如前额叶皮层的发育、成熟与重塑），使个体能通过训练改变情绪调节方式、注意力分配等气质维度；其二，社会角色的"再社会化"效应——当个体进入新角色（如从学生到职场人），需适应新环境时，气质会通过"角色学习"发生适应性调整（例如，原本内向的高职学生在实习中担任项目小组长时，可能因团队协作需求，逐渐发展出沟通与协调能力）；其三，自我觉察与刻意练习——通过心理干预（如认知行为疗法）、技能训练（如正念冥想）或生活实践（如艺术创作），个体可有意识地重塑气质表达方式。历史上不乏气质转变的典范：某些艺术家通过长期自我训练，将敏感细腻的抑郁质特质转化为艺术创作的深度洞察力；企业家通过高强度决策训练，将冲动型胆汁质特质升华为战略眼光与执行力。

3. 气质没有好坏之分

气质作为个体心理活动的独特印记，并非简单的标签化分类，而是蕴含复杂精妙的心理特质组合。每种气质类型都有自身的优缺点，并无绝对优劣之分。关键在于个体能否以理性认知为基础，认清自身气质的独特维度，以扬长避短之策，走出专属的成功之路。任何气质类型的大学生，在现实生活中既可能成为卓有成就、专业突出的优秀人才，也可能成为发展平平的普通人，核心在于能否发挥气质中的积极面，限制并克服消极面。

每一种气质类型皆如双刃剑：多血质者以灵活变通、社交敏锐见长，却需警惕浅尝辄止、注意力分散；黏液质者以沉稳持重、计划周密著称，却需打破惯性思维、拥抱创新；抑郁质者以敏锐洞察、情感细腻为贵，却需学会情绪管理、避免过度内耗；胆汁质者以果敢决断、行动力强为傲，却需修炼耐心，避免冲动行事。气质的独特性恰似个体生命的基因密码，赋予每个人独一无二的成长轨迹。无论是何种气质类型的高职学生，皆可在职业发展与人生道路上绽放异彩。

（三）高职院校学生气质的培养

每种气质都有其优缺点，培养学生的良好气质，主要是让学生学会扬长避短，同时对部分弱点进行适当调节。心理学界目前将气质类型划分为以下四类：胆汁质、多血质、黏液质、抑郁质。

1. 胆汁质

胆汁质的神经活动类型为兴奋性高、稳定性较差，属于兴奋而热烈的类型。这类学生通常情绪强烈、热情开朗，喜欢参与各类社交活动，是班级或社团中的活跃分子。课堂上，他们思维敏捷、反应迅速，能快速回答问题或提出创新想法，但有时可能因急躁忽略细节，导致学习或工作中出现疏漏。团队合作中，他们往往果断决策、行动迅速，能推动项目进展，成为团队核心，但也可能因冲动易怒，在意见不合时与队友发生冲突，甚至挑起不必要的争端，增加问题解决的难度。此外，胆汁质学生好胜心与自信心强，凡事想领先、不轻易服输，这使他们面对挑战时充满斗志，但也可能在遇挫时因急躁而缺乏耐心。社交场合中，他们热情奔放，能快速与他人建立联系，但有时可能因自我中心忽略他人感受，缺乏对他人意图的深刻理解。

优点：外向，热情，乐于交友，思维敏捷，好胜心强，凡事想领先，自信心强。

缺点：易因马虎出错；遇困难易冲动，增加问题解决难度；与人交往时易发生冲突或因冲动引发冲突，自制力差；有时以自我为中心，不善于理解他人。

调适：首先，减少与他人正面冲突，遇事尽量冷处理或暂时回避。对高职学生而言，这在团队合作或竞争环境中尤为重要——冲动可能导致人际关系紧张，影响学业与职业发展。例如，专业技能小组项目中与队友意见不合时，可先冷静，稍后再沟通，避免因冲动破坏合作。其次，克服线性思维模式，遇事三思而行，做到慎思、慎动。高职学生在学习和工作中常遇复杂问题，简单思维可能导致决策失误，因此做决定前应多思考、多请教，尤其面对重要任务时，需充分考虑各种可能性与后果。最后，加强内在修养，提高自控能力。可通过参加自控力训练课程、阅读相关书籍或冥想练习提升自我管理能力（如每天花 10 分钟深呼吸或冥想，有助于平静情绪、增强自控）。

2. 多血质

多血质的神经活动类型为兴奋性较高、灵活性强但稳定性较弱，属于敏捷好动的类型。这类学生通常活泼好动、充满活力，喜欢参与各类活动与社交场合，不易疲倦。他们性格外向，情绪表达直接热烈，易与人建立联系，因此能快速融入新社交环境。课堂上，他们思维敏捷、反应迅速，能快速理解问题并决策，应变能力强；对新鲜事物充满好奇，适应能力强，能在短时间内调整情绪与行为。

优点：机智、灵敏、反应快，学习兴趣广泛；社交中善于沟通，性格开朗、活泼大方、不拘小节，对各种场合的人或事适应力强，常成为社交中心。

缺点：可能因过于活跃好奇而缺乏耐心与持久性，追求新事物时易失去兴趣，进而导致任务半途而废；情绪波动大，易受外界影响，有时表现出浮躁与粗心；团队合作中可能因注意力不集中影响任务完成，或因情绪不稳定与队友产生摩擦。

调适：有意识地培养注意力集中能力，遇事多思考，戒骄戒躁。首先，培养耐心和专注力——通过参与专业技能实训（如精密仪器操作）、手工制作、绘画、阅读等需要耐心的活动锻炼，同时在学习中设定明确目标与计划，逐步完成任务，避免因兴趣转移而半途而废。其次，学会管理情绪——通过写日记、冥想或与朋友交流释放压力，避免情绪波动过大。此外，增强责任感——主动承担团队任务，在执行中学会倾听他人意见，避免冲动决策，通过完成任务增强成就感。最后，学会筛选和坚持兴趣——选择对未来发展有益的兴趣方向，避免频繁变换目标；定期反思行为与决策，总结经验教训，避免因浮躁犯错。

3. 黏液质

黏液质的神经活动类型为兴奋性弱、稳定性好、灵活性低，属于沉静的类型。这类学生在学习和生活中表现出安静稳重、踏实可靠的特点：情绪稳定，自制力强，善于克制自己，能长时间专注于一项任务，严格遵守规则与秩序。课堂上，他们认真听讲、注重细节，能有条不紊地完成学习任务；团队合作中，态度持重，交际适度，不易发脾气，能冷静应对压力，忍耐力与稳定性强。但他们也可能因反应速度慢、缺乏灵活性而不够主动，易因循守旧，对新事物接受慢，有时表现出拖延与固执倾向。

优点：沉着冷静、脚踏实地；社交中懂得把握分寸、分辨场合，自我约束力强。

缺点：思维反应慢，学习方式偏于固化，对新问题理解周期长；对社交活动热情不足，性格内向、不愿表露自己，给人沉默少语、难以捉摸的印象。

调适：首先，积极参与社交活动，与人交流时提前准备话题，主动发言、参与讨论，锻炼思维敏捷性与表达能力。其次，培养灵活性和创新精神——尝试接触新鲜事物，如参与跨专业实训、创意设计等活动，打破固有思维模式，提高对变化的适应能力。此外，学会合理安排时间，避免拖延——通过制订详细计划与目标，按阶段推进并设置明确时间节点，提高效率。最后，增强自信心和表现力——多与人沟通，主动展示才能，避免因过于内向错失机会；多参加需发散性思维的活动，设置情境提升应变能力；结交多血质类型的朋友，实现气质互补。学习中，可适当放慢节奏以适应自身的思维和反应速度，对疑难问题应反复思考、不厌其烦。

4. 抑郁质

抑郁质的神经活动类型为兴奋性较弱、稳定性较好、耐受性低，属于敏感而羞涩的类型。这类学生在学习和生活中表现出情绪细腻、思维深刻的特点：善于观察和分析问题，洞察力与分辨力强。社交场合中，他们往往内向、谨慎，不轻易表露情感，给人沉默寡言、难以接近的印象。课堂上，他们认真细致、注重细节，能深入思考问题，但可能因过度思考而犹豫不决。团队合作中，他们能提供深刻见解，但有时因缺乏自信而不敢表达想法。此外，他们可能因情绪低落、敏感而易受外界压力影响，表现出多愁善感、消极的一面，遇挫时易陷入自我怀疑，缺乏行动力甚至逃避。

优点：仔细认真、敏感、想象丰富；善于观察他人思想与行为，思想深刻，分辨力与判断力强，有独立见解。

缺点：自信心和积极性较弱；社交中寡言少语、行动呆板，谨小慎微，不善于表达，给人孤独内向、难以接近的印象。

调适：多参加集体活动，在集体中争取成功角色，避免游离于群体之外；充分发挥细心多思的长处，创设成功机会（如参与技能竞赛、完成小型实践项目）以增强信心；学业上重视宏观把握（即系统性理解）。首先，积极参与社团活动或志愿者服务，通过互动增强自信心与社交能力，避免因过度内向错失机会。其次，培养兴趣爱好（如绘画、写作、音乐），释放压力、提升情绪调节能力。此外，学会与他人沟通（如主动与同学、老师交流），主动寻求支持——遇到困难时不独自承受压力。最后，保持积极心态，尝试用积极思维看待问题，避免多愁善感。

气质类型及其特点虽影响大学生的各项活动，但并不决定其智力高低、社会价值与成就大小。每种气质类型的个体，只要找到适合自身行为方式的发展道路，就能在职业发展与个人成长中实现价值。

（四）气质与职业的关系

很早以前就有观点认为，理想状态是人与工作相互适应——每个人都应找到适合自己的工作，唯有如此才能最大限度发挥潜能、实现人生价值。高职学生正值职业选择与就业准备的关键期，对自身的定位直接决定未来发展方向，因此更应了解自身气质类型，明确优势与劣势，进而制定合适的职业生涯规划。

实践证明，当一个人的气质特点与工作要求相契合时，他更容易理解和掌握工作规律，开展工作时也更轻松高效；反之，则难以把握工作规律，执行任务时往往困难费力。例如，营销人员或市场开拓岗位需要与各类人群沟通对接，既要求具备良好的交际能力与语言表达能力，有时还需快速灵活地应对突发情况，这类工作对于多血质和胆汁质的人来说，可能更容易适应。因此，大学生只有找到与自身气质特点相适配的工作，才能在职业中如鱼得水。

1. 气质与职业的匹配

（1）胆汁质与职业。

适合职业：需要迅速反应、果断决策的职业，如消防员、应急救援人员、生产调度员等。

原因：这些职业需要从业者快速适应环境变化并做出决策，而胆汁质的人热情直率、勇敢果断，能很好地满足这些要求。

（2）多血质与职业。

适合职业：需要广泛社交、灵活应变能力的职业，如商务专员、客服主管、运动员、新闻记者、服务员、警察等。

原因：多血质的人具备活泼好动、热爱交际等特质，能快速适应新环境、与不同的人建立良好关系，因此适合从事频繁与人交往的职业。

（3）黏液质与职业。

适合职业：需要细心、耐心、稳定性的职业，如护理人员、技术质检员、会计、播音员、话务员、调解员、教师、人事主管等。

原因：黏液质的人安静稳重、自制力强，能长时间专注于工作、不易受外界干扰，适合需要高度责任心和稳定性的职业。

（4）抑郁质与职业。

适合职业：需要细致、深入思考的职业，如校对员、档案管理员、质量检测员、艺术工作者等。

原因：抑郁质的人情绪体验深刻、细腻持久，且善于观察分析问题，因此适合从事需要高度专注力和耐心的职业。

2. 气质与职业的互补

虽然气质类型对职业选择有重要影响，但并非决定性因素。实际生活中，一个人的气质类型可能并非单一，而是多种类型的混合体（即气质混合型）。因此，选择职业时除考虑气质外，还需综合个人兴趣、能力和价值观。例如，胆汁质的人可能冲动急躁，但若与黏液质的人合作，对方的稳重耐心可弥补其不足。此外，随着职业环境变化、个人经验积累及职业训练的塑造作用，气质特点可能逐渐调整——多血质的人长期从事需高度专注力的工作后，可能培养出更沉稳的特质。

3. 气质与职业发展的建议

通过气质类型量表（如艾森克人格问卷）、自我观察等方式了解自身气质类型，明确优势与不足；根据气质类型选择适合的职业，充分发挥优势，谨慎选择与气质明显不匹配的职业；无论气质类型如何，都需通过持续学习和实践提高职业能力，以适应发展需求；职业发展中遇到挑战和困难时，需调整心态与行为以更好适应环境（例如，胆汁质的人需学会控制情绪、避免冲动；抑郁质的人需增强自信、勇于表达观点）。

七、高职院校学生性格的塑造

有人说，性格决定命运。性格真的能决定命运吗？如果可以，什么样的性格能带来好的命运？如果性格不够好，能否重新塑造？带着这些问题，我们开始下面的探讨。

（一）性格概念

日常生活中，我们常常用"性格很好"或"性格不好"形容身边的人。例如，有些人一贯表现出对他人的信任与包容（态度），在合作中总是主动承担责任（行为模式）；另一些人则常常对他人持怀疑态度（态度），遇事习惯推诿回避（行为模式）。这些评价通常基于对个体外在行为的观察和行为表现的总结。实际上，性格是指一个人对现实所持有的稳定态度，以及与之相适应的习惯化行为方式。它是个性心理特征的核心，深刻反映了个体面对外界事物时的一贯态度和行为倾向，是个体独特性的心理表现。

性格的形成是一个复杂过程，受到遗传、家庭、教育和社会环境等多方面因素的综合影响：遗传为性格发展提供基础倾向，在此基础上，家庭环境在早期性格塑造中起关键作用，教育引导性格向特定方向发展，社会环境则为性格的实践和调整提供广阔舞台。性格具有相对稳定性和可塑性——虽在一定程度上保持一致，但也能随着时间和经验积累发生改变。

拥有良好的性格对个体成长和发展至关重要：它有助于更好地适应社会环境，显著提高人际交往能力，使个体在社交互动中游刃有余；同时，良好的性格是个人成长的助推器，能帮助个体在面对挑战和困难时保持坚韧的心态与行动，从而实现自我提升和目标达成。总之，性格作为个性心理特征的核心，对个体的生活和成功有着深远影响。

（二）高职大学生性格的类型及其特点

根据不同的分类标准，性格可分为以下几种类型。

1. 内向型和外向型

常见的分类方法是将性格分为内向型和外向型（源于荣格的性格类型理论）。内向型的学生通常更倾向于关注自己的内心世界，心理活动容易受到内部心理、过去经验、想象、联想及思想的影响。在高职院校中，这类学生可能更喜欢独立学习和深度思考，在需要专注和细致的领域（如技术研究、艺术创作、数据分析）表现突出。他们对现实的态度和行为比较谨慎，不易外露，感情深沉，办事稳重，喜欢自我反省。但可能因精力倾向内部而不爱交际，影响团队合作表现。为提升自我，内向型学生可尝试多参加社交活动，逐步增强沟通能力和自信心。外向型的学生心理活动倾向于外部，对环境的适应性较强，活泼开朗，感情外露，善于交际。这类学生通常更容易融入集体生活，积极参与社团活动和实践项目，有助于锻炼团队合作和社交能力。他们能迅速与他人建立联系，在社交活动中较为活跃，但有时可能缺乏深入的自我分析和反思，容易受外界影响。外向型学生可尝试培养耐心和专注力，学会在决策前深思熟虑，避免冲动行为。

2. 认知型、情绪型和意志型

认知型的学生在待人处事时倾向于用理智衡量事物，喜欢通过思考和分析解决问题。他们善于逻辑推理和批判性思维，在学术研究、技术分析等领域（如工程设计、编程、学术研究）表现出色。但有时可能钻牛角尖，过于关注细节而忽略整体。可尝试培养情绪管理和人际交往能力，学会在团队中更好地合作。

情绪型的学生通常情绪在性格中占主导作用，态度和举止带有浓厚的情绪色彩。他们容易感情用事，不善于冷静思考，但情绪体验深刻。在需要创造力和同理心的领域（如艺术设计、社会工作、护理）可能展现优势。但可能因情绪波动大而影响学习和工作效率。可尝试通过冥想、写日记等方式管理情绪，增强自我控制能力。

意志型的学生在处理重要事务时通常有明确目标，表现出主动性和坚韧不拔的意志力，不易受困难干扰。他们坚韧、自制，在需要长期坚持和高强度努力的领域（如体育训练、创业项目、科研）表现出色。但有时可能固执，难以接受他人意见。可尝试培养灵活应变与开放包容的能力，学会在坚持目标的同时灵活调整策略。

3. 顺从型和独立型（根据独立性程度）

顺从型的学生独立性较差，易受暗示，往往易接受他人意见。他们通常具有良好的合作精神，善于尊重他人，在团队合作中能很好地配合他人。在高职院校中，这类学生可能更容易适应团队项目和集体活动，为团队带来和谐与稳定。但可能因缺乏主见而容易被他人左右，影响决策。可尝试培养独立思考能力，学会在尊重他人意见的同时坚持自己的观点。

独立型的学生信念坚定，独立性强，自信且有主见，不轻易盲从。他们在需要自主决策和创新的领域（如技术革新、创业、科研）能发挥领导才能。在高职院校中，这类学生可能更容易在项目中担任领导角色，推动团队发展。但有时可能固执己见，忽视他人合理意见。可尝试增强合作精神，学会在坚持自己观点的同时倾听和尊重他人意见。

4. 迈尔斯-布里格斯类型指标（MBTI）性格分类

MBTI 是一种流行的性格分类系统，基于荣格的心理类型理论发展而来，由美国心理学家伊莎贝尔·布里格斯·迈尔斯和凯瑟琳·库克·布里格斯共同制定。该指标通过对四个维度的不同偏好倾向进行二分法划分（非绝对对立，而是倾向程度差异），组合形成 16 种人格类型。四个维度分别是：精力支配（外向型 E—内向型 I）、认识世界（实感型 S—直觉型 N）、判断事物（思维型 T—情感型 F）、生活态度（判断型 J—知觉型 P）。

MBTI 可为职业规划提供参考：不同性格类型的学生适合不同的职业方向，通过 MBTI 测试，学生能更清晰地了解自己的职业倾向，为未来发展做准备。同时，MBTI 能帮助学生理解他人，提高人际交往能力——了解不同性格类型的特点，可减少冲突和误解。需注意的是，MBTI 的科学性未被科学界完全认可，使用时应结合其他评估工具和个体实际情况。

5. 大五人格模型

大五人格模型（Five-Factor Model，FFM）用于描述和分类个体的性格特质。该模型基于词汇学假设，通过因素分析将人格特质归纳为五个核心维度：神经质（Neuroticism）、外向性（Extraversion）、开放性（Openness to Experience）、宜人性（Agreeableness）和责任感（Conscientiousness）。

大五人格模型具有较高的科学性和实用性，广泛应用于心理学研究、职业规划、教育和组织管理等领域。它能帮助学生识别情绪问题（如高神经质可能伴随的焦虑倾向），并提供心理干预指导，提升心理健康水平；在职业规划方面，可帮助学生了解职业倾向（如责任感强的学生适合需要细致和计划性的工作，外向性高的学生适合需社交能力的岗位）；此外，了解不同性格特质的特点，能增强人际交往能力，减少冲突和误解。需注意的是，其测评结果可能受个体主观评分影响，使用时应结合其他工具和个体实际情况。

五个维度的详细解释如下：

神经质：指个体体验消极情绪（如焦虑、愤怒、抑郁）的倾向及情绪稳定性差异。高神经质的人情绪不稳定，易感到压力和不安；低神经质的人情绪稳定，能更好地应对压力。

外向性：指个体对外部世界的积极投入程度。外向性高的人喜欢社交，充满活力，善于表达；外向性低的人更倾向于独处，注重内心世界。

开放性：指个体对新经验、新观念的接受程度。开放性高的人更可能表现出创造力，喜欢探索新事物；开放性低的人更倾向于遵循传统和常规。

宜人性：指个体在合作与社会和谐性方面的差异。宜人性高的人善良、友好，善于与他人合作；宜人性低的人可能更注重自我立场，合作倾向较弱。

责任感：指个体在目标导向行为上的组织性、坚持性和动机。责任感高的人做事有条理，注重细节，能可靠地完成任务；责任感低的人可能显得散漫或缺乏计划性。

（三）性格的可塑性

总体而言，性格以气质为基础，在后天的生活学习中逐渐养成。性格是个体稳定的心理特性，这种稳定性保证了行为的基本一致性，但稳定性是相对的，在一定条件下可变性是显著的。

人的思想信念、价值取向、世界观等与性格密切相关的心理特征，可变性较高。这类特征的变化会直接改变人对现实的态度，影响对事物的评价、行动选择，甚至自觉或不自觉地影响"自我调节"的方向和水平。只要有足够时间，还可能导致其他性格特征的变化。

有些性格特征随年龄增长而变化，比如儿童的情绪稳定性较低，易受情境左右，成年人的情绪则稳定得多；儿童的自制力和责任感也会随年龄增长而提高。有些与高级神经活动类型相关的性格特征（如内向或外向、情绪反应等）确实稳定性较高，但人类无法遗传任何社会行为，只能遗传神经系统的某些特点——这些特点可能影响社会行为，却不能决定社会行为。

根据巴甫洛夫的高级神经活动学说，人的多数行为习惯都源自一系列暂时神经联系系统（即条件反射系统），而条件反射系统完全是在后天生活中建立、巩固和积累的。这些系统的特征有可能改造或"掩盖"先天的高级神经活动特征。因此，只要定向引导个人行为，并结合持续强化，有助于养成习惯，习惯的深化可逐步影响性格。

（四）良好性格的特征

人们常说性格决定命运，那么什么样的性格才是良好的，能导向好的命运呢？综合多方资料，结合性格特征的多个维度，良好性格的主要特征可归纳为以下几个方面。

1. 积极乐观

积极乐观的人更倾向于看到生活中的机会，而非仅聚焦于困难，相信未来会更好，能以积极心态面对挑战和挫折。这种特质有助于增强心理韧性，使人更容易从失败中恢复，保持持续的动力和热情。

2. 自信自强

自信的人相信自己的能力和价值，敢于尝试新事物，面对困难时保持坚定；自强的人具有强烈的自主性和独立性，不轻易被外界干扰，通过努力实现目标。这种特质能帮助个体在竞争激烈的社会中更好地发挥潜力，实现自身价值。

3. 有责任心

有责任心的人既对自己的行为负责，也能主动承担对他人或集体的责任，注重承诺并兑现诺言，因此在工作和生活中能赢得他人的信任和尊重。责任心强的人通常在团队中发挥重要作用，是值得信赖的伙伴。

4. 情绪稳定

情绪稳定的人能有效管理情绪，不轻易被情绪左右，在压力下保持冷静，做出理性判断和决策。这种特质有助于提高心理健康水平，增强决策质量，使人更易应对生活中的各种挑战。

5. 同理心强

同理心强的人能理解和共情他人的感受。他们善于倾听，能站在他人角度思考问题，因此在人际交往中更容易赢得信任和友谊，是建立良好人际关系的重要基础。

6. 适应性强

适应性强的人能快速调整自己以应对环境和情境的变化，不易因环境改变而焦虑或不安，能迅速找到新的平衡点。这种特质对应对现代社会的不断变化尤为重要。

7. 自律

自律的人能控制自己的行为和情绪，坚持既定目标，不轻易被短期诱惑干扰，专注于长期目标。自律能力是实现个人成长和职业成功的重要保障。

8. 幽默感

幽默感强的人能以轻松态度面对生活中的困难和压力，善于用幽默化解紧张，使自己和周围的人处于轻松愉悦的氛围中。幽默感不仅能让个人更有幸福感，还能促进人际关系和谐。

（五）性格形成的影响因素

性格是个体对现实的稳定态度，以及与这种态度相应的习惯化行为方式中表现出的人格特征，是个性心理特征中最重要的方面。高职学生正处于性格形成与发展的关键时期，了解性格形成的影响因素，有助于更好地认识自我、塑造自我，促进心理健康发展。性格的形成是多种因素综合作用的结果,主要包括以下几个方面。

1. 先天因素

遗传在性格形成中发挥着不可忽视的基础作用。个体从父母那里继承独特的基因组合,这些基因不仅决定外貌特征,也在一定程度上影响心理和行为倾向。例如,一些研究发现,外向性、神经质等性格特质具有一定遗传性——具有高外向性遗传倾向的人,可能天生对社交活动更感兴趣,更容易表现出热情、开朗的性格。但遗传并非绝对决定性格,它更像是提供了性格形成的基本"蓝图",后天环境可在此基础上进行塑造,为其预留了调整空间。

气质类型作为高级神经活动类型,一定程度上影响人对待事物的行为方式,进而影响性格形成。比如,胆汁质和多血质的人更可能形成外向性格,而黏液质和抑郁质的人更可能形成内向性格。

2. 家庭因素

(1)教养方式。

家庭教养方式通常可分为民主型、专制型、放任型(缺乏必要管教)和溺爱型(过度满足需求)。民主型教养方式下的孩子,在温暖支持与适当管教的环境中成长,既感受父母关爱,又明白行为规范,更易形成自信、自主、开朗、富有责任感的性格;专制型教养方式下,孩子可能因过度限制和控制,变得胆小、顺从、缺乏独立性;放任型或溺爱型教养方式下,孩子缺乏必要的引导和约束,容易养成任性、自我中心、缺乏自律的性格。

(2)家庭氛围。

和谐温馨的家庭氛围有助于孩子形成积极乐观、友善待人的性格。家庭成员之间相互尊重、理解与支持,能让孩子感受到安全感和归属感,更愿意与他人建立良好关系;相反,在紧张、冲突频繁的家庭氛围中,孩子可能变得焦虑、敏感、多疑,甚至形成攻击性或退缩性性格。

(3)家庭结构。

家庭结构的变化(如单亲家庭、重组家庭等)可能使孩子面临更多生活变化与情感适应挑战,对性格发展产生阶段性影响。例如,单亲家庭的孩子可能因父母一方陪伴时间相对较少,暂时出现安全感波动或社交回避倾向,但通过家庭支持、社会资源介入及个体心理韧性培养,这些影响可经积极干预得到缓解。

3. 学校教育因素

（1）教师影响。

教师是学生在学校生活中的重要他人，其言行举止、教育方法和态度都会对学生性格产生影响。关爱学生、尊重个性、善于引导的教师，能帮助学生树立自信心，培养积极的学习态度和良好的行为习惯；反之，对学生过于严厉（如实操失误时过度指责）、批评过多的教师，可能使学生产生自卑心理，进而影响性格发展。

（2）同伴关系。

在学校中，同伴关系是青少年社会化的重要途径。与同伴的交往互动能让学生学会合作与分享，同时影响性格特点。积极健康的同伴关系有助于培养团队精神和社交能力；而不良的同伴关系（如被孤立、欺凌）可能导致学生出现自卑、孤独等心理问题，进而形成退缩、敏感的性格倾向。

（3）校园文化。

学校的文化氛围和教育理念会影响学生的性格塑造。积极向上、注重品德教育和个性发展的校园文化，能培养学生的社会责任感、创新精神和实践能力，促进健全人格和严谨务实、善于团队协作等职业所需性格特质的形成。

4. 社会文化因素

（1）文化传统。

不同文化背景有着不同的价值观、道德规范和行为准则，这些会对个体性格产生潜移默化的影响。例如，东方文化强调集体主义、尊重长辈、注重人际关系和谐，在多数情况下，人们往往更倾向于表现出谦逊、内敛、善于合作等性格特点；西方文化则强调个人主义、自由竞争，多数个体更具独立性、冒险精神和自我表达的勇气。

（2）社会风气。

社会风气是社会上流行的风气和习惯，会对个体的思想和行为产生潜移默化的影响。如果社会风气积极向上、崇尚诚信、友善和公平正义，生活在其中的人更容易形成正直、善良、有责任感的性格；反之，若社会风气不良，充斥着虚伪、自私和暴力，个体可能受到负面影响，出现道德观念淡薄，以及投机取巧、缺乏责任感等行为倾向。

（3）媒体影响。

在现代社会，媒体对人们的影响越来越大。电视、电影、网络平台等媒体传播的信息和价值观，会对青少年的性格形成产生重要作用。积极健康的媒体内容能开阔学生视野，培养学生的审美情趣和正确的道德观念；而不良的媒体内容（如网络暴力、虚假信息、低俗信息）可能误导学生。此外，个人的生活经历（包括成功与失败、挫折与磨难等）也会对其性格产生影响。一次成功的经历，可能增强个体的自信心与成就感，使其性格更趋乐观、积极；若能正确对待一次挫折或失败，个体便能从中吸取教训，进而培养出坚韧不拔的毅力与抗挫折能力。反之，若长期遭遇挫折却缺乏积极引导与自我调节，个体可能会形成消极、悲观的性格倾向。

（六）高职院校学生性格的自我培养

性格具有可塑性，而高职大学生的性格处于发展关键期（19~22岁），可塑性更强。渴望成才的大学生，必须自觉进行良好性格的自我锻炼，为成才创造良好的主观条件。性格的优化是一个复杂的过程，需要在具体的学习工作中自觉坚持、长期锻炼。

第一，定期进行自我反思。回顾自己在日常生活、学习和人际交往中的行为表现和情绪反应。例如，完成实训项目时，是积极参与设备调试、主动协调小组分工，还是习惯性沉默、等待他人安排；面对学习困难时，是坚持不懈、积极寻找解决方法，还是容易焦虑、轻易放弃。通过反思，深入挖掘自身性格特点，发现优势和不足。

高职学生要强化性格的优点，将积极方面转化为行为动力；同时明确性格的缺点，找到努力方向并自觉改正。人的性格特征是习惯化的行为方式和稳定的态度体系，可在具体的工作、学习、生活中有意识地强化积极成分，最终内化为稳固的性格特征。

第二，培养良好的习惯。高职院校学生在性格修养过程中，要努力培养良好的学习习惯和生活习惯。比如，要培养办事有条理的性格，可从制定具体的任务清单、固定物品收纳位置等小习惯入手，在执行中不断提醒自己按计划推进、保持环境有序，长期坚持才可能逐步形成严谨的处事态度与有条理的行为模式。从培养习惯到改变性格，需要先明确自身性格弱点（如做事急躁、缺乏规划），再有针对性地设计可落地的习惯训练（如每天花5分钟梳理次日任务、遇事先冷静思考再行动），通过持续的习惯强化，逐步减弱原有弱点对性格的影响。

第三，勇敢挑战自身弱点。这不仅是对性格弱点的有效诊治，也是驾驭环境、增强自信心的有效方法。心理学中有一种提升自信的方法：刻意在可控场景中暴露自己的不完美（如课堂主动发言哪怕出错），逐渐降低对"完美表现"的执念。这种方法或许有些极端，但敢于暴露自己的缺点，是对自我的深度悦纳——首先敢于接受自己的缺点，再有意识地改进。

第四，明确性格培养目标并付诸实践。根据自我认知的结果，结合自身未来发展方向和职业需求，明确想要培养和强化的性格特质。例如，若希望未来从事市场营销或团队管理等需要较强沟通能力和领导能力的职业，而目前性格较为内向羞涩，可将提升外向性、增强人际交往能力和自信心作为目标。在学校，主动与同班同学、不同专业的同学、老师、宿管人员等打招呼、聊天，拓展社交圈子；参加社团活动、技能竞赛交流会等活动，勇敢地与不同专业的陌生人交流，分享兴趣爱好和生活经历，了解他人的想法和观点。通过主动交往，锻炼社交技能，增强自信心，逐渐形成开放、友善、善于沟通的性格特质。

若发现自己的时间管理能力和责任心有待提高，可将培养严谨、认真负责的性格作为目标。首先，应学习时间管理技巧，例如为实训任务制订"步骤进度表"，合理分配预习、操作、复盘时间以确保按时完成，也可使用日历、待办事项列表等工具跟踪进度；其次，要主动承担更多责任，无论是班级事务还是团队项目，都需积极参与、认真履行职责，做到一丝不苟、尽职尽责，在完成任务的过程中注重细节、追求高质量结果，逐步培养严谨、负责的态度与性格；最后，需将性格培养目标细化为具体、可操作的步骤和计划。以提升外向性为例，可制订如下计划：每周主动与至少 3 位新同学或老师交流，内容可涉及学习问题、校园生活等；每月至少参加 1 次班级或社团组织的集体活动，并争取在活动中积极发言、承担任务；每天进行 5~10 分钟的自我鼓励训练，如站在镜子前大声说出自己的优点和目标，以此增强自信心。此外，计划应具备明确的时间节点和衡量标准，方便执行与监督。

性格的改变是一个实践过程。性格向良好方向转变，往往不是由完美的训练计划或指导性方法决定的，一百个空头计划不如一个具体的行动。因此，性格培养应当坚持从实践做起，在实训操作中、与同学的协作中、在专业技能兴趣小组的活动中陶冶性格。这里没有捷径和窍门，只有针对性格缺点，制订在实践中克服这些缺点的长期计划，并按计划持久实践，才能逐步取得效果。

第三部分 心理练习

一、人格心理练习

任务一 人格特质觉察

在日常生活中,观察自己在不同情境下的行为表现和心理反应,记录自己表现出的人格特质。

情境	行为表现	人格特质	我的人格特质
课堂上被老师提问	主动回答或紧张沉默	外向/内向、自信/自卑	
与朋友发生矛盾	冷静沟通或冲动争吵	情绪稳定/易怒、宽容/计较	
面对困难任务	积极尝试或退缩放弃	坚韧/脆弱、乐观/悲观	
参加社交活动	主动交流或躲在角落	社交性/孤僻性	
遇到不公平的事情	勇敢站出来或默默忍受	正直/懦弱、勇敢/胆小	

任务二 人格优势与不足分析

结合自己的经历,分析自己在人格方面的优势和不足,思考如何在日常生活中发挥优势、弥补不足。

人格特质	优势	不足	发挥优势的方法	弥补不足的方法

任务三　人格成长计划

根据自己的人格优势和不足，制订为期一个月的人格成长计划，包括具体的行动目标和实施步骤。

目标	行动步骤	时间安排

任务四　人格成长反思与调整

每周对计划的执行情况进行总结和反思，调整计划内容和实施策略。

时间	计划执行情况	反思与调整
第一周		
第二周		
第三周		
第四周		

二、气质类型练习

任务一　气质类型理解

小组讨论唐僧、孙悟空、猪八戒、沙僧四人分别是什么气质类型？

唐僧_____、孙悟空_____、猪八戒_____、沙僧_____

任务二　气质类型分析

情景再现：四个人去看戏，都迟到了，检票员不让他们进戏院。每个人的心理反应和行为表现各不相同，请结合气质类型理论分析每种反应分别属于哪种气质类型。

1．立刻面红耳赤地与检票员吵了起来，声称自己有票，一定要进去。

2．头脑灵活，心想无论如何检票员都不会让我进入剧场的。在绕剧场一周后，发现了一个无人看管的小门，便溜了进去。

3．很有耐心，一直在门口等着。

4．先自我责难，觉得是自己运气不好，难得出来看戏就碰上这种倒霉事，心想"还是算了，先回家吧！"

任务三　气质类型情景应用

小组讨论：作为集团人力资源总监，若要为市场总监、行政总监、客户总监、财务总监这四个岗位招聘人员，那么这四个工作岗位分别对应哪种气质类型的人更合适呢？

任务四　气质类型调适

小组讨论：你属于什么气质类型？在未来的工作中如何扬长避短？在生活中如何调整自己？

三、性格心理练习

通过对同一性格特质的自我觉察，了解自己的性格特点。

任务一　性格特质觉察

通过自我反思和观察，填写性格特质表。

性格特质	表现	例子
外向 / 内向		
自信 / 自卑		
乐观 / 悲观		
坚韧 / 脆弱		
宽容 / 计较		

小组讨论并填写性格特质分类表。

性格分类	性格特质	表现
外向型		
内向型		
认知型		
情绪型		
意志型		
顺从型		
独立型		

任务二　性格优势与不足分析

结合自己的经历，分析自己在性格方面的优势和不足，思考如何在日常生活中发挥优势、弥补不足。

性格特质	优势	不足	发挥优势的方法	弥补不足的方法

任务三　性格培养计划

根据自己的性格优势和不足，制订为期一个月的性格培养计划，包括具体的行动目标和实施步骤。

目标	行动步骤	时间安排

每周对计划的执行情况进行总结和反思，调整计划内容和实施策略。

时间	计划执行情况	反思与调整
第一周		
第二周		
第三周		
第四周		

这些心理练习可以帮助个人更好地了解自己的人格、气质和性格特点，从而有针对性地进行自我提升。

第四部分　课后应用实践

任务一　掌握一个重点知识：气质类型启示

请简述气质类型及其对我们生活的启示。

_____
_____
_____
_____

任务二　带走一个实用方法：我的人格成长日志

1. 准备阶段

选定日记本或创建电子文档，作为人格成长日志专属载体。回顾人格特质、人格发展等理论知识，明确以理论为锚点，聚焦人格成长维度（如情绪管理、社交模式、抗压反应等），规划记录方向与核心关注重点。

2. 日常记录与周期性总结

（1）日常记录。

每日详细记录三项内容：

第一，情绪波动：标注情绪类型（如焦虑、喜悦）及触发事件。

第二，行为轨迹：记录关键行为及背后的决策逻辑。

第三，社交互动：梳理与他人交往的对话、冲突或协作场景。

重点锚定"困难/挑战情境"，详细记录自身反应（生理、心理）与应对策略（主动解决、回避等）。

（2）周期性总结。

以周/月为周期，开展复盘：

第一，提炼人格特质呈现的优势（如抗压时的韧性）与不足（如社交中的过度敏感）。

第二，对比周期内记录，标注成长点（如情绪管理从"冲动"到"延迟反应"）。

3. 反思与外部反馈融合

（1）自我反思。

基于记录与总结，聚焦两点深化思考：如何场景化放大优势（如在团队合作中用"责任心"推动项目）；针对不足，拆解可落地改进路径（如"社交紧张"可从"主动打招呼"等微行为突破）。

（2）外部反馈获取。

选取信任对象（同学、家人等），分享日志核心内容（隐去隐私），明确请求反馈方向（如"与同学沟通时，我是否真的很被动？"），整合多元视角，完善自我认知。

4. 行动计划迭代与实践

（1）计划制订。

结合反思与反馈，输出具体可量化行动项：

第一，社交提升：每周参与1次小型兴趣社群活动。

第二，情绪管理：每日睡前用"情绪词+事件"简单复盘。

（2）动态优化。

实践中，每完成1个周期（如两周），依据实际效果调整计划：

第一，若"社交活动参与"因时间冲突难以坚持，可替换为"线上兴趣话题互动"。

第二，持续追踪行动对人格成长的影响（如"社交主动性提升后，积极情绪占比变化"），保障成长路径适合自身节奏。

第五部分　拓展阅读

1. 图书

《天生不同：人格类型识别和潜能开发》，人民邮电出版社2021年版

该书以卡尔·荣格的心理类型理论为基石，构建起迈尔斯-布里格斯类型指标（MBTI）这一独特体系，将人格细分为16种类型。书中不仅细致入微地剖析每种人格类型在感知世界、决策判断等方面的鲜明特征，还借助丰富的真实案例，生

动展现人格类型在职业选择、人际关系、学习教育等生活多维度的深刻影响，如某些人格类型在特定职业领域中如何脱颖而出，不同人格的人在相处中产生的奇妙化学反应。此外，它还为读者量身定制了发挥自身人格优势、深度挖掘潜能的实用策略。无论是心理学专业研究者，还是渴望深入认识自我、在职业发展与人际交往中找到方向的普通读者，这本书都宛如一座灯塔，为其照亮探索人格奥秘与个人成长的前行之路。

2. 电影

《心灵捕手》是一部深度挖掘人格成长与心灵救赎的经典电影。主人公威尔是数学天才，却因童年创伤形成叛逆、自我封闭的人格，对亲密关系充满抗拒。心理学家尚恩通过耐心陪伴、真诚共情，逐步引导威尔直面内心创伤，重新审视自我价值。影片呈现人格缺陷的成因（童年经历影响）、修复过程（专业心理干预与情感支持），以及不同人格互动（威尔的防御性人格与尚恩的治愈型人格碰撞），能让观众直观感受人格塑造与改变的力量。

项目三

做情绪的主人：情绪管理

学习目标

1. 知识目标

（1）结合生活实例（如考试焦虑、与朋友争吵），理解情绪的概念与内涵，掌握情绪的生理机制（如杏仁核、前额叶皮层的作用）及情绪对大脑神经可塑性的影响。

（2）掌握情绪的四大功能（适应功能、动机功能、组织功能、社会功能），理解情绪如何影响学习效率、工作表现及人际关系质量。

（3）理解理性情绪疗法（REBT）的核心思想，学会运用"想法决定情绪"的逻辑分析情绪产生的根源。

2. 能力目标

（1）学会用"我感到……"的句式准确表达情绪（如"我感到沮丧，因为没完成任务"），并能通过非语言方式（如表情、肢体语言）传递情绪信息。

（2）掌握理性情绪疗法的基本步骤（如识别不合理信念、用合理信念替代），能结合具体案例（如因考试失利而情绪低落）练习情绪调节方法。

（3）学会用情绪日记记录情绪变化，分析情绪产生的原因，并尝试用积极思维方式调整情绪。

3. 素质目标

（1）通过课堂讨论和实践活动（如情绪管理角色扮演），培养情绪自主调节意识，学会在情绪失控时主动采取应对措施（如深呼吸、暂停思考）。

（2）通过反思情绪失控的后果（如与他人争吵导致关系破裂），培养理性平和、乐观积极的人生态度，逐步树立"情绪可以管理"的信念。

（3）通过小组分享和案例分析，学会接纳自身情绪（如允许自己在失败后感到难过），并以积极方式面对生活挑战（如将失败视为学习机会）。

第一部分　心海指航

案例　宿舍上演"化敌为友"大作战

小陈是高职室内设计专业的大二学生，性格急躁，情绪管理能力较弱。他与室友小王因作息时间差异产生矛盾：小陈习惯早睡早起，而小王经常晚归，且入门时开关门声音大、洗漱喧哗，影响小陈休息。某晚，小王再次晚归并吵闹，小陈多日积压的怒火爆发，他冲到门口与小王激烈争吵，指责小王不顾他人感受；小王也针锋相对，指责小陈小题大做。争吵升级，两人互不相让，关系陷入僵局。小陈陷入愤怒与委屈交织的情绪中，连日在宿舍感到压抑，甚至影响了课堂专注力。

小陈的愤怒情绪不仅让他在争吵中失去理智，也让他在后续生活中陷入持续的负面情绪：他开始对宿舍环境感到厌恶，即便室友正常活动，他也会感到烦躁不安；这种情绪积累导致他在课堂上难以集中注意力，学习效率大幅下降。同时，他对小王产生了敌意，对宿舍生活感到厌倦，甚至考虑申请调换宿舍。情绪问题逐渐影响到他的心理健康，他开始怀疑自己的社交能力，觉得自己在人际交往中总是失败。

通过心理健康课程，小陈掌握了情绪管理技巧。他运用情绪 ABC 理论分析，认识到自己的不合理信念（如"室友必须完全配合我的作息""别人总是针对我"），并开始主动调整。他学会用"我感到……"的句式表达情绪，比如在小王晚归时说："我感到很烦躁，因为噪声让我睡不着，我们能一起想办法解决吗？"这种表达方式让小王更容易接受他的感受，而非感到被指责。

此外，小陈还学习了深呼吸和渐进性肌肉松弛练习：每当感到愤怒时，他会深吸一口气，保持 5 秒后缓慢呼出，重复几次以平复心情；他也通过写情绪日记记录感受（如"今晚小王关门声大时，我首先想到的是他故意打扰，其实可能是他没注意"），分析情绪产生的原因，并尝试用积极思维调整状态。

通过这些努力，小陈与小王的关系逐渐修复：两人沟通后，小王开始注意控制音量，小陈也学会更清晰地表达需求（如"我 11 点要睡觉，你晚归时轻一点，好吗？"）。宿舍氛围改善后，小陈的情绪变得稳定，课堂专注力提升，学习效率显著提高。他开始主动与室友沟通、参与宿舍活动，人际关系愈发融洽。

案例分析

小陈通过学习情绪 ABC 理论、深呼吸练习、情绪日记等情绪管理技巧，逐步认识并调整了自身的不合理信念，学会了恰当表达情绪。这些方法不仅帮助他修复了与小王的关系、改善了宿舍氛围，还提升了学习效率和人际交往质量（如班级活动、小组作业中的沟通更顺畅）。他不再因情绪问题分心，能够更专注地完成学业任务（如设计项目、课程作业），同时在宿舍生活中建立了更融洽的关系。这种积极变化不仅提高了他的生活质量，也增强了他的自信心和社交能力。小陈的故事表明，情绪管理对高职学生至关重要——科学的情绪调节策略能提升情绪智力（如情绪觉察、调节与表达能力），将情绪转化为成长的动力，既有助于解决当前矛盾，也能为应对未来挑战、实现个人成长和职业发展奠定坚实基础。

在日常生活中，情绪如同一位无形的"导演"，悄然影响着我们的行为、决策以及与他人的互动。从上述案例中可以清晰地看到，情绪的力量十分强大，它能够左右生活轨迹，甚至改变我们对世界的认知。那么，情绪究竟是什么？它为何具有如此深远的影响力？又有哪些鲜明的特点和独特的功能呢？接下来，让我们一起深入探索情绪的奥秘，揭开它神秘的面纱，从而更好地理解它在生活中的重要角色。

第二部分　心理知识

一、情绪的概念

情绪是以主体的需要、愿望等是否被满足为中介的心理现象，具有独特的生理唤醒、主观体验和外部表现三种成分。当客观事物符合主体的需要和愿望时，会引起积极、肯定的情绪；反之，则会引起消极、否定的情绪。

生理唤醒是情绪产生的生理反应，涉及广泛的神经结构。它本质上是一种生理激活水平，且不同情绪的生理反应模式存在差异。例如，满意、愉快时心跳节律正常；恐惧或暴怒时，心跳加速、血压升高、呼吸频率增加，甚至出现呼吸间歇或停顿；痛苦时外周血管收缩、血管容积缩小等。

主观体验是个体对不同情绪状态的自我感受，每种情绪都有独特的主观体验（如快乐、痛苦等），这构成了情绪的心理内容。由于情绪体验具有主观性，难以仅通过客观刺激完全界定其产生的根源，且不同人对同一刺激可能产生不同情绪，因此对情绪体验的研究一般采用自我报告法（如通过问卷或访谈记录个体的情绪感受）。

情绪的外部表现通常称为"表情"，是情绪状态发生时身体各部分动作的量化形式，包括面部表情、姿态表情和语调表情。面部表情由面部肌肉变化构成特定模式（如高兴时额眉平展、面颊上提、嘴角上翘），能精细表达不同性质的情绪，是鉴别情绪的主要标志。姿态表情指面部以外的身体动作，包括手势、身体姿势等（如痛苦时捶胸顿足，愤怒时身体紧绷、握拳或摩拳擦掌）。语调表情则通过言语的声调、节奏和语速变化来表达，例如高兴时语调高昂、语速快，痛苦时语调低沉、语速慢。

二、情绪与大脑神经的关系

（一）情绪的生理机制

情绪的生理机制涉及多个复杂的神经网络和脑区的相互作用，这些脑区协同调节情绪体验与反应。情绪的产生源于外界刺激或内在认知过程，会触发大脑内的神经活动——边缘系统、前额叶皮层等多个脑区密切配合：边缘系统中的杏仁核率先加工刺激中的情绪信息并迅速做出初步反应，前额叶皮层则进一步分析情绪的性质和意义。这些脑区与神经递质系统、内分泌系统相互协作，调控情绪的强度、持续时间和表达方式，最终形成复杂多样的情绪体验。

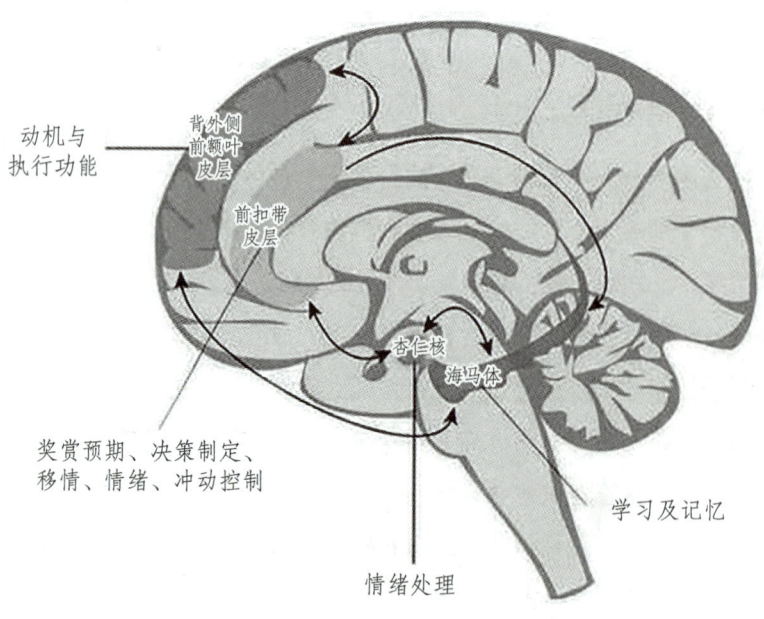

（1）杏仁核。

杏仁核是大脑中负责情绪处理的关键结构，能快速评估外界刺激的情绪意义，尤其对恐惧和威胁等负面情绪格外敏感。当个体遇到潜在危险或恐惧情境时，感官信息会迅速传递至杏仁核，使其被激活，并通过神经通路向中枢神经系统其他部分及身体外周发送信号，引发一系列应激反应。例如，人在夜间独自行走时突然听到背后有奇怪声响，杏仁核会立刻反应，使心跳加速、呼吸急促、肌肉紧张，为应对可能的威胁做好准备。同时，杏仁核会与前额叶皮层等其他脑区沟通，调节情绪反应的强度和持续时间；正常情况下，前额叶皮层会对杏仁核的反应进行评估和控制，确保情绪反应与实际情况相符，并在威胁解除后使情绪恢复平静。

（2）前额叶皮层。

前额叶皮层在情绪调节中扮演极为关键的角色，负责对情绪进行认知评估和控制。它能分析判断进入大脑的各类信息，进而决定个体对情绪刺激的反应方式。例如，人在工作中遇到上司批评时，前额叶皮层会迅速分析批评的性质、内容及对自身的影响和应对方式：若判断这只是正常的指导性批评（无恶意），就会抑制过度的情绪反应，使个体保持冷静，理性接受批评并思考改进方法；反之，若前额叶皮层功能受损或无法正常发挥作用，个体可能对同样的批评产生过度愤怒或悲伤，甚至做出冲动行为。

（3）海马体。

海马体主要负责记忆的形成和存储，对情绪记忆同样不可或缺。情绪体验往往与特定事件紧密相连，海马体能将情绪体验与相关事件的细节关联起来，形成带有情绪色彩的记忆。这些记忆会在未来遇到类似情境时被迅速唤起，影响个体的情绪反应。例如，一个人在愉快的家庭聚会中度过美好时光，海马体会将聚会的欢乐情绪与场景、人物、活动等信息一同存储；当再次遇到类似聚会场景或提及相关细节时，海马体会提取这段记忆，使个体重新体验到当时的愉悦，进而影响其对当前情境的情绪反应和行为表现。

（4）神经内分泌系统的影响。

情绪变化（尤其是压力情绪）会对下丘脑-垂体-肾上腺轴产生显著影响：当下丘脑感知到情绪压力时，会分泌促肾上腺皮质激素释放激素（CRH），刺激垂体前叶分泌促肾上腺皮质激素（ACTH）；ACTH 随血液循环到达肾上腺皮质后，会促使其分泌糖皮质激素（其中最主要的是皮质醇）。皮质醇在短期内可提高机体的应激能力，为身体提供额外能量，调动免疫资源应对急性压力；但长期处于高皮质醇水平会导致一系列健康问题，如抑制免疫系统功能（使个体更易感染疾病）、干扰胰岛素作用（增加患糖尿病的风险），还可能引发血压升高、骨密度降低、肌肉萎缩等，损害心血管系统、骨骼系统和肌肉系统。

（5）神经递质。

神经递质是大脑中传递信息的化学物质，通过影响神经元之间的信号传递，在情绪调节中起关键作用。多巴胺、血清素、去甲肾上腺素等均与情绪密切相关：

多巴胺与愉悦感和奖赏机制紧密相连，当个体体验快乐、满足等积极情绪时（如获得成功、享受美食、与爱人相聚），大脑中的多巴胺水平会显著升高，增强愉悦感和动机，促使人们追求更有价值的目标和行为。

血清素对情绪稳定性和睡眠质量至关重要，能调节情绪、控制食欲、维持正常睡眠周期。血清素水平较低时，个体可能出现情绪低落、焦虑、抑郁、失眠等症状；增加血清素水平则有助于缓解负面情绪，提升情绪状态。

去甲肾上腺素主要与警觉性、情绪唤醒和应激反应相关，面对紧急情况或压力时，其分泌会增加，使个体注意力更集中、反应更敏捷，以更好地应对外界挑战。

（6）自主神经系统。

交感神经兴奋：面对紧急或威胁性情绪刺激时，交感神经系统会被迅速激活，引发一系列生理反应以应对潜在危险。例如，人突然遭遇咆哮的狗时，交感神经会促使心跳加快、血压升高、呼吸急促（为身体提供更多氧气和能量），瞳孔扩大（增加进光量以提升视觉敏锐度），汗腺分泌增加（既湿润皮肤表面以降温，也通过增加皮肤导电性辅助应激状态下的生理准备）。这些反应共同使身体处于高度警觉和紧张状态，便于迅速做出逃避、反击等应对行为。

副交感神经减弱：情绪紧张时，副交感神经活动会减弱，交感神经占据主导地位，导致与身体恢复和能量保存相关的生理功能减慢或暂时减弱。例如，消化系统功能受抑（胃肠蠕动减慢、消化液分泌减少），因身体将资源集中用于应对紧急情况而非消化；膀胱收缩受抑（减少排尿次数），避免因排尿分散注意力或影响应对能力。这种调节机制使身体能集中精力和资源应对眼前的威胁或挑战。

（二）神经可塑性与情绪

情绪体验会对大脑的神经可塑性产生深远影响。神经可塑性是指大脑结构和功能随经验、学习和环境因素发生改变的能力，贯穿个体整个生命过程。

长期的负面情绪（如慢性压力、焦虑、抑郁）会对神经可塑性产生不良影响。例如，研究表明，长期高压力状态会导致海马体神经发生受抑制（海马体与学习和记忆密切相关），进而影响个体的学习能力和记忆力；此外，负面情绪可能削弱前额叶皮层与杏仁核之间的功能连接，降低大脑对情绪的调节能力，使个体更易陷入情绪失控，难以从负面情绪中恢复。

相反，积极的情绪和良好的情绪调节策略（如正念练习、认知行为疗法等）能增强神经可塑性，提升大脑的适应性和灵活性。例如，通过积极思维、放松训练或健康生活方式调节情绪时，大脑神经元会建立新连接，神经递质的释放和再摄取也会得到优化，这些变化本质上是神经可塑性增强的体现，从而提高认知功能和情绪调节能力。具体而言，正念练习可增强前额叶皮层对杏仁核的调控功能，以提升情绪调节能力；情绪调节训练能抑制杏仁核过度激活以减少负面情绪影响，同时促进大脑的神经可塑性，帮助其更好地适应环境变化。

三、情绪的功能

（一）适应功能

情绪是人类早期赖以生存的手段。有机体在生存和发展过程中存在多种适应方式，而情绪是其中重要的一种。婴儿出生时不具备独立生存能力和言语交际能力，主要依赖情绪传递信息、与成人交流，从而获得必要的照料（如喂食、保暖、安抚等）；成人也正是通过婴儿的情绪反应，及时提供各种生活条件。在成人生活中，情绪与基本适应行为（如攻击、躲避、寻求舒适、帮助他人等）密切相关，这些行为有助于个体生存并成功适应周围环境。

情绪直接反映人的生存状况，是心理活动的"晴雨表"。例如，愉快表示处境良好，痛苦提示面临困难。同时，情绪也是社会适应的重要工具——人们通过微笑表达友好，通过共情维护人际关系，通过察言观色了解对方情绪并采取相应对策。总之，个体通过情绪感知自身或他人处境，适应社会需求，以实现更好的生存与发展。当然，情绪也可能产生负面作用，如个别球迷因输球受负性情绪驱使，在赛场闹事、斗殴，破坏公共财产甚至造成人身伤亡。

在学习中，情绪的适应功能尤为重要。它不仅影响学习态度，还对学习方法和效果产生深远影响：积极情绪（如兴趣、热爱）能激发学习动力，使学生更主动地探索新知识、尝试不同学习方法，进而提高效率；同时，积极情绪能增强记忆力，帮助更好地理解和记忆内容。因此，学生需学会调节情绪，将消极情绪转化为积极动力。例如，通过设定小目标、自我奖励增强成就感，或通过深呼吸、冥想缓解焦虑，保持冷静与专注。

（二）动机功能

情绪是动机的源泉之一，是动机系统的基本成分，能激励人的活动并提高效率。适度的情绪兴奋可使身心处于最佳活动状态，推动任务高效完成。研究表明，适度的紧张和焦虑能促使人积极思考、解决问题；同时，情绪能增强生理内驱力的动机强度，可成为行为的强大动力。例如，人在缺氧时会产生补充氧气的生理需要，但若仅靠生理驱力可能不足以激励行为，而此时的窒息感和急迫感会增强内驱力，推动人采取行动。

以备考为例：适度焦虑会促使我们制订详细学习计划、合理分配时间，提高效率，但过度焦虑可能导致注意力分散，影响效果。因此，需学会把握情绪的"度"，将其转化为积极动力。

（三）组织功能

情绪的组织作用指其对其他心理过程的影响。情绪心理学家认为，情绪作为脑内的调节系统，对其他心理活动具有组织功能，具体表现为积极情绪的协调作用和消极情绪的破坏、瓦解作用：中等强度的愉快情绪有利于提高多数认知活动效果，而恐惧、痛苦等消极情绪会对操作产生负面影响，且消极情绪的激活水平越高，操作效果越差。

这种功能也体现在行为上：处于积极、乐观情绪状态时，人易关注事物美好的一面，行为更开放，愿意接纳外界；处于消极情绪状态时，人易失望、悲观，可能放弃当前目标或任务，或产生攻击性行为。

在学习和工作中，情绪的组织功能（对其他心理活动和行为的调节与整合作用）尤为重要。

1. 提升学习效率

积极情绪（如愉快、兴奋）能增强大脑活跃度，提升认知效率，促使学生在学习新知识或解决复杂问题时更灵活地运用思维,提高问题解决能力;相反,消极情绪(如沮丧、愤怒)会抑制认知功能,导致效率下降。因此,学生可通过调节情绪(如深呼吸、冥想放松以缓解消极情绪,或通过回忆成就、联想趣味场景激发积极情绪)提升学习状态。

2. 增强记忆力

情绪与记忆联系密切,积极情绪能增强记忆效果。例如,记忆专业术语(如室内设计中的"软装搭配原则")或公式时,若与积极体验(如联想有趣案例、实操场景)结合,记忆会更牢固。

3. 激发学习动力

当学生对学习内容感兴趣或感到有挑战性时,会产生积极情绪,从而更努力地学习。因此,教师可通过设计实操竞赛、案例模拟等有趣的教学活动或提出挑战性问题,激发学生的学习兴趣和动力。

(四)社会功能

情绪在人与人之间具有传递信息、沟通思想的功能,这一功能主要通过外部表现(表情)实现。表情是情绪的信号(如微笑表示友好、皱眉表示不满),也是言语交流的重要补充(如手势、语调可使言语信息更明确)。从信息交流的起源来看,表情交流早于言语交流,例如前言语阶段的婴儿与成人互动,唯一手段便是情绪。

情绪在社交中具有广泛作用:它可作为"社会黏合剂",促使人们接近他人,也可作为"社会阻隔剂",使人远离他人。例如,当某人暴怒时,他人可能因恐惧而主动后退、避免接触,体现情绪的"社会阻隔剂"作用。可见,个体体验到的情绪对社会行为有重大影响。

在学习与工作环境中,情绪是重要的非言语沟通方式:通过表情、语调等情绪表达,个体能迅速传递困惑、愉悦等情绪状态,帮助他人理解自身状态,促使团队成员或导师提供及时帮助;同时,表达真诚、友善的积极情绪,能增强人际联系,建立紧密的学习伙伴或项目合作关系,为完成课程设计、实操项目等共同目标努力。这种积极情绪氛围有助于营造开放、包容、富有创造力的环境,鼓励个体突破自我、探索未知,为团队和组织的持续发展注入活力。

四、情绪的作用机制

（一）情绪与需要

情绪与人的需要紧密相连：当外界刺激符合或满足需要时，会产生积极情绪；若刺激与需要无关，可能引发中性情绪；若刺激违背需要，则会引发消极情绪。例如，一盘美味菜肴对饥饿者而言是满足需求的美食，能带来兴奋与愉悦；但对已饱腹且感到油腻的人来说，可能引发反感和厌恶。人的需要层次多样（如生理、安全、社交、尊重、自我实现等），这些需要相互交织，其实现与满足常受实训资源不足、时间紧张、环境干扰等条件限制，进而引起情绪波动。比如，高职学生渴望在比赛中取得好成绩以满足自我实现需要，若因准备不足或对手强大而失利，就可能产生失落、沮丧等情绪。

（二）情绪与情境

人的情绪受所处情境影响，不同情境会引发不同情绪。社会环境中，学业成功、获得表彰等积极事件能带来愉悦；而学业压力、人际关系紧张等消极情境则会使人烦闷、压抑。自然环境同样作用于情绪：阳光明媚的天气、优美的自然风光常让人愉悦放松；恶劣天气可能引发烦躁；而嘈杂的社会环境（如拥挤的实训室）也可能加剧不安。

（三）情绪与认知

情绪和认知相互联系、相互影响。一方面，情绪对认知具有组织作用：正性情绪（如愉快、兴趣）能提升注意力、记忆力和思维能力，使人更易接受新信息、促进问题解决；负性情绪（如担忧、沮丧）则会干扰认知过程，降低注意力和记忆力，使人难以集中精力。另一方面，认知对情绪的产生起认知评估作用（即通过判断和评估刺激的意义引发情绪）。例如，高职学生面对考试成绩不理想时，若认为"努力不够，下次多加练习就能提高"，可能仅产生短暂遗憾，随后调整情绪更努力学习；若认为"再怎么努力也考不好"，则可能陷入沮丧与无助。此外，认知复杂度影响情绪体验：认知复杂度高的人能从多方面综合评价事物，情绪反应更温和；认知复杂度低的人易得出极端结论，情绪反应更强烈。

（四）情绪与行为

行为是情绪的重要表现形式，不同情绪状态下的行为表现存在差异。积极情绪能使行为充满激情与活力，提高效率和质量。例如，高职室内设计专业学生对 3D 建模课程产生浓厚兴趣，带着愉快与期待的情绪学习时，会主动参与案例实操、积极完成设计作业，学习效率和成绩也会相应提升。消极情绪则会降低行为效率，甚至导致行为失常或不良行为。例如，高职学生因实训项目屡次失败而产生沮丧情绪时，可能出现操作失误增多、逃避练习等行为。

五、情绪状态

情绪状态是指在某种事件或情境的影响下，在一定时间内所产生的某种情绪，其中较典型的情绪状态有心境、激情和应激三种。

（一）心境

心境是一种平静而持久的情绪状态，具有弥漫性——它并非针对某一事物的特定体验，而是以同样的情绪状态对待一切事物。

心境的持续时间差异很大：有的可能持续几小时，有的则可能延续几周、几个月甚至更长。其持续时间取决于引起心境的客观刺激性质，例如，失去亲人往往使人陷入较长时间的郁闷；而取得重大成就（如技能竞赛获奖、实训项目完成出色、实验成功、作品初次问世等），则会让人在一段时期内处于积极、愉快的心境中。此外，人格特征也会影响心境的持续时间：性格开朗的人事过境迁后通常不再纠结，而对情绪敏感的人可能更容易持续沉浸在相关情绪中。

心境的产生原因是多方面的，生活中的顺境与逆境、工作中的成功与失败、人际关系的融洽与否、个人健康状况、自然环境的变化等，都可能引发某种心境。

心境对人的生活、工作、学习和健康影响很大：积极向上、乐观的心境能提高活动效率，增强信心，让人对未来充满希望，有益于健康；消极悲观的心境则会降低认知活动效率，使人丧失信心和希望，而长期处于消极悲观的心境中更会损害健康。人的世界观、理想和信念决定着心境的基本倾向，对心境起着重要的调节作用。

（二）激情

激情是一种强烈的，具有爆发性且为时短促的情绪状态，通常由对个人有重大意义的事件引起。例如，重大成功后的狂喜、惨遭失败后的绝望、亲人突然离世引发的极度悲哀、突如其来的危险带来的异常恐惧等，都属于激情状态。

激情往往伴随生理变化和明显的外部行为表现：盛怒时全身肌肉紧张、双目怒视、咬牙切齿、紧握双拳；狂喜时眉开眼笑、手舞足蹈；而极度恐惧、悲痛或愤怒后，可能导致精神衰竭、晕倒、发呆，甚至出现心力衰竭状态。

激情状态下，人往往会出现"意识狭窄"现象——认识活动的范围缩小，理智分析能力受抑制，自我控制能力减弱，进而可能导致行为失控，做出鲁莽举动。有人以"激情时完全失去理智，自己无法控制"为由原谅自身错误，这种说法存在争议。一般认为，人能够意识到自己的激情状态，也能有意识地调节和控制它，因此，对激情状态下失控行为造成的不良后果，个人需承担责任。

我们应善于控制激情，做情绪的主人，这可以通过培养坚强的意志品质、提高自我控制能力来实现。不过，激情并非全是消极的：高职学生在技能竞赛中夺冠时的欣喜若狂、团队合作完成复杂实训项目后的欢呼雀跃，这些激情中蕴含着强烈的成就感与团队荣誉感，是激励人上进的强大动力。

（三）应激

应激是指人在受到意外环境刺激时所出现的非特异性全身反应，包括适应性调整和机体的紧张状态。当人们遇到意外危险或突然事变时，需运用智慧和经验，动员全部力量迅速做出选择、采取有效行动，此时身心处于高度紧张状态，即为应激状态。例如，飞机飞行中发动机突然故障，驾驶员紧急联系地面准备着陆；实训课上设备突发故障，学生迅速采取应急措施；正常行驶的汽车意外出现故障，司机紧急刹车；战士排除定时炸弹时紧张而谨慎的行为等，都属于应激状态。

应激状态的产生与人面临的情景及对自身能力的估计有关：当情景对人提出要求，而人意识到需要高度动员身心资源（无论认为自己有能力应付还是感觉无力应付）时，就可能因紧张而进入应激状态。

人在应激状态下，机体会出现一系列生理反应，如肌肉紧张度增加、血压升高、心率加快、呼吸急促，以及肾上腺等腺体活动增强，这些都是机体为适应环境刺激而产生的明显变化。

六、情绪的特点

情绪的维度是指其固有的某些可测量的属性，如动力性、激动性、强度和紧张度等，这些属性的变化幅度具有两极性，即存在两种对立的状态。

情绪的动力性有增力和减力两极：通常情况下，需要得到满足时产生的积极情绪具有增力性，能提高人的活动能力；而需要得不到满足时产生的消极情绪具有减力性，会降低人的活动能力。

情绪的激动性有激动与平静两极：激动是一种强烈、外显的情绪状态（如激怒、狂喜、极度恐惧等），通常由重要事件引发（如突如其来的地震会引起人们极度恐惧）；平静则是一种平稳安静的情绪状态，是人们正常生活、学习和工作时的常见情绪状态，也为高效开展工作提供有利条件。

情绪的强度有强、弱两极，例如从愉快到狂喜、从微愠到狂怒，在强弱之间还存在多种不同强度（如微愠到狂怒之间有愤怒、大怒、暴怒等）。情绪强度的大小取决于事件对个体意义的轻重，也与个体的性格特征、当前心理状态相关。

情绪还有紧张和轻松两极：紧张程度取决于面对情境的紧迫性、个体的心理准备状态及应变能力。若情境紧迫且具有不确定性、个体心理准备不足且应变能力较差，人往往容易紧张甚至不知所措；若情境不紧急、个体心理准备充分且应变能力较强，人则会感到轻松自如。

七、情商

情商（Emotional Intelligence，简称EQ）是由美国心理学家彼得·萨洛维（Peter Salovey）和约翰·迈耶（John Mayer）于1990年提出的一个概念。它是个体在情绪方面的智能表现，具体体现为对自身及他人情绪的感知、理解、管理，以及在人际交往中有效运用情绪信息的能力。具体说来，主要包含以下五种能力。

（一）认识自己的情绪

认识自己的情绪是情商的基础，也是个体心理成长的重要一步。高职学生的学习和生活往往充满压力和挑战，因此，能够清楚地感知自己的情绪至关重要。例如，当技能实操考核临近或项目验收迫在眉睫时，学生需要能够意识到自己的紧张和焦虑。这种自我认知不仅包括识别情绪的类型（如快乐、悲伤、愤怒或恐惧），还包括理解情绪的强度、触发因素及背后的认知评估。理解情绪的触发因素（如学业压力、人际冲突或未来职业发展的不确定性），可以帮助学生针对性地调整应对方式，从而管理自己的情绪，而不是被情绪所左右。

（二）妥善管理自己的情绪

管理情绪是情商的核心要素之一，它涉及个体在面对各种情绪时的调节和控制能力。高情商的个体能够有效地管理自己的情绪，即使在面对压力和挫折时也能保持冷静和理智。例如，某高职学生在课堂上受到批评时，他可能会感到沮丧和愤怒，但通过深呼吸缓解紧张、用"批评是改进机会"的积极自我对话疏导愤怒，或其他放松技巧平复沮丧，他可以平复自己的情绪。管理情绪还包括在面对失败时保持积极的心态，将失败视为学习和成长的机会，而不是陷入自我否定的恶性循环。这种能力不仅有助于增强个人的心理韧性，还能促进学业和事业上的成功。

（三）自我激励

自我激励是情商中推动个体不断前进的重要动力。在高职学习和生活中，学生需要面对各种挑战和困难，自我激励可以帮助他们保持内在的动力和热情。例如，一个学生可能在某个学科上遇到困难，但通过清晰认识自己的职业目标（如成为资深技术人才），并将其与当前学习关联（如"掌握这一知识点能提升实操能力"），他可以激发自己的内在动力。自我激励还包括在面对挫折时不气馁，能够从失败中吸取教训，调整策略，继续朝着目标前进。具有高度自我激励能力的学生往往更能保持乐观的态度，对未来充满信心，这种积极的心态有助于他们克服困难，在团队中也能展现出韧性与活力。

（四）认知他人的情绪

认知他人的情绪涉及同理心和人际洞察力。在高职校园中，学生需要与来自不同背景的同学、老师和工作人员互动，能够准确地识别和理解他人的情绪对于建立良好的人际关系至关重要。例如，在团队项目中，一个学生如果能够意识到队友的疲惫和压力，他就可以采取适当的行动来支持对方，如察觉队友因任务繁重而疲惫，可主动分担部分工作；若发现对方因信心不足而压力大，可给予具体的鼓励（如"你之前的方案很出色，这次也没问题"）。认知他人的情绪还需要具备换位思考的能力，即站在他人的角度去理解和感受他们的情绪，这有助于避免误解和冲突，促进更和谐的人际交往。

（五）人际关系的管理

人际关系的管理是指在人际互动中，通过调控自身情绪、感知并呼应他人情绪来建立和维持良好关系的能力。在高职环境中，无论是与同学的交流合作还是与老师的沟通交流，都需要良好的人际关系管理能力。例如，一个学生在带领实训小组完成项目时，能够根据成员在操作中的疲惫或困惑情绪，采取适当的激励措施（如肯定进步、协助解决技术难点）。同时，能运用对不同性格者情绪特点的理解，灵活调整沟通方式，化解冲突，促进合作。这种能力不仅有助于学生在校园生活中取得成功，也为他们未来在职场中领导团队、与同事协作奠定了坚实的基础。

八、情绪健康的表现

健康情绪是心理健康的重要组成部分，它对个体的心理状态和生活质量有着深远的影响。以下从多个维度详细阐述健康情绪的表现。

（一）情绪的稳定性

稳定的情绪是心理健康的基础，表现为个体能保持情绪相对平稳，面对轻微外界刺激时情绪波动幅度合理且能快速平复，不会产生过度反应。例如，考试成绩公布后，情绪稳定的高职学生不会因一次成绩不理想而长期沮丧、愤怒，也不会因一次分数优异而过度兴奋，从而避免影响后续学习和生活。

（二）情绪的协调性

健康情绪体现为情绪与认知、行为的协调一致：内心感受与外在表现相符，情绪表达与所处情境、社会规范相契合。与同学、老师交往时，能恰当表达喜怒哀乐，不出现与情境不符的虚假行为。例如，团队合作中对方案有不同意见时，会以平和、理性的态度表达观点，而非一味迎合或大发雷霆。

（三）情绪的积极主导性

积极情绪多于消极情绪且占据主导地位，同时能理性接纳并适度表达消极情绪，不压抑也不放大，进而影响和调节消极情绪。乐观、愉快、满足等积极情绪会激励个体积极面对困难与挑战，即使遭遇挫折，也能迅速从消极情绪中恢复，以积极心态寻找解决办法。例如，高职室内设计专业学生实习时，遇到方案被客户多次否定、施工细节反复调整等压力，会将其视为提升设计能力的机会。

（四）情绪的适度反应性

对各种刺激的情绪反应强度和持续时间适度。面对强烈刺激（如亲人离世、重大挫折）时，会产生符合自身文化背景和个人特质的悲伤或痛苦，且这种情绪不会长期阻碍基本生活功能（如饮食、睡眠、工作）；同时，能根据情境需要适当控制情绪表达，避免失控。例如，比赛失利后，会允许自己短暂失落（如情绪低落1~2天），但不会陷入崩溃或自我否定，能较快调整心态投入新的训练或学习。

（五）情绪的社会适应性

能根据社会规范和情境要求恰当表达、控制情绪，公共场合能遵循场合规范，不随意发泄负面情绪，尊重他人感受与权利；人际交往中能理解他人情绪，适时回应支持，建立良好关系。例如，室友心情不好时，会主动关心安慰，而非置之不理或火上浇油。此外，个体能随环境和生活变化调整情绪，适应新节奏与要求。例如高职学生从学校步入社会时，能从校园的轻松心态调整为积极应对职场竞争的状态，以沉稳情绪面对压力，顺利完成角色转换。

（六）情绪的自我觉察性

对自身情绪状态有清晰认知和理解，能敏锐察觉情绪变化，且明白情绪产生的原因，以及情绪对自身状态、他人互动和行为选择的影响。这种觉察能帮助个体及时调整和管理情绪，避免失控。例如，感到焦虑时，能意识到是对未来的不确定性或过度担忧所致，进而根据原因选择应对方式——若因过度担忧，可通过理性分析降低焦虑；若因不确定性，可通过制订具体计划缓解，或寻求帮助共同解决。

（七）情绪的可调节性

具备有效的情绪调节策略，能根据不同情况灵活运用方法调节情绪：情绪反应偏离适度范围时（如过度焦虑、短暂低落），会主动采取积极措施改善状态；同时，能通过自我激励增强积极情绪，提高自我控制能力。例如，学习任务繁重感到烦躁时，会通过短暂运动释放压力、听音乐平复情绪，再合理安排时间，保持良好学习状态。

（八）情绪的灵活性

能根据不同情境和需求，从一种情绪状态自然过渡到适配的另一种状态；面对不同任务和挑战时，能适时调整情绪以适应新要求。例如，技能竞赛前感到紧张时，能快速调整为专注投入的状态；完成困难的实训任务后，能及时放松享受成功的喜悦。

（九）情绪的可持续性

健康情绪的可持续性表现为能长期保持积极主导的状态，即使遇到困难挫折，也能快速恢复平衡。例如，面对长期学习压力或职业发展困难时，会坚持不懈努力，保持积极向上的精神风貌，不被短期消极情绪困扰。

九、常见不良情绪与管理策略

学生在学习和生活中面临着诸多压力和挑战，容易产生以下几种不良情绪。

（一）焦虑

焦虑是人们面对不确定性或潜在威胁时产生的复杂情绪，包含担忧、紧张、不安等感受，源于对未来潜在负面影响的预判，常在重要考试、面试、人际交往等场景中出现。例如，高职学生在重要技能实操考核前，常因担心操作失误、无法达标而感到焦虑。焦虑时，身体会启动应激反应：交感神经系统被激活，肾上腺素分泌增加，导致心跳加速、呼吸急促、血压升高（为应对潜在威胁提供额外能量）；肌肉持续性紧张，可能出现坐立不安、肩颈僵硬或肌肉酸痛，部分人还会出汗、口干、恶心、头晕。

1. 焦虑来源

高职学生的焦虑情绪来源广泛，主要集中在学业、人际关系、未来发展、课程与学习任务等维度，具体表现如下：

（1）学业焦虑。部分学生因缺乏高效学习方法或内在动力，成绩长期不理想，持续的低成就体验累积挫败感，形成"成绩不佳—焦虑加重—学习效率更低"的恶性循环；另一部分学生因对专业缺乏兴趣，学习主动性下降，知识掌握肤浅，进一步加剧焦虑，形成"专业排斥—学习投入不足—知识薄弱—焦虑升级"的连锁反应。

（2）人际关系焦虑。部分学生因沟通技巧匮乏或性格内向敏感，难以与同学、老师建立和谐关系，人际障碍导致频繁冲突，陷入孤立或边缘化困境，自我价值感与归属感被削弱，引发深度社交焦虑；还有部分学生因适应能力不足或过度在意他人评价，在集体活动中过度紧张，难以正常参与，进一步加剧社交焦虑。

（3）未来发展焦虑。高职学生普遍面临学业与就业双重压力，既担心成绩不达标影响毕业或升学，又因就业市场竞争激烈对职业方向感到迷茫，双重不确定性使其长期焦虑；部分学生因专业与市场需求不匹配、担心技能无法满足岗位要求，在就业选择中陷入两难，对职业匹配度的担忧加剧就业焦虑，对未来充满恐惧与无力感。

（4）课程与学习任务焦虑。高职课程注重实践与理论结合，学习节奏紧凑、任务繁重（含技能学习）。学生需在有限时间内掌握大量知识技能，高强度要求使其长期紧张，易产生紧迫感和焦虑；部分学生因难以将理论应用于实践、技能操作不熟练导致进度滞后，陷入自我怀疑与焦虑。

2. 焦虑程度分类

焦虑程度从轻到重可分为轻度、中度和重度。

（1）轻度焦虑。个体有紧张不安感，但能正常生活学习。情绪上表现为莫名担心、慌乱（事情总往坏处想）；心理上可能烦躁、不安，但能维持基本日常功能（工作、学习、社交）；生理上可能偶尔有轻微心慌、出汗等躯体症状，但不影响日常生活。

（2）中度焦虑。症状明显，影响睡眠和食欲。情绪上持续紧张担忧，常伴随躯体化症状（如心慌、心悸、呼吸急促）；心理上注意力难以集中、记忆力受影响，导致学习工作效率下降；行为上可能出现回避行为（如避免小组项目讨论、技能实操展示）；生理上可能有失眠、多梦、易醒等睡眠障碍，以及食欲不振、胃肠不适、偶尔心悸，显著影响生活质量，但仍能坚持日常活动。

（3）重度焦虑。严重影响生活，甚至引发身体问题。情绪上表现为强烈恐惧和不安，可能感到即将发生灾难或有濒死感；心理上注意力严重分散、记忆力下降，甚至思维迟缓；行为上无法正常进行日常活动（如无法上学、工作，回避社交，自我隔离）；生理上可能有严重睡眠障碍、持续胃肠问题、频繁心悸或胸痛，以及肌肉紧张、颤抖、出汗等，长期还可能导致免疫力下降，诱发高血压、消化系统疾病等。

3. 焦虑的影响

焦虑对心理健康的影响主要表现为：过度担忧未来，注意力分散，难以集中精力学习或工作，记忆力下降；可能出现灾难化思维，情绪波动大（易怒或烦躁），自我评价低，甚至产生无助感和绝望感。同时，焦虑会改变个体行为模式，如回避引发焦虑的情境，通过重复性检查（如反复确认任务细节）或回避行为缓解焦虑，或因担忧拖延任务——这些行为虽能暂时减轻焦虑，但长期会加重心理负担，影响生活质量和成长发展。

值得一提的是，适度焦虑与长期焦虑的影响截然不同：

适度焦虑如同"警报系统"，能激活应激反应，提高警觉性、增强动力，推动任务高效完成。例如，技能实操考核前的适度焦虑会转化为内在驱动力，促使学生反复练习操作步骤、专注钻研细节，提高任务完成质量。

长期焦虑（超出个体承受阈值）则负面影响显著：神经系统长期处于高度紧张的应激模式，消耗大量心理能量，引发身心健康连锁反应。生理上，可能导致自主神经系统功能紊乱（慢性头痛、顽固性失眠、持续性肌肉紧张），甚至诱发心血管疾病、免疫系统失调；心理上，加剧认知负荷（注意力分散、记忆力下降、决策能力受损），降低学习工作效率；人际关系上，焦虑者因过度担忧消极情绪，难以建立真诚连接，沟通中表现出防御性、易怒或回避行为，最终导致社交孤立与情感疏离。

从"适度焦虑的积极效应"到"长期焦虑的破坏性后果"，本质是情绪调节能力的失衡，既无法将焦虑控制在适度范围，也难以通过有效方式疏导。若个体无法通过认知重构或情绪表达化解焦虑，短暂应激反应会演变为持续心理困境，对整体功能造成系统性破坏。因此，识别自身对焦虑的承受范围、掌握调节技巧、建立健康应对机制，对维护身心健康至关重要。

4. 焦虑调控策略

个体可借助多种方法改善心理状态，如通过认知行为疗法识别并改变负面思维，通过放松训练缓解身体紧张，通过情绪调节策略实现健康的情绪表达，通过自我管理策略鼓励自己积极面对挑战，通过寻求社会支持获取实际帮助与资源。具体策略如下：

（1）接受焦虑的存在。允许自己偶尔焦虑，不过度自责或纠结，将其视为正常情绪反应，避免"因焦虑而焦虑"的恶性循环。感到焦虑时，尝试记录情绪变化、分析具体原因，以便更好应对。

（2）认知重塑。焦虑常源于对未来的灾难化想象或过度概括，需识别并修正思维偏差。例如，担心失败时，可回忆过去成功经历，用积极现实的思维替代消极想法（如"我已积累相关技能和经验，正努力拓展就业渠道，有望找到合适工作"）。可通过思维日记记录触发焦虑的事件、自动产生的负面念头（如"我肯定搞砸了"），分析其是否符合现实，并用替代性思维反驳（如将"我必须完美"改为"我允许自己犯错，错误是成长的机会"），打破焦虑循环，建立平衡视角。

（3）暴露疗法。若焦虑与特定情境相关（如技能实操展示），可尝试分级暴露：从低焦虑活动开始（如独自练习操作步骤），逐步过渡到向同学演示，最终参与实训成果汇报会。过程中可能有强烈不适，但坚持至情绪峰值下降（通常20~45分钟），大脑会逐渐适应并降低对恐惧的敏感度，证明恐惧往往比想象中更易克服。

（4）放松训练。通过深呼吸、渐进性肌肉松弛等方法缓解身心紧张。例如，紧张时找安静舒适的地方坐下或躺下，慢慢吸气（感受腹部膨胀），再慢慢呼气（感受身体放松），每次练习几分钟到十几分钟，能减少情绪波动。4-7-8 呼吸法（吸气 4 秒、屏息 7 秒、呼气 8 秒）可调节自主神经系统；渐进性肌肉放松法（从脚趾开始，依次收紧、放松肌肉群，每组保持5~10秒）适合焦虑急性发作时使用。

（5）运动干预。运动堪称天然的抗焦虑剂，通过促进内啡肽分泌、降低皮质醇等压力激素水平来改善情绪。通常建议每周进行 3~5次有氧运动（如快走、游泳），每次至少 30 分钟。当时间有限时，高强度间歇训练（如进行20秒全力冲刺，然后休息10秒，如此重复8组）也能有效并较快地调节情绪。运动时配合深呼吸（如腹式呼吸），可进一步增强放松效果。

（6）情绪调节策略。学会识别和接纳情绪，用健康方式表达调节。例如，焦虑时通过日记倾诉，或采用阅读、听音乐、散步等轻松活动缓解，恢复内心平静；若难以用语言表达，可尝试绘画、音乐或舞蹈（如用颜料随意涂抹、跟随音乐舞动），艺术创作能通过非语言方式释放潜意识压力，过程本身即具有疗愈意义（无须评判作品好坏）。

（7）时间管理。拆解目标，减少压力。焦虑常因目标过大或任务堆积引发，可采用 SMART 原则设定目标（具体、可衡量、可实现、相关性、有时限），并使用番茄工作法（25 分钟专注 + 5 分钟休息）提升效率。例如，将"技能实训备考"拆解为"每天练习 1 小时操作流程 + 整理 30 分钟理论笔记"，避免因任务模糊产生失控感。

（8）寻求社会支持。与家人、朋友、老师交流，分享焦虑情绪，寻求建议和支持。与信任的人分享可显著减轻负担；主动参与技能社团、实训小组或定期与同学讨论专业问题，能减少孤独感并获得实际建议；若不愿倾诉细节，也可通过陪伴获得支持（如一起散步、看电影）。

（9）保持健康生活方式。规律作息（固定起床和睡觉时间，遵循昼夜节律）、充足睡眠、均衡饮食（增加蔬果摄入）、定期运动（选择喜欢的项目，每周至少 3 次、每次半小时）；合理安排日常活动，避免过量摄入咖啡因和酒精，按时用餐，适度安排休闲活动（避免过度劳累），营造舒适生活环境，保持身体稳定运作。

（10）专业求助。若焦虑情绪持续超过两周，且对睡眠、饮食或社交功能造成显著影响，或出现自杀念头/意念或自伤想法/行为，需及时寻求专业心理咨询（如接受经过认证的心理师或精神科医师的评估）或考虑在医生指导下应用药物治疗。认知行为疗法（CBT）经研究证实可有效改变引发困扰的思维模式（认知）和适应不良的行为模式（行为）；抗焦虑药物在医生处方和指导下使用，可帮助快速缓解急性症状。需要明确的是，主动寻求专业帮助是面对困难展现力量的体现，而非软弱。

（二）抑郁

由于来自不同地区和家庭背景，学生在校园生活中可能因与同学、老师相处不融洽产生孤独感和抑郁情绪；部分学生可能因学历层次相对较低产生自卑心理，认为自己不如本科学生，进而陷入自我否定的抑郁情绪；还有一些学生对未来职业发展方向感到迷茫，因规划不明的不确定性可能引发抑郁情绪。

1. 抑郁的特征与识别

抑郁是一种以持续低落心境、兴趣减退、精力匮乏为核心的情绪障碍，常伴随睡眠障碍（如早醒或嗜睡）、食欲改变（暴食或厌食）、注意力难以集中、自我价值感低下等症状。与短暂情绪低落不同，抑郁症状通常持续 2 周以上，且显著影响日常功能（如工作、学习、社交）。需警惕自杀念头或自残行为，这可能是抑郁加重的信号。例如，若对曾经热衷的技能实操、社团活动失去兴趣，连续多日感到疲惫无力，甚至萌生"活着没有意义"的想法，务必及时关注自身状态。

2. 抑郁的常见诱因

抑郁成因复杂，可能源于生物、心理、社会三重因素的交织：遗传倾向、神经递质失衡可能构成潜在的生理易感性；长期压力、完美主义倾向、自我批评思维模式会加剧心理负担；社会孤立、重大生活事件（如失业、失恋、亲人离世）可能成为触发点。例如，长期独居且缺乏情感支持的人，在遭遇挫折后更易陷入抑郁状态。理解这些诱因有助于从根源上调整应对方式，而非简单归咎于"自己不够坚强"。

3. 抑郁调控策略

（1）行为激活，重建生活掌控感。抑郁常导致"行为瘫痪"，主动参与活动可打破恶性循环。通过设定小目标（如每天整理书桌、散步 10 分钟）、增加愉悦活动（如听音乐、烘焙）、规律作息（固定起床和睡觉时间），逐步重建对生活的掌控感。例如，一位因抑郁不愿参加实训的高职学生，从每天参与10分钟小组讨论开始，逐步恢复实训参与度，最终能独立完成操作任务。

（2）认知调整，修正负面思维。抑郁者常陷入"全或无思维"（如"我毫无价值"）、"灾难化"（如"未来毫无希望"）的思维陷阱。通过记录自动思维、质疑证据（如"我确实犯了错，但并非一无是处"）、用替代性思维（如"这次失败是学习的机会"）替代极端化结论，可逐渐削弱负面思维的影响力。这一过程需要耐心，但长期坚持能显著改善情绪稳定性。

（3）运动干预，助力调节神经递质。对一般抑郁症患者，规律有氧运动（如快走、游泳）是基础——每周3~5次、每次30分钟以上，可促进血清素等神经递质分泌；参与团体运动（如羽毛球、瑜伽）能兼顾社交支持，增强坚持动力；户外活动时多晒太阳，能通过促进体内维生素D合成间接辅助神经递质调节，进一步强化运动对抑郁情绪的改善效果。例如，某高职学生因技能考核失利情绪低落，每天晚自习后和同学去操场慢跑，既在运动中释放压力，又通过交流重拾实训信心，坚持一段时间后，抑郁情绪明显缓解。

（4）社交支持，建立情感联结。对一般抑郁症患者而言，打破孤立是关键：主动向信任的亲友倾诉感受，获得情感慰藉；参与社区或线上抑郁症互助小组，在共鸣中减少孤独感；必要时寻求心理咨询师的专业支持，通过安全的倾诉空间释放情绪。例如，某高职护理专业学生因模拟操作失误陷入抑郁，不愿与人交流。后来在辅导员鼓励下加入校园"技能互助小组"，发现很多同学都有过类似挫折，大家分享的调整方法让她豁然开朗。在小组中不仅获得了情感支持，还学到了改进操作的技巧，抑郁情绪逐渐消散。

（5）环境优化，创造积极氛围。对一般抑郁症患者，环境的整洁与舒适能缓解心理压力：通过整理居住空间、清除杂物减少混乱感；摆放绿植、利用自然光增加生机；主动屏蔽社交媒体负面信息，减少情绪刺激，以此营造让身心放松的环境。例如，某高职汽修专业学生因实训成绩不理想情绪低落，看到杂乱的工具箱就心烦。后来他开始每天整理工具、在工位贴技能要点便利贴，还放了一盆多肉植物，环境的清爽让他逐渐平静，实训时也更易集中注意力，抑郁情绪慢慢得到缓解。

（6）艺术疗愈，非语言表达情绪。对一般抑郁症患者，当语言难以承载情绪时，艺术创作是有效的出口——绘画时用色彩浓淡、线条曲直传递感受，听舒缓音乐或即兴演奏释放压抑，写日记、诗歌记录心境，无须追求技巧，仅通过创作过程即可疏解内心积郁。例如，某高职室内设计专业学生因方案反复被否定陷入抑郁，不愿与人交流。他开始用不同色调的草图记录每天的感受，发现焦虑时多用冷色硬线条，平静时则出现柔和曲线。这种通过专业技能完成的自我觉察，不仅释放了情绪，还让他在后续方案设计中更注重情感表达，抑郁状态逐渐改善。

（7）专业干预，必要时寻求医疗支持。对一般抑郁症患者，若症状持续2周以上、明显影响日常功能（如无法工作、社交），或出现自杀念头，需及时寻求专业帮助：心理咨询师可通过认知行为疗法（CBT）、正念认知疗法（MBCT）调整思维与行为模式；症状较严重时，医生可能建议结合抗抑郁药快速缓解症状，药物与心理治疗结合往往效果更佳。

管理抑郁的长期核心在于：把抑郁视为需要理解的信号而非个人弱点，学会自我关怀；接纳情绪改善的渐进性，以耐心与坚持应对过程中的起伏，不因短期效果不佳而退缩；同时放下对"应该恢复"的执念，坦然接纳当下的自己，减少自我评判。这三重原则的本质，是与情绪和解、与自己和解，为长期康复筑牢心理基础。

（三）愤怒

在学习过程中，学生可能因考试成绩不理想、技能竞赛未获奖等产生挫败感和愤怒情绪；集体生活中，与同学、室友可能因生活习惯、价值观差异产生矛盾冲突，进而引发愤怒；当认为自己在学习、生活或工作中受到不公平对待（如评优评先未被选中、工作分配不合理）时，也容易产生愤怒情绪。

1. 愤怒的表现

（1）心理表现。个体感到强烈、压倒性的怒意，这种情绪可能迅速膨胀、难以控制，甚至引发短暂的冲动行为；当自身需求受阻、期望落空时，个体则会产生明显的挫败感与不满；在某些情况下，愤怒还可能转化为敌意和怨恨，表现为内心敌视他人、对他人作出负面评价，甚至出现敌对行为，长期如此会影响人际关系。

（2）生理表现。愤怒会激活交感神经系统，导致心跳加速（肾上腺素分泌增加，加速全身血液循环以应对潜在冲突）；伴随血压升高（若长期频繁愤怒，可能增加患高血压等心血管疾病的风险）；身体进入"战斗"状态，肌肉紧张以应对潜在冲突（可能导致身体紧绷感，引发头痛、肩颈疼痛）；交感神经兴奋还会导致呼吸急促（感到喘不过气，呼吸浅而快，以获取更多氧气应对紧急情况）。

（3）行为表现。可能出现冲动行为（如摔门、砸东西，甚至言语或身体攻击），这类行为是愤怒的直接宣泄，却可能造成严重后果（伤害他人、破坏财物）；可能用尖锐的语言攻击他人（充满指责和批评），既伤害他人感情，又加剧冲突、破坏人际关系；也可能选择压抑愤怒，表现为冷漠和回避（对他人置之不理、拒绝沟通），以此被动表达不满。

2. 愤怒调控策略

愤怒是个体需求受阻或遭遇不公时的自然反应，但若管理不当，易引发人际关系冲突或身心伤害。以下从认知、行为、环境及专业支持等维度，整理有效的愤怒调控策略。

（1）认知层面：从根源减少愤怒触发。

第一，认知重塑。核心是识别愤怒的"双重触发点"：一方面，明确具体情境（如被打断发言、批评被否定）；另一方面，警惕内心的不合理信念（如"必须被所有人认可""事情必须按我想的来"）。用理性思维替代极端化认知。例如被批评时，聚焦"哪些意见能帮我改进"，而非认定"这是对我个人的否定"，从源头降低愤怒的强度。

第二，培养同理心。冲突中尝试"角色反转"：站在对方角度理解行为动机（如室友晚归可能是因实训加班，而非故意打扰）。体谅对方的立场和难处，能减少"对方故意针对我"的敌对感，从而缓和愤怒。

（2）行为层面：即时调节愤怒反应。

第一，放松技巧：快速平复生理冲动。

深呼吸练习：愤怒涌上时，采用"4-7-8呼吸法"（吸气4秒、屏息7秒、呼气8秒），通过调节呼吸频率降低交感神经兴奋，缓解心跳加速、肌肉紧张等生理反应。

渐进性肌肉松弛：从脚趾到头部，依次紧绷肌肉5秒再突然放松，重复2~3轮，通过释放身体紧张感"带走"部分愤怒情绪。

短时冥想：愤怒时暂停1分钟，专注感受呼吸或脚底与地面的接触，将注意力从"愤怒事件"拉回当下，避免冲动行为。

第二，沟通技巧：用表达替代攻击。

"我"语言表达：用"我感到愤怒，因为……"（如"我感到愤怒，因为我的方案没被认真讨论"）替代指责性语言（如"你根本不尊重我"），既传递情绪又避免激化矛盾。

积极倾听与非暴力沟通：冲突时先听对方说完，确认"你刚才的意思是……"，再表达自身需求（如"我希望下次能一起讨论方案"），聚焦"解决问题"而非"争对错"。

（3）环境层面：减少诱发因素，创造缓冲空间。

第一，暂时脱离与冷静。愤怒峰值时（如争吵中情绪失控），主动离开现场（如去走廊、操场），给自己 5~10 分钟独处时间，待心跳、呼吸平稳后再返回沟通，避免冲动行为。

第二，优化环境与规避诱因。保持学习/生活环境整洁、光线充足（杂乱环境易加剧烦躁）；提前识别高频愤怒诱因（如拥挤的早高峰、反复被打扰的学习时间），通过调整日程（如早出发避开拥堵）、设置"免打扰"时段等方式减少触发。

（4）专业支持：应对长期难以控制的愤怒。

若愤怒频繁爆发（如每周多次失控）、伴随攻击行为，或与人际冲突形成恶性循环，需寻求专业帮助：心理咨询师可通过认知行为疗法，探索愤怒背后的深层需求（如被尊重、被认可），并定制个性化调节方案。若存在间歇性暴怒、冲动控制障碍等问题，需结合精神科医生的评估，可采用心理治疗联合药物的综合干预。

愤怒本身并非"负面情绪"，而是个体边界或需求的信号。通过上述策略，既能合理表达愤怒，又能避免伤害自己与他人，最终实现情绪与人际关系的平衡。

（四）恐惧

恐惧作为对潜在威胁的警觉反应，在高职学生群体中尤为突出，常表现为对学业、社交及未来发展的过度担忧。与普通恐惧不同，高职学生的恐惧往往与身份认同、职业前景等现实压力紧密交织，形成独特的心理困境。例如，学业上，部分学生因担心考试挂科或技能考核不达标，陷入"临时抱佛脚"的恶性循环，甚至拒绝参与实训课程；社交上，某女生因害怕口音被嘲笑，三年内未参加任何社团；职业上，某计算机专业学生因恐惧面试失败，连续放弃多家企业面试机会。这些恐惧相互影响、层层叠加，最终导致学生陷入焦虑与逃避的恶性循环。

高职学生的恐惧情绪往往源于多重因素的叠加：认知偏差加剧了恐惧的泛化，如"全或无思维"导致学生因一次技能考核失败便认定"自己不适合这个专业""读心术谬误"让他们认为他人"一定在嘲笑自己的表现"，进而回避社交；环境压力（如高职课程实操性强、考核标准严格的学业竞争，以及学历歧视、就业市场波动等职业焦虑）不断强化恐惧的合理性；发展阶段的特殊矛盾——自我认同危机（在"学生"

与"职业人"身份间徘徊）、情感依赖与独立的冲突（依赖家庭支持却因"啃老羞耻感"加剧恐惧）则让学生陷入更深层的无力感。这些因素相互交织，形成难以突破的"心理陷阱"，使恐惧情绪在高职学生中具有更强的顽固性。

针对高职学生的恐惧情绪，可尝试以下自我调节方法：

1. 认知重构，拆解恐惧的"虚假剧本"

认知重构是打破恐惧循环的核心方法，核心在于通过系统化思维训练拆解恐惧的虚假逻辑。首先，学生需学会识别恐惧信号（如心跳加速、反复检查实训工具是否齐全时，主动询问"我在害怕什么？"）；其次，通过"灾难化想象挑战"技术，将恐惧的具体内容（如"挂科后被退学"）与现实可能性（如"学校允许补考"）对比，削弱恐惧的合理性；最后，用更灵活的思维模式替代绝对化认知（如将"我必须完美"替换为"我可以犯错，并从中学习"）。这一过程需结合具体情境反复练习：学业恐惧中，将复杂任务拆解为可执行步骤（如"先完成电路图，再焊接元件"），用"分步可控"替代"全盘失败"的认知；社交恐惧中，通过"微笑挑战"（每天对3个陌生人微笑）积累正向反馈，逐步瓦解"被嘲笑"的负面认知。

2. 行动干预，用"小步快跑"击退恐惧

行动干预强调通过具体行为调整打破恐惧惯性。学业恐惧可通过"技能拆解法"和"模拟演练"缓解（如将专业任务分解为阶段性目标，与室友模拟考核降低真实场景的陌生感）；社交恐惧可通过"结构化对话"（提前准备开场白话题）和"身体语言强化"（练习自信站姿）提升掌控感；职业恐惧需通过"信息轰炸法"（收集行业真实数据）和"简历海投"（每周投递5份简历）打破对未知的恐惧。关键是将抽象恐惧转化为可操作步骤，如将"害怕面试"转化为"每天学习一个面试技巧"，逐步建立对恐惧的掌控力。

3. 身心调节，让恐惧"无处安放"

身心调节通过生理调节缓解恐惧引发的躯体化反应。呼吸法（如"5-4-3-2-1法"）可快速平复焦虑，运动疗法（如"恐惧宣泄操"）通过身体动作释放紧张；冥想（专注呼吸或身体扫描）将注意力从恐惧对象转移至当下体验，"安全空间想象"（闭眼想象安全场景）可暂时脱离恐惧情境。身心调节需与认知重构、行动干预结合：社交恐惧中，参加活动前用呼吸法降低生理紧张，活动中运用"结构化对话"技巧，形成"身心—认知—行为"协同效应。

4. 社会支持，构建"反恐惧联盟"

社会支持是恐惧干预的重要外部资源。同伴互助可通过组建"恐惧互助小组"实现（成员轮流分享恐惧事件及应对方法，如模拟面试、讨论职业规划焦虑）；师长支持需学生主动求助（如预约辅导员做学习规划咨询、向专业课老师请教技能提升方法）；专业资源（如学校心理咨询中心的暴露疗法、放松训练课程）提供系统化干预。核心是打破恐惧的孤立性：职业恐惧中，学生可通过校友访谈了解行业真实情况，或利用招聘网站数据反驳"就业难"刻板印象。

5. 特殊情境应对

针对高职学生常见恐惧情境，提供"恐惧急救包"式策略。实习面试恐惧可通过"角色扮演法"（与室友模拟刁钻问题）和"身体语言强化"（练习自信站姿）缓解；公共演讲恐惧需通过"视觉化成功"（想象观众鼓掌）和"道具辅助"（手持物品分散注意力）降低紧张感；未来规划恐惧需结合"生涯决策平衡单"和"五年计划拆解"明确目标（如将"五年后成为技术主管"拆解为"第一年考取技能证书"等步骤）。关键是将恐惧转化为可操作方案，如学业恐惧中，将"害怕考试挂科"转化为"每天复习1小时、每周做1套模拟题"的具体计划，通过持续行动建立掌控感。

何时需要"专业救援"？若恐惧引发持续失眠、食欲不振、情绪崩溃等躯体化症状，或导致无法完成基本学业任务（如连续两周未交作业），需立即寻求专业帮助。专业救援能帮助学生快速识别恐惧根源，通过认知行为疗法、暴露疗法等系统化干预打破恐惧循环，避免情绪问题恶化。

十、常用情绪调节策略

（一）认知调节策略

1. 情绪 ABC 理论

情绪 ABC 理论由美国心理学家埃利斯（Albert Ellis）提出，是认知疗法的重要理论基础。该理论认为，情绪并非由事件（Activating Event，A）直接引起，而是由个体对事件的信念（Belief，B）所决定，最终产生情绪和行为后果（Consequence，C）。例如，学生考试成绩不理想（A）时，若认为"我太笨了，注定考不好"（B），可能会产生沮丧和自卑（C）；若认为"这次没考好是因为准备不足，下次努力就能提高成绩"（B），则可能产生积极情绪和改进动力（C）。

2. 改变不合理信念

高职学生应认识到学历只是个人发展的起点之一，通过提升技能和综合素质同样能取得成功（如树立"技能改变命运"的信念，增强自信心）。同时，需识别并挑战不合理信念（如"我必须在所有事情上做到完美""别人必须对我友好"），用更现实、积极的信念替代。例如，将"我必须完美"改为"我可以犯错，且能从错误中学习"。这种信念转变有助于以客观积极的态度看待自己和世界，减少因不合理信念引发的负面情绪。

3. 积极思维训练

遇到困难和挫折时，尝试从积极角度看待问题（如将考试失败视为"发现知识漏洞的机会"，而非"能力不足的证明"，进而分析原因并制订改进计划）。此外，可通过写日记（记录每天的积极经历和自身优点）、定期回顾成就等方式培养积极思维，增强心理韧性。这种训练能帮助个体在面对困难时保持乐观，提升应对挫折的能力，促进心理健康。

4. 自我暗示与鼓励

面对压力时，通过积极自我暗示调节情绪（如考试前对自己说"我已充分准备，一定能考好"），增强自信心和心理韧性；同时学会自我鼓励，为自己设定小目标并庆祝每一个小成就（如完成目标后奖励自己一顿美食或一次短途旅行），以提升积极情绪。这种方式有助于在压力下保持积极心态，激发内在动力和潜能，提高应对挑战的能力。

（二）行为调节策略

1. 运动放松

高职学生可积极参加体育活动（如跑步、篮球、羽毛球、游泳、瑜伽等）。运动能帮助个体释放内啡肽，缓解压力与焦虑，进而提升心理健康水平。研究表明，定期运动不仅能改善人的情绪状态，还能增强身体素质与心理韧性。例如，若学生能保持每周至少三次中等强度有氧运动（每次 30 分钟以上），就能有效缓解自身的焦虑和抑郁症状。此外，运动还能提高睡眠质量，帮助学生更好地应对日常挑战；而足球、排球等团体运动，还能让学生在参与中增强团队合作精神与社交能力，获得更多社会支持和情感交流的机会。

2. 兴趣爱好培养

根据兴趣选择课外活动（如绘画、音乐、摄影、手工制作、舞蹈等），通过投入兴趣爱好转移注意力，缓解负面情绪。兴趣爱好不仅能带来愉悦感，还能为压力下的情绪提供出口。例如，绘画可通过色彩和线条表达情感、释放压力，音乐可通过演奏或欣赏陶冶情操、调节情绪，摄影可记录生活美好瞬间，引导关注积极方面。此外，培养兴趣爱好能提升自信心和成就感，增强心理韧性，促进个人全面发展。

3. 社交支持

主动与同学、老师、家人交流沟通，分享感受和困惑，寻求支持与帮助。良好的人际关系能增强心理安全感，缓解孤独感和抑郁情绪。例如，参加社团活动或班级聚会，既能拓展社交圈，又能提升人际交往能力。在交流中，学生能感受到理解与支持，获得情感慰藉和鼓励；参与志愿者活动或社区服务，在帮助他人的过程中，能直观感受到自身价值，进而增强社会责任感和自信心。通过建立积极社交网络，个体在面对困难时可获得更多支持和资源，更好地应对挑战。

4. 时间管理

合理安排学习、工作和休息时间，避免因时间紧张产生焦虑。制订学习计划，将任务分解为小步骤逐一完成，以提高效率和成就感。例如，使用番茄工作法（25分钟专注＋5分钟休息）规划时间，确保高效利用；制订每日或每周计划，明确任务优先级，合理分配时间，避免任务积压和时间紧迫带来的压力。这样的时间管理不仅能帮助学生留出足够时间休息娱乐、保持身心平衡健康，还能让他们更好地完成学业。

（三）生理调节策略

1. 深呼吸练习

感到焦虑或紧张时，可进行深呼吸练习：吸气时腹部鼓起，呼气时腹部收缩，每次练习3~5分钟，有助于放松身心、缓解紧张感。具体操作：找安静舒适的地方坐下或躺下，闭上眼睛，缓慢吸气（感受腹部膨胀），再缓慢呼气（感受身体放松），将注意力集中在呼吸上，排除杂念，随着呼气想象紧张和压力排出体外，逐渐感到身心平复。

2. 渐进性肌肉放松法

从头部到脚部，依次收紧和放松各个肌肉群，感受肌肉的紧张与松弛，以缓解身体紧张和疲劳，减轻焦虑和压力。这种方法能帮助感知身体紧张状态，并学会通过放松肌肉调节情绪。例如，先紧绷额头肌肉几秒钟，然后突然放松，感受从紧张到松弛的变化；接着依次对脸部、颈部、肩部、手臂、腹部、腿部等肌肉群进行同样操作。练习时集中注意力感受每块肌肉的状态，让身体逐渐进入放松状态。

3. 冥想放松法

冥想是通过训练专注力，帮助个体达到身心放松、情绪稳定和心理平衡的练习方法，近年来被广泛应用于心理健康、压力管理和个人成长领域。其核心是将注意力集中在当下，减少对过去或未来的焦虑担忧——通过专注于呼吸、身体感受或特定焦点，从杂乱思维中解脱，进入深度放松状态。冥想强调对情绪的觉察和接纳（而非压抑或逃避），帮助个体更好地识别和理解情绪，减少负面影响，缓解压力和焦虑。练习方法：选择一个安静的环境，以舒适的姿势坐下，闭上眼睛，专注于呼吸、身体感受或某个焦点；杂念出现时不加评判地放下，重新回到当下体验。

4. 充足睡眠

保证每天7~8小时的高质量睡眠，规律作息，避免熬夜。良好的睡眠有助于恢复体力和精神，提高情绪调节能力。例如，建立固定睡眠时间表，每天尽量在同一时间睡觉和起床（周末也不要大幅变动）；睡前避免使用电子设备（屏幕蓝光可能抑制褪黑素分泌，影响睡眠质量），可通过阅读、听轻音乐或温和伸展运动放松身心，为入睡做准备。此外，创造舒适睡眠环境（如保持卧室安静、黑暗、凉爽，选择合适的床垫和枕头），有助于提高睡眠质量。

5. 健康饮食

保持均衡饮食是调节情绪的重要基础，具体可从以下几方面着手：多吃新鲜蔬菜、水果（补充维生素和膳食纤维）和富含优质蛋白质的食物（如鸡蛋、瘦肉、豆制品），为大脑提供营养支持；增加富含 Omega-3 脂肪酸的食物（如深海鱼类、亚麻籽、核桃等），这类营养素有助于改善神经功能，辅助稳定情绪；同时需减少"情绪刺激物"摄入，如避免过多食用高糖食品，控制咖啡因摄入；此外，保持规律进餐习惯，对情绪调节也至关重要。

（四）专业支持策略

1. 心理咨询

当情绪问题较严重，自我调节难以解决时，可寻求学校心理咨询中心的帮助。咨询师会与学生建立信任关系，提供安全、保密的空间让其自由表达感受和想法，并根据具体情况运用认知行为疗法、情绪聚焦疗法等针对性技术，帮助探索情绪问题成因，进而提高自我认知，培养情绪管理能力；同时，提供放松训练、情绪调节策略等实用技巧，帮助应对日常生活挑战。

2. 团体辅导

高职学生可参加学校组织的心理健康教育活动或团体辅导，与其他同学分享经验感受，共同探讨情绪调节方法与技巧。这类辅导通常由专业心理咨询师或教师带领，会设计互动活动与讨论主题，通过同伴互动增强学生归属感：学生可在小组讨论、角色扮演中学习应对压力与情绪问题的策略，在同龄人面前表达情绪经历以获得理解支持，减少孤独感与误解；还能观察学习其他同学的应对方式，拓宽视野并尝试新的调节方法，进而提升情绪调节能力、社交技能与心理韧性，建立积极人际关系，为个人成长发展提供支持。

对高职学生而言，在学习和生活中难免遇到各种情绪问题，通过认知调节、行为调节、生理调节和专业支持等策略，可有效管理和调节情绪，保持良好心理状态，促进个人健康成长和发展。情绪管理不仅是一种技能，更是长期心理韧性的基石——通过持续练习和自我反思，能更好地应对生活挑战。

第三部分　心理练习

一、觉察情绪

通过视听触等感觉通道觉察自己当下的情绪。

任务一　听音乐觉察感受

老师播放歌曲，在听歌的过程中记录自己的情绪和感受。

歌曲序号	情绪感受
1	
2	
3	

任务二　看图片觉察感受

老师播放图片资料，在浏览的过程中记录自己的情绪和感受。

图片序号	情绪感受
1	
2	
3	

任务三　参与活动觉察感受

参与老师组织的活动，并在活动过程中记录自己的情绪和感受。

活动序号	情绪感受
1	
2	
3	

任务四　听故事觉察感受

老师播放故事视频，在观看过程中记录自己的情绪和感受。

视频序号	情绪感受
1	
2	
3	

二、接纳情绪

情绪没有好坏之分，每种情绪都有其积极意义，接纳在我们身上发生的每种情绪，才能为下一步的情绪管理奠定基础。

任务一 情绪词汇集锦

小组讨论并填写情绪词汇表。

情绪分类	情绪词汇
喜	
怒	
哀	
惧	

任务二 情绪背后的意义

小组讨论并填写典型情绪的意义。

典型情绪	意义
快乐	
忧郁	
悲伤	
愤怒	
嫉妒	
懊悔	
焦虑	
恐惧	

三、表达情绪

任务一　描述情绪

在生活情境中，对自身情绪做真实的描述。

举例：我觉得你不爱我了，我很伤心、很痛苦（情绪词）。

老师昨天批评了我，我感到_____。

和最好的朋友一起聚餐的时候，谈天说地，我感到非常_____。

一想到再过一个星期就要考试了，我还没有复习好，我觉得非常_____。

宿舍室友一直打电话影响我休息，我觉得很_____。

我妈妈从老家给我寄来了我喜欢吃的零食，我感到_____。

代表班级参加学校的跑步比赛，我不负众望拿了第一名，老师和同学们都来祝贺我时，我感到_____。

任务二　准确表达情绪

判断以下表达是否为情绪表达，如果不是，请修改。

举例：我明天要早起，你却一直把音响声音开得很大，太自私了。

否。修改：你的音响声很大，我明天要早起，现在睡不着，感到很焦虑和烦躁，你能把声音调小一点吗？

（1）爸爸昨天冤枉了我，他就知道偏心。

_____

（2）好朋友记得我的生日，给了我一个惊喜，我很感动。

_____

（3）这次考试没考好，我觉得自己很没用。

_____

（4）听说他要离开，我很难过。

_____

（5）终于赶上了末班车，我太幸运了。

_____

四、管理情绪

任务一　情绪调节

示例情景：学院组织演讲比赛，辅导员决定让小明参加。小明接到通知后，心想："完了，我不会演讲，这可怎么办啊？"并表现出极度焦虑和紧张，坐立不安。

风险提问设计	对提问的风险分析与评估
1．你当前担忧的具体事情是什么	最近要参加英语演讲比赛
2．以0~100分衡量，你的焦虑值是多少	90分
3．该事件可能出现的最坏结果会是怎样	上台后因过度紧张，一句话都说不出来，觉得很丢人
4．用0~100分表示，最坏结果发生的可能性有多大	可能性不大，约10分
5．采取哪些行动能降低最坏结果发生的概率	立刻开始准备，勤加练习
6．实事求是地说，最有可能出现的结果是什么	上台时会紧张，演讲表现欠佳，无法获奖
7．有哪些思路能帮你更客观看待这件事	即使拿不到奖也没关系，只要尽力，站上舞台本身就是一种成功
8．你可以开展哪些具体行动	先认真撰写演讲稿，找老师帮忙修改完善；然后认真背诵，进行演讲练习；最后调整心态，以平常心参赛
9．实事求是地讲，最糟糕情况发生的可能性现在有多大（结合准备情况）	可能性很小了（随着自信心提升）
10．重新用0~100分评估，你的焦虑感受变为多少	50分（焦虑有所减轻）

练习情景：小兰了解到当下就业市场竞争激烈，不少人面临求职困境。想到家人为供自己读书辛苦操劳，又担忧未来毕业后难以找到工作，她既因觉得辜负家人而愧疚，又因前途未卜陷入焦虑。假设你是她，请完成以下风险评估表。

风险提问设计	对提问的风险分析与评估
1．你当前担忧的具体事情是什么	
2．以 0~100 分衡量，你的焦虑值是多少	
3．该事件可能出现的最坏结果会是怎样	
4．用 0~100 分表示，最坏结果发生的可能性有多大	
5．采取哪些行动能降低最坏结果发生的概率	
6．实事求是地说，最有可能出现的结果是什么	
7．有哪些思路能帮你更客观看待这件事	
8．你可以开展哪些具体行动	
9．实事求是地讲，最糟糕情况发生的可能性现在有多大（结合准备情况）	
10．重新用 0~100 分评估，你的焦虑感受变为多少	

任务二　情绪认知调节

情绪认知调节：理性情绪疗法

1．练一练：请指出不合理信念的特征，并将其修正为合理信念。

不合理信念	特征	合理信念
这次考试没有考好，我以后也不可能成功了		
大家总是对我有成见		
我应该比别人做得好		
男朋友忘了我的生日，肯定是不爱我了		
实习面试失败了，我真是个失败的人		

2．用一用：请用情绪ABCDE模型调整情绪。

事件1　朋友请我吃饭，但失约了，分明是故意开我玩笑，这人太不讲信用了，以后再不与他交往了。

事实（客观）A：	
想法（认知）B：	
感受（情绪）C：	
辩驳（新认知）D：	
新感受（新情绪）E：	

事件2　我参加演讲比赛，可是紧张到无法集中注意力。

事实（客观）A：	
想法（认知）B：	
感受（情绪）C：	
辩驳（新认知）D：	
新感受（新情绪）E：	

3．实例：请列举生活中曾发生的一件消极情绪事件，并用情绪ABCDE模型进行调整。

事实（客观）A：	
想法（认知）B：	
感受（情绪）C：	
辩驳（新认知）D：	
新感受（新情绪）E：	

任务三　情景练习1

在职场中，面对领导的批评时，我们可能会产生愤怒、委屈或挫败感。这些情绪如果处理不当，可能会对个人的职业发展和人际关系产生负面影响。综合应用各种情绪调节方法，设计情绪调节策略。

1. 认知调节

事实（客观）A：	
想法（认知）B：	
感受（情绪）C：	
辩驳（新认知）D：	
新感受（新情绪）E：	

2. 深呼吸与冷静练习

（1）深呼吸练习：在听到批评时，立即进行深呼吸练习。记录呼吸的次数和感受。例如，先深吸一口气，保持5秒，再缓慢呼出，重复3次，感觉情绪逐渐平静。

_____

_____

（2）暂停反应：在情绪平静后，记录自己如何冷静地回应领导的批评。例如，先感谢领导的批评，然后表示我会认真反思并改进。

_____

_____

3. 积极沟通与反馈

在情绪恢复平静后，你需要主动与领导沟通，一方面，了解批评的具体内容，另一方面，真诚地表达自身感受。

主动沟通表达感受：设计一段对话，模拟用"我"语言客观传递感受。例如：

你：领导，听到您的批评，我心里有些沮丧，因为我确实为这件事投入了很多努力。特别希望您能给我讲讲具体问题和改进建议，这样我能更清晰地调整方向。

领导：我认可你的付出，但这次工作确实存在需要优化的地方。接下来我会把具体问题和改进方向告诉你，期待你后续的调整。

你：好的，我明白啦，一定会认真听您指导、好好改进，感谢您的耐心沟通！

_____

_____

_____

完成以上练习后，回答以下问题：

1. 在面对领导批评时，你的情绪反应有哪些变化？这些变化是如何发生的？

_____

_____

2. 通过情绪ABC理论分析，你是否找到了自己愤怒情绪的根源？请简要说明。

_____

_____

3. 在实际场景中，你认为哪种情绪调节策略最有效？为什么？

_____

_____

4. 你从以上练习中学到了哪些应对职场批评的方法？这些方法如何帮助你在未来的职业生涯中更好地管理情绪？

_____

_____

任务四　情景练习2

在社交场合中，你可能会感到紧张，这种紧张情绪往往源于一些不合理的信念，如"我一定会出丑"或"别人会对我评价很差"。

1. 认知调节

事实（客观）A：	
想法（认知）B：	
感受（情绪）C：	
辩驳（新认知）D：	
新感受（新情绪）E：	

2. 深呼吸与放松练习

在社交场合中，紧张情绪可能导致身体出现紧张反应，如心跳加速、手心出汗等。通过深呼吸和放松练习，可以有效缓解这些紧张反应。

（1）深呼吸练习。

在进入社交场合前，进行深呼吸练习。吸气时腹部鼓起，呼气时腹部收缩，每次练习3~5分钟。记录练习后的感受。例如"我感到心跳逐渐平稳，身体也轻松了许多"。

_____

_____

（2）渐进性肌肉松弛。

在社交场合中，如果感到紧张，可以尝试简单的肌肉松弛练习。例如，轻轻握拳再放松，感受肌肉的紧张和松弛。记录练习后的感受，例如"通过放松肌肉，我感到身体的紧张感减轻了，也更平静了"。

_____

_____

3. 积极自我暗示与准备

在进入社交场合前，对自己进行积极的自我暗示。例如"我准备得很充分，一定会表现得很好"或"我是一个有趣的人，别人会喜欢我的"。记录下自我暗示后的感受，例如"我感到更有信心了，紧张情绪也减轻了许多"。

_____

_____

提前准备一些常见的社交话题，如兴趣爱好、热门电影、新闻等。在社交场合中尝试运用这些话题，并观察自己的表现和他人的反应。例如"我提前准备了关于最近热门电影的话题，和别人聊天时发现大家都很感兴趣，我也不再紧张了"。

_____

_____

4. 小步骤社交练习

在社交场合中，直接面对人多的场景可能会让你感到紧张。通过小步骤练习，逐步适应社交环境，可以有效缓解紧张情绪。

（1）选择小型社交场景。

选择一个相对轻松的社交场景，如参加小型聚会或与少数人交流。记录你在小型社交场景中的表现和感受。例如"我选择参加一个小型聚会，和几个朋友聊天，感觉没有那么紧张"。

_____

（2）逐步增加社交难度。

在适应小型社交场景后，逐步尝试更复杂的社交场合，如参加大型聚会或公开演讲。每次练习后，记录自己的感受和进步。例如"我尝试参加了一个大型聚会，虽然一开始有些紧张，但通过深呼吸和积极自我暗示，我逐渐放松下来，甚至主动和陌生人交流"。

5．社交后的反思与总结

在社交场合结束后，进行反思和总结可以帮助你更好地了解自己的紧张情绪，并为下一次社交做好准备。

（1）记录社交经历。

在每次社交活动后，记录自己的表现、感受以及遇到的问题。例如"今天我主动和3个人交流了，虽然一开始有些紧张，但后来感觉越来越好"。

（2）总结经验教训。

分析哪些策略帮助你缓解了紧张情绪，哪些地方还需要改进。例如"我发现深呼吸和积极自我暗示很有效，但有时候我还是不知道该说什么，下次我需要准备更多的话题"。

完成以上练习后，回答以下问题：

1．在社交场合中，你感到紧张的主要原因是什么？

2．通过这些练习，你是否找到了缓解紧张情绪的有效方法？请列举至少两种。

3. 在实际社交场景中，你认为哪种情绪调节策略最有效？为什么？

_____
_____

4. 你从这次练习中学到了哪些应对社交紧张的方法？这些方法如何帮助你在未来的社交场合中更好地管理情绪？

_____
_____

第四部分　课后应用实践

任务一　掌握一个重点知识：情绪ABC理论

请简述情绪ABC理论。

_____
_____
_____

任务二　带走一个实用方法：情绪ABCDE模型

请记录未来一周中，运用情绪ABCDE模型进行自身情绪调整的过程。

事实（客观）A：	
想法（认知）B：	
感受（情绪）C：	
辩驳（新认知）D：	
新感受（新情绪）E：	

练习建议：

1. 将以上练习内容记录在练习本上，定期回顾和总结。
2. 在实际职场场景中，尝试运用这些策略，观察情绪变化和效果。
3. 与同学或老师分享练习心得，互相学习和交流。
4. 如果在情绪管理方面遇到困难，可以寻求专业的心理咨询帮助。

第五部分　拓展阅读

1. 书籍

《我的情绪为何总被他人左右》，机械工业出版社2015年版

书中指出，生活中我们常因他人或某事而感到愤怒、焦虑、抑郁，比如面对挑剔的上司、不听话的孩子等，而阿尔伯特·埃利斯将教你学会管理情绪而非压抑，成为自己情绪的主人。该书详细剖析了情绪被控制的原因，提出造成不良情绪的根源通常来自"灾难化""应该化""合理化"三种错误的思维方式。作者还列出了过分烦躁、过分生气、过分抑郁、过分内疚四种过激情绪，并基于情绪ABC理论（A为诱发性事件，B为对事件的思考和判断，C为自己的感受和行为），指出A本身不会导致C，关键在于B。此外，书中提供了一套具体技巧，如学会"最佳之选"的思维方式，通过摆脱情绪控制的简单四步法，以及关注改善过激反应的三个要点等，帮助读者应对外界因素对自身情绪的影响。

2. 电影

《头脑特工队》围绕11岁女孩莱莉展开，因父亲工作变动，她从明尼苏达州搬至旧金山，由此陷入对新环境的适应危机。影片极具创意地将莱莉大脑中的五种情绪拟人化，分别是乐观积极的乐乐（Joy）、常带来忧伤的忧忧（Sadness）、引发恐惧的怕怕（Fear）、产生厌恶感的厌厌（Disgust），以及易发怒的怒怒（Anger），借由它们开启了一场精彩纷呈的情感成长冒险之旅。

莱莉原本生活无忧无虑，可搬家后对新学校、新环境的诸多不适应使她情绪跌入谷底。乐乐一心想主导局面，极力掩盖忧忧的影响，维持莱莉的快乐状态。然而，一次意外致使乐乐和忧忧被抛出大脑控制中心，坠入潜意识世界。在艰难返回控制中心

的途中，她们历经记忆废墟、幻想乐园等场景，还结识了莱莉儿时的玩伴冰棒。在此过程中，乐乐逐渐领悟到忧忧的存在同样意义重大，悲伤情绪并非全然负面，而是成长进程中不可缺失的一部分。最终，乐乐和忧忧成功返回大脑控制中心，助力莱莉直面内心挣扎，重新构建起家庭、友谊等核心记忆岛屿。影片以诙谐幽默的方式，生动展现情感、记忆与人类思维之间错综复杂的关系，向观众传递出理解并接纳每一种情绪的积极理念。

项目四

学习路上不迷茫：学习心理

学习目标

1. 知识目标

（1）通过生活中的具体例子（如考试准备、团队项目），理解学习动机如何驱动学习行为、学习策略如何提升学习效率，以及学习风格如何影响个人的学习方式。

（2）掌握学习心理研究的基本方法（如实验法、观察法、调查法），并能结合自身学习经历讨论这些方法的实际应用。

（3）了解成就动机理论和自我效能感理论的核心观点，结合个人经验分析这些理论对学习态度和成绩的影响。

2. 能力目标

（1）能够运用所学知识评估自己的学习动机、学习策略和学习风格，识别学习中的优势与不足，并据此制订个性化的学习计划。

（2）掌握有效的时间管理技巧（如番茄工作法、优先级排序），通过具体案例（如备考期间的任务安排）展示如何提升学习效率、减少拖延。

（3）学会运用学习心理的理论和方法，分析学习过程中遇到的困难，并提出切实可行的解决方案。

3. 素质目标

（1）通过课堂讨论和实践活动（如案例分析、辩论赛），培养积极的学习态度，学会在面对学习困难时保持乐观和坚韧。

（2）结合终身学习的理念，树立不断追求知识更新和个人成长的意识，增强学习的内在驱动力。

（3）通过小组分享和案例分析，学会与他人合作学习，提升团队协作能力和沟通技巧。

第一部分　心海指航

> **案例** 室内设计"心"钥匙——小林如何运用心理策略点亮学习空间

小林是高职室内设计专业的大二学生，性格内向，学习动机不足，缺乏有效的时间管理和学习策略。最近，他在一次重要的室内设计项目中遇到了困难。尽管他试图努力推进，但设计方案始终无法得到客户的认可，这让他感到极度沮丧和焦虑。在一次小组讨论中，小林因为对项目进度的不满，与小组成员发生了激烈的争吵。他指责其他成员不够努力，没有认真对待项目，甚至在争吵中情绪激动地拍打了图纸。这次冲突让小组成员对小林产生了抵触情绪，不愿意与他合作。小林感到孤立无援，情绪更加低落，甚至开始怀疑自己的能力，觉得自己可能不适合室内设计专业。

▷ 案例分析

小林的学习动机不足和情绪管理问题是多方面的。首先是学习动机缺乏。小林对室内设计项目缺乏明确的目标和内在驱动力，导致他在面对困难时容易退缩。他没有找到学习的意义和价值，难以建立积极的学习态度。其次是时间管理不当。小林没有合理安排学习时间，导致项目进度滞后。他缺乏有效的时间管理技巧，如番茄工作法和优先级排序，导致学习效率低下。最后是学习方法不适用。小林没有掌握适合自己的学习方法，如制订学习计划和使用思维导图梳理设计思路，导致学习效果不理想。

在学校心理健康老师的帮助下，小林制定了学习调整方案。首先是激发学习动机。通过参加学校组织的学习心理讲座，他认识到学习动机的重要性，开始明确学习目标，寻找学习的意义。其次是学会时间管理。小林开始使用番茄工作法，将学习任务分解为 25 分钟的专注学习和 5 分钟的休息，提高学习效率；他还学会了优先级排序，将任务按重要性和紧急性分类，确保重要任务优先完成。最后是优化学习方法。他制订了详细的学习计划，确保每天都有明确的学习目标和任务；开始使用思维导图梳理设计知识点与项目思路，构建知识框架，提高学习效率；此外，还主动向老师和同学请教，弥补知识漏洞。

学习心理对高职学生的学习和生活具有深远影响。通过科学的学习心理调节策略，学生可以提升学习动机，优化学习方法，提高学习效率。小林的故事表明，积极面对学习心理问题,寻求专业支持,并通过实践锻炼,可以有效改善学习心理状态,为未来的职业发展和个人成长奠定坚实基础。

许多同学像小林一样,经历了学习动机的下降、学习策略的运用不当等问题,导致学习效率下降和成绩退步。学习是大学生活的主旋律,而学习心理则是影响学习效果的核心因素。学习动机、学习策略、注意力品质等,这些看似平常的心理要素,在很大程度上决定了我们能否高效学习、能否在学业上取得优异成绩。那么,我们该如何科学认识学习心理?它究竟是如何影响学习过程的?又该如何调整以应对学业挑战呢?接下来,我们将深入探讨学习心理的内涵与机制,分析大学生在学习过程中常见的心理问题,并提供实用的方法和策略,帮助大家优化学习心理状态,提升学习效率,从而取得更好的学业成绩,实现自我价值。

第二部分 心理知识

一、学习及其特征

(一)学习的概念

我国古代教育家对学习有许多精辟的分析和深刻的论述。最早把"学"和"习"联系在一起的是孔子,他在《论语·学而》中提出"学而时习之,不亦说乎",又在《论语·为政》中说"学而不思则罔,思而不学则殆"。这是我国古代儒家教育心理思想中的学习观,在一定程度上揭示了学习与练习、学习与情感、学习与思维的关系,体现了我国古代学习心理思想的丰富性。"学习"二字作为一个词,最早见于《礼记·月令》。古代的"学"指获取知识,"习"指反复练习。《说文解字》中提到"习,数飞也",意为鸟初学飞时,会反复练习不停。可见,我国古代"学习"的内涵主要是获取知识、形成技能。

当前关于学习的定义众多,普遍观点认为:学习是个体在特定情境下,由于练习或反复经验而产生的行为或行为潜能的比较持久的变化。具体包括以下几个方面:

知识获取:学习是人们获取新知识的过程,这些知识可来自书本、课堂、实践经验等多个渠道。

技能培养：学习不仅包括知识获取，还涉及技能培养，通过学习可掌握沟通、协作、批判性思维等多种技能。

适应性发展：在快速变化的社会环境中，学习是一种适应性行为，人们通过学习适应新环境、新角色和新挑战。

持续发展：学习是一个持续终身的过程，不限于学校教育或特定阶段。随着社会发展和技术进步，终身学习的观念日益受到重视——人们在一生中不断学习，既能适应快速变化的环境，也能实现个人和职业的持续发展。

自我完善：学习不仅是知识和技能的积累，更是自我完善的过程，能帮助人们发展潜能、提升自我价值。

学习心理是学生在学习过程中表现出的心理状态、认知活动、情感体验和行为倾向的总和，对高职学生的学业发展和整体成长起着关键作用，其状态好坏直接影响学习效果和效率。

（二）高职学生学习的特点

1. 学习动机的多样性与复杂性

部分高职学生为掌握一技之长、增强就业竞争力而学习；有的出于对专业知识的热爱和兴趣；还有的为满足家长期望或获得社会认可。不同动机驱动下的学习行为和坚持程度存在差异，这些动机需要深入剖析，学生也需要针对性引导。例如，一些学生报考护理、汽修等热门专业，是看中其广阔的就业前景，方便毕业后直接就业；而有些学生选择艺术设计专业，是因自幼热爱绘画创作，渴望在艺术领域施展才华。

2. 学习兴趣的易变性与可培养性

高职学生的学习兴趣受外界因素影响较大，容易随环境变化、课程难度、教学方法等产生波动。但通过有趣的教学案例、实践操作环节、生动的教学演示等方式，可有效激发和培养学生对专业课程的兴趣。比如机械制造课程，原本理论枯燥，当引入3D打印技术制作机械模型、让学生实际操作机床加工零件后，学生兴趣大增，学习积极性明显提高。

3. 学习态度的两极分化

一方面，部分学生抱有积极的学习态度，主动钻研专业知识，课余时间参加各类技能竞赛、社团活动以提升自我；另一方面，少数学生存在厌学情绪，认为学习不重要，上课消极应付，课后不复习巩固，对学习缺乏责任感。

4. 学习方法的差异性与适应性

很多学生在高中阶段已形成一定的学习习惯和方法，进入高职后需适应新的课程体系和教学模式（如项目式教学、理实一体化教学等）。不同学生的适应能力不同，学习方法也需不断调整优化。以会计专业为例，从手工记账学习到电算化操作，一些学生能快速掌握软件操作技巧，结合理论知识灵活运用；而有的学生因不熟悉电脑操作，需要更多时间适应新的学习方式。

二、学习理论

心理学对学习展开了大量研究，形成了诸多理论，其中较具代表性的理论有自我效能感理论、马斯洛需求层次理论以及成就动机理论。

（一）自我效能感理论

心理学家班杜拉提出"自我效能感"理论。自我效能感是指人们对自己能否成功完成某一成就行为的主观判断，是一种自我认可的信念。这种积极的自我认可，能帮助个体以更足的信心和勇气面对困难、迎接挑战。例如，一个学生在过往英语学习中成绩优异，当遇到英语比赛机会时，会更有信心赢得比赛，进而积极准备；反之，若过往英语成绩不理想，面对比赛时可能会下意识认为自己不行，进而放弃机会。

班杜拉认为，自我效能感会影响学生面临的挑战、付出的努力、坚持的时长及愿意承受的压力。自我效能感水平高的人会选择富有挑战性的任务，对成功抱有期待；在某领域自我效能感越强，成功的可能性越大，参与该领域活动的积极性也越高。反之，学生可能会逃避自己难以胜任的活动。除此之外，自我效能感还会影响学习努力程度、坚持性及面对困难的态度：具有高度自我效能感的人自信心强，有助于激发和维持挑战困难的精神，努力实现目标；而自我效能感低的人则易怀疑自己的能力，在困难面前畏首畏尾，不敢尝试。

1. 影响自我效能感形成的因素

根据班杜拉等人的研究，影响自我效能感形成的因素主要有以下四个方面：

（1）成败经验。以往的成败经验对个体自我效能感影响最大，成功经验通常能形成较高的自我效能感；失败经验若被归因为不可控因素，则可能降低自我效能感。

（2）替代经验。通过观察他人行为获得的间接经验会对自我效能感产生重要影响。若个体与榜样能力相近，榜样的成功能提升其自我效能感；但若看到榜样（尤其是付出巨大努力后）失败，则可能降低其自我效能感。此外，当个体对自身某方面能力缺乏实际判断时，这种间接经验的影响力最大。

（3）言语劝说。言语劝说常被用于说服人们相信自己的能力，其效果取决于是否切合实际——缺乏事实基础的劝说对自我效能感影响甚微，而基于个体自身成败经验或替代经验的劝说和鼓励效果最佳。同时，劝说效果还受劝说者的地位、身份、权威及专业性等因素影响。

（4）情绪唤醒。平静的情绪和良好的心身状态能提高自我效能感；反之，紧张、焦虑、疲劳、烦恼及不良的身心反应则易降低自我效能感。

2. 自我效能感的提升策略

（1）合理制定目标。SMART 原则是目标管理的常用方法，其英文缩写代表 Specific（具体的）、Measurable（可度量的）、Achievable（可达成的）、Relevant（相关的）和 Time-bound（有时间限制的）。该原则旨在帮助人们制定明确、可行、贴合自身情况且有明确时间限制的目标。在学习中，通过制定合理目标积累成功经验——由于过往成败经验对个体影响较大，因此多体验成功是提高自我效能感的关键。

（2）树立合适的榜样。替代经验表明，观察他人行为会影响自我效能感，因此可在观察中寻找合适的榜样。所谓"合适的榜样"，即学习能力与自己相近的人。当看到这类人通过努力取得进步时，个体也会对自己取得进步产生较强的自我效能感。

（3）积极的自我暗示。面对学习困难时，积极的自我暗示能增强自我效能感。例如，告诉自己"虽然这个任务有点难，但通过努力，我一定能像别人一样完成"。

（4）做出正确的归因。归因是对自身学习行为及结果的原因推论。国外多项研究表明，成功时将原因归结为自身努力和能力，失败时归因于努力程度不足，有助于提升个体的自我效能感。

（二）马斯洛需求层次理论

该理论将人类需求从低到高分为生理需求、安全需求、社交需求、尊重需求和自我实现需求五个层次。高职学生正处于成长与发展的关键阶段，其学习动机常与满足自身较高层次需求紧密相关，展现出向上的追求。

具体而言，高职学生通过学习掌握专业技能，进而提升自我价值、获得社会尊重，实现职业理想并满足自我实现需求。例如，旅游管理专业学生努力学习，期望毕业后进入高端酒店担任管理职位，凭借专业素养获得他人尊重，实现自身价值；电子商务专业学生钻研网络营销、数据分析及平台运营，怀揣创业梦想，希望在电商领域打造成功品牌，当店铺销量攀升、获得消费者认可时，会感受到自我价值实现的满足；计算机编程专业学生攻克技术难题，学习多种编程语言和算法，渴望开发出创新实用的软件产品，当产品被广泛使用并获行业肯定时，自我实现需求会得到极大满足。

总之，高职学生的学习动机在很大程度上与马斯洛需求层次理论中的尊重需求和自我实现需求契合，他们通过专业领域的学习与成长，追求社会尊重和自我实现，努力成为对社会有用的人才。

（三）成就动机理论

成就动机理论认为，个人的成就动机可分为两部分：一是力求成功，二是避免失败。其本质是两种倾向的体现：一是对成功的强烈期望，二是对失败的过度担心。

成就动机高的人以"力求成功"为主要倾向，会选择难度适中的任务——这类任务既有挑战性又有较高成功率，能最大程度地带来成就感；同时会避开过高难度的任务，因其成功概率低，不符合"力求成功"的目标。

成就动机低的人以"避免失败"为主要倾向，为防止失败，会选择相对容易的任务（这类任务失败风险低，能减少挫败感）；若任务极其困难，即使失败也能找到借口，从而减少失败感。他们往往通过各种活动避免自尊心受伤害或产生心理烦恼。

成就动机对学生的学习态度、坚持性、任务选择及学习成绩等均有重要影响：

任务选择上，高成就动机学生积极挑战中等难度任务；低成就动机学生则倾向于选择过易或过难的任务，且频繁变动。

学习态度与坚持性上，高成就动机学生面对失败有耐心、有毅力，能坚持调整策略并持续努力；低成就动机学生则易半途而废。

研究表明，成就动机与学习成绩呈正相关：高成就动机学生进步快、成绩较好；低成就动机学生进步不明显、成绩较差。

影响成就动机的因素主要有三个方面：

（1）家庭教育。家长在儿童成长中注重培养其独立自主意识和抗挫能力，成年后成就动机更强；反之则较弱。

（2）学校教育。学校环境与教师教育方式会影响学生成就动机，如尊重个性、鼓励创新的环境能激发更多成就动机。

（3）个性特征。个人的理想、信念、意志力等个性特点对成就动机有深刻影响。

三、常见的学习心理问题及自我调适

（一）学习动机缺乏及自我调适

学习动机缺乏会导致学习没有内在驱动力，缺乏求知欲，甚至厌倦学习。

1. 学习动机缺乏的表现

（1）行为懒散。动机不足的大学生没有明确学习目标，不愿上课、不愿动脑筋，导致完成作业敷衍拖沓、困难重重。

（2）厌倦情绪。动机缺乏的学生对学习冷漠、畏缩，常感到厌倦，易将注意力转向网络游戏并沉迷其中。

（3）主动性差。这类学生往往把学习视为完成家长和老师布置的任务，完成学习任务多是随大流或应付，不愿主动寻找适合自己的学习方法，也不愿主动探索学习的意义。因此，他们往往缺乏灵活的学习策略，进而加剧学习困难，形成恶性循环。

2. 学习动机缺乏的原因

（1）个人原因。成就动机不足、自我效能感低，对未来缺乏规划、没有明确学习目标等。

（2）家庭原因。家长对孩子期望过高或过低都会影响学习动机。例如，部分学生因家长过高期望而压力过大，产生畏难情绪，进而逃避学习以避免失败；部分学生因家长期望过低而降低对自己的要求，导致缺乏学习目标和动力。

（3）学校原因。校园环境、专业课程设置、教师教学水平等都会对大学生的学习动机产生影响。

（4）社会原因。某些错误的社会价值观念（如"读书无用论"）及严峻的就业形势等，也会在一定程度上影响大学生的学习动机。

3. 学习动机缺乏的自我调适

（1）明确学习目标和意义。明确的学习目标能帮助学生找到方向，寻找学习的意义能让学生意识到学习的价值。当学习与人生方向、理想结合时，会产生更强的动力。

（2）制定合理的学习规划。有了明确目标后，需制定可执行的学习规划。通过努力推进并完成既定目标，即使部分进步也能带来成就感，从而增强学习动机。

（3）掌握适合自己的学习方法。每个人都能找到或构建适合自己的学习方法，找到后能大幅提高学习效率，同时培养自主学习能力。

（4）培养学习兴趣。学习有时可能枯燥乏味，但若能在学习中找到乐趣，会带来积极情绪，让学习成为自主探索的趣事。

（二）学习动机过强及自我调适

学习动机对学习活动起激发、推进、维持作用，但并非强度越大越好。动机过强时，无论是内部抱负与期望过高，还是外部奖惩诱因过强，都会使大学生过度关注抱负或奖惩，而非学习本身，从而阻碍学习。

1. 学习动机过强的主要表现

（1）容易自责。在学习上过度追求成功、要求完美，对自己严苛到不敢接受任何失败；因争强好胜、过分看重分数和名次，稍不如意便易产生强烈挫败感。

（2）学习效率低下。几乎将所有时间投入学习，看似刻苦勤奋，实则因过度关注结果而伴随强烈的学习焦虑和紧张。

2. 学习动机过强的原因

（1）家庭原因。部分家长给学生施加较大压力，学生无法自我调节，便将压力转化为对学习结果的过度追求，虽表现为刻苦学习，却忽视了学习方法和效率问题。

（2）个人原因。部分学生因对自身期望过高或过度在意他人评价，一味用"勤奋"掩饰对失败的恐惧，却未意识到学习动机过强会导致学习状态变差，进而影响效率。

3. 学习动机过强的自我调适

（1）树立合理的目标。当学习目标超出自身能力范围时，过大的压力会降低学习效率。因此，需结合自身能力制定合理目标，让压力与目标难度相匹配，使身心处于张弛有度的状态，才更有利于学习。

（2）劳逸结合。大学校园活动丰富，每周安排一定时间参与校园活动，既能通过切换状态缓解学习压力，又能在实践中提升综合能力，真正做到劳逸结合，反推学习效率提高。

（三）学习疲劳及自我调适

学习疲劳是由于学习过度或方法不当而产生的学习效率低下，且伴随渴望停止学习的生理和心理状态。在极度疲劳状态下，可能陷入完全无法学习的状态。学习心理研究表明，需要持续紧张注意、高强度积极思维和记忆的学习活动，若长时间进行，容易产生疲劳。

出现学习疲劳时，可采用以下方法调适：

（1）科学用脑。大脑左半球主要负责数学计算、语言分析等抽象逻辑思维；右半球主要负责音乐、色彩、图形、空间想象等形象思维。为克服疲劳，需交替使用左右半球，将抽象思维活动（如数学、哲学）与形象思维活动（如音乐、绘画、空间设计）交替进行，同时学习一定时间后适当休息放松，以消除疲劳、提高效率。

（2）保证睡眠。每天应保证充足睡眠，大学生一般需 7~8 小时，具体可根据个人实际情况调整。

（3）遵循人体生物节律。按人体普遍生物活动规律，上午 7~10 时机体机能上升，10 时左右精力最充沛（学习工作最佳状态），此后逐渐下降；下午 3~4 时出现短暂低谷，5 时后再度回升，晚上 9 时左右达晚间最佳状态。但个体节律存在差异，需通过观察记录找到自己的"黄金时间"，将重要学习任务安排在此时段，合理规划作息。

（四）习得性无助及自我调适

学生在学习中若因失去兴趣、厌学等情绪未及时调整，或付出努力后反复遭遇失败，会逐渐形成"努力也无法改变结果"的认知，进而放弃努力，产生一系列不良学习心理和行为，这就是习得性无助。

针对习得性无助的自我调适方法：

（1）全面分析过去学习失败的原因，重点区分自身努力、方法等可控因素与外部环境等不可控因素，针对性寻找适合自己的新学习方法。

（2）树立新的合理学习目标。根据自身能力制定阶梯式小目标，通过完成小目标积累积极的成功经验，逐步体会成就感，缓解习得性无助。

（3）多向同学和老师请教学习问题。当学习遇到困难、感到无力应对时，主动向成绩好的同学或老师请教，在获得解决方案的同时，感受外部支持，重建克服困难的信心。

（五）考试焦虑及自我调适

考试焦虑是一种复杂的情绪现象，指在应试情境刺激下，受个体认知评价能力、人格倾向及其他身心因素制约，以过度担忧为基本特征，以防御和逃避为行为方式的心理状态。

1. 大学生考试焦虑的主要表现

（1）心理层面。忧虑、紧张、恐惧、思维紊乱、注意力稳定性差、记忆力减退、学习效率下降、情绪抑郁、易怒烦躁、缺乏自信、夸大失败等。

（2）行为层面。坐立不安，采用躲避方式防卫，或胡乱作答、过早离场，或东张西望、无心作答等。

（3）生理层面。肌肉紧张、呼吸急促、心跳加快、头昏、多汗、恶心、排泄频率异常、睡眠不良、食欲减退、肠胃不适等。

2. 大学生考试焦虑形成的原因

（1）个性特点。焦虑、敏感、缺乏自信、过分追求完美的人易产生考试焦虑。

（2）知识掌握程度。对考试复习不足、知识掌握不扎实时，会因缺乏把握而焦虑。

（3）考试重要程度。对多数人而言，考试重要性与焦虑程度存在一定正相关，考试越被看重，焦虑程度可能越高。

此外，家庭、学校的过高期待及社会环境的压力，也是导致考试焦虑水平过高的外在因素。

3. 大学生考试焦虑的自我调适

（1）改变对考试的不合理认知。意识到自我认识和评价是考试焦虑的关键，明确考试只是衡量学习的手段之一，成绩不能全面反映学习能力和知识水平，更无法决定前途命运，不把成绩看得过重。

（2）调整期望值。应恰当估计自身能力，既相信自己，又实事求是地确定合适期望值；降低过高学习目标，保持适当压力，重视学习过程而非考试结果。

（3）认真学习和复习。平时刻苦学习，考试时便会底气十足、充满信心；考前全面复习，熟悉题型、要求等，做到心中有数、胸有成竹。

（4）劳逸结合，科学用脑，讲究复习方法。注意营养，劳逸结合，保证充足睡眠，维护神经系统正常机能，以充沛精力、清醒头脑和良好身心状态应对考试，这是防止考试焦虑的有效途径。

（六）线上学习心理调适

1. 线上学习挑战

线上学习作为主流学习模式之一，给高职学生带来诸多挑战：首先，自律性不足的问题尤为突出——缺乏传统课堂的面对面监督，学生易被外界干扰（如手机游戏、短视频等），导致学习拖延，难以按时完成任务。其次，网络滥用问题突出。部分学生在学习时段沉迷网络社交、游戏或浏览无关信息，耗费大量时间，严重挤压学习时间，导致效率低下。此外，社交互动弱化也是挑战。线下学习中，学生可通过课堂互动、课间交流与师生建立紧密联系；但线上学习中，面对面交流机会大幅减少，易产生孤独感和被孤立感，影响学习积极性和心理状态，甚至可能导致线下社交能力退化，而高职学生未来职业发展多需团队协作与面对面沟通，长期如此会带来不利影响。

2. 应对策略

为克服线上学习挑战，可采取以下策略：首先，制订贴合线上学习特点的计划是关键。根据课程安排和自身情况，制订详细合理的计划，将任务细化到每天，明确目标和时间节点（如每 40 分钟学习搭配 10 分钟休息），增强计划性和自律性；同时，可使用时间管理工具（如日历 App、待办事项清单等）监督计划执行，及时调整进度。其次，积极发起并参与虚拟小组讨论。主动加入线上学习小组，或利用平台讨论功能发起话题，与同学深入交流课程内容、作业问题，分享心得经验。这不仅能通过思想碰撞加深知识理解、提升学习效果，还能缓解社交互动弱化的影响，满足人际交往需求。最后，分层利用技术工具提升效能。一方面，用好学校提供的学习管理平台，通过其完成课程学习、作业提交、成绩查询，并借助公告、讨论区与师生保持高频沟通；另一方面，善用专业辅助工具，如在线笔记工具、思维导图软件等，帮助整理知识点、构建知识体系，双管齐下提高学习效率和质量。

四、职场适应与终身学习

（一）职场学习心理准备

从学生到职场人的角色转变是一个复杂且重要的过程。在校园中，学生主要专注于知识的学习与吸收，责任多限于完成学业；而进入职场后，需要将所学知识转化为实际工作成果，承担与工作绩效、团队目标直接关联的责任与义务。这意味着高职学生在毕业前夕及初入职场时，必须做好充分的心理准备，以适应这种转变。

具体而言，首先要认识到职场与学校的本质区别，树立职业人意识，明确自身工作职责与目标。例如，学生阶段目标多为掌握理论知识、通过考核，而职场中则需以实际项目的完成效率、成果质量及团队贡献为核心目标。同时，要学会处理复杂的人际关系，与同事、上级及客户进行有效沟通与协作。

职场文化适应也是一大挑战。不同企业有不同的文化与价值观，新人需迅速了解并融入。比如，部分企业强调团队协作与集体成果，另一部分则更注重个人能力的独立发挥（但仍需与团队目标契合），学生需适应这些文化差异，并根据企业要求调整自身行为与工作方式。此外，职场的规章制度和工作流程往往因涉及企业利益、风险管控等而更严格复杂，需在理解规则意义的基础上主动遵守，同时提高自律性与快速适应能力。

（二）终身学习理念

在当今快速发展的社会中，知识和技术的更新换代速度前所未有。高职学生走出校门后，绝不能满足于已有的知识和技能，而应树立终身学习的理念。

1. 行业动态跟踪

这是终身学习的重要方面。行业不断发展变化，新的技术和趋势持续涌现（如信息技术行业中人工智能、大数据、元宇宙等技术的快速迭代），对从业人员的知识和技能提出了动态更新的要求，甚至直接关系到职业竞争力的存续。只有密切关注行业最新动态，才能及时调整学习方向，跟上时代步伐。

2. 技能更新迭代

这是保持职场竞争力的关键。随着社会发展，一些传统技能可能逐渐被淘汰，新技能不断涌现。例如，自动化和智能化技术的应用可能取代部分重复性、规律性工作，而具备创新能力、数据分析能力、人机协作技能的人才将成为职场刚需。因此，高职学生需通过多种途径不断学习新技能，提升综合素质。

3. 跨领域学习的重要性

在复杂多变的工作环境中，单一领域的知识往往难以满足需求。具备跨领域知识和技能，能让人在面对复杂问题时从多角度思考解决。例如，产品开发过程中，若技术人员同时具备市场营销知识，便能在设计阶段就考虑市场需求，避免技术与市场脱节；设计人员若懂基础技术原理，可使设计方案更具可行性。通过跨领域学习（如"专业技能＋项目管理""技术操作＋客户沟通"），高职学生可以拓宽视野、形成复合能力，为未来职业发展奠定坚实基础。

五、学习方法与学习能力的培养

（一）学习方法

"学而不得其法，则反受其蔽"，有效的学习方法是学习成功的关键因素。

1. 明确学习目标，做好可行计划

（1）计划要考虑全面。学习计划不仅针对学习任务，还应涵盖休闲、锻炼等生活要素，需兼顾身心平衡，若学习时废寝忘食，既损害身体健康，也会因过度消耗导致计划难以持续，违背科学性。

（2）长远计划和短期计划需合理安排。仅有长远计划而无短期安排，目标难以达成，二者缺一不可。长远计划用于明确学习目标和大致安排，短期安排则是具体的行动计划。在较长时间内（如一个学期或学年），应有大致计划；对近期（如下一周）的学习计划，应尽量具体，将较大任务按难度拆解到每周、每天，确保任务量均衡适配，使长远计划中的目标通过阶梯式推进逐步达成。

（3）安排好常规学习时间和自由学习时间。常规学习时间指学校规定的学习时间，主要用于完成老师布置的任务、消化当天所学知识；自由学习时间指常规学习时间外可自主支配的时间，其安排是制订学习计划的重点。大学生应提高常规学习时间的效率，优化自由学习时间的分配（如用于深度学习、技能拓展或查漏补缺），从而掌握学习主动权。

（4）从实际出发制订计划。计划不能脱离学习实际，需符合当前的学习压力和水平。有些同学制订计划时满腔热情，却因目标过高、计划过死而难以执行，这正是脱离实际所致。从实际出发可分为三个方面：①知识能力的实际。每个阶段计划掌握哪些核心知识点？重点培养哪些专项能力？②时间的实际。常规学习时间和自由支配时间分别有多少？如何高效分配？③教学进度的实际。结合老师的教学进度安排两类时间，使计划与课程推进协同，减少冲突。

（5）注意效果，及时调整。每个计划执行结束或到一个阶段，应回顾效果。若效果不佳，需找出原因并调整。以下是简单的回顾列表：

①是否完成了计划中的学习任务？
②是否按计划执行任务？
③学习效果如何？

④若有未完成的任务，原因是什么？

回顾后，需优先补上核心任务的缺漏，并根据实际情况重新修订计划。也可通过撰写学习日志记录每日计划进度、遇到的问题及解决方法，便于后续改进和回顾。

（6）计划要留有余地。制订计划不宜过满过紧，需留出10%~20%的机动时间，保持一定灵活性。毕竟现实中难免出现突发情况，留有余地能增强计划的可持续性，避免因小波动导致全盘搁置。

（7）脑力和体力需结合。学习对脑力消耗大，连续学习1~2小时后应插入10~15分钟休息（如远眺、简单拉伸）；安排计划时需避免长时间从事单一活动，学习与锻炼交替进行——通过运动中枢兴奋带动其他脑区休息，实现高效恢复。

2. 学会时间管理的具体技巧

时间管理并非要做完所有事，而是更有效地利用时间。大学生应掌握时间管理的方法与技巧，提高学习时间的利用率。例如，早晨、晚上或一天学习的开头与结尾时段，可安排侧重记忆的科目（如外语）；心情愉悦、注意力集中、时间较完整时，可安排较枯燥或自己不太喜欢的科目。

（1）学会列清单。把要做的每一件事写下来，随时明确手头任务——不要轻信自己能凭记忆记住所有事。人看到长长的清单时，会自然产生紧迫感。有了行动动机后，迅速迈出第一步很重要：不必急于推翻所有习惯，只需告诉自己立即去做拖延的某件事，每天从"待办清单"中选出最不想做的事情先做。

（2）遵循二八定律。二八定律即"帕累托定律"，又称"80/20效率法则""最省力法则""不平衡原则"。其核心是：在任何一组事物中，最重要的约占20%，其余80%尽管是多数，却属次要。若发现自己每天都在处理突发困扰和紧急事务，说明时间管理不够理想。成功者将大量时间用于做最重要但不紧急的事，而一般人常忙于紧急但不重要的事。

（3）合理运用时间。每天至少要有半小时到一小时的"不被干扰"时间。若能有一小时完全不受干扰，专注思考或学习，其效率可能抵得上一天的常规学习。其次，规定完成期限。若有一整天时间做某项工作，可能会耗费一天；若只有一小时，往往能更迅速高效地完成。并非时间不够，而是缺乏明确的完成期限。

（4）四象限法则。四象限法则是经典且高效的时间管理方法，基于任务的"紧急"和"重要"两个维度，将任务分为四个象限，为合理分配时间、提高效率提供清晰思路。

紧急且重要的象限：需立即投入精力，如应对突发工作危机、准备近期考试等。这类任务关乎重要目标和结果，时间紧迫，必须优先处理。

重要不紧急的象限：应重点聚焦，如备考职业资格证书、规划毕业设计等。这类任务对学业发展和未来规划极为重要，但紧迫性较弱、周期较长，却易因日常琐事拖延。

紧急但不重要的象限：如回复非必要邮件，常干扰注意力。这类任务看似紧急，却对核心目标影响有限，过度关注会导致忙碌却低效，分散对重要事务的精力。

不紧急也不重要的象限：如浏览社交媒体娱乐新闻、无意义闲聊等。这类任务既不重要也不紧急，会消耗时间和精力，对目标无实质帮助，应尽量减少或避免。

实际应用中，需定期回顾和评估任务分类，因为任务的紧急性和重要性可能随时间变化。合理运用四象限法则，能有条不紊地安排时间，将精力集中在真正重要的事情上，提高工作效率和生活满意度，助力个人成长与发展。

（5）番茄工作法。在快节奏的学习与工作环境中，番茄工作法作为简单有效的时间管理工具，深受高职学生青睐。它能帮助人们在面对繁杂任务时保持专注，提高学习与工作效率。番茄工作法中，工作阶段通常设定为 25 分钟，称为一个"番茄时间"。开始时，罗列所有任务，挑选一项作为当前专注对象，然后全身心投入——排除一切干扰，将手机调至静音或勿扰模式，关闭无关电脑应用，完全沉浸在任务中。这 25 分钟内，不做任何与任务无关的事（如刷社交媒体、闲聊）；若突然想到其他待办事项，可简单记录在旁但不中断工作，确保高度专注。一个番茄时间后，进入 5 分钟左右的休息阶段。这短暂的休息至关重要，能为大脑提供缓冲与放松，缓解疲劳，避免长时间连续工作导致的注意力下降和效率降低。休息时可进行简单活动：起身活动身体、伸展四肢，缓解久坐不适；喝水补充水分；远眺窗外让眼睛休息；或进行简短冥想、深呼吸，为下一个番茄时间做好准备。完成四个番茄时间及相应休息后，可进行15~30分钟的稍长休息。利用这段时间深入放松：户外散步、呼吸新鲜空气；与同学、朋友聊天，分享进展与感受，让身心充分恢复。

番茄工作法的优势在于简洁易行且效果显著。通过将工作时间划分为短而集中的番茄时间，穿插适当休息，能有效培养专注力、提高效率、减少拖延，使学习过程更有序。但它并非适用于所有情况：面对需要高度专注且时间较长的任务时，可灵活延长番茄时间，确保任务连续深入进行；使用中也可根据个人习惯和需求，调整番茄时间与休息时间，使其更适配于个人学习和工作节奏。

（二）学习习惯

良好的学习习惯是高职学生提升学习效果、实现个人成长的关键。

1. 自主学习习惯

培养主动规划、自觉执行的自主学习习惯，不依赖外部督促。具体表现为：课前主动预习，梳理重点难点并记录疑问，为课堂学习奠定基础；课上专注记录听课笔记，标注关键信息与拓展内容；课后按要求保质保量完成作业，并针对疑难问题主动向老师请教或通过线上渠道与师生沟通解决。此外，每周主动设定学习目标（如完成专业课程作业、阅读指定文献），并主动挖掘学习资源（如在线课程、图书馆资料），通过长期坚持形成自主学习的稳定模式。

2. 专注学习习惯

养成主动营造专注学习环境的习惯，通过减少干扰提升效率。例如在图书馆或教室学习时，主动关闭手机通知、退出社交软件，避免无关信息干扰；保持学习桌面整洁，仅放置当前任务所需的书籍、文具，通过环境整理强化注意力集中；形成"固定学习场景对应固定任务"的条件反射（如书桌仅用于学习，床仅用于休息），让环境成为专注的辅助工具。

3. 预习复习习惯

坚持课前预习与课后复习的连贯习惯。课前快速浏览新内容，标记不懂的知识点，带着问题听课以提高课堂效率；课后结合艾宾浩斯记忆曲线及时巩固：当天整理笔记梳理逻辑，次日回顾核心概念，一周后系统复习，通过周期性重复实现知识内化。例如，学习心理学课程后，当天用思维导图整理章节框架，次日重点记忆"学习动机"等核心术语，一周后结合习题检验掌握程度。

4. 坚持锻炼身体

将体育锻炼融入日常学习节奏，以良好的身体状态支撑高效学习。每周固定时间进行跑步、打球等运动，既能缓解久坐疲劳、释放学习压力，又能促进大脑血液循环，提升注意力和记忆力。例如，每天课后安排 30 分钟快走或跳绳，使学习时保持清醒思维和充沛精力，形成"学习—锻炼—高效学习"的良性循环。

（三）学习能力提升策略

1. 记忆能力

记忆能力是人类最基本的能力之一——没有记忆就无法积累和保存知识，也难以深化和全面认识事物。记忆能力可通过后天学习和训练培养与提高。

（1）艾宾浩斯记忆曲线。

德国心理学家艾宾浩斯通过自我实验，发现了遗忘规律：遗忘在学习后立即开始，且进程不均匀——最初遗忘速度快，之后逐渐缓慢。他用曲线描绘这一规律，即著名的艾宾浩斯记忆曲线。

该曲线表明，人类大脑识记新知识后的遗忘速度先快后慢：学习后前20分钟遗忘最快，记住的内容迅速减少；1小时内遗忘速度稍缓但遗忘量仍大；随时间推移，遗忘速度逐渐变慢，1天、3天、7天、15天后仍有遗忘，但速度进一步减缓。

这种规律与大脑信息处理机制相关：学习新知识时，大脑将信息暂时存储在短期记忆中，若未及时强化巩固，会很快遗忘；通过合理复习，可将短期记忆转化为长期记忆，更好地掌握知识。

根据艾宾浩斯记忆曲线，高职学生应在学习新知识后的不同时间间隔复习，对抗遗忘：学习后20分钟内第一次复习，巩固刚学内容，加深记忆；1小时内第二次复习，进一步强化记忆，减少遗忘；1天内第三次复习，防止遗忘加速，使记忆更牢固；3天、7天、15天等时间点再次复习——虽遗忘速度减缓，但复习仍必不可少，有助于知识长久存储。

例如，学习一门新专业课程后，课后立即回顾整理课堂笔记（第一次复习）；晚上回宿舍后花时间复习总结当天内容（第二次复习）；第二天上课前再次复习前一天知识（第三次复习）；之后按记忆曲线定期复习，能更好地掌握课程知识。

（2）形象联想。

将抽象信息转化为生动形象的图像或场景，便于记忆。例如，记忆英文单词"vivid"（生动的、鲜艳的），可联想一幅色彩鲜艳的油画：画中蝴蝶翅膀的纹路清晰可见，花丛的层次分明，每一片花瓣的质感都栩栩如生——这种细节鲜明的画面感与"vivid"所表达的"生动、鲜活"高度契合，更易记住单词含义。

（3）故事联想。

把需要记忆的内容编成有趣的故事，串联知识点。例如，记忆历史事件时间顺序时，可将不同事件的因果关系和人物行动编织成连贯故事："公元前221年秦始皇统一六国后，为巩固统治，于公元前215年派蒙恬北击匈奴稳定边疆；同时，为消除各地文化隔阂，他推行统一文字的改革，将小篆作为标准文字在全国使用……"借助事件间的逻辑串联，能更轻松记住历史事件及时间顺序。

（4）类比记忆法。

学习新知识时，将其与已知类似知识对比类比，找出异同，加深对新知识的理解和记忆。例如，护理专业学生学习人体血液循环系统时，可将血液在血管中的流动与水流在封闭管道中的流动类比：水流沿管道定向流动，血液沿血管单向循环；管道的弯道、分支会影响水流方向，血管的瓣膜（如心脏房室瓣、动脉瓣、静脉瓣）则能防止血液逆向流动，保证循环方向稳定。通过类比，能更直观地理解血液流动方向及血管特殊结构的作用，更好地掌握血液循环系统知识。

（5）分享记忆法。

通过向他人讲解知识加强自己的记忆。向他人讲解时，需重新组织梳理知识，有助于深入理解和记忆。例如，学习小组讨论中，主动分享对某个知识点的理解，或向同学解释习题解题思路——讲解中可能发现自己理解不透彻的地方，及时补充修正。此外，向家长讲解专业基础原理也是好方法：机械专业学生可介绍杠杆原理、滑轮组的工作机制；护理专业学生可讲解伤口包扎的基本步骤、常见护理器械的使用原理。分享不仅能巩固知识，还能提高表达和沟通能力。

（6）制作思维导图。

思维导图是将知识点图形化呈现的工具，能帮助梳理知识结构、理清逻辑关系，提高记忆效率。例如，学习机械制图课程时，以"机械制图"为中心主题，周围分支出"基本制图标准""投影基础""基本几何体的投影""组合体的视图""零件图""装配图"等主要分支；"基本制图标准"下再细分"图纸幅面和格式""比例""字体""图线"等子分支。通过思维导图，能清晰看到课程知识体系及知识点间的联系，有助于把握重点难点。

制作时可使用专业软件或手绘，注意按知识层级（如核心主题、分支、子分支）用不同颜色线条和文字区分内容，添加图标、图片等元素增强视觉效果，使思维导图更生动，便于记忆。

2. 观察能力

观察能力是人们认识世界、获取知识和解决问题的关键能力之一，表现为有目的、有计划、有组织地知觉活动，能帮助个体敏锐发现事物的本质特征、内在联系及细微变化。

观察能力对个人成长与发展意义深远，其作用体现在多个维度：从专业学习看，护理专业学生可通过观察大体判断患者生命体征变化（如苍白提示贫血或休克，潮红可能是发热表现），为护理措施提供依据；机械专业学生能细致观察机械零件的外观、表面质量（如划痕、锈蚀），结合量具测量尺寸精度，及时发现缺陷或磨损，保障设备正常运行。从职业发展看，良好的观察能力能让人在工作中迅速捕捉关键信息——销售人员通过观察客户表情、肢体语言和言语细节，判断购买意向和需求，精准推销产品，提高业绩。日常生活中，观察能力也有助于适应环境、解决问题（如通过观察交通信号和路况安全驾驶）。

观察能力并非完全依赖先天，可通过后天训练和实践显著提升：首先，明确观察目的和任务，带着问题或目标观察，增强针对性和专注度（如观察工业园区时，预先设定重点：企业分布、厂区出入口位置、物流车辆行驶路线等）。其次，注意观察顺序和方法，按从整体到局部、从上到下、从左到右等顺序系统观察，避免遗漏；善用多种感官参与（除视觉外，结合听觉、触觉，如观察机器时，听声音判断运行是否正常，触摸感受表面温度和振动）。此外，反复观察和对比分析也很有效。对复杂事物或现象多次观察，对比不同时间、条件下的结果，发现规律和变化（如观察植物生长时，定期记录株高、叶片数量和形态，对比不同阶段差异，深入了解生长习性）。

3. 创新能力

创新是民族进步、国家富强的源泉和动力，也是知识经济时代的重要特征。培养创新能力，需先树立主动探索的主体意识，在此基础上做到精力专注、思维活跃、逻辑严密、富有想象力。于个人成长而言，创新能力是核心竞争力的催化剂——赋予个体突破常规、探索未知的勇气，让人在千篇一律中开辟新径。从社会发展视角看，创新能力是推动社会前行的强劲引擎：科技领域的每一次变革都是创新的硕果。创新让社会在传承中蜕变，于蜕变中升华，不断攀登文明新高峰。

以下是培养创新思维的有效途径：

（1）打破思维定式。

思维定式是人们在长期学习生活中形成的固定思维模式，会限制思维方式，使人习惯用常规方法解决问题。因此，培养创新思维需先打破思维定式——尝试用不同方法解决同一问题，或从相反角度思考。例如，解数学题时不依赖固定步骤，换一种思路或用逆向思维，锻炼思维灵活性，激发新想法。

（2）培养好奇心和求知欲。

好奇心和求知欲是创新思维的内在驱动力，促使人们探索未知、追求新知识和新经验。应鼓励学生对周围事物保持敏锐观察和强烈好奇，提出问题并通过思考探索寻找答案。例如，观察到植物向光性时，不满足于结论，进一步思考"为什么向光生长？对植物有什么好处？不同植物向光性是否相同？"再通过查资料、做实验探究，培养创新思维。

（3）进行跨学科学习。

创新往往发生在不同学科的交叉领域。跨学科学习能拓宽知识面，让人从不同角度看待问题，融合不同学科的知识和方法，产生新思维方式和解决方案。例如，机械专业学生学习计算机编程、电子技术，将机械设计与智能化控制结合，开发创新性机械产品；工商管理专业学生涉猎心理学、社会学，更好地理解消费者行为和市场需求，制定创新性营销策略。

（4）鼓励批判性思维。

批判性思维是对现有观点、理论、方法等进行分析、评价和质疑的能力。培养批判性思维能让人不盲目接受权威观点，敢于提出见解，为创新思维提供空间。例如，课堂讨论中，鼓励学生对课本知识提出看法，对老师观点合理质疑，通过分析辩论加深对问题的理解，提升批判性思维能力；也可批判性阅读学术论文、新闻报道，学会辨别信息真伪和价值，提高创新思维能力。

（5）培养逆向思维能力。

逆向思维是与常规思维方向相反的思维方式，要求从问题终点反向思考解决方法，或从反面思考答案。许多情况下，逆向思维能发现常规思维难以察觉的新思路。例如，产品设计中从用户体验终点反推功能和设计特点；解决问题时先假设相反结果，再思考如何达成，找到新途径。通过经常性逆向思维训练，能提高创新思维的敏锐度和灵活性。

（6）营造创新氛围，注重团队合作。

宽松开放的环境有助于激发创新思维，学校和企业可通过组织创新活动、竞赛等营造鼓励创新的氛围。同时，创新往往是团队合作的成果——团队中不同背景、思维方式的人相互交流、启发，产生更多创新想法。鼓励学生积极参与团队合作项目，学会倾听意见、发挥优势，共同完成创新任务。

（7）强化实践锻炼。

实践是培养创新思维的重要途径。只有通过实践，学生才能将知识应用于实际问题，培养解决问题的能力。鼓励学生走出课堂，参加社会实践、实习等，接触真实项目和问题——在实践中面临挑战和困难时，需运用创新思维寻找解决方案。例如，参与创业实践、社会公益项目、科研课题研究,通过亲身体验锻炼创新思维和实践能力。

（8）丰富知识储备。

广泛阅读能拓宽知识面,接触不同领域的信息和观点,为创新思维提供丰富素材,还能激发想象力和创造力,培养包括分析问题在内的综合思维能力。应阅读多种类型书籍,在阅读中汲取知识养分,积累创新思维素材,为创新思维培养奠定基础。

4. 想象力

想象力是大脑在思维基础上,对原有知识和表象进行加工、改造而创造新事物形象的心理过程。对大学生来说,想象力是重要能力——杰出的科学家、文学家、艺术家等都具有丰富的想象力。培养想象力,需广泛吸收养分,构建广博的知识结构,掌握事物的本质特征和规律,运用适当方法发展想象力;同时,鼓励求异思维,引导大学生敢于发表不同见解。

对当代大学生而言,培养想象力是意义非凡的自我赋能。大学生应跨越专业界限,既深入钻研本专业核心知识,把握事物本质与规律;又拓展到其他学科,多元知识交融将为想象力的孕育提供沃土。

掌握适当思维方法至关重要,如同为想象力配备高效引擎:联想想象要求在不同事物间搭建思维桥梁（如从自然现象联想到科技发明,从历史事件联想到现代社会问题的解决）；逆向思维鼓励反其道而行之,打破常规探索新可能（如产品设计中从用户体验终点反推功能需求,解决复杂问题时先假设相反结果再回溯原因）；组合想象引导将看似无关的元素创意拼接融合,创造新事物形象（如将生物形态与机械功能结合,设计未来感生物机械装置）。

同时,学校和教师应鼓励求异思维,为想象力绽放创造宽松环境。求异思维是创新的基石,代表突破常规、发表不同见解的勇气。课堂讨论中,教师应引导学生从多角度审视问题,不满足于标准答案,勇于提出独到见解（即使初看不够完美）；学校和社团应搭建多样化平台（创新创意大赛、学术辩论赛等）,让学生展示奇思妙想,在交流碰撞中打磨完善想法。

想象力培养需通过深度实践锻炼,这是从理论走向现实的必经之路。高职学生应积极参与科研项目、创业实践、文化艺术创作、社会公益项目等活动,在真实场景中直面挑战与未知:开展科研探索时,学生可通过实验验证大胆假设,让想象力在严谨的科学框架内落地生根；参与创业实践时,可将创意转化为有市场价值的产品或服务,让想象力接受现实检验并创造实际效益;进行文化艺术创作时,可借助绘画、音乐、舞蹈等形式,将内心想象具象化为触动人心的作品;投身社会公益项目时,可运用想象力设计创新解决方案,为解决社会问题带来新希望。

大学生自身也需主动行动:日常生活中保持好奇心与探索欲,敏锐观察周围事物,从平凡中发现不平凡细节,记录下来作为想象力的素材库素材;定期头脑风暴(独自或合作),挑战思维极限,挖掘潜在创意;培养跨领域兴趣爱好,让不同领域的技能与认知在脑海中交融,激发新灵感。

想象力培养是大学生个人成长的需求,更是社会发展的呼唤。在瞬息万变、充满机遇与挑战的时代,想象力将成为大学生在竞争中脱颖而出的关键力量——它能帮助突破传统思维束缚,开拓新领域,创造新价值,为个人未来和社会进步注入源源不断的活力与创造力。让我们共同为想象力绽放创造条件,让每一位大学生在想象的天空中自由翱翔,绘制属于自己的绚丽画卷。

5. 专注力

专注力又称"注意力",指一个人专心于某一事物或活动时的心理状态,是心理活动对一定对象的指向和集中,是伴随感知觉、记忆、思维、想象等心理过程的共同心理特征。专注力是智力的五个基本因素之一,是记忆力、观察力、想象力、思维力的准备状态,是人们进行活动的基本条件和成功保证。

在高职学生的学习生活中,专注力至关重要:良好的专注力能帮助学生更好地理解知识、掌握技能,提高学习效率(如课堂上集中注意力听讲,才能跟上老师思路、理解内容;做作业和复习时专注,能深入思考、加深记忆)。反之,缺乏专注力易分心、走神,导致效率低下、成绩不理想。

(1)专注力缺乏的原因。

第一,身体不适会分散大脑精力,让人难以集中(如连续熬夜导致疲劳的学生,课堂上易走神、打瞌睡)。

第二,大脑神经系统发育特点。高职学生神经系统尚未完全成熟,大脑皮层抑制功能较弱,面对复杂任务时,控制注意力的能力不如成年人稳定(如长时间学习理论知识时,易注意力不集中)。

第三,负面情绪影响。焦虑、抑郁、烦躁等会极大干扰专注力。如因期末考试压力过大而焦虑的学生,复习时难以集中于知识点,常被紧张情绪干扰,频繁查看时间、担心结果。

第四，兴趣与动力不足。对学习或工作任务无兴趣和动力时，缺乏主动关注的心理倾向。如公共基础课程学习中，若觉得内容枯燥、与专业和职业规划关联不大，难产生专注学习的内在动力。

第五，自我认知模糊、自我效能感低下。对学习能力缺乏信心，遇到稍难的专业技能训练时，潜意识认为自己学不会，提前放弃专注尝试，影响专注力发挥。

第六，环境干扰。嘈杂、杂乱的学习环境会极大干扰专注力。如宿舍里同学打游戏、大声聊天时，学生很难静下心来专注看书。

第七，电子设备诱惑。智能设备普及后，社交媒体、游戏、短视频等如"注意力黑洞"，随时吸引学生点开浏览，稍不注意就会分散专注力。

（2）注意力训练方法。

第一，舒尔特方格训练。

舒尔特方格是经典的注意力训练工具，形式简洁却效果显著。它由 $5×5$ 的方形网格构成（每格边长 1 厘米），网格内随机填入 1~25 的阿拉伯数字。别看其简单，在提升注意力方面优势独特。使用者需用手指按 1~25 的顺序指出数字位置，同时诵读出声，旁人记录完成时间。这一操作对注意力的集中性、稳定性、持久性等多方面都有极好的锻炼效果，使用者通过不断训练，能逐步提高大脑信息处理速度和准确性，增强视觉搜索能力和抗干扰能力，显著提升注意力品质。训练时，声音与动作同步是关键：眼睛需如猎鹰般敏锐，迅速在 25 个格子中锁定目标；手指要如琴师般精准，在毫厘间准确触碰数字；声音需保持稳定，与动作节奏完美配合。若任何一方出现偏差，可能引发连锁反应（如手指误触、数字错读、节奏紊乱）。这种训练不仅提升手眼协调能力，还能潜移默化增强大脑对多任务处理的掌控力。

舒尔特方格训练有多种挑战模式，可全面提升注意力品质。干扰模式中，训练者仿佛置身无声战争——白噪声如海浪、交谈声如风般穿梭、彩色线条如闪电闪烁，注意力系统需从"被动接收"转为"主动屏蔽"，如同在嘈杂派对中只听清一人声音，有效提升抗干扰能力，让人在混乱中保持平静。多任务模式进一步试探大脑极限：手指在方格间移动时，另一只手可能需拍手、转笔；眼睛锁定数字时，耳朵可能需同步解答计算题。这种训练让大脑学会在多任务间快速切换而不失精准，为日常学习和职场"一心多用"场景提供有力支持。

科技发展为舒尔特方格训练注入新活力：各类训练 App 提供丰富自定义模式，可按需求调整难度，满足不同水平的需求；VR 设备通过沉浸式场景，让训练者在虚拟世界体验真实挑战，增强趣味性和沉浸感；眼动追踪技术如同无声教练，记录分析每一次视觉轨迹，提供深入反馈，帮助了解训练效果和改进方向。

第二，数字报数听记法。

单任务模式——听觉记忆的"精准校准"。数字报数单任务训练初期，需以每秒1个数字的节奏起步（如"3、7、1、9、5"）。这不仅是数字复述，更是对听觉系统的"精准校准"：训练者需在报数结束瞬间启动记忆回放，如按下录音机倒带键，确保完整捕捉每个数字的音节、语调甚至报数者的呼吸节奏。随着熟练度提升，可逐步增加数字长度至10位以上，甚至引入负数、小数或混合运算（如"3.14、-7、8/2"），迫使听觉系统在高速处理符号与数值的同时，保持逻辑清晰度。

干扰模式——嘈杂环境中的"听觉降噪"。背景噪音介入时，训练难度呈指数级上升。想象在地铁车厢中，列车轰鸣、广播播报、乘客交谈交织，你需从中剥离出报数声（如"4、2、8、6、1"）。这要求听觉系统具备"降噪滤波器"功能，主动忽略无关频率，仅锁定目标信号。从低干扰白噪声（如雨声）逐步过渡到高干扰真实场景（如地铁），训练者的听觉抗干扰力将实现质的飞跃，最终在嘈杂环境中仍能精准捕捉目标信息。

进阶任务——听觉与逻辑的"双核并行"。进阶任务将听觉记忆与逻辑运算深度绑定。例如，听完"3、7、1、9、5"后，不仅复述数字，还需立即计算总和（25）或判断奇偶性（全奇数）。这要求听觉系统与大脑逻辑区建立高速通道，实现"边听边算"无缝衔接。更复杂的任务如"识别数列规律"（如"2、4、6、8"→每次加2）或"数字排序"（如"3、7、1、9、5"→"1、3、5、7、9"），进一步考验听觉系统的抽象思维与空间排序能力。

语句复述训练和逻辑连贯性训练如同拼图游戏，训练者需在短时间内将零散听觉碎片（如"苹果是红色的，香蕉是黄色的"）拼接成完整语义。初期可逐字复述，随后逐步扩展句子长度，甚至加入因果关系（如"因为下雨，所以地面湿了"）。这要求大脑不仅捕捉词汇，还需理解词汇间逻辑关系，构建语义树状图。进阶阶段，训练者需在连续播放的多句短句（如"苹果是红色的，香蕉是黄色的，葡萄是紫色的，西瓜是绿色的"）中，动态调整记忆框架，确保信息不混淆。

逆向复述是对听觉系统的终极考验。如听到"小猫爱吃鱼"时，需立即逆向重构为"鱼爱吃小猫"，这要求听觉系统具备"镜像反射"能力，将语义序列完全颠倒。随着难度升级，句子长度可扩展至"今天天气很好，阳光明媚，适合出去散步"，甚至加入数字与符号（如"第 1 只小猫爱吃 2 条鱼"）。这不仅锻炼听觉记忆的编码与解码能力，更迫使大脑在逆向处理时仍保持语义完整性。

语义干扰测试——听觉过滤的"降噪实战"。

语义干扰测试中，训练者需在"苹果是嗡嗡红色的"这类句子中，自动过滤无意义音节（如"嗡嗡"），提取核心语义。这类似嘈杂派对中，有人用"嗡嗡声"掩盖关键信息，你需通过语境推断真实内容。随着干扰类型从单一音素（如"嗡嗡"）升级为多干扰词（如"嗡嗡、哈哈、嘻嘻"）甚至语义冲突（如"苹果是红色的，但有人说它是蓝色的"），训练者的听觉过滤能力将不断进化，最终在真实场景中也能屏蔽无效信息，直击核心。

训练需遵循"小步快跑"策略。每阶段持续 2~3 周，避免因难度骤增导致挫败感；交替进行数字报数与语句复述训练，防止听觉系统适应单一模式——如同健身需分部位训练，听觉专注力也需通过多样化任务全面强化。多感官联动能显著提升效果：听数时注视数字序列，强化视觉与听觉的协同记忆；通过拍手、跺脚等动作标记数字边界，将听觉信号转化为肢体记忆。这种"听觉—视觉—肢体"协同网络，能让记忆更牢固、反应更迅速。

听觉专注力提升需日积月累，建议每天分时段训练（如早、中、晚各 5 分钟），避免集中训练导致疲劳；每月进行一次完整评估，对比训练前后的专注力差异。正如"滴水穿石"，通过长期系统化训练，听觉专注力将成为可量化、可提升的"技能点"，为课堂听讲、实验操作、团队协作打开高效沟通与深度思考的大门。

（四）学习策略

1. SQ3R 阅读法

SQ3R阅读法是一种有效的阅读理解和学习方法，有助于提高阅读效率、增强对内容的理解和记忆，尤其适合大学生在学习和研究中应用，能培养积极主动的阅读思维，提升学习效果。它由五个步骤组成。

（1）浏览（Survey）。

高职学生学习任务繁重且时间碎片化，拿到阅读材料后需迅速浏览——快速扫视标题、副标题、目录、图表、摘要等关键要素，初步构建对材料整体框架的宏观认知，明确大致内容和结构；同时，结合自身学习目标和专业需求，精准定位与专业课程紧密相关、有助于职业技能提升的部分，为后续深入阅读锚定方向，提前规划重点，节省时间。

（2）提问（Question）。

高职学生不仅要学习专业知识，还要应对校园生活挑战，积累实践经验，因此阅读时不能被动接受，而要主动思考。基于浏览阶段获取的信息，围绕文章主题、核心概念、关键问题等积极提问（如"这篇文章阐述的心理健康理论对高职学生常见的心理困扰有何针对性指导？"）；同时，紧密联系自身实际（如"文中提到的应对压力的方法，我能否运用到即将到来的实习面试中？"），既能激发好奇心与求知欲，又能带着问题深入阅读，在寻找答案中实现知识与实践的初步融合。

（3）阅读（Read）。

正式阅读时，首先要确保专注度——可关闭电子设备通知，选择安静、舒适、光线适宜的环境，全身心沉浸其中。阅读过程中，始终带着之前的问题，仔细寻找答案，高度关注与问题相关的关键词、句子和段落；找到答案时，不仅理解表面含义，更要深入剖析背后的逻辑关系和论证过程；若发现新疑问或与原有认知相悖的内容，及时标记以便后续探究。同时，养成良好的做笔记的习惯：在书页空白处批注想法、感悟、疑问及重要观点总结；绘制思维导图，清晰呈现各部分主要内容和逻辑关系，加深理解与记忆，方便后续复习。根据材料难易程度和自身熟悉度灵活调整阅读速度：重点、难点及专业术语较多的部分放慢速度，逐字逐句琢磨；熟悉或次要内容适当加快，在保证关键内容理解的前提下提高整体效率。

（4）复述（Recite）。

阅读完一段或一个章节后，高职学生需利用复述强化记忆和理解。合上书本，用自己的话复述所读内容的主要观点、关键信息及各部分逻辑结构——这不仅是知识回忆，更是深度梳理与巩固，能发现阅读中是否遗漏重要信息或存在理解偏差。复述方式灵活多样，除口头复述外，可书面总结核心要点；参与小组讨论，与同学分享理解与感悟，在交流中互相启发、补充，从不同视角丰富认知；结合校园生活、专业学习、社会实践等实际经历，举例说明所学知识在现实场景中的应用，将抽象理论转化为生动案例，进一步加深理解和内化，提升实践应用能力和专业思维能力。

（5）回顾（Review）。

遗忘是学习中不可避免的自然现象，高职学生可通过有效回顾对抗遗忘，巩固知识。阅读完成后 1~2 天内，趁记忆尚新及时全面复习，强化记忆痕迹，加深理解；之后遵循遗忘规律，每隔一周、一个月等重复复习，逐步延长间隔，实现知识长期稳定存储。回顾过程中，重点关注难点、重点及复述或应用中易遗忘、出错的内容；依据笔记和标记梳理知识体系，重新审视各部分逻辑关系，构建完整知识框架，使零散知识点有机整合，形成系统化网络，便于理解和记忆。同时，养成反思总结习惯，回顾阅读过程，思考收获与不足，总结文章核心观点、研究方法及对自身学习和生活的启发；反思是否真正理解并掌握知识，能否灵活应用于实际情境，为今后学习和阅读积累经验，不断提升学习能力和知识应用水平。

以艺术设计专业学生学习"平面构成与设计"课程为例，运用 SQ3R 阅读法：

Survey（概览）。学生快速浏览教材，查看"平面构成的基础理论""平面构成的基本元素"等章节标题，了解整体框架；阅读引言和小结，明确各章节核心内容；查看图表和案例，对教材内容有初步认识。

Question（提问）。围绕章节标题和学习目标提出问题（如"平面构成的基本元素有哪些？""如何运用平面构成的形式美法则进行设计？"）；针对图表和案例提出"该案例中运用了哪些平面构成元素？"等问题。

Read（阅读）。带着问题深入阅读，关注"点""线""面"等关键词和短语；做好笔记，记录重要知识点和设计思路，整理平面构成的知识框架。

Recite（复述）。阅读完一个章节后，合上教材，用自己的话复述所学内容（如平面构成基本元素的定义和特点）；尝试回答之前的问题，检查知识掌握程度；解释和总结教材中的设计案例，加深理解。

Review（复习）。学习完教材后，回顾笔记和标记内容，总结平面构成的主要知识点和重难点；重新回答之前的问题，巩固记忆；进行自我测试，检验学习成果，进一步强化对平面构成知识的掌握。

通过提问、阅读、复述等环节，读者能更深入地理解文章内容，把握关键概念和观点，避免浅尝辄止；复述和复习步骤有助于将知识转化为长期记忆，减少遗忘，便于保留和回忆；该方法要求读者积极思考、提问、探索，从被动接受信息转为主动参与学习，提高学习效果，增强学习兴趣；阅读和思考中需分析、评价和质疑文章内容，培养批判性思维，学会辨别信息的可靠性和有效性；通过有目的的阅读和系统方法，能在有限时间内掌握核心内容，避免无效阅读，提高效率。

2. 费曼学习法

费曼学习法的核心是通过模拟教学，将复杂知识转化为简单易懂的语言，实现对知识的深入理解和掌握。具体步骤如下：

（1）选择目标概念。

学习者需明确想要掌握的知识点或概念，将其写在纸上。概念应具体明确，不宜过于宽泛（如学习物理时，可选择"牛顿第二定律"这一具体主题）。

（2）向别人复述概念。

尝试用简单易懂的语言向他人解释概念；若身边无人，可假装自己是老师向学生讲解。过程中若发现讲解不顺畅或存在理解空白，需重新学习和巩固这些薄弱点——它们正是知识掌握不牢固的地方。

（3）回顾并完善理解。

讲解完毕后，回顾所讲内容时，需对照原始学习材料，检查是否遗漏核心要点（如概念的关键特征、逻辑前提），审视理解是否准确、表达是否通俗清晰——避免因术语误用或逻辑跳跃导致偏差。同时，针对性反思讲解中的问题：若卡壳，明确是对细节（如公式推导、案例背景）模糊，还是对整体逻辑（如概念与实践的关联）断层；若表达生硬，分析是缺案例支撑还是术语堆砌。随后，重新查阅材料，重点攻克疑点，可标注修正处（如"原混淆A与B的边界，现明确A的适用场景"），用简短案例验证理解，确保弥补漏洞后，认知体系更严谨连贯。

（4）简化概念并传授。

将所学概念进一步简化，用自己的语言重新组织表达，形成更简洁明了的理解；然后，再次尝试向他人传授，检验是否真正掌握知识。这一过程需不断重复，直至能用极其简单的方式清晰解释概念，实现知识的深度内化。

3. 思维导图

思维导图是将知识结构化、可视化的高效工具，尤其适合高职学生在学习中整理思路、整合信息。它以一个中心主题为起点，通过发散思维将相关知识点按层级关系向外扩展，形成树状结构。首先，确定中心主题（思维导图的核心，所有分支围绕其展开）；其次，从中心主题出发绘制主要分支，每个分支代表一个主要知识领域或概念；最后，在主要分支下添加次级分支，细化知识点，逐步展开细节。绘制过程中，学习者需使用关键词、短语，并结合图形、颜色等视觉元素，增强记忆效果。

思维导图不仅能帮助学生梳理知识框架，促进对知识的理解和记忆，提高学习效率；还能将零散知识点整合成有机整体，让学生在脑海中形成清晰的知识地图，便于知识的提取和应用；同时，激发创造力和批判性思维，帮助建立更深层次的知识联系。

第二部分　心理练习

一、端正学习态度，激发学习动力

通过辩论赛和案例分析等明确学习的意义和价值，激发学习动力，调动学习兴趣。

任务一　小组辩论赛"读书有用"VS"读书无用"

辩论小结，请写一写读书对于这个阶段的我们来说的意义和价值是什么：

_____
_____
_____
_____
_____

任务二　案例分析

通过对真实案例的解读和梳理，树立终身学习理念。

中国铁道科学研究院首席研究员、博士生导师单杏花是终身学习的典型代表。她出生在江西婺源的小山村，17岁考上大学，成为村里第一个大学生。在华东交通大学读研期间，她参与铁路客票系统研发项目，自此投身铁路科技领域。

在12306客票系统研发中，单杏花从初出茅庐的学习者，成长为统筹全局的领军人物。她带领团队历经29年攻坚克难，让12306客票系统成为全球交易量最大的实时票务系统，以国际领先的技术水平为亿万旅客带来便捷。

2025年6月19日，在"青春华章·'赣'劲十足"网络大思政课主题活动上，单杏花分享了自己的科研故事。她向青年学子强调，要秉持终身学习的"进取之心"，以"空杯心态"拥抱新技术、新知识，唯有"活到老、学到老"，方能始终站在科技前沿。从山村走出的她，用29年的坚守，在时代的铁轨上书写着科技报国的壮丽篇章，也以自身经历诠释了终身学习的理念与价值。（案例来源：《青春华章·赣劲十足：坚持终身学习的"进取之心"》，人民网，2025年6月21日。）

案例分析感悟：

_____
_____
_____
_____
_____
_____

任务三　学习中的正面感受

在学习中，我们既需要努力拼搏的精神、克服困难的勇气，也需要发现快乐、体会成就感。

每当我们克服了学习中的困难，并学会了新技能或新知识时，就会有很强的获得感；每当我们完成了一个看似不可能的任务时，就会体会到成就感；每当我们与小组同学完成一次良好的协作时，也会体会到合作的乐趣；每当我们把所学的知识应用于实际生活，并顺利解决问题时，就会体会到价值感……

1. 小组分享：在组长的带领下，每位组员分享自己在学习过程中体验过的正面情绪，以及正面情绪发生时的具体情境和事件。

请你记录他人在学习中的正面情绪和事件。

_____
_____
_____
_____
_____
_____

2. 请记录你在学习过程中感到很快乐或者有成就感的事情，以及当时的心情。

_____
_____

二、提升学习能力

任务一　听觉专注力训练

听信息做动作：教师念一篇短文，同学们边听边注意文章中出现的"的"字，听到"的"字就拍一下手。

暖和的春天来了，池塘里的冰融化了，青蛙妈妈睡了一个冬天，也醒来了。青蛙妈妈从泥洞里爬出来，扑通一声跳进池塘里，在水草上生下了很多黑黑的圆圆的卵。春风轻轻地吹过，太阳光照着，池塘里的水越来越暖和了，青蛙妈妈下的卵慢慢地都活动起来，变成了一群大脑袋、长尾巴的小蝌蚪，它们在水里游来游去，非常快乐。

（备选任务：由短到长复述句子，做指令相反的动作，倒述听到的一组数字）

任务二　视觉专注力训练

舒尔特方格训练：

舒尔特方格训练（一）

第一次：_____秒　　第二次：_____秒　　第三次：_____秒

用手或笔按顺序指出数字并念出来，前两次顺数，第三次倒数

13	2	25	11	17
4	23	10	22	6
21	16	1	12	5
8	24	3	18	9
15	19	7	14	20

舒尔特方格训练（二）

第一次：_____秒　　第二次：_____秒　　第三次：_____秒

用手或笔按顺序指出数字并念出来，前两次顺数，第三次倒数

1	13	9	2	15
11	3	19	12	20
16	8	24	17	5
6	18	14	7	10
21	23	4	22	25

舒尔特方格训练（三）

第一次：_____秒　　第二次：_____秒　　第三次：_____秒

用手或笔按顺序指出数字并念出来，前两次顺数，第三次倒数

24	8	1	12	17
2	13	25	11	6
19	4	10	14	20
23	21	3	22	9
16	15	7	18	5

舒尔特方格训练（四）

第一次：_____秒　　第二次：_____秒　　第三次：_____秒

用手或笔按顺序指出数字并念出来，前两次顺数，第三次倒数

17	21	23	3	22
20	13	24	10	12
6	8	16	1	11
9	15	2	25	14
5	4	19	7	18

舒尔特方格训练（五）

第一次：_____秒　　　第二次：_____秒　　　第三次：_____秒

用手或笔按顺序指出数字并念出来，前两次顺数，第三次倒数

17	23	21	3	22
8	1	16	6	11
13	7	5	4	18
2	10	24	20	12
19	25	9	15	14

舒尔特方格训练（六）

第一次：_____秒　　　第二次：_____秒　　　第三次：_____秒

用手或笔按顺序指出数字并念出来，前两次顺数，第三次倒数

16	6	8	1	11
24	20	17	23	14
19	10	25	2	22
21	15	3	9	12
13	4	7	5	18

舒尔特方格训练（七）

第一次：_____秒　　　第二次：_____秒　　　第三次：_____秒

用手或笔按顺序指出数字并念出来，前两次顺数，第三次倒数

16	6	23	19	9
22	10	3	1	11
12	15	8	24	2
20	17	25	21	14
13	18	4	7	5

舒尔特方格训练（八）

第一次：＿＿＿＿秒　　第二次：＿＿＿＿秒　　第三次：＿＿＿＿秒

用手或笔按顺序指出数字并念出来，前两次顺数，第三次倒数

19	13	18	4	9
1	16	6	23	11
24	22	10	3	2
21	12	15	8	14
7	20	17	25	5

任务三　艾宾浩斯记忆遗忘曲线应用练习

借助艾宾浩斯记忆遗忘曲线的规律，通过分阶段、有间隔地复习，强化对知识点的长期记忆，养成科学的记忆习惯。

第1步，选知识点。

挑1个难记的知识点（比如单词表、文言文、公式）。

第2步，学完当天（第0天）。

学完后立刻合书回忆，记住多少算多少，标记卡壳的地方。把卡壳处再学一遍，用自己的话讲1遍。

第3步，第1天（24小时后）。

先闭眼默想知识点，重点想"昨天卡壳的地方"，然后快速翻书看卡壳处，再讲1遍。

第4步，第3天。

花2分钟回忆知识点框架（比如公式怎么用、文言文的翻译逻辑）；做1道相关题（或写1个短句应用这个知识点）。

第5步，第7天。

用 1 分钟快速过一遍知识点，标记"还是容易忘的细节"；针对细节，再学 1 遍，画 3 个关键词的关联图（比如用箭头连"原因→结果→例子"）。

完成这 5 步，原本容易忘的内容会记得更久。坚持 2~3 次，你会找到自己的"记忆节奏"（比如有的内容 3 天复习一次，有的 7 天就行）。

任务四　发散思维训练

利用头脑风暴法培养发散思维能力。

发散思维又称为"辐射思维""扩散思维""求异思维"，是在思维过程中，以某一问题为中心，沿着不同方向、不同角度向外扩散的一种思维方法。它从一个问题（信息）出发，突破原有的局限，充分发挥想象力，通过不同的途径、方向，以新的视角探索、重组眼前和记忆中的信息，产生多种设想、答案，从而使问题得到圆满解决。其核心是：以某一问题为中心，沿着不同方向、不同角度向外扩散，寻求多个答案，实质是"从一到多"。

发散思维通常以材料、功能、结构、形态、组合、方法、因果、关系等8个方面为"发散点"，进行具有集中性的多端、灵活、新颖的发散训练，以培养创造性思维能力。下面我们将选取功能和因果两个维度进行发散思维练习。

1．小组讨论：回形针的用途，并写出来。

_____
_____
_____
_____
_____
_____

2．小组讨论：随便扔一块石头可能产生的结果。

_____
_____
_____
_____

三、掌握学习策略

任务一　SMART合理目标制定法

1. 小组讨论："我要减肥"符合SMART目标原则吗？如果不符合，请讨论并记录合理的目标描述。

_____
_____
_____

2. 请结合自身情况，根据SMART合理目标制定法订立一个学习目标。

_____
_____
_____
_____

任务二　时间管理

利用番茄时间管理办法，提高时间有效利用率。

请在生活中实践番茄时间管理方法，并记录使用心得。

_____
_____
_____
_____
_____

四、学会做学习计划

请结合自身情况，梳理自己的学习计划。

1. 长期计划

_____
_____
_____
_____

2. 中期计划

_____
_____
_____
_____

3. 短期计划

_____
_____
_____
_____

第四部分　课后应用实践

任务一　掌握一个重点知识：学习心理

你认为学习心理中的哪个知识点对你最有用，请记录下来：

_____
_____
_____

任务二　带走一个实用方法：学习方法

你认为学习心理中的哪个学习方法对你最有用，请记录下来：

_____

_____

_____

_____

第五部分　拓展阅读

1. 书籍

《学习之道》（第二版），中国青年出版社2017年版

《学习之道》的写作灵感源自作者对自己 20 年巅峰体验的回顾，他在书中分享了自己在象棋和太极拳两个看似毫无关联的领域中取得卓越成就的心得体会。他指出，自己最擅长的其实并非象棋或太极，而是学习之道。这本书旨在揭示适用于任何领域的学习方法，帮助读者掌握真正的学习艺术。

书中强调学习应从热爱出发，因为热情是学习的动力源泉。同时，作者也提到失败在学习过程中的价值，认为失败的经验比胜利更有价值，每个人应学会正确面对挫折，从中找到成长的契机。在技能提升方面，作者认为扎实的基本功才是通向成功的基石，强调深度学习的重要性。此外，他还探讨了专注当下对提升学习和生活质量的作用，指出学习不仅仅是为了追求卓越，更是一场心智的马拉松。

这本书深入探讨了学习的本质和方法，对于高职学生掌握有效的学习策略、提高学习效率具有指导意义。

2. 网站

中国大学 MOOC（慕课）平台运行课程超过 8000 门，课程内容涵盖理工、人文、社科、经济、管理、艺术等多个学科领域，既有学术性强的专业课程，也有编程、设计、外语学习等实用技能类课程，可满足不同学习者的需求。

平台为学习者提供完整的学习环节，包括课件、视频、测验与作业、教师答疑、

课后讨论等；支持多倍速视频播放、自动判题系统、计算机 OJ 系统、同伴互评等多种学习形式，以提升学习效率和质量。学习者可根据自身进度和需求，随时随地学习，重复观看视频、多次提交作业等；平台还提供学习计划制订、学习进度跟踪等功能，助力学习者更好地管理学习过程。

项目五

感悟生命的乐章：生命教育

学习目标

1. 知识目标

（1）结合实际案例，清晰阐释生命的内涵，包括其生物学、哲学和社会学定义；深入理解生命存在的生物性、精神性和社会性三种形态及相互关系，明确生命在日常生活、学习及未来职业场景中的呈现方式。

（2）准确阐述心理危机的含义，详细列举高职学生心理危机的特征（如隐蔽性、特殊性等）及常见类型（包括环境适应、人际关系、就业、学业和情绪问题等）。

（3）熟练掌握生命的特征（如短暂性、不可逆性等）及树立积极生命观的方法（如正确认识生命意义、端正生命态度、敢于承担生命责任等），并能运用这些知识分析简单的生命教育案例。

2. 能力目标

（1）能够依据心理危机的常见分类标准，精准区分一般心理危机（如偶尔的焦虑、短暂的情绪低落等）与严重心理危机（如持续较长时间的抑郁情绪、人际关系冲突引发的心理困扰等），并能通过具体案例详细说明区分依据。

（2）学会运用所学生命教育知识，对生活、学习中遇到的简单心理现象和生命相关问题进行初步分析，提出合理的应对思路（如如何增强心理韧性、培养健康的生活方式等）。

3. 素质目标

（1）通过课堂学习与实践活动（如心理练习中的生命线绘制、人生倒计时等），树立主动关注自身及他人生命健康的正确观念；在面对心理问题和生命困境时，消除偏见，积极寻求帮助。

（2）结合高职学习特点与职业发展规划，培养积极乐观、坚韧不拔的人生态度，提升心理调适能力和生命韧性，以应对未来职业挑战与生活压力；同时，培养对生命的敬畏和尊重之情，形成珍惜生命、热爱生活的态度，认识到自身在社会中的责任与担当，为社会做出积极贡献。

第一部分　心海指航

案例　从迷茫到坚守：护理生小林的价值重塑

小林初到医院实习时，对护理工作满心抵触。在她看来，每日重复的测量体温、打针输液等流程，不过是机械地执行医嘱，单调又琐碎。面对患者的询问，她常敷衍回应，输液时也只求快速完成任务，丝毫不考虑患者的感受。

科室的张护士长将这一切看在眼里。一天，科室来了一位脾气暴躁，身患糖尿病的老爷爷，小林初次护理时，动作粗疏，不仅进针时让老人感到疼痛，还对老人关于饮食的询问不耐烦，惹得老人十分不满。

张护士长决定借此机会引导小林。她亲自为老人护理，先是用温水仔细擦净老人的手指，轻轻按摩片刻，随后以精准的角度快速进针，几乎让老人没有痛感。在测量血糖的过程中，护士长还耐心地给老人讲解饮食方面的注意事项，温柔的话语和专业的操作，让老人原本紧绷的神色逐渐缓和。

结束后，护士长把小林叫到一旁，拿出自己三十年的护理笔记。笔记上密密麻麻地记录着不同患者的病情变化、特殊需求，以及各种护理技巧、应对不同患者的沟通方法等细节。护士长语重心长地对小林说："护理工作绝非简单的打针发药，每一位患者的情况都不同，我们要根据他们的具体状况灵活调整操作，用心去对待每一个步骤。"

小林听后，心中满是羞愧。第二天，她主动去护理那位老人。出发前，她认真查阅了老人的病历，了解其病情特点和过往护理记录。到了病房，她轻柔地调整血压计袖带的位置，模仿着护士长的手法，缓慢而平稳地进针、推药。这次，老人没有感到丝毫不适，还对她露出了赞许的微笑。

从那之后，小林像是变了一个人。她开始主动钻研护理技术，利用业余时间学习各种护理技巧，观看大量教学视频，并向经验丰富的护士请教。为了更好地安抚患者情绪，她还专门学习心理疏导技巧，阅读相关书籍，参加线上课程。甚至在休息时间，她也不放过提升自己的机会，报名参加营养学的培训，希望能为患者提供更全面的护理建议。

后来，小林负责护理一位吞咽困难的脑梗患者。为了帮助患者恢复吞咽功能，她查阅了大量资料，请教科室的医生，反复练习各种吞咽训练手法。每天，她都耐心地指导患者做口腔运动，调整患者的体位，用小勺一点点地给患者喂食，一顿饭常常要花费一个小时。经过一个月坚持不懈的努力，患者的吞咽功能有了显著改善。当患者家属紧紧握住她的手，眼中满是感激的泪水时，小林第一次真切地感受到了自己工作的意义。

那一刻，小林终于明白，护理工作并非如她曾经认为的那般卑微。每一次为患者测量生命体征，都如同为生命的天平校准；每一次打针输液，都像是一场精准的"手术"；每一句对患者的安慰和鼓励，都是最贴心的"守护"。她在自己的护理笔记中郑重地写道："看到患者因我的护理减轻痛苦，重新展露笑容，我真切地感受到生命在我手中焕发出光芒。护理工作的价值，就藏在这对每一个细节的精益求精里。秉持工匠精神，我们的职业才能充满温度，也才能让每一个生命都拥有应有的重量。

▶ 案例分析

小林从抵触到理解护理工作的转变，凸显了职业价值、生命价值与工匠精神的深度融合。

工匠精神贯穿于细节：张护士长三十年护理笔记记录的患者细节、精准操作，小林为脑梗患者反复练习手法、调整体位等，都是对专业技能精益求精、对细节极致追求的体现。

职业价值随实践逐步显现：起初小林视护理为机械执行，而当她通过专业护理缓解患者痛苦（如让身患糖尿病的老人舒适、改善脑梗患者的吞咽功能），护理工作的价值得以彰显，也让她摆脱了"职业卑微"的认知。

生命价值在职业价值中升华：当患者因她的护理好转、家属满怀感激时，小林感受到"生命在发光"，这种"被需要感"让她的生命有了重量，实现了从职业实践到生命意义的跨越。

三工匠精神是职业价值的保障，职业价值赋予生命价值内涵，共同推动小林完成从迷茫到坚守的蜕变，也印证了任何职业都能在精益求精中绽放独特光彩。

第二部分 心理知识

一、认知生命

（一）生命的内涵

生命，这个看似简单却深邃无比的词汇，贯穿世间的每一个角落，蕴含着无尽的奥秘与价值。在人类社会中，生命是个体存在的独特标识，是承载梦想、情感与责任的载体。每个人的生命都是独一无二的，既包含自然的生理属性，又融合丰富的社会与精神内涵。我们通过生命感知世界、体验喜怒哀乐、创造和实现自我价值。生命是一幅绚丽多彩的画卷，每个人都是这幅画卷的创作者，用自身经历和选择描绘独特图案。目前，生命尚无严格统一的定义，不同学科基于自身研究视角，对生命有着不同阐释。

1. 生物学定义

生命是由核酸和蛋白质等物质组成的分子体系，具有繁殖潜能及对外界刺激做出反应的能力。例如，细胞是生物体基本的结构和功能单位，细胞内核酸携带遗传信息，蛋白质参与各种生命活动（如肌肉收缩与肌动蛋白、肌球蛋白等蛋白质的相互作用）。

生命是能进行能量转换、物质代谢，并对环境变化做出应激反应的物质系统。比如，绿色植物通过光合作用将光能转化为化学能，动物通过摄取食物、进行呼吸作用获取能量；外界温度变化时，人体会通过出汗、血管收缩等调节体温以维持稳定。

2. 哲学定义

生命被视为动态的、不断变化和发展的过程，强调其连续性和阶段性——从出生、成长、成熟到衰老和死亡，每个阶段都有独特意义和价值。例如，人从婴儿时期的懵懂无知，到青少年时期的求知探索，再到成年后的责任担当，构成完整的生命历程。

生命具有内在的目的或意义，可能是追求幸福、实现自我价值、与自然和谐相处等。比如，许多人将追求梦想、为社会做贡献视为生命的意义。

3. 社会学定义

生命是个体与他人、社会和环境相互作用的过程。人是社会性动物，生命的质量和意义很大程度上取决于个体在社会关系中的角色与互动（如家庭、朋友、职业关系等对生命体验的重要影响）。

生命是在特定文化背景下被赋予意义和价值的存在。不同文化对生命（包括起源、目的、价值、终结等）有不同理解。

（二）生命的存在形态

人的生命是复杂多元的存在，从不同维度审视，呈现出生物性、精神性和社会性三种独特且相互交织的形态。三者既各自独立，又紧密相连，共同构成完整的人类生命。

1. 生物性的存在

人是生物性的存在，这是生命最基本的特性，宛如大厦之基石，是社会性、精神性存在的基础和前提。人的生命首先作为自然生理性的肉体生命而存在，其生长发展必然遵循生物界的法则与规律。

从呱呱坠地起，人便开启生物性生命旅程。衣食住行等看似琐碎的日常活动，实则是维持生命运转的必要条件：每天摄入食物，通过消化系统转化为能量和营养；通过呼吸系统吸入氧气、排出二氧化碳，保障器官正常运作；通过泌尿和消化系统排出废物，维持内环境稳定。

生老病死是每个人无法逃避的生命历程：从婴儿的懵懂脆弱，到青少年的朝气蓬勃，再到中年的成熟担当，最终步入老年的衰老体弱，这是自然的生命节律。在这一过程中，疾病可能不期而至，身体机能随时间逐渐衰退——这些都是生物性生命的必然阶段。

生物性存在是人类生命的根基，为精神性和社会性存在提供物质载体。没有健康的身体，人便无法进行思考、创造和社交，更无法追求高层次的精神境界与社会价值。

2. 精神性的存在

人之所以为人，不仅是为满足自然生命需求而活，更要追求超越生物性存在的精神性存在。人具有独特的意识和思维能力，能对生命进行反思和规划——在成长中思考人生目标、价值观和信仰，进而规划人生道路。

创造自身价值是精神性存在的重要体现。每个人都有独特才能和潜力，通过发挥这些特质，可在不同领域创造价值：科学家通过研究推动科技进步，艺术家通过创作丰富人类精神世界，企业家通过创新为社会创造财富和就业机会。这些价值创造不仅带来成就感，也为社会发展做贡献。

精神性存在还指导和提升生物性与社会性存在。当有了明确的人生目标和价值观，人会更珍惜生命、注重身心健康，合理安排饮食、运动和休息；面对困难时，能保持乐观，从挫折中汲取经验，不断成长。

正是生命的精神性存在，使人的生命具有人文意义和价值、理性意蕴和道德升华。它让人的生命超越物质满足，追求更高层次的精神境界和道德修养，变得更加丰富多彩、富有意义。

3. 社会性的存在

人是社会性动物，要生存就必须参与和融入社会活动。社会是复杂系统，由无数个体组成，人与人通过沟通、交往和互动形成各种社会关系，这些关系如一张巨网，将每个人紧密相连。

在与他人的互动中，人保存生命、追求意义、实现价值：通过与家人、朋友相处获得情感支持；通过工作和社会活动发挥才能，为社会做贡献，同时获得物质回报和社会认可。

社会性存在使人在面对千差万别的社会生活时，拥有生命的智慧和坚定的信念。社会中，人会遇到各种人和事，经历成败、悲喜，通过与他人交流合作，可学到不同经验和智慧，提升认知与应对能力；社会的价值观和文化传统也会影响人的信念，让人在困境中坚定方向、勇往直前。

社会性存在还使人在面对有限人生与无奈命运（有生有死、有爱有恨、有聚有散、有得有失）时，拥有豁达的胸怀和安然的态度。人会明白，人生得失是暂时的，重要的是珍惜当下、感受美好；与他人建立深厚情感联系时，会体会生命的温暖；面对离别和失去时，会从他人处获得安慰，坦然面对人生起伏。

生物性、精神性和社会性三种形态相互依存、相互影响：生物性是基础，提供物质保障；精神性是灵魂，指导和提升另外两种形态；社会性是纽带，将个体与社会相连，让生命在社会舞台绽放光彩。只有全面理解这三种形态，才能更好地认识自己、珍惜生命，实现价值与意义。

（三）生命的特征

1. 短暂性

生命的短暂性是所有生命体无法规避的客观现实。在广袤的宇宙长河中，人类生命的存续不过是短暂一瞬。在有限时间内，人需要在学习、工作、家庭、社交等多方面抉择并付出努力。这种短暂性促使人们认识时间的珍贵，进而珍视当下——努力让每一刻富有意义，深知时间单向流动、一去不返。因此，人们会积极抓住机会，实现梦想、体验生活、关爱亲友。

2. 不可逆性

生命的不可逆性意味着，一旦生命进程启动，便会沿特定方向持续推进，绝无回头可能。过程中，个体的每一个决策、每一次行动的实施，都会引发相应后果，对整个人生产生深远影响。

鉴于此，人在面对选择时必须审慎思考、权衡利弊。这种不可逆性让人更珍视当下，力求生命轨迹向积极方向发展——不凭冲动做后悔之事，而是以坚定信念迈向目标，创造美好回忆，书写精彩人生。

3. 独特性

每个生命个体都具有独一无二的特质，具备不可复制性与不可替代性。这是基因、成长环境、教育背景、个人经历等多种因素共同作用的结果：遗传决定基本生理特征和潜在特质；成长环境（家庭氛围、地域文化、社会经济状况等）塑造性格和价值观；教育提供知识储备和思维方式；个人经历丰富人生阅历和认知体系。

这种独特性赋予每个生命独特价值和意义。人们无须刻意模仿他人，而应发挥自身优势、展现独特风采：艺术创作中，创作者以独特视角展现内心；科学研究中，科研人员靠独特思维取得创新；社会服务中，志愿者以独特方式奉献——每个生命都能以自身特质为社会添砖加瓦。

4. 脆弱性

尽管生命在进化中展现出强大适应力和韧性，但本质上依然脆弱。自然灾害（地震、洪水、飓风等）具有强大破坏力，可瞬间对生命和财产造成严重损失；疾病（传染性疾病、慢性病等）可能侵袭人体，削弱机能甚至危及生命；意外事故（交通事故、工伤等）也常给生命带来突然打击。

面对这些不可预测的风险，人往往瞬间陷入无助与恐惧。生命的脆弱性促使人们更关注生命保护，增强安全意识，提高防范能力；同时，它也让人更珍惜身边人，感恩生活点滴美好，学会关爱他人，增强社会责任感。

5. 成长性

生命是持续成长和发展的动态过程。从婴儿对世界的懵懂无知，到成年后形成稳定的世界观、人生观、价值观，个体始终处于学习和进步中。

成长不仅体现在身体发育和知识积累上，更重要的是心理素质提升和人格完善。

生命历程中，人难免遭遇挑战和困难，这些既是阻碍也是机遇：通过应对挑战，调整心态、磨炼意志、提升解决问题的能力；通过反思行为，发现不足并改进，更好地适应环境和社会需求。正是这种成长性，让生命充满无限可能与活力。

（四）树立积极的生命观

1. 正确认识生命的意义

（1）生命具有唯一性与无价性。

从生物学和哲学角度看，生命具有独一无二的特性。在无限时空维度中，每个个体的生命仅有一次：生物学上，每个人的基因组合独特，决定了生理特征和潜在能力的不可复制性；哲学上，生命的诞生是无数偶然因素共同作用的结果，其诞生概率微乎其微。一旦生命消逝，便无法复活，这凸显了生命的无价性——不仅体现在个体自身价值上，还体现在对家庭、社会的深远影响。

（2）生命成长需要磨砺。

人生并非坦途，挫折与困难是生命历程的必然组成部分。从心理学角度，人的心理韧性和成熟度是在应对挑战中逐渐培养的，没有人能未经磨砺轻易成功。磨砺是生命走向成熟的必经之路，能锻炼意志、提升解决问题的能力。将人生不如意视为生命的磨炼，以积极心态面对，有助于培养坚韧精神，让人在困难中保持冷静，增强抗压能力，战胜前进中的阻碍。

（3）生命在于不断超越。

人的生命历程充满得失、苦乐交替。困境中不应失去希望，即使失去一切，希望依然存在。人应具备积极向上的精神和信念，包括敢于斗争的大无畏精神，以及勇往直前、百折不挠的精神。超越生命意味着突破自我局限：面对得失保持平和，经历苦难时坚持追求目标。通过不断超越，人能拓展生命的宽度和深度，实现更高层次的自我价值。

2. 端正对生命的态度

（1）善待生命。

在生命活动的各方面（与人交往、对待自己），都应秉持善良之心、采取善意之举、践行善待的行为。将生命视为神圣不可侵犯的瑰宝，尊重每个生命的存在和权利。这种善待不仅体现在言行上，更体现在内心态度上：与他人相处时，关心其需求和感受，给予帮助；对待自己时，关注身心健康，不伤害自己。

(2)珍爱生命。

对生命怀有无比珍惜之情,精心呵护生命的每一个阶段。不仅珍惜自己的生命,也推己及人尊重他人的生命——不随意消耗、浪费生命,避免陷入消极生活状态和无意义行为;坚决杜绝轻易、无价值地结束生命的行为。积极消除对生命不利的因素(如不良生活习惯、负面情绪),积累积极因素(如健康生活方式、积极人生态度),以乐观心态过好每一天,让生命充满活力。

(3)磨砺生命。

深刻洞悉生命本质,将人生遭遇的一切不如意视为对生命的磨炼。无论是艰难的生活境遇,还是得失成败的经历,抑或是福祸多舛的命运,都是生命成长的宝贵财富。以积极心态对待这些磨砺,泰然处之——在挫折中汲取经验,在困难中锻炼能力,通过不断磨砺让生命更加坚强成熟。

(4)超越生命。

致力让生命实现增能、增势、增值、增彩:通过学习和实践提升能力素质,放大生命能量;参与社会活动拓展人脉和影响力,拓大生命的影响力;追求更高层次的精神境界和人生价值,提高生命意义。将个人发展与社会进步紧密结合,使个人之"命"成为众人之"命"、社会之"命"的有机组成部分,实现生命价值的最大化。

3. 敢于承担生命责任

(1)正确认识自我价值,承担社会责任。

高职学生作为社会重要群体,应正确认识自我价值,将个人成长与社会发展紧密联系。自觉把社会理想和时代要求内化为个人的成才目标,树立强烈的社会责任感和使命感。追求个人梦想的同时,关注社会需求和发展趋势,以社会发展为己任,为社会进步贡献力量。

(2)积极投身社会实践,体悟生命意义。

高职学生应主动走出校园,深入社会基层,通过参与科技服务、公益劳动等社会实践,了解社会实际、认识国情。在实践中丰富人生阅历和情感体验,磨砺意志品质,真正体悟生命的意义和价值,更加珍惜生命中的美好时光。

(3)担当生活主体,提升生命责任感。

高职学生要明确自己是生活的主体,对自己的生命、事业和情感负责:对生命负责,保持健康生活方式,积极面对挑战;对事业负责,努力学习专业知识,提升专业能力,为实现职业目标奋斗;对情感负责,真诚对待他人,建立良好人际关系。同时,将这种责任感推己及人——从对亲人负责,逐步扩展到对周围人负责,最终升华到对社会、民族、国家负责,成为有担当、有责任感的社会公民。

二、体验生命

生命体验是生命教育中饱含情感温度与人文关怀的核心环节,对于高职学生而言,它宛如一场丰富多彩的生命盛宴,等待同学们用心去品味与感悟。

(一)自然体验

1. 校园自然观察

校园内绿树成荫、花草满园,犹如一座小型生态乐园。学生们可以利用课余时间,选择校园内的一种植物,从春天的新芽初绽开始,像细心的科学家一样,观察并记录它的生长过程——记录内容可包括花朵绽放的时间、叶子的形态变化等。例如,选择一株樱花树,记录它从初春的花苞形成,到樱花盛开时的绚烂,再到花瓣飘落、新叶生长的过程。通过这样的观察,学生们能切身感受植物生命的顽强与美丽,体会生命在不同阶段展现的独特魅力。

校园四季风光各异,学校可在不同季节组织校园漫步活动,让学生深入感受四季的独特魅力。例如,秋天漫步于校园小径,目睹落叶缓缓飘落,如同无数金色的蝴蝶在空中翩翩起舞——学生们可以捡起一片落叶,仔细观察其纹理和颜色,感受生命的成熟与收获;冬天校园银装素裹,一片宁静与纯洁,学生们站在雪后校园中,感受雪花的轻柔,聆听自己的脚步声在寂静中回响,体会生命的坚韧与宁静。

2. 户外拓展活动

(1)定向越野挑战。学校可以定期组织定向越野活动,让学生们组成团队,在自然环境中根据地图和指南针寻找隐藏在各个角落的指定地点。活动中,他们可能会遇到崎岖的山路、湍急的小溪等自然障碍,需要团队成员携手共进、共同克服。通过这种方式,学生们不仅锻炼了身体,更能深刻体会生命的韧性,同时在团队协作中提升沟通与配合能力。例如,某次定向越野中,团队需要通过一条湍急的小溪,他们齐心协力,最终成功到达对岸——这种经历让团队成员关系更紧密,也让每个人感受到团队合作的力量。

(2)野外生存体验。学校也可适时开展野外生存挑战活动,让学生学习搭建帐篷、寻找水源、野外烹饪等实用技能。在野外生存过程中,学生们将直面自然的原始面貌,深刻感受生命的脆弱与顽强并存。例如,某次野外生存活动中,学生们需要在有限资源下搭建安全的帐篷,他们通过查阅资料、互相讨论,最终成功搭建起临时庇护所。这个过程中,学生们不仅学会了基本生存技能,还懂得了如何在困难中保持冷静和理智,增强了自我保护意识。

3. 环保实践活动

(1)校园绿化美化。鼓励学生积极参与校园绿化活动,比如亲手种植花草树木、制作环保标语牌等。当学生们看到自己种植的花草在校园角落茁壮成长,为校园增添一抹又一抹绿色与美丽时,生命成长带来的喜悦和成就感将是无与伦比的。例如,某个班级在校园空地上种植了一排薰衣草,经过几个月的精心照料,薰衣草盛开,散发出迷人香气,吸引众多师生驻足——这个过程不仅美化了校园环境,也让学生们体会到付出与收获的快乐。

(2)环保公益活动。倡导学生们参与社区或自然保护区的环保公益活动,如河流清洁、垃圾分类宣传等。在这些活动中,学生们通过实际行动为保护自然环境贡献力量。例如,学生志愿者团队参与社区河流清洁活动,他们带上工具沿河岸清理垃圾,向居民宣传环保知识——通过这样的活动,学生们不仅增强了环保意识,还深刻认识到每个生命个体都有责任保护共同的家园。

(二)社会体验

1. 参与社团活动

高职院校社团百花齐放,诸如志愿者协会、文艺社团等,宛如一个个充满活力的小社会,等待着同学们踊跃投身其中。

志愿者协会定期组织关爱孤寡老人、孤儿院探访、特殊教育学校交流等温情活动。在孤儿院探访时,同学们可以发挥才艺,为孩子们带来欢快的歌曲、优美的舞蹈、有趣的故事等,还能耐心辅导孩子们功课。孩子们脸上绽放的灿烂笑容,这份纯真的快乐,会瞬间点亮同学们内心的温暖角落,让每个人真切感受到自己生命的价值和意义,仿佛内心的每一个细胞都被爱填满,变得充实而有力。

校园文艺社团更是艺术的殿堂,像合唱团、舞蹈队、话剧社等,同学们怀揣对艺术的热情纷纷加入。为筹备一场演出,成员们投入大量时间和精力:从最初排练时的动作不协调、节奏把握不准,到互相鼓励、反复磨合,再到正式演出时在舞台上绽放光彩,台下如潮的掌声就是对他们努力的最好见证。这个过程中,同学们不仅增强了人际交往能力和团队协作精神，还在艺术氛围中感受到生命的活力和美好，每一次排练后的汗水和演出后的欢笑，都成为大学生活中最难忘的记忆。

2. 企业实习实践

当同学们走进工厂或企业的生产一线开始实习时，就如同踏入了一个全新的实战赛场。在这里，他们有机会深入了解产品的生产流程——从原材料采购、车间加工，到质量检测、成品包装等各个环节。同学们与工友们并肩作战，共同完成生产任务：起初可能因操作不熟练，操控机器时手忙脚乱，或是跟不上工作节奏，面临较大强度时感到疲惫；但随着一步步克服困难，与同事携手攻克难题，最终成功完成任务，成就感便油然而生。同学们不仅体会到劳动的意义和价值，还从工友们身上感受到朴实而真挚的情谊，明白了坚持和努力的重要性。

参与企业的团队项目合作，对同学们而言是踏入职场前的宝贵试炼。以产品研发为例，同学们可能来自不同专业背景，与不同部门的同事密切合作：市场调研人员收集消费者需求，技术研发人员探索创新方案，质量控制人员把关产品标准——同学们在其中发挥专业优势，为共同目标全力拼搏。过程中，大家学习到如何高效沟通协调，如何在分歧中形成共识，如何在压力下保持团队凝聚力。每一次项目成功的背后，都是团队智慧与汗水的结晶，同学们也在这样的实践中感受到团队的力量和温暖，明白了合作的重要性，为步入社会积累了宝贵经验。

3. 社会实践调研

以小组为单位深入社区开展生活状况调查，对同学们来说像是一次充满挑战与收获的探险。同学们带着问卷和访谈提纲，走进社区的每一个角落，与居民面对面交流——从了解社区居民的生活需求、文化习俗，到挖掘社区潜在的问题，他们像小侦探一样，认真记录每一个细节。经过调查分析，同学们为社区提出改善建议：针对老年人活动设施不足的问题，策划组织社区文化活动；针对环境绿化不佳的情况，提出改善方案。这个过程中，同学们不仅锻炼了调研能力和解决问题的能力，还拓宽了视野，看到了所学知识在实际生活中的应用价值，也更加理解了社区这个大家庭的复杂与温暖。

乡村支教活动是同学们假期里的一场心灵之旅。同学们怀揣教育的热情和爱心，来到乡村学校。这里简陋的教学条件和孩子们对知识的渴望眼神形成鲜明对比。同学们为孩子们带去精心准备的课程，用生动有趣的方式讲解知识，还组织课外活动拓展孩子们的视野。从孩子们纯真的眼神中，同学们感受到了生命的质朴和希望，也体会到不同生活环境下的生命状态。支教经历让同学们更加珍惜自己的学习机会，增强了社会责任感，明白了教育对改变命运的重要性，也让自己的生命在付出中变得更加厚重而有意义。

（三）内心体验

1. 心理健康课程与活动

在学校心理健康教育体系里，心理健康讲座是重要一环。心理学专家应邀走进校园，为同学们带来内容丰富、实用性强的心理健康知识讲座——同学们在讲座中学习到常见心理问题（如考试焦虑、人际关系紧张等）的应对方法：面对考试焦虑，了解到可以通过深呼吸、积极地自我暗示等缓解紧张；处理人际关系紧张时，学会了换位思考、有效沟通等技巧。这些方法帮助同学们更好地调整心态，以更积极、乐观的状态面对学习和生活中的各种挑战。

心理素质拓展训练活动也是同学们特别喜爱的项目。"信任背摔"要求同学们直面从高处向后倒下的恐惧，完全信任身后接住自己的队友——这不仅考验个人的心理承受能力，更能深刻感受到团队成员之间的信任与支持；"盲人方阵"则让同学们明白，在信息不完整、沟通受限的情况下，如何依靠团队协作完成任务，提高了团队协作能力和沟通效率。通过这些活动，不仅增强了同学们的心理素质，也巩固了同学之间的友谊，让他们学会在困难时刻互相依靠，共同成长。

2. 个人成长日记

每日反思记录对同学们的自我成长有着不可忽视的作用。习惯写个人成长日记的同学，会每天在日记本上记录自己在学习、生活中的经历和情感变化：当遭遇挫折（如专业技能竞赛失利）时，详细记录当时的情绪反应（失落、自我怀疑等），并把应对方式（如与老师沟通寻求指导、调整学习方法等）一一写下。定期回顾这些日记，就像翻看自己成长的相册，同学们能清晰看到自己的进步与不足——也许最初面对挫折时总是消极应对，但随着时间推移，自己逐渐学会了主动寻求解决方案。在不断反思中，同学们吸取经验教训，优化行为模式。

同时，同学们在日记中设定短期和长期目标：短期目标可能是通过下个月的英语四级考试，长期目标或许是成为一名优秀的机械工程师。为实现这些目标，他们会在日记里规划好每个月的学习任务（如每周背多少单词、每月做几套模拟题），也会记录职业探索的进展（如参加行业研讨会的心得、与校友交流职业经验的收获等）。定期检查目标达成情况，让同学们对自己的成长有清晰的掌控，激励他们不断前进。

3. 校园成长仪式

开学典礼与迎新活动是高职生活的起点。新同学们怀揣梦想踏入校园，参加开学典礼——校领导的致辞、优秀学长学姐的经验分享，都让他们对未来的学习生活充满期待。迎新活动更是让新同学们迅速融入校园的关键：学长学姐组织的各种趣味游戏（如校园寻宝、团队接力赛等），不仅帮助他们熟悉校园环境，还让他们结识了许多新朋友，认识了来自不同地方、有着不同背景的同学。这个过程中，新同学们认识到自己作为大学生的新身份，肩上多了一份责任，为即将开始的学习生活做好了充分准备。

毕业典礼与告别仪式则是高职生活的句点。当毕业时刻来临，同学们齐聚一堂参加毕业典礼，看着台上的老师和同学们，回忆起三年来的点点滴滴：从第一次踏入校园的懵懂，到如今即将走向社会的自信；从课堂上的知识汲取，到实践中的技能锤炼；从与同学们的争执，到一起度过的欢乐时光——这些回忆在脑海中一一闪过。与老师、同学们依依惜别时，大家可能会热泪盈眶，感慨时光飞逝。但这不是结束，而是新的开始——同学们将这段美好回忆珍藏心底，让它成为未来前行的动力，带着在大学期间收获的知识和友谊，勇敢迈向人生的新征程。

（四）文化艺术体验

1. 校园文化艺术节

校园文化艺术节是高职校园文化生活的重要组成部分，为同学们提供了展示才艺和提升艺术修养的广阔平台。文化艺术节期间，同学们可以积极报名参加歌唱比赛、舞蹈表演、绘画展览等项目，展示自己的艺术才华；同时欣赏其他同学的精彩作品，感受不同艺术形式的独特魅力。例如，在绘画展览中，同学们能看到校园艺术爱好者用画笔描绘的美丽风景、人物情感等，从中体会艺术创作的丰富多样性和无限创造力。此外，艺术节也为同学们提供了参与文化活动组织工作的机会（如活动策划、舞台布置、节目主持等），通过参与这些工作，同学们不仅提高了组织协调能力和团队合作精神，还深入了解了文化活动背后的策划过程和深刻意义，进一步增强了对文化艺术的热爱和尊重。

2. 文化讲座与展览

学校定期举办的传统文化讲座，是传承和弘扬中华优秀传统文化的重要途径。讲座中，专家、学者会深入浅出地讲解中国古典文学、传统手工艺、民俗文化等丰富内容，通过学习，同学们能深刻体会中国传统文化的博大精深，以及其中蕴含的对生命的敬畏和尊重。例如，在传统手工艺讲座中，同学们有机会学习剪纸、刺绣等技艺，亲身体验工匠精神和生命智慧的传承。此外，学校还会组织同学们参观当地的美术馆、博物馆等文化场所，欣赏名家书画作品、历史文物等珍贵艺术瑰宝。参观过程中，同学们能深入了解艺术作品背后的历史故事和文化内涵，拓宽文化视野，提升审美素养和文化品位。

3. 文学与影视作品赏析

经典文学阅读分享会是提升同学们文学素养和阅读水平的重要活动。在班级或社团的组织下，同学们共同阅读《平凡的世界》《活着》等经典文学作品，然后在分享会上交流阅读感受和体会。通过深入探讨作品中主人公的命运和人生选择，同学们能从这些经典中汲取丰富的精神力量，引发对自身生命历程和人生意义的深刻思考。

同时，学校会组织同学们观看优秀影视作品，这些作品以深刻的思想内涵和精湛的艺术表现力，引导同学们思考生命中的希望、自由、梦想等重要主题。观看结束后，同学们撰写观后感，表达对影片中生命主题的理解和感悟。

三、生命韧性的培养

在人生旅途中，每个人都不可避免地会遇到各种挑战、困难和挫折。生命韧性，就如同人生航船的压舱石，能帮助我们在风浪中保持平衡，不被轻易击倒，最终驶向光明的彼岸。因此，培养生命韧性是生命教育的核心任务之一，生命韧性也是个体健康成长、适应社会、实现自我价值的必备能力。

（一）生命韧性的概念

生命韧性（Resilience），如同人生旅途中的精神铠甲，对于正处于人生关键转折期的高职学生而言，其重要性尤为凸显。它是指个体在面对逆境、创伤、压力、悲剧等重大生活事件时，能够良好适应、有效应对，并保持心理健康和良好社会机能的一种能力。这里需要强调的是，韧性并非意味着个体不会经历痛苦或悲伤，而是指个体在经历这些负面情绪的洗礼后，能够迅速调整自己，恢复到正常状态，甚至从中获得成长和力量。

对于高职学生来说，他们正处在从校园到社会、从依赖到独立、从学习到实践的关键过渡期。这个阶段，他们不仅要面对学业压力，还要思考未来的职业发展方向，同时还要处理人际关系、经济压力等多重挑战。因此，培养强大的生命韧性，对高职学生而言，不仅关乎当前的心理健康和学习效率，更影响着未来的职业发展和人生幸福。

具体来说，高职学生的生命韧性可以体现在以下几个方面：

（1）面对学业压力时的坚持与调整。高职教育注重实践操作和技能培养，学习过程可能充满挑战。当遇到学习困难、技能掌握不熟练、考试失利等情况时，拥有韧性的学生能够积极寻求帮助，调整学习方法，坚持不懈，而不是轻易放弃或陷入自我否定。

（2）面对职业选择时的探索与适应。高职学生需要较早地思考未来的职业方向，并为此做好准备。在实习、兼职或求职过程中，他们可能会遇到各种挫折（如简历未获回应、面试失败、工作内容与预期不符等）。具有韧性的学生能够将这些经历视为宝贵的经验，不断调整职业规划，积极探索适合自己的发展方向，并快速适应新的工作环境。

（3）面对人际关系时的包容与成长。高职学生需要与来自不同背景的同学、老师、同事等建立良好的人际关系。在人际交往过程中难免会产生矛盾和冲突，拥有韧性的学生能够以更包容的心态看待人与人之间的差异，积极沟通，化解矛盾，并在人际交往中不断成长和成熟。

（4）面对经济压力时的独立与担当。部分高职学生可能需要承担一定的经济压力（如学费、生活费等）。具有韧性的学生能够积极寻找解决问题的办法（如申请助学贷款、勤工俭学等），培养独立性和责任感，而不是一味地依赖他人或抱怨现状。

（5）面对自我认知时的接纳与提升。高职学生正处于自我认知不断完善的重要时期，可能会对自己的能力、性格、外貌等产生怀疑或不满。具有韧性的学生能够客观认识自己的优点和不足，积极寻求自我提升的途径，接纳自己的不完美，建立自信。

总而言之，生命韧性是高职学生在人生航程中乘风破浪的重要保障。它不是与生俱来的，而是可以通过后天的教育和培养不断提升的。通过培养坚韧不拔的意志、积极乐观的心态、灵活变通的思维和良好的社会支持系统，高职学生可以更好地应对人生中的各种挑战，实现自身价值，为未来的职业生涯和人生发展奠定坚实的基础。

（二）生命韧性培养的重要性

1. 应对挑战，克服困难

生活就像一场充满未知的冒险，你永远不知道下一个转角会遇到什么。对高职学生来说，学习本身就是一场硬仗：课程难度不断升级，专业技能的要求也越来越高，仿佛总有一座又一座的高山横亘在前。比如，面对一门从未接触过的专业核心课程，复杂的理论知识如潮水般涌来，实训操作又要求极高的精准度，稍有不慎就可能前功尽弃。这种时候，没有生命韧性，可能很容易就被挫折打倒，陷入自我怀疑，觉得自己是不是不适合这个专业；但有了生命韧性，就像给自己的心灵穿上了一副盔甲，能够稳稳应对这些挫折——每一次考试失利不再是终点，而是一个信号，提醒你需要调整学习方法；技能操作失败也只是一个过程，鼓励你多练习几次。生命韧性让你在这些困难面前抬起头，咬紧牙关坚持下去，说一声"我还能再试一次"，最终，那些曾让你痛苦不堪的挑战，都会变成你成长路上的垫脚石。

人际关系问题也是生活中躲不掉的难题。在校园里，和室友因为生活习惯不同产生矛盾，和朋友因为观点不合争吵，甚至在社团里面对竞争关系，都可能让你陷入孤独和委屈；出了校园，进入实习单位，还要面对复杂的人际网络，稍不注意就可能陷入职场的人际漩涡。可要是拥有生命韧性，就能在这些人际风波中稳住自己：和室友闹矛盾时，不是一味地气恼，而是冷静下来，试着去理解对方，主动沟通解决问题；和朋友争吵后，能用包容的心态看待分歧，珍惜友情，找到和解的办法。生命韧性让你明白，人际关系中的磕磕绊绊是常态，但它并不会绊住你前进的脚步，反而能让你在为人处世中越来越成熟，学会在不同的人际场景中游刃有余地切换，把复杂的人际关系变成你生活和职业发展中的助力，而不是阻力。

2. 促进心理健康，预防心理问题

在当今快节奏的社会环境中，压力和负面情绪就像空气中的颗粒，无处不在。对高职学生而言，学业压力不可避免：每天清晨醒来，就想着今天要完成多少章节的学习任务，要准备什么时候的专业技能考核，长期处于这种紧绷状态，很容易被焦虑情绪吞噬。要是没有足够的心理韧性，焦虑就像滚雪球一样，越积越大，最后可能压得人喘不过气来，甚至陷入抑郁的泥沼——抑郁不是矫情，而是一种会让人真正感到绝望的情绪状态。可当生命韧性足够强大时，它就像心灵的守护者，帮你把那些负面情绪关在笼子里：面对学业压力，你会合理安排时间，给自己留出休息和放松的空间，

不让压力无限制地膨胀；当你遭遇挫折（如在实习单位被批评，或者考试失利），也能及时调整自己的情绪，不会陷入自我否定的深渊。生命韧性教你用健康的方式去疏导情绪（如运动、倾诉、写日记），而不是憋在心里，让负面情绪在心里野蛮生长。这样一来，心理问题的风险就会大大降低，你的心灵能保持一片晴空，让自己始终以积极的心态去面对生活的起起伏伏。

3. 提升适应能力，促进个人成长

生活总是在不断变化，尤其是对于高职学生来说，未来充满了未知和不确定性。从学校到职场，这是一次巨大的跨越：在学校，有老师时刻提醒你课程安排，有明确的作息时间表；可一踏入职场，一切都变了——你需要自己规划工作时间，面对复杂的工作任务和多变的工作环境。这时候，要是没有强大的适应能力，很容易陷入迷茫和无助，甚至会对新环境产生强烈的排斥心理；但当生命韧性在你心里扎下根，它会让你像一颗顽强的种子，不管环境多么陌生，都能迅速找到自己的生长节奏：你会主动去了解公司的规章制度，积极向同事请教不懂的地方，快速调整自己的工作状态。而且，生命韧性还能让你在逆境中抓住成长的机会，比如，在实习期间遇到一个特别严厉但业务能力超强的导师，虽然被批评是常事，但你会把这当作学习的机会，不断反思自己的不足，提升自己的专业能力。每一次挑战都是一次成长的契机，每一次逆境都是一次自我提升的磨砺，最终，你会在这些变化和困难中破茧成蝶，实现自我价值，成为一个更加优秀和成熟的个体。

4. 增强抗挫折能力，培养积极心态

面对失败和挫折，每个人都会有想要放弃的瞬间。人生就像一场马拉松，途中总会有各种各样的障碍。对高职学生来说，考试失败、技能竞赛失利、求职被拒，这些都可能是你在奔跑途中遇到的"绊脚石"。没有生命韧性的时候，这些挫折就像冰冷的雨水，能瞬间浇灭你心中的希望之火——一次求职被拒，可能会让你怀疑自己的能力，开始陷入自我否定的循环，觉得自己是不是太差劲了，连一份工作都找不到；可生命韧性是一把能点燃你内心的打火石，它会帮你重新燃起希望之火：它让你明白，失败只是人生长跑中的一个小插曲，而不是终点。你会从失败中吸取教训，分析自己在求职过程中哪里还可以改进（比如是不是简历不够突出，或者面试技巧不够娴熟），然后调整策略，再次出发。生命韧性会让你养成一种积极的思维模式，把挫折看作是人生的必修课——每一次跌倒都是一次学习的机会，每一次困难都是一次自我突破的契机。你会勇敢地去尝试新的事物，不害怕失败，因为你深知，失败只是暂时的，只要不放弃，就离成功更近一步了。

（三）生命韧性的培养途径

1. 建立积极的思维模式

（1）正确认识逆境。

同学们需要明白，挫折和困难是人生旅途中的常客，它们就像道路上的崎岖，虽然会让我们行走变得艰难，但正是这些不平坦让我们有机会欣赏到更独特的风景。没有谁的人生是一帆风顺的，那些看似不幸的事件，其实往往隐藏着成长的契机——就像在专业学习中遇到的难题，当费尽心思攻克后，会发现自己的知识和能力都有了质的飞跃；又或者是在人际关系中经历的一些摩擦，事后回顾，才发现自己因此学会了换位思考和沟通技巧。所以，挫折和困难并非纯粹的负面事件，而是成长和进步的垫脚石。

（2）培养成长型思维。

我们要坚信，能力并不是一成不变的，而是可以通过努力得到提升。每一次的失败，都不是在宣告我们的无能，而是在告诉我们还有学习和成长的空间。就像在实习过程中，可能会因为缺乏经验而被批评，但如果能以成长型思维看待这件事，就会明白这是提升自己的宝贵机会——正视失败，认真分析原因，努力改进，那么失败就会变成通往成功的必经之路。我们要相信，只要付出足够的努力和坚持，就能不断进步，逐渐向目标靠近。

（3）学会积极地自我对话。

在心里，我们每个人都有一个"自我对话者"。当我们遇到挫折或者挑战时，这个"对话者"会跳出来发表意见。很多人习惯性地用消极的语言来批评自己（如"我真笨""我就是不行"等），但我们要学会用积极的、鼓励性的语言来取代这些消极声音，就像是给自己找一个内心的支持者，而不是批评者。在准备演讲比赛感到紧张时，不要一直提醒自己"我很紧张，我会失败的"，而是对自己说"我准备得很充分，我可以做到"。这种积极的自我暗示，能够帮助我们调整心态，增强自信心，让我们以更好的状态去迎接挑战。

（4）培养乐观精神。

乐观的人，即使在困境中也能发现那抹微弱的亮光，并坚信黑夜终将过去，黎明终会到来。对高职学生而言，保持乐观精神尤为重要：在面对未来就业的不确定性时，不要只看到就业市场的竞争激烈这一面，也要看到自己所学专业的优势和自身具备的技能,相信自己能够在这个领域找到属于自己的位置,相信生活中总有积极的方面和转机。这种对未来的希望和信心,就像是黑暗中的灯塔,能为我们指引方向,让我们在困境中依然能够坚定地前行。

高职的学习生活节奏紧凑,同学们可以每天花几分钟记录三件让自己感到开心或满足的小事——也许是课堂上积极回答问题得到老师表扬的那一刻,或者是和室友一起分享家乡美食的温馨时光,又或许是成功完成一次实习任务后的成就感。通过记录这些看似不起眼的好事,大家会逐渐把注意力从负面事情上移开,让自己变得更乐观。久而久之,就能养成用阳光心态看待生活的习惯,看到生活的丰富多彩。

同时,学校也会组织丰富多彩的校园活动(如主题班会、心理健康讲座等)。在这些活动里,会教大家怎么换个角度思考问题,把困难看作成长的垫脚石,把挫折当成人生路上的小插曲;还会通过案例分享、小组讨论等方式,让大家在轻松氛围里学会用乐观思维方式处理烦恼。

2. 增强情绪调节能力

(1)识别和接纳情绪。

情绪是我们内心最真实的声音,它时刻反映着我们的心理状态。对于高职学生来说,学习压力、人际关系等因素常常会引发各种情绪。例如,在准备期末考试时,可能会感到焦虑不安;在与室友发生矛盾时,会感到愤怒或者委屈。这些情绪无论是积极的还是消极的,都是我们正常的心理反应。关键在于我们要学会识别自己的情绪,明确自己此刻是感到开心、难过、生气还是害怕,并且要接纳这些情绪的存在,不要因为自己有负面情绪而感到羞耻或者自责。只有当我们学会识别和接纳情绪时,才能更好地对情绪进行调节。

(2)发展适合自身的情绪调节策略。

为了能够更好地管理情绪,我们需要掌握一些有效的情绪调节方法。例如,深呼吸是最简单易行的一种方法:当我们感到焦虑或者愤怒时,可以找一个安静的地方,慢慢地吸气,让空气充满腹部,然后再缓缓地呼气——这个过程能够帮助我们快速地平静下来。还有冥想和运动:冥想可以帮助我们清空杂念,让内心回归平静;运动则可以释放压力,让我们的心情变得愉悦。除此之外,倾诉也是很好的情绪调节方式:当我们遇到困难或者烦恼时,找一个值得信任的人(如朋友、家人或者老师),把心里的苦闷说出来,往往能减轻心理负担,获得安慰和建议。培养同理心,学会理解和感受他人的情绪,也有助于建立良好的人际关系,让我们在面对压力时能够获得更多的社会支持。

学校专门为同学们开设了情绪管理课程。课堂上，老师会用有趣的方式讲解焦虑、抑郁、愤怒等常见情绪的来龙去脉。比如，结合实际案例，讲讲考试焦虑时手心冒汗、心跳加速的身体反应是怎么回事，让大家明白这些都是正常现象；还会教大家实用的情绪调节方法，并带着大家在课堂上现场练习，感受这些方法如何帮助自己冷静下来。课后也会鼓励大家多练习，把它们变成自己的情绪调节法宝。

学校一直倡导开放包容的校园文化，鼓励同学们大胆表达自己的情绪。学校设立了心理咨询室和热线电话，安排了专业老师值班，随时准备倾听大家的心事；要是不想面对面交流，也可以匿名把烦恼写在纸上，放到咨询室门口的意见箱里。学校还会定期举办心理健康主题活动（如"解忧杂货铺""心灵树洞"等），为同学们提供安全的情绪表达空间——在这里，大家可以毫无保留地倾诉烦恼，分享快乐，也能听到其他同学的故事，感受到集体的温暖。

（3）增强自我效能感。

自我效能感，简单来说，就是我们对自己能否完成一件事情的信心。一个自我效能感强的人，在面对挑战时会更加自信，更愿意去尝试和付出努力。对于高职学生而言，增强自我效能感的方法有很多：在专业学习中，可以从小的目标开始（例如，先完成一篇小论文，或者解决一个简单的技术问题），当我们成功达成这些小目标后，就会积累起自信心；然后，再逐渐挑战更高难度的目标。每一次的成功经验都会成为我们内心的力量，让我们更加相信自己有能力应对挑战和困难，这种信念会在我们面对更大的挑战时，给我们提供强大的心理支持。

学校明白每个同学都有独特的闪光点，所以会努力为大家搭建展示自我的舞台，无论是专业技能大赛还是校园文化艺术节，都是大家大放异彩的好机会。在专业技能大赛里，同学们可以凭借扎实的专业知识和娴熟的技能一展身手；校园文化艺术节则让有文艺特长的同学尽情释放才华。而且，老师会在课堂上多鼓励大家，少批评指责：当同学们积极发言时，老师会及时肯定观点，给大家点赞，让大家感受到自己的价值；遇到学习困难的同学，老师会耐心辅导，帮忙找到学习方法，鼓励大家克服困难，增强自信心。

3. 培养积极的行为习惯

（1）设定目标并付诸行动。

目标就像是人生路上的路标，为我们指引方向。作为高职学生，我们要学会设定明确、可实现的目标——这些目标可以分为长期目标和短期目标：长期目标可能是成为一名优秀的工程师或者在自己所学领域内成为专家；短期目标则可以是通过下一阶段的专业认证考试或者完成一个实习项目。目标的设定要符合自己的实际情况，既不能过高以至于无法实现，也不能过低而缺乏挑战性。在设定目标后，我们还需要制订详细的计划，并将计划付诸行动。例如，为了通过专业认证考试，可以制订每日学习计划，包括学习的时间、学习的内容和要达到的目标。按照计划逐步推进，当成功实现目标时，我们会获得强烈的成就感和自信心——这种积极的反馈会激励我们不断前进，去挑战更高的目标。

（2）培养解决问题的能力。

在日常学习和生活中，我们都会遇到各种各样的问题：例如，在专业课程学习中遇到不理解的知识点，在实习工作中遇到突发状况需要紧急处理等。面对这些问题，我们要学会独立思考和应对：首先，要冷静分析问题的本质，找出问题的关键所在；然后，试着从不同的角度去寻找解决方案，可以查阅资料、请教老师或者同学，也可以通过模拟推演等方式来尝试不同的解决办法。在这个过程中，我们会逐渐提高自己的应变能力和解决问题的能力——拥有了解决问题的能力，就能够在面对挑战时更加从容不迫，增强我们的抗挫折能力。

（3）积极参与挑战。

人只有在不断挑战自我、突破舒适区的过程中，才能实现真正的成长。对于高职学生来说，要积极参加各种具有挑战性的活动——可以是学校的学科竞赛、专业技能大赛，也可以是社团组织的户外拓展活动、志愿者服务项目等。在这些挑战性的活动中，我们会遇到各种意想不到的困难，但同时也会有机会锻炼自己的能力。每一次的挑战都是一次自我突破，每一次勇敢尝试都可能带来新的收获。通过不断地参与挑战，我们能够逐渐适应压力，提升自己的心理素质和应对能力。

学校会定期组织各种挫折教育活动，帮助大家提前体验挫折，学会应对。比如模拟面试大赛，让同学们在正式场合锻炼自己，感受求职压力。比赛时可能会遇到各种突发情况（如被问到不会回答的问题，或是被评委突然打断思路等）；比赛结束后，评委老师会详细点评，指出同学们的优点和不足，教大家怎么在挫折中调整心态，提高求职竞争力。学校还会邀请企业 HR 或优秀校友回校分享求职经验，他们会给同学们讲讲真实的求职故事，那些被拒绝的无奈、等待的煎熬，还有收到录用通知时的喜悦。通过分享，同学们能提前了解职场的酸甜苦辣，为毕业后的求职做好心理准备。

（4）保持健康的生活方式。

健康的身体是良好心理状态的基础。只有身体状况良好，我们才能更好地应对生活中的各种挑战。良好的生活方式包括保证充足的睡眠、均衡的饮食和适量的运动。充足的睡眠能够让我们在白天保持充沛的精力，提高学习和工作效率；均衡的饮食可以为我们的身体提供所需的营养物质，增强身体免疫力；而适量的运动则有助于释放压力，改善心情（例如，跑步、游泳、打篮球等运动都可以在锻炼身体的同时，让我们产生愉悦感，减轻心理负担）。通过保持健康的生活方式，我们能够从整体上提升自己的身心素质，为培养生命韧性打下坚实的基础。

4. 构建良好的支持系统

（1）建立良好的人际关系。

人际关系是我们生活中不可或缺的一部分。对于高职学生来说，与家人、朋友、老师等建立良好的人际关系至关重要：与家人保持密切的联系，他们是我们最坚实的后盾，无论遇到什么困难，家人的支持和关爱都能给我们带来温暖和力量；与朋友建立真挚的友谊，朋友之间相互理解、相互支持，可以在我们遇到困难时提供陪伴和帮助；与老师保持良好的沟通，他们不仅能够在学业上给予我们指导和帮助，还能在生活和职业规划方面为我们提供建议和支持。良好的人际关系能够为我们提供丰富的情感支持和帮助，让我们在面对困难时不再孤单。

（2）寻求社会支持。

当我们遇到个人无法解决的困难时，不要犹豫，要主动寻求社会支持。社会支持的来源非常广泛，包括学校的心理咨询服务中心、专业的心理机构、社区的互助小组等。在学校的心理咨询服务中心，专业的心理咨询师能够为我们提供一对一的心理咨询服务，帮助我们解决心理困惑和问题；在社区的互助小组中，我们可以与经历类似的人分享经验，互相鼓励，从中获得支持和力量。寻求社会支持是一种积极应对问题的方式，它能够让我们获得更多的资源和帮助，更好地应对挑战。

（3）培养团队精神。

团队合作是现代职业生涯中不可或缺的能力。因此，我们要积极参与团队合作，培养团队精神。在团队中，我们能够学会倾听他人的意见，发挥自己的优势，共同为实现团队目标而努力；在团队合作的过程中，我们也会获得来自团队成员的支持和鼓励。例如，在学校的社团活动中，为了完成一个大型的社团项目，团队成员们需要分工合作、互相支持，在这个过程中，我们能够感受到团队的力量，也能够为团队做出自己的贡献。培养团队精神，不仅能够提升我们的合作能力，还能够让我们在团队中找到归属感和支持感。

（4）融入社区。

积极参与社区活动，是我们融入社区、获得归属感和支持感的重要途径。社区活动的形式多种多样，例如，可以参加社区的环保活动、文化活动、志愿者服务等。通过参与这些活动，我们不仅能够为社区的发展贡献自己的力量，还能够结识来自不同环境的人，拓展自己的社交圈子。在社区活动中，我们能够感受到自己是社区大家庭的一员，从而获得归属感和支持感——这种归属感和支持感能够增强我们的心理韧性，让我们在面对生活中的困难时，有更多的力量去应对。

四、生命意义构建

如果说生命认知是认识生命的"形"，生命体验是感受生命的"神"，生命韧性是应对生命风雨的"盾"，那么生命意义构建则是照亮人生航程的"灯塔"。它是个体对自身存在价值、生活目标和人生理想的探索和确认，是生命教育的核心和灵魂所在。高职学生正处于世界观、人生观、价值观形成的关键时期，引导他们构建积极的生命意义，不仅关乎他们当前的学习和生活状态，更深远地影响着他们未来的职业选择、人生道路和精神追求。

（一）生命意义的内涵

生命意义并非一个抽象的概念，而是个体在生活实践中，通过与自身、他人、社会、自然的互动，逐渐形成的对自身存在价值的理解和认同。它包含以下几个核心要素。

价值感：个体对自身存在价值的肯定，相信自己是有价值的，能够为他人、社会做出贡献。

目标感：个体对生活目标的明确和追求，拥有清晰的生活方向和人生目标，并为之努力奋斗。

效能感：个体对自身能力的信心，相信自己有能力克服困难，实现目标，掌控生活。

归属感：个体在与他人、集体的联系中获得的归属感和安全感，感受到自己是被接纳、被关爱的。

（二）高职学生生命意义构建的特点

高职学生群体具有其独特性，他们的生命意义构建也呈现出一些特点。

职业导向性：高职教育以就业为导向，因此高职学生的生命意义构建往往与未来的职业发展紧密相连，他们倾向于在所学专业和未来职业中寻找生命的意义和价值。

实用性导向：高职学生更注重实际操作能力的培养，他们的生命意义构建也往往更偏向于实用性——希望通过自身的努力，掌握一技之长，实现经济独立，改善生活条件。

阶段性困惑：高职学生在校期间，面临着学业、就业、人际关系等多重压力，容易产生迷茫和困惑，对生命意义的探索也处于一个不断调整和完善的过程。

（三）高职学生生命意义构建的途径

生命意义的构建是一个动态的、持续的过程，需要个体不断地探索、实践和反思。对于高职学生而言，可以通过以下途径来构建积极的生命意义。

1. 认识自我，发现兴趣

通过性格测试、职业测评、兴趣探索等活动，帮助学生了解自己的性格特点、兴趣爱好、优势特长，明确职业倾向和人生方向。自我探索是生命意义构建的起点，只有充分认识自己，才能找到适合的发展方向，并在实践中实现自身价值。

2. 明确目标，规划未来

引导学生制定短期和长期目标（如学业目标、职业目标、个人发展目标等），并将目标分解为具体的行动计划，逐步实施。目标感是生命意义的重要来源，明确的目标能为学生提供前进的动力和方向，让他们在追求目标的过程中体验成就感和价值感。

3. 积极实践，体验价值

鼓励学生积极参与专业实习、社会实践、志愿服务、社团活动等实践活动，在实践中锻炼能力，体验自身价值。实践是检验真理的唯一标准，也是生命意义构建的重要途径，通过参与实践，学生可以将所学知识运用到实际生活中，在实践中发现自己的价值，增强自信心和效能感。

4. 建立关系，获得归属

引导学生建立良好的人际关系，与家人、朋友、老师、同学等保持密切联系，获得情感支持和帮助；同时，鼓励学生积极参与集体活动，融入集体，获得归属感和安全感。人是社会性动物，需要与他人建立联系以获得归属与安全——良好的人际关系和集体归属感能为学生提供情感支持和精神慰藉，帮助他们更好地应对压力和挑战，构建积极的生命意义。

5. 总结经验，提升认知

引导学生定期进行自我反思，总结经验教训，不断调整目标和方向；同时，鼓励学生阅读书籍、参加讲座、与他人交流，不断提升认知水平，加深对生命意义的理解。反思是生命意义构建的重要环节，通过反思，学生可以持续总结经验、调整方向，使生命意义的构建更清晰、更成熟。

生命意义构建是生命教育的核心和灵魂，它为个体的人生提供了方向和动力。对于高职学生而言，构建积极的生命意义，不仅能够帮助他们更好地应对当前的学业和就业压力，更能为他们的未来发展奠定坚实的基础。让我们共同努力，点亮学生人生航程的灯塔，引导他们驶向充满希望和意义的未来！

五、高职学生心理危机概述

（一）心理危机的含义

心理危机是指个体在面临突然或重大的生活事件时，无法用常规方法解决问题，从而导致心理失衡和情绪困扰的状态。当一个人面临困难情境，而他先前处理危机的方式和惯常的支持系统已不足以应对眼前的处境，即必须面对的困难情境超出其能力时，就会产生心理困扰，这种暂时性的心理失衡状态就是心理危机。

一般来说，心理危机实质上包括三个基本部分：（1）危机事件发生，可能是一次重大挫折、突发疾病或其他严重事件；（2）对危机事件的感知导致当事人感到痛苦——个体对危机事件的认知和评价会影响其情绪反应，若认为事件无法控制和解决，就会产生强烈的负面情绪；（3）惯常的应对方式失败，导致当事人的心理、情感和行为等方面的功能水平较突发事件前降低——个体面对危机时通常会采取习惯的应对方式，但如果这些方式无法有效解决问题，就会引发心理危机。

（二）高职学生心理危机的特征

高职学生正处于身心快速发展的关键时期，面临着学业、就业、社交等多方面的压力，心理危机问题日益凸显。高职学生心理危机具有多方面独有的特征，这些特征相互交织，共同影响着学生的心理健康和成长发展。深入了解这些特征，对于及时发现、有效干预高职学生的心理危机，促进他们的身心健康发展具有重要意义。具体而言，高职学生心理危机具有以下特征。

（1）易察性。

高职学生主要生活在大学校园这一相对有序且单一的环境中。从空间维度看，他们大部分时间集中在教室、宿舍、食堂、运动场等特定场所，日常接触对象主要是同学和老师，且受学校各项规章制度约束——这种相对固定和规律的生活模式，使得他们的行为和心理状态具有一定的可观察性。

从人际交往特点来看，处于青春期的高职学生倾向于向朋辈群体敞开心扉。这是因为他们在年龄、生活经历和关注问题上具有较高相似性，彼此更容易产生共鸣和理解。根据社会支持理论，个体所拥有的社会支持网络是其应对压力和危机的重要资源，而朋辈群体作为高职学生重要的社会支持力量，他们之间的密切交流为发现心理危机提供了可能。

基于以上因素，一旦高职学生在生活中遭遇无法解决的重大问题或出现明显的心理异常，很容易被周围熟悉他们的同学、辅导员或老师察觉。这种易察性为及时发现和干预学生心理危机提供了有利条件。

（2）普遍性。

心理危机在一定程度上是每个人成长过程中难以避免的问题，高职学生也不例外。心理危机本质上是个体处于一种非正常、非均衡的状态，它是生活中的正常经历，并非疾病或病理过程。当个体面临重大挑战或生活环境急剧变化时，原有的心理平衡被打破，心理危机便会随之产生。

从生态系统理论的角度来看，个体的发展受到微观系统（如家庭、学校）、中观系统（如社区、同伴群体）和宏观系统（如社会文化、时代背景）等多层面因素的影响。高职学生在校园环境中，面临着学业压力、人际关系、职业规划等多方面的挑战，这些因素相互作用，容易导致他们出现心理危机。然而，正如抗逆力理论所强调的，个体在面对压力和逆境时具有内在的适应和恢复能力。虽然高职学生遭遇心理危机是普遍现象，但通过合理设定目标、制订科学计划并妥善处理问题，他们有能力安全解决心理危机，实现心理的成长和发展。

（3）无助性。

当心理危机降临时，高职学生往往会陷入无所适从的境地，其未来的计划也会受到严重影响。由于他们先前习惯的应对方式在危机面前失效，且社会支持系统可能存在不完善（如缺乏有效的家庭支持、学校心理援助未能及时到位等），这常常会使他们感到孤立无援和绝望。

根据习得性无助理论，当个体在经历多次挫折和失败后，会逐渐形成对现实的无望和无可奈何的行为及心理状态。在心理危机情境下，高职学生如果长期得不到有效帮助和支持，可能会陷入习得性无助状态，进一步加重心理负担。因此，在高职学生心理危机干预过程中，及时提供有效的社会支持和帮助，重建他们的应对信心至关重要。

（4）危险性。

危机之中往往潜藏着危险，这是不容忽视的重要方面。这种危险不仅可能影响高职学生的日常学习效率、学习成绩及人际交往质量，严重时还可能危及其生命安全。

正常情况下，个体处于身心平衡状态，其思维、意志、情感体验与生理参数指标之间保持着某种程度的和谐。然而，当遭遇不适当的应激事件时，原有的平衡状态会被打破，个体便会进入危机状态。根据心理应激理论，应激源（如重大生活事件、学业压力等）会引发个体的心理应激反应，当应激反应超出个体的应对能力时，个体就可能出现思维混乱、意志失控、情感紊乱等症状。自杀、伤人等极端行为便是心理危机危险性的典型表现。

（5）潜在性。

高职学生的心理危机并非总是以直接爆发的方式呈现，而是常常潜藏于个体内心深处。日常生活中，这些潜在的心理危机可能不会表现出明显症状，但当遭遇特定应激事件时，就容易被引发。例如某位高职学生长期处于不良情绪的困扰中，且这些情绪未能得到及时有效的宣泄，而一件看似平常的小事就可能成为导火索，引发其长期潜在的心理危机。根据心理动力理论，个体的潜意识中存在着各种被压抑的情感和欲望，当这些潜意识内容受到外界刺激时，就可能引发心理危机。因此，关注高职学生潜在的心理危机，提前进行预防和干预，对于避免危机发生具有重要意义。

（6）时代性。

时代性是指当代高职学生的心理危机反映了其所处时代和社会对他们的要求与压力，同时也体现了个人对理想的追求，表现为成才愿望与现实之间的矛盾和冲突。高职学生的心理危机与时代背景密切相关。

市场经济条件下，贫富差距带来的资源差异、就业市场的竞争挑战等，给高职学生带来了不小的压力，但这些压力也在一定程度上推动着他们更注重技能提升和适应能力的培养。他们面临着学业竞争、职业选择、社会适应等多方面的挑战，一旦应对不当，就容易出现心理危机。此外，随着社会的快速发展和信息传播的日益便捷，高职学生接触到更多信息和观念，这也对他们的心理产生了复杂影响。根据社会文化理论，个体的心理和行为受到其所处社会文化环境的影响。

（三）高职学生常见的心理危机

1. 环境适应心理危机

初入高职院校时，许多新生因生活环境与学习模式的剧变而产生心理不适。例如，某新生从县城考入省会城市的职业技术学院后，面对繁忙的校园生活和高强度的课程安排，常感到手足无措。此外，远离家乡与亲友的孤独感也加剧了其心理压力。部分学生因无法适应集体宿舍生活或难以融入班级群体，逐渐产生疏离感，甚至出现失眠、食欲不振等躯体化症状。这类适应问题主要发生在新生群体中，孤独、无助、焦虑等情绪若持续累积，可能进一步影响其学习状态与生活质量。大学环境的全新性体现在学习方式（从被动督促到自主规划）、生活模式（集体宿舍、独立料理事务）和人际关系网络的重构上，这种全方位的变化叠加思乡情绪，容易让新生陷入适应困境。

2. 人际关系心理危机

良好的人际关系是大学生成长发展的重要支撑，但由于成长背景与个性差异，如何与同学友好相处、构建和谐关系，对高职学生而言仍是颇具挑战性的课题。大学生来自不同的地区和家庭背景，在性格、价值观和生活习惯等方面存在较大差异，在人际交往过程中，若不能正确处理这些差异，就容易引发矛盾和冲突。此外，部分学生因缺乏同理心或表达技巧，在冲突中采取回避或对抗态度，导致人际关系进一步紧张。对高职学生来说，人际关系紧张不仅容易引发焦虑、抑郁等负面情绪，还会直接影响学业表现，比如课堂参与度降低、团队项目协作效率下降，在实践技能操作中也可能因情绪内耗或沟通障碍，难以充分发挥自身能力。

3. 就业心理危机

毕业阶段，高职学生常被职业选择、生涯规划、求职技巧等问题困扰。随着就业市场竞争加剧，他们面临的就业压力愈发明显：一方面，社会对人才的要求不断提高，岗位竞争激烈；另一方面，部分学生对自身职业定位模糊，缺乏清晰规划，求职时容易盲目跟风，反而增加了就业难度。不少学生因担心找不到理想工作而陷入焦虑，甚至产生自卑心理，对未来失去信心。这种就业心理上的困扰，不仅会影响求职状态，比如面试时过度紧张、错失机会，还可能长期影响心理健康，进而引发抑郁、焦虑等负面情绪。

4. 学业心理危机

高职教育侧重实践应用，对学生的自主学习能力要求更高，部分学生因目标不明确或学习方法不当陷入学业困境。比如，某护理专业学生小王，虽勤奋背诵书本知识，却忽视临床实践应用，导致实训考核屡次失利，她坦言："书本内容记得再熟，实际操作时还是手忙脚乱。"此外，课程难度提升、师生互动不足等，也可能削弱学习动力。学习方法不当还会造成效率低下、成绩不理想。有些学生在高中阶段习惯了被动接受知识，进入大学后没能及时调整，仍依赖老师督促，难以适应自主学习模式。长期的学习挫败感会催生焦虑、自卑等情绪，进一步恶性循环，影响学习效果和心理健康。

5. 情绪问题

高职学生正处于身心发展的关键阶段，学业压力、就业焦虑、人际矛盾等多重挑战交织，容易引发情绪波动。若这些情绪得不到及时疏导，可能逐渐偏离正常范围，形成情绪失衡。高职学生常见的情绪问题有焦虑、抑郁、自卑、嫉妒等。焦虑多源于未来的不确定性，比如对考试结果的担忧、对求职前景的迷茫，或是社交中的紧张感；抑郁可能与长期受挫、人际疏离或自我认同困惑相关，表现为持续低落、兴趣减退；自卑往往源于对自身能力、外貌的不接纳，或是过度在意他人评价而陷入自我否定；嫉妒则可能在面对他人的成就（如同学在技能竞赛中获奖、顺利获得实习机会）时悄然滋生。这些情绪问题若任其发展，可能相互叠加、恶性循环，不仅干扰日常学习生活，还会对身心健康造成深层影响。

六、高职学生心理危机的预防与干预

（一）高职学生心理危机的预防

1. 增强心理韧性

心理韧性是指个体在面对压力、逆境或创伤时，能够迅速恢复和适应的能力。通过培养积极心态、提高自我认知、增强自信心、学习压力应对技巧等方式，可增强心理韧性，从而更好地应对生活中的挑战与困难。

2. 培养健康的生活方式

保持规律作息、均衡饮食、适当运动等健康生活方式，有助于增强心理韧性和压力应对能力，进而预防心理危机的发生。

3. 构建社会支持系统

构建社会支持系统，即建立一个由他人关心和支持构成的网络。尤其在遭遇心理危机时，应主动寻求他人帮助，而非独自应对——通过与家人、朋友、老师的密切联结，形成多元支持力量，为应对危机提供缓冲。

（二）心理危机应对策略

1. 寻求专业帮助

学校通常设有心理咨询中心，提供专业、保密的心理咨询服务。心理咨询师可帮助学生识别和处理潜在心理问题，提供有效的应对策略；若心理危机伴随严重身体症状（如失眠、食欲不振、躯体疼痛等），应及时就医，医生会评估症状严重程度，提供药物治疗或其他医学干预建议。

2. 寻求社会支持

与家人、朋友或信任的老师分享感受和担忧——倾诉是有效的情绪释放方式，能减轻心理负担，家人和朋友的支持可提供情感安慰与实际帮助。同时，学校的辅导员、班主任，以及学生事务部门等可协助解决生活中的实际问题（如经济困难、学业压力等）。

3. 自我调节与应对策略

学习并实践情绪调节技巧（如深呼吸、冥想、渐进性肌肉放松等），帮助自己在情绪激动时迅速平静，增强心理稳定性；保持健康的生活习惯（规律作息、均衡饮食、适量运动），增强体质与心理韧性；培养兴趣爱好（如绘画、音乐、运动等），丰富课余生活，转移注意力，缓解压力，改善情绪。

4. 调整认知与思维模式

用积极、鼓励性的语言进行自我对话，取代消极的自我批评——学会自我鼓励，相信自己有能力克服困难。通过认知重构技术，识别并挑战消极思维模式，将其转化为积极认知（如将失败视为学习成长的机会，而非能力不足的证明）。

5. 避免自我孤立

尽量保持社交活动，避免因心理危机自我孤立——与朋友、同学保持联系，参加集体活动，增强社会联结感；若学校有心理健康支持小组，可考虑加入，在小组中分享经历，从他人经验中获得支持与启发。

6. 制订和实施行动计划

清晰识别心理危机的具体原因和触发因素，制订包含短期与长期目标的详细行动计划，逐步解决问题；按计划执行，定期评估进展，必要时灵活调整，根据实际情况适时修改计划。

7. 培养长期的心理韧性

通过阅读心理学书籍、参加心理健康讲座和工作坊，持续学习心理健康知识，提升自我帮助能力；定期自我反思，关注心理状态与情绪变化，及时发现问题并采取行动。

心理危机是生活中的艰难时刻，但并非不可克服。通过上述策略，结合身边的支持系统和专业资源，学生们能逐步走出困境，增强心理韧性，迎接更美好的未来。

（三）他人遭遇心理危机时的应对策略

1. 识别心理危机信号

心理危机会在情绪、行为和言语上留下线索：情绪上，可能从乐观开朗变得低落、对事物失去兴趣，或频繁流露出烦躁、焦虑；行为上，可能出现失眠、食欲不振、自我伤害（如割伤、酗酒）、冒险行为（如鲁莽驾驶）等异常；言语上，可能出现"我活不下去了""太绝望了""没人理解我"等暗示，这些都是痛苦的直接表达和求救信号。

2. 立即采取行动

发现信号后，需迅速反应：

（1）确保安全。若发现他人有自杀倾向（如谈论具体自杀方法、清理物品、诀别），我们应立即将其置于安全环境，必要时拨打心理危机干预热线或急救电话，等待救援时陪伴其左右，避免其独处。需避免三个误区：①"心理问题＝精神病"（事实上，多数高职学生心理危机与学业／职业压力相关）；②"说出去会害同学被退学"（事实上，学校有保密例外制度，生命保护优先）；③"我帮不上忙"（事实上，陪伴本身就是重要支持）。

（2）陪伴与倾听。给予耐心，用眼神、点头等肢体语言表示关注，适时回应"听起来你真的很不容易，这对你来说肯定是个挑战"；用真挚语言表达关心，如"我很在乎你，无论遇到什么困难，我都会支持你""你对我很重要，我会尽力帮你渡过难关"。

（3）寻求专业帮助。鼓励对方并协助联系心理咨询服务或医疗机构，专业人员能提供更有效的干预。转介话术可参考："我特别想帮你，但心理咨询老师更专业（展示预约界面），现在约下午的咨询，我陪你一起去，好吗？"

3. 提供持续支持

心理危机的恢复是渐进过程，需持续支持：

（1）长期陪伴。危机初期过后，帮助者仍需关注其状态，定期与其交流（如每周固定见面或通话），聊聊生活与感受。

（2）协助资源获取。主动查找可靠的心理健康资源（如推荐心理咨询师、线上援助平台）。

（3）鼓励积极活动。邀请其参与轻松的社交活动（如看电影、户外运动），但要尊重其意愿，不强迫；提醒其关注自我护理（规律作息、饮食、运动），并以身作则，共同养成良好习惯。

4. 自我保护与支持

帮助他人时需设定界限：明白自身能力有限，不过度承担他人痛苦，避免因无法解决问题而内疚（如对方反复倾诉同一问题且无改善时，需承认能力边界）。同时，若感到压力过大，可向自己的朋友、家人倾诉，或加入支持团体，从他人经验中获取力量。

记住三条"安全员守则"：（1）优先保障自身安全（如发现危险物品，立即撤离并报告）；（2）不做超出能力的事（如对方需住院治疗，必须联系专业人员）；（3）及时记录关键信息（用手机备忘录记录对方的异常言行及时间）。

5. 危机事件影响群体的自我照顾

（1）接纳感受。危机事件的目击人或密切接触者，可能出现震惊、悲痛等情绪，以及失眠、噩梦等行为表现，甚至创伤后应激障碍相关症状，这些都需要客观对待和接纳。

（2）注重情绪疏导。允许自己表达、宣泄情绪，充分疏导后再理性思考（如接受逝者已逝的事实）；若难以处理，可求助心理咨询中心老师。

（3）相互支持。若受影响的是同一群体（如同宿舍同学、同班同学），可建立相互支持联盟，如共同缅怀、悲恸时相互支持、照顾彼此生活等。

第三部分　心理练习

一、理解生命

通过活动理解生命的长度和宽度。

任务一　我的生命线

生命是每个人都拥有的珍贵馈赠，人手一份，不多不少。人间有多少生命，就有多少条独一无二的生命线——生命线，便是每个人走过的人生轨迹。

第一步，准备。

请将白纸和笔（一支彩色、一支黑色）放在桌上，伴着音乐深呼吸，放松……再呼吸，再放松……让自己沉静下来，安静地、独自地、真实地面对自己的内心。

第二步，画线。

将纸横向放置，在白纸顶端写上"×××的生命线"。在纸的中部，从左至右画一条长长的横线，给这条线加上箭头，使其成为一条有方向的线。在原点处标上"0"，在箭头处标上为自己预计的岁数（需结合自身身体状况及家族寿命情况预测）。

"×××的生命线"

0 ──────────────────────────────→

出生　　　　　　　　　　　　　　　预测死亡年龄

这条有方向的线条代表着你生命的长度。它有起点，也有终点。请一寸一寸地抚摸这条线，它就是你人生脚步的蓝图。无论你走到哪里，都走不出它的坐标系。

第三步，标注过去经历的重要事件。

根据你规划的生命长度，找到自己目前所处的位置并标记。比如你现在18岁，就标出18岁对应的那个点。这个点的左边代表过去的岁月，右边代表未来。在标记点的左侧，写下对自己有重大影响的事件，并在横线上标注事件发生的时间。

第四步，规划未来。

认真思考今后想要达成的目标或可能出现的重大事件（如结婚、生子等），将其写在标记点的右侧,并在横线上标注预计发生的时间。

第五步,分享总结。

小组内每个人轮流展示自己的生命线,边展示边说明,之后进行小组讨论。

任务二　模拟人生

通过模拟人生游戏,让学生体验不同人生阶段的选择与挑战,理解生命的多样性和不可逆性,从而树立正确的世界观、人生观、价值观。

分组与角色设定:将学生分成若干小组,每组 5~6 人。每个小组成员分别抽取一个身份角色(包含性别、性格、家庭背景等),这些角色将决定他们在游戏中的初始条件和人生方向。

游戏分为四个阶段,分别对应人生的童年、青少年、成年和老年。

童年阶段:在这个阶段,学生要根据自己的身份角色,思考并讨论童年时期的生活环境、家庭教育等因素对自身性格和兴趣的影响,并记录。随后,每个小组抽取一张童年事件卡片(如"家庭经济状况良好,接受了良好的学前教育"或"家庭贫困,缺乏学习资源,但养成了勤俭节约的品质"),并根据事件进行相应的决策和行动。

_____
_____
_____

青少年阶段:进入青少年时期,开始面临学业和社交等方面的选择与挑战。需要结合自身兴趣和能力,选择学习或职业发展方向,例如"努力学习,考上重点中学"或"对学业兴趣较低,但发展了艺术特长"。同时,要处理与同学、朋友的关系,以及可能遇到的情感问题并思考解决方案。请记录自己的选择和应对方案。

_____
_____
_____

成年阶段:成年是人生的重要阶段,学生要面临更多责任与选择。需规划职业发展方向,例如"找到稳定工作,但内容较枯燥"或"选择创业,虽面临较大风险和压力，却可能获得较高回报"；同时，要考量婚姻与家庭问题，比如"结婚生子，享受家庭幸福的同时，需承担更多家庭责任"或"保持单身，专注追求个人自由与事业发展"。请记录下自己的选择及应对方案。

_____
_____
_____
_____

老年阶段：进入这一阶段，学生需回顾一生，思考各阶段的选择与经历对晚年生活的影响，并规划安享晚年的方式。例如"拥有稳定的退休收入和良好的家庭关系，安享悠闲晚年"或"晚年生活较孤独，缺乏经济与情感支持"。请记录自己的选择及应对方案。

_____
_____
_____
_____

人生故事分享：每个小组推选一名代表，分享在模拟人生游戏中的经历与感悟；其他小组可提问交流，教师进行点评和总结，引导学生思考不同人生阶段的选择与挑战，以及生命中的机遇与遗憾。最后，独立撰写一篇短文，反思游戏体验及对现实生活的启示。

_____
_____
_____
_____
_____

二、珍惜生命

任务一　人生倒计时

如果你的生命只剩下一个月，你会在这一个月的时间里做什么？请将你要做的事情写下来。

如果你的生命只剩下半年时间,你会做什么?请将你要做的事情写下来。

如果可以将你的生命延长到两年,你会在这剩下的两年的时间里做些什么?请将你要做的事情写下来。

分享与交流:小组每人轮流讲述自己的人生倒计时清单以及理由。

任务二　生命树

强调珍惜生命的重要性,并鼓励学生将珍爱生命的承诺落实到日常生活中。

活动步骤:

1. 每位同学在框里画一棵"生命树"。

2. 在树干上写下自己的名字,在树枝上写下自己的优点、特长、爱好或梦想。
3. 在树叶上写下自己珍爱生命的承诺或行动计划。
4. 展示与分享:将自己的"生命树"贴在展示墙上,并选派代表进行分享。
5. 记录关于"生命树"活动的感受。

_____
_____
_____
_____

三、实现生命的价值

任务一　我的人生五样

请每位同学独立思考:对你来说,人生中最重要的是什么?请将对你来说最重要的五样东西写在下面的横线上。这五样东西可以是具体的物品(如食物、水、钱),可以是人和动物(如父母、朋友、宠物),也可以是精神追求(如理想、爱好、习惯)。记住,这关乎你的人生,所以请真实地选择,不要受到外界的干扰。

糟糕！你的生活中出了一点意外。怎么办？生命中最宝贵的五样保不住了。你需要把其中一项舍弃——舍弃意味着这样东西从此在你人生中消失。请认真思考并做出选择，想想自己为什么把它舍弃。（请你拿起笔，把之前写下的五样之中的对应项抹去。注意：不是轻轻勾去，而是将它义无反顾地完整地从你的视野中除掉，下同。）

　　舍弃_____，舍弃的原因是_____。

　　此刻，生活又发生了重大变故，来得更凶猛急迫，剩下的四样也保不住了，必须舍弃一样，请三思而后行。请认真思考并做出选择，想想自己为什么把它舍弃。

　　舍弃_____，舍弃的原因是_____。

　　生命进程中，你又遇到了险恶挑战。这一次，你又要舍弃一样宝贵的东西了。请认真思考并做出选择，想想自己为什么把它舍弃。

　　舍弃_____，舍弃的原因是_____。

　　现在，你的生活跌到了前所未有的低谷，你必须做出一生中最艰难的选择——只能留下一样，其余全部舍弃。请认真思考并做出选择，想想自己为什么把它舍弃。

　　舍弃_____，舍弃的原因是_____。

　　现在请看剩下的最后一样，他/它对你来说非常重要，考虑一下自己为他/它付出了什么。

　　请认真感受舍弃的心理过程，记录并与他人分享自己内心的感受和想法。

任务二　生命价值

1. 案例分享

播放准备好的视频，展示不同领域的人如何通过自身的努力与奉献实现生命的价值。例如：

科学家：袁隆平院士致力杂交水稻研究，为解决世界粮食问题做出巨大贡献。

艺术家：贝多芬在失聪后仍创作出不少伟大的音乐作品。

劳动模范：大国工匠在平凡岗位上精益求精，用坚守与创新创造不凡业绩。

志愿者：支教老师扎根乡村传播知识，医护人员冲锋在前守护生命，他们无私奉献，服务社会。

2. 小组讨论

（1）这些人物是如何实现自己生命的价值的？

（2）他们的事迹对你有什么启示？

（3）你还能想到哪些实现生命价值的方式？

3．小组汇报：每个小组选派代表分享讨论结果。记录听了其他小组汇报后的心得体会。

第四部分　课后应用实践

任务一　掌握一个重点知识：生命的价值

如何实现生命的价值和意义。

任务二　带走一个实用方法：社区志愿服务

可以参加社区组织的志愿服务活动，如关爱孤寡老人、陪伴留守儿童、参与环保公益行动等。在服务过程中，为需要帮助的人提供实际支持和关爱，感受并记录生命价值在付出中的体现。

_____

_____

_____

_____

第五部分　拓展阅读

1. 书籍

《生命的礼物：关于爱、死亡及存在的意义》，机械工业出版社2023年版

《生命的礼物》是一部深刻探讨生命与死亡的作品，它融合了欧文·亚隆作为心理学家的专业视角和玛丽莲·亚隆作为历史学家的人文关怀。二人分享了玛丽莲生命进入倒计时期间的思考、感悟与对话——欧文以心理治疗的理论与实践，助力玛丽莲及自身应对即将到来的永别，同时对生命中的爱、成长、勇气与接纳展开深刻反思。

全书贯穿着二人深沉的情感交流，兼具个人回忆录的真实与存在主义哲学的思辨，旨在引导读者理解如何在有限生命中活出无限意义。它既是对生命无常的警醒，也是对珍惜当下、爱与被爱的深情告白，向读者传递着重要信念：即便行至生命尽头，依然能寻得成长与宁静的可能。

2. 电影

《心灵奇旅》是一部兼具奇幻色彩与深刻哲理的动画电影，讲述了中学音乐教师乔伊·高纳因意外来到"生之来处"，与千年灵魂22号相遇并助其寻找生命火花的故事。影片通过奇幻叙事探讨生命意义，指出生命的意义并非宏大的梦想或目标，而是日常生活中对兴趣、情感连接及自我价值的感知。它与高职心理健康教育中的"生命教育"主题高度契合，能引发学生对自我认知、职业规划及生命意义的思考，引导学生接纳生命的不完美、关注人际关系、珍惜当下生活，是理想的课后拓展观影材料。

模块三

人际互动欢乐场：搭建温暖社交圈

项目一

亲情搭建避风港：亲情关系及构建

------- 学 习 目 标 -------

1. 知识目标

（1）通过生活中的具体例子（如家庭沟通障碍、亲子关系紧张），理解家庭的定义及其重要性，掌握家庭环境对个人心理发展的影响。

（2）结合案例分析，了解家庭教育方式的分类及特点，学会识别不同家庭结构（如核心家庭、单亲家庭、重组家庭）对心理健康的影响。

（3）掌握家庭功能的多维解析（如情感支持、经济保障、社会化功能），理解家庭关系如何塑造个人的性格和行为模式。

2. 能力目标

（1）通过家庭树、亲子沟通问卷等工具，梳理家庭成员关系，识别家庭教养模式对自身性格和行为的影响。

（2）学会运用积极沟通模型化解家庭矛盾，提升解决因家庭成员价值观差异引发的冲突的能力。

（3）掌握家庭功能自评量表的使用方法，评估家庭关系的健康程度，并提出改善家庭关系的具体策略。

3. 素质目标

（1）通过案例分析和角色扮演，培养积极情感，学会识别自己与家人的情绪，促进家庭关系和谐。

（2）结合原生家庭的影响，学会换位思考，理解家庭成员的行为和态度，增强心理韧性与包容性。

（3）通过感恩练习和情感交流，增强对家庭成员的感恩之情，培养责任感与独立性，为未来建立健康的家庭关系奠定基础。

第一部分　心海指航

案例　逆风接力——从亲情裂缝到团队荣光的奔跑突围

小陈是某高职院校体育系田径专项的大二学生，来自农村留守家庭。父母常年在外地务工，自小学起他便由祖父母抚养长大。祖父母因年事已高，对小陈的学业和生活关心有限，主要通过电话和偶尔的汇款表达关爱。小陈性格独立但内向，进入大学后忙于高强度训练，与父母的联系逐渐减少。最近因省赛失利与父母发生争执，亲子关系陷入僵局，训练状态持续低迷。祖父母满是心疼地轻声叹息："你爸妈那么辛苦挣钱，就指望你能争口气。" 晚上，小陈拨通母亲的电话，电话那头传来嘈杂的声音，母亲匆匆说："成绩不好就多练，别给我们丢脸。" 父亲则在另一通电话中责备："是不是又偷懒了？"小陈挂断电话，独自在操场上奔跑，直到深夜。

带着糟糕的心情返校后，小陈与室友因训练计划产生矛盾。室长提议晨跑时听团队节奏音乐，但小陈坚持按自己的节奏训练，双方争执不下。一次接力训练中，小陈因分心失误，被队友抱怨："总是自顾自的！" 小陈沉默不语，但内心越发孤立，训练时愈发分心。

心理健康老师布置"家庭沟通作业"，要求学生用"非暴力沟通"表达需求。小陈鼓起勇气给父亲发消息："爸，这次比赛我压力很大，能不能聊聊？"父亲回复："好，等你有空。" 视频通话中，父亲罕见地讲述自己年轻时在工地上受伤却坚持工作的经历："当时我也想放弃，但工友说'坚持下去，总会有转机'。" 小陈第一次看到父亲眼中的坚韧。挂断视频电话后，他心情久久不能平静，父亲那句"坚持下去，总会有转机"像一束光，穿透了他内心的阴霾。他开始重新审视自己的训练方式和与父母的沟通模式，当晚给母亲发了一条信息："妈，我知道你们辛苦，我也会努力，不让你们失望。但我也需要你们的理解和支持，哪怕只是一句'加油'。" 母亲回复："好孩子，妈妈相信你能行！" 第二天训练时，室长再次提议用团队节奏音乐晨跑，小陈没有像往常一样抗拒，而是主动提出："要不我们试试用音乐调整呼吸节奏？我最近学了个方法，或许能帮助大家更高效地训练。" 室长半信半疑地点点头。

省赛复赛前夜，小陈收到母亲发来的语音："孩子，妈妈知道你不容易，但你要相信自己。无论结果如何，你都是我们的骄傲。"这句话让小陈眼眶发热。比赛当天，他站在起跑线上，深吸一口气，脑海中浮现出父亲在工地上坚持工作的画面。赛后，小陈将奖牌照片发给父母，附上一句："这次的奖牌，送给你们。"母亲回复了一串哭笑的表情，父亲则简单地说："继续努力。"虽然没有过多的表扬，但小陈知道，这份沉默的支持已经足够。

案例分析

小陈因情感支持匮乏，日常训练中便积累了焦虑情绪，导致省赛时技术发挥失常；失利后，"情感缺失—高期待"的代际模式进一步加剧了亲子冲突，使他将父母的沉默误解为冷漠，进而采取了防御性的自我孤立。然而，在心理健康老师的引导下，小陈学会用"非暴力沟通"表达需求，将父亲在工地上"坚持下去"的坚韧精神转化为训练动力，母亲的沉默支持也在关键时刻转化为情感资源。最终，他通过调整呼吸节奏等方法调整状态，取得了优异成绩。

这一案例启示我们，留守家庭的情感资源并非完全缺失，而是需要通过代际经验迁移和沟通方式调整转化为成长动力。小陈从"对抗"到"协作"的转变，不仅修复了亲子关系，还通过团队协作收获了佳绩。这一过程充分体现了心理学方法在帮助学生突破家庭背景限制、实现自我成长中的重要作用。原生家庭的影响虽然强大，但并非不可改变。家庭环境不仅塑造了我们最初的认知模式和人格特征，也在很大程度上影响着早期社会化进程和学业表现。那么，家庭究竟如何影响高职学生的心理健康？我们又该如何正视原生家庭的影响，学会从中汲取成长的力量而非被其束缚？接下来，我们将深入探讨家庭与心理健康的关系，分析不同家庭教育类型对高职学生的影响，并提供实用策略，帮助大家理解家庭背景对自身心理发展的作用，以及如何在高职生活中摆脱原生家庭的潜在束缚，实现自我突破，走向更健康、独立的成长之路。

第二部分　心理知识

一、家庭的概念

家庭是由具有婚姻、血缘或收养关系的成员组成的社会基本单元，是人类社会最核心的社会单位。它既具备自然属性（以婚姻和血缘为基础的亲属联结），又具有社会属性（承担着生育、抚养、教育等维系社会延续的核心职能）。

在我国，家庭具体表现为夫妻关系、父母子女关系及其他依法确立的亲属关系的集合。作为个人成长的摇篮，家庭是心理健康的重要支撑，能为个体提供情感慰藉、经济保障、教育引导等核心功能。

二、家庭环境对学生心理健康的多维影响

家庭环境是指家庭内部的各种因素及其相互作用所构成的整体氛围和条件，包括家庭结构、家庭氛围、亲子关系、父母教育方式、家庭沟通模式等多个方面。这些因素相互交织，共同影响着家庭成员的心理健康和行为模式。

（一）家庭结构

家庭结构是影响高职学生心理健康和成长的重要因素之一。不同家庭结构（如完整家庭、单亲家庭、重组家庭等）在情感支持、经济保障、教育引导等方面存在差异，对高职学生的影响也各有特点。

1. 完整家庭

完整家庭通常由父母和子女（含未婚或成年子女）组成，结构稳定，情感支持与资源分配相对均衡。父母能够共同为子女提供情感支持和行为指导，营造和谐的家庭氛围（如通过共同参与家庭活动、分享生活点滴增强凝聚力，为子女提供稳定的情感依靠）。

2. 单亲家庭

单亲家庭由父亲或母亲一方与子女共同生活组成，可能因离婚、丧偶等原因形成。这类家庭在经济和情感支持方面面临挑战：单亲父母需承担更多责任与压力，可能无法像完整家庭那样给予子女充分关注和陪伴，导致子女易出现孤独感、不安全感等心理问题；同时，单亲父母因兼顾工作与家庭，可能难以参与子女的学校活动或学业辅导，进而影响子女的学习效果与自我认知。

然而，单亲家庭的子女也可能在应对困难时表现出更强的独立性和适应能力。单亲父母可通过以下方式弥补不足：每天安排固定时间与孩子谈心、每周开展家庭活动以增强亲子关系；与老师保持沟通，帮助孩子制订学习计划或对接课外辅导资源；鼓励孩子参与社交活动，结交朋友以增强自信心；积极寻求朋友帮助或加入单亲家庭互助小组，获取情感支持与育儿经验，为孩子提供稳定关爱的成长环境。

3. 重组家庭

重组家庭由再婚父母及其子女组成，成员关系需重新建立与磨合。亲子关系及继父母与继子女的关系可能影响学生心理与行为：继父母需时间适应继子女的性格与需求，继子女也需适应新环境，这一过程中可能出现冲突、误解或情感隔阂，对学生心理健康产生负面影响。

但研究表明，若重组家庭能提供稳定的情感支持和良好的家庭氛围，学生也能像完整家庭的孩子一样健康成长。关键在于通过积极沟通、相互尊重与理解，逐步建立和谐的家庭关系，为子女提供稳定的情感支持。

4. 主干家庭

主干家庭通常由祖父母、父母和子女三代人共同组成。老年人可能参与孙辈的教育和照顾，提供额外的情感支持与生活经验；但祖父母的教育观念和生活方式可能与现代社会存在差异（如更强调纪律服从，与现代教育注重个性发展的理念冲突），可能对孙辈教育产生影响。

因此，父母需在尊重老人意见的同时，合理引导子女形成正确的价值观和行为习惯；此外，主干家庭因成员较多，关系较复杂，可能在决策、沟通等方面存在困难。

5. 核心家庭

核心家庭指由父母和未婚子女组成的家庭单元，不包含其他亲属。其结构简单，成员关系紧密，能快速决策并相互支持：父母更专注于子女的教育培养，根据子女需求制订个性化计划（如关注学业进展、兴趣爱好和心理状态，及时给予指导）；同时，核心家庭的沟通直接高效，易建立深厚的情感联系。

6. 联合家庭

联合家庭指两个或多个核心家庭通过血缘、婚姻或收养关系联合组成的家庭，可能存在多个权威中心和复杂的人际关系。其优势在于资源丰富、成员众多，能为子女提供多方面支持（如共同分担经济压力、照顾子女和处理家务）；但也可能因教育观念分歧、权责划分模糊等引发矛盾，影响家庭氛围的稳定性。因此，联合家庭需通过有效沟通与协调机制，确保家庭关系和谐稳定。

值得一提的是，家庭结构分类基于亲属关系范围与代际构成，部分类型存在交叉。不同家庭结构的优势与挑战并存，对高职学生的成长发展影响各异。理解这些差异至关重要——它能帮助我们更好地识别和满足学生的特殊需求，提供精准的教育指导与心理关怀，助力他们平稳前行。

（二）家庭氛围

1. 和谐家庭氛围

和谐的家庭氛围是一种温暖且富有凝聚力的环境，家庭成员间相互尊重、理解与支持，情感交流丰富且积极。在这种环境中，成员能自由表达想法与感受——无论喜悦或烦恼，都能得到关注与回应。例如，家人会共同讨论生活琐事、分享彼此的观点与情绪，形成积极向上的交流氛围。

研究显示，成长于和谐家庭氛围的高职学生，在面对技能实训压力、职业规划困惑等具体挑战时，心理健康水平普遍较高，具备较强的心理韧性与应对能力。面对学业压力或生活挑战时，他们更易调节情绪、保持乐观，主动寻求解决问题的方法。

2. 紧张家庭氛围

紧张的家庭氛围则表现为家庭中频繁出现争吵、冷战等负面互动，情感交流受阻。这种氛围可能导致成员间缺乏信任与理解，甚至产生情感隔阂。例如，父母间的持续争吵会让孩子感到不安与焦虑，家庭成员的冲突也会直接影响学生的情绪稳定。

研究显示，长期处于紧张家庭氛围中的高职学生，更易出现焦虑、抑郁等心理问题，进而影响学业专注度与人际适应力。他们可能在学业上缺乏动力、生活中自信心不足，甚至出现行为偏差。心理压力的长期累积，还可能对其未来发展造成潜在负面影响。因此，家庭成员需积极沟通、化解矛盾，共同营造和谐的家庭环境，为学生的心理健康与全面发展奠定基础。

（三）亲子关系

亲子关系是家庭中最为核心的关系之一。良好的亲子关系是家庭的重要支柱，核心特征是亲子间情感交流丰富、相互理解支持。这种关系能为高职学生提供坚实的情感后盾——父母的关爱、鼓励与理解，可增强他们的自信心和自尊心，帮助其更从容地应对学习和生活压力。

当亲子关系处于良好状态时，它便成为高职学生心灵的坚实后盾：父母的关爱如同温暖的阳光，滋养孩子的心田，使其情感得以丰盈；鼓励的话语恰似劲风鼓起风帆，推动孩子在人生征程中勇敢尝试；而全方位的支持更是稳固的基石，为孩子的梦想与探索欲望提供坚实依托。这种积极的情感供给，能潜移默化地增强学生的自信心，让他们在面对复杂问题时敢于表达见解，在遭遇挫折时不轻易气馁，进而有效增强自尊心。在生活的磨砺中，他们因内心笃定而更有勇气跨越难关，无论是学业攀登还是社会实践，都能以昂扬姿态迎接挑战。

一般来说，处于良好亲子关系中的高职学生内心强大，能从容应对学习与生活的压力，如同暴风雨中航行的船只，凭借坚固的船体和沉稳的掌舵，平稳渡过难关。他们自我效能感较高，面对专业实训、技能竞赛等任务时，笃定地相信自己有能力圆满完成，这种信念推动他们不断尝试新事物、突破自我边界；同时，具备可贵的心理韧性，遭遇失败或挫折时，不会一蹶不振，而是迅速调整心态、吸取教训，重新振作再出发。

反观亲子关系紧张的学生，他们面临的心理困境令人揪心。亲子间情感交流的堵塞，宛如一道无形的高墙，隔断了心灵的相通。子女的内心想法无法顺畅传递给父母，父母的良苦用心也难以被子女领会，进而滋生矛盾与冲突。长期处于这种氛围中，高职学生极易陷入孤独的沼泽，被无助的阴霾笼罩，甚至产生被世界忽视的凄凉感。这些负面情绪如同沼泽中的杂草，在他们内心持续滋生蔓延，最终可能演变为严重的心理问题。

（四）父母教育方式

父母的教育方式对学生的成长影响深远，主要可分为以下几种类型。

1. 权威型教育方式

权威型教育方式以规则明确且情感回应积极为核心特点。父母会为子女制定清晰合理的行为规范，同时给予充分的关爱与支持——注重倾听孩子的想法和需求，鼓励其自主思考与独立决策。例如，父母会引导孩子制订学习计划、设定合理目标，并在孩子达成目标后给予肯定。

这种教育方式下的高职学生，心理弹性通常更强。心理弹性即个体面对挫折和压力时的适应能力，能帮助他们迅速从困难中恢复。由于成长过程中既有明确指引，又能感受到家庭温暖，这些学生往往具备较高的独立性和责任感，在生活与学习中遇到问题时，会主动寻找解决办法，而非依赖他人。

2. 专制型教育方式

专制型教育方式表现为规则严苛且情感回应匮乏。父母对子女的行为有极高要求，却很少考虑孩子的感受与需求。例如强制孩子按照预设计划学习，不允许任何偏离。

长期生活在这种环境下的高职学生，决策依赖性较强——习惯于遵循父母指令，缺乏自主思考和决策能力，面对选择时易感到迷茫无助。此外，研究显示，这类学生中，部分人因长期自我苛责，可能强化完美主义倾向，进而增加负面情绪累积的风险。

3. 放任型教育方式

放任型教育方式以规则宽松且情感回应缺失为特征。父母对子女的行为很少约束或指导，给予过度自由。例如，允许孩子随意安排时间，对其学习成绩和生活状况漠不关心。

这种教育方式下的高职学生，网络成瘾发生率较高。因缺乏父母的关注与引导，他们容易在虚拟世界中寻求情感寄托和心理满足。对此，学校可联合家庭建立针对性帮扶机制（如安排学业导师、心理辅导员），为学生提供必要的支持与引导，帮助他们树立正确的世界观、人生观、价值观。

4. 溺爱型教育方式

溺爱型教育方式表现为规则宽松且情感回应过度。父母对子女过度保护、百依百顺，满足其一切需求，不舍得让孩子承担任何责任。例如，包办孩子的所有事务，不让其参与家务或面对困难。

在这种环境下成长的高职学生，职业选择困难的比例较高——成长过程中未学会独立思考与承担责任，面对职业选择时易陷入迷茫焦虑。同时，他们容易形成"躺平"式的逃避心理，以此作为应对压力的防御机制，通过放弃努力来规避可能的失败。

总之，不同父母教育方式对高职学生的心理与行为发展影响显著。在适度平衡规则与关怀的前提下，权威型教育方式更利于培养学生的良好心理素质和行为习惯，而专制型、放任型、溺爱型教育方式则可能带来负面影响。因此，父母需关注自身教育方式，努力为孩子创造健康和谐的成长环境。

（五）家庭沟通模式

家庭沟通模式是家庭成员间情感交流与信息传递的方式，对高职学生的成长影响深远。以下是三种常见模式及其特点。

1. 对话取向家庭

对话取向家庭的沟通开放且积极，家庭成员间情感交流丰富。成员能自由表达想法与感受——无论喜悦或烦恼，都能在家庭中充分分享并获得理解。例如，家人会围坐讨论日常琐事、分享彼此的观点，甚至在分歧时也能尊重不同意见，通过沟通达成理解。

在这种氛围中成长的高职学生，往往更善于理性表达与换位思考。面对冲突时，他们习惯以合作的态度寻求解决方案，而非逃避或对抗；同时，因长期感受被理解与信任，他们在人际交往中更易建立安全感，也更愿意主动与人沟通。

2. 遵从取向家庭

这类家庭的沟通多为单向传递，通常由父母等权威成员主导，其他成员则被动服从，较少有机会表达自己的想法。例如，父母习惯直接下达指令（如"必须按我说的做"），而忽视孩子的感受或需求。

长期处于这种模式下的高职学生，容易变得沉默寡言，甚至对表达产生抵触——因为担心不被认可，他们逐渐不愿分享内心想法。在面对压力或分歧时，他们可能因缺乏沟通经验而感到手足无措，甚至通过压抑情绪或产生逆反心理来应对。

3. 数字媒介下的家庭沟通模式

随着数字技术的普及，视频通话、文字消息等成为分隔两地家庭（如父母外出务工的家庭）保持联系的重要方式。频繁的视频互动能让高职学生感受到家人的陪伴与关心，减少孤独感；但纯文字沟通（如微信消息）可能因缺少语气、表情等非语言信息，导致误解。例如一句简单的"知道了"，可能被解读为"敷衍"而非"理解"，进而引发不必要的矛盾。

这种模式的关键在于选择合适的沟通方式：需要传递情感时，视频或语音更易传递温暖；分享具体事务时，文字可保证清晰，但需注意补充语境，避免歧义。

上述三种模式中，对话取向的沟通能为学生提供健康的情感支持，而遵从取向或数字沟通中的不当方式则可能影响关系质量。无论哪种模式，核心都在于"用心倾听"与"真诚回应"，这是维系家庭情感联结的基础。

三、家庭多维功能

家庭在个体的成长和发展中扮演着多方面的角色，提供了情感、经济、教育等多方面的支持。

1. 情感支持

家庭是个体情感支持的核心来源。家庭成员间的情感交流与互动，能为个体提供安全感、归属感与认同感，这种支持在面对困难和挑战时尤为关键，可帮助个体缓解压力、增强心理韧性。

对高职学生而言，家庭是情感的港湾。高职学生正处于心理发展关键期，面临学业竞争、职业规划等多重压力（如课程难度大、实训任务重），当他们感到迷茫或受挫时，家庭的情感支持至关重要。例如，学生在实习中因操作不熟练而沮丧时，父母一句"别灰心，慢慢来，我们相信你能行"，便能成为其重拾信心的力量源泉。这种支持不仅有助于应对眼前困境，更能培养长期积极心态，为未来职业与生活中的挑战积蓄力量。

家庭的日常情感交流同样重要。成员间聊聊校园趣事、生活点滴，能让学生感受到情感共鸣，进而学会识别自身与家人的情绪，以健康方式表达和调节。例如，学生与同学发生矛盾而生气时，父母耐心倾听并指导其冷静处理、表达感受，有助于提升他们的情绪管理与人际交往能力。

2. 经济保障

家庭为个体提供重要的经济支持，涵盖基本生活需求（食物、住所、衣物）、教育费用、医疗费用等，是个体成长与发展的物质基础，能让个体专注于学习与个人发展。

对高职学生而言，家庭经济支持是安心学业、规划未来的重要保障。其经济来源主要依赖家庭，支持范围从基本生活需求到学业、职业发展需求；稳定的经济支持能让学生心无旁骛地投入学习，积极参与实践活动、提升专业技能。具体来看，家庭需满足日常开销基本需求（如提供充足生活费，保障适宜的居住与饮食条件），让学生无须为生计担忧；同时，尽量支持学业与职业发展需求（如购买专业书籍、参加技能培训、考取职业资格证书）。然而，家庭经济条件差异会对学生产生不同影响：经济条件较好的家庭，能提供更丰富的资源（如海外实习、购买先进学习设备等资源），助力学生获取知识技能；经济条件较差的家庭，可能难以承担额外费用，限制学生参与实践活动，影响其操作能力与就业竞争力。此外，经济压力较大的学生可能因担心增加家庭负担而焦虑，进而影响学习效果与生活质量。因此，学校和社会需关注家庭经济困难学生，通过奖学金、助学金、勤工俭学等政策提供帮扶，保障其平等享受教育机会，实现人生价值。

3. 教育引导

家庭在个体教育与成长中起关键作用。父母及家庭成员通过言传身教，传授知识、技能与价值观，这种教育既包括配合学校的正式引导（如监督学业、沟通家校），也涵盖家庭环境中的非正式影响。

对高职学生而言，家庭的教育引导不可替代。父母对教育的重视程度直接影响学生的学业态度（如引导制订学习计划、设定目标，助于养成良好学习习惯）；教育方式则深刻影响学生的学习主动性——民主支持型父母善于倾听、尊重兴趣、积极引导，能培养学生的自主学习与独立思考能力。例如，某设计专业学生的父母鼓励其发挥创意，为家庭设计装饰品或改造家居，既能提升其专业技能，又能增强其学习兴趣。反之，专制型、溺爱型、放任型教育方式可能产生负面影响。例如专制型父母过度干涉学习，导致学生依赖他人、缺乏独立解决问题的能力；溺爱型家庭易让学生养成懒散、不思进取的习惯，忽视学业；放任型家庭则可能因缺乏关爱支持，影响学生学习积极性与心理健康。此外，家庭通过言传身教为学生提供职业指导：父母分享职业经验，有助于学生了解行业、理性选择职业；父母的敬业态度会潜移默化地影响学生的职业观念（如父母在工作中表现出敬业精神，能帮助学生树立正确的劳动价值观）。家庭环境的非正式教育（如书香门第的阅读氛围、创业家庭的创新意识所传递的价值观）也会持续影响学生成长。

4. 社会化功能

家庭是个体社会化的重要场所，帮助个体学习社会规范、行为准则，个体通过与家庭成员的互动，学会与人相处、表达情感、承担责任。

对高职学生而言，家庭的社会化功能助其逐步适应社会角色：家庭通过日常规则与期望培养责任感（如家庭分工中承担家务，让学生理解"为集体贡献力量"的意义，有助于未来职场中履行职责、协作完成任务）；家庭互动为人际交往提供模板——成员间的尊重与理解，能让学生学会表达观点、倾听意见，进而在社会交往中建立和谐关系（如家庭聚餐时轮流分享、认真倾听，培养沟通能力）。

一般来说，家庭功能健全的学生，其社会适应能力更强。这是因为家庭提供了丰富的社会支持网络，帮助其应对社会压力。例如，学生初入职场时，父母的建议、亲友的职场经验分享，能帮助他们缓解压力，更快适应职场环境，提升社会适应力。

家庭功能并非静态，会随成员成长、社会环境变化及家庭生命周期阶段的推进动态调整。例如，子女成长后，家庭角色与功能会相应转变，经济压力或健康问题也可能影响家庭功能。因此，家庭需不断调整以满足成员需求。不同家庭（如单亲家庭、重组家庭、跨文化家庭）在功能实现上存在差异，理解这种多样性对支持家庭与个体发展至关重要。

四、家庭相关理论

（一）家庭系统理论

1. 家庭作为情绪缓冲器的作用

鲍文家庭系统理论是现代家庭治疗领域的重要理论之一，由美国精神病学家默里·鲍文（Murray Bowen）提出。该理论将家庭视为一个情感系统，强调家庭成员间的情感联系与互动模式对个体心理健康的深远影响。在这一框架下，家庭是一个有机整体，每个成员的行为和情绪状态均与其他成员相互关联，形成复杂的动态系统。

安全基地理论是依恋理论中的核心概念，由英国心理学家约翰·鲍尔比（John Bowlby）提出。其核心观点为：个体成长过程中需要一个安全基地（通常由父母或主要照顾者提供），这个基地能提供情感支持与安全感，帮助个体在面对外界挑战和压力时保持情绪稳定，并有勇气探索新事物。

将安全基地理论与鲍文家庭系统理论结合，可更深入理解家庭对个体心理健康的作用：鲍文理论强调，家庭系统中的稳定关系能为个体提供"情绪缓冲器"，帮助其在压力和挑战面前维持情绪稳定。具体而言，当高职学生在学业、人际关系或个人成长中遇到困难时，稳定的家庭关系可显著降低其焦虑水平和应激反应。

2. 稳定家庭关系对心理健康的积极影响

研究表明，稳定的家庭关系能显著降低高职学生面对压力时的皮质醇水平。皮质醇是一种应激激素，其水平升高通常与焦虑、压力及情绪不稳定相关。当高职学生在家庭中感受到情感支持与安全感时，因压力引发的神经内分泌激活会显著减弱，大脑情绪调节中枢更易保持平稳状态，体内应激反应的触发机制得到有效抑制，进而使皮质醇水平相应降低。

3. 家庭系统中的情感支持与心理韧性

在鲍文家庭系统理论中，家庭成员间的情感支持是维持家庭系统稳定的关键。这种支持不仅包括言语上的鼓励与安慰，还包括行为上的关心、陪伴与实际协助。例如，高职学生遇到学业困难时，父母的理解与支持能减轻其焦虑和压力，让其感受到被接纳。

此外，家庭情感支持能增强高职学生的心理韧性（即个体面对压力和挑战时保持积极心态、有效应对的能力）。稳定的家庭关系为学生提供了安全的情感环境，使其在遇到困难时能获得必要的支持与资源。这不仅有助于解决当前问题，还能提升学生未来应对类似挑战的能力。

4. 实际应用与建议

为充分发挥家庭的"情绪缓冲器"作用，高职学生与家庭成员可采取以下措施：

（1）增强情感交流。家庭成员保持开放诚实的沟通，定期分享生活与感受。这既能强化情感联系，也能为高职学生提供必要的心理支持。

（2）提供情感支持。家庭成员学会表达对高职学生的理解与支持，尤其在其遇到困难时。这种支持可显著降低焦虑水平，增强心理韧性。

（3）建立稳定的家庭关系。共同努力营造稳定、和谐的家庭环境，为高职学生提供情感安全感，增强其面对外界压力的应对能力。

（4）培养独立性。在提供支持的同时，鼓励高职学生培养独立思考和解决问题的能力，避免过度依赖家庭。

（二）依恋理论

依恋理论由英国心理学家约翰·鲍尔比（John Bowlby）于20世纪五六十年代提出，旨在解释个体早期与主要照顾者形成的情感纽带及其对后续心理发展的影响。鲍尔比认为，依恋是人类生存与发展的基本需求，与饥饿、口渴等生理需求同等重要。他借鉴动物行为学研究，提出了依恋行为的生物学基础。

1. 依恋的定义

依恋是指个体与主要照顾者之间形成的持久情感纽带。这种纽带使个体在面对威胁或压力时，会寻求照顾者的保护与安慰，从而获得安全感。依恋关系不仅影响个体早期心理发展，还对其成年后的亲密关系和心理健康产生深远影响。

2. 依恋的形成

依恋的形成是一个动态过程，始于婴儿期，在儿童早期逐渐稳定。鲍尔比将其划分为以下阶段：

前依恋期（0~2个月）：婴儿对所有人的接近和接触均有反应，但尚未形成对特定照顾者的偏好。

依恋形成期（2~7个月）：婴儿开始对熟悉的人（尤其是主要照顾者）产生偏好，通过微笑、注视、啼哭等方式建立联系。

依恋明确期（7个月~2岁）：婴儿对主要照顾者形成强烈依恋，表现出明显的分离焦虑——与照顾者分离时会感到不安和焦虑。

目标调整期（2岁以后）：儿童的依恋行为更复杂、更灵活，能根据情境和照顾者的反应调整自身行为。

3. 依恋的类型

鲍尔比与玛丽·安斯沃斯（Mary Ainsworth）通过"陌生情境实验"研究婴儿的依恋类型，根据表现将其分为以下四种：

（1）安全型依恋。65%~70%的婴儿属于此类。在陌生情境中表现出适度焦虑，照顾者返回时能迅速平静并积极互动。这类婴儿成年后通常具有较高的心理韧性和良好的人际关系。

（2）焦虑型依恋。10%~15%的婴儿属于此类。在陌生情境中表现出极度焦虑，即使照顾者返回也难以平静，对照顾者依赖性强但又强烈反抗其离开。这类个体成年后可能面临较高的焦虑、抑郁风险。

（3）回避型依恋。15%~20%的婴儿属于此类。在陌生情境中焦虑较少，对照顾者的离开和返回反应冷淡，似乎对照顾者需求较低，更倾向于独立探索。这类个体成年后可能表现出较高的独立性，但在亲密关系中易遇困难。

（4）混乱型依恋。5%~10%的婴儿属于此类。在陌生情境中表现出混乱矛盾的行为，反应难以预测，可能在照顾者返回时表现出恐惧或回避。这类个体成年后可能面临较高的心理问题风险。

4. 依恋理论与心理健康

（1）依恋关系对心理健康的影响。

安全型依恋的个体成年后，通常具有较高的心理韧性和良好的人际关系。面对压力和挑战时，他们能保持情绪稳定，有信心应对问题。例如，工作中遇到困难项目时，能冷静分析并制定应对策略，而非被困难压垮。同时，他们在人际交往中自然真诚，能建立深厚稳定的情感联系，获得丰富的社会支持，进一步增强心理韧性。

相反，焦虑型、回避型和混乱型依恋的个体可能面临较高的心理问题风险：

焦虑型依恋者过度依赖他人，对他人评价极为敏感，且担心被抛弃，在人际关系中易感到焦虑，关系波动或冲突时可能陷入极度痛苦，甚至产生抑郁情绪。

回避型依恋者回避亲密关系，在情感上与他人保持距离，因此难以获得支持，面对压力时缺乏社会支持以缓解压力，易出现焦虑、抑郁，长期压抑和孤独感也会损害心理健康。

混乱型依恋者在人际关系中既渴望亲密又害怕亲密，行为模式混乱，面对压力和创伤时难以有效调适，易出现创伤后应激障碍等严重心理问题。

（2）依恋关系的代际传递。

依恋关系的影响具有代际传递性。个体早期与主要照料者的依恋关系会影响其成年后的依恋模式，进而影响子女的依恋类型。研究表明，父母与子女的依恋类型存在显著相关性。

早期依恋中，婴儿会形成关于自我和他人的"内部工作模型"，这是个体未来人际互动的模板，也会影响个体成年后的育儿方式：

安全型依恋的父母通常具有积极的自我和他人模型，能敏感回应孩子的依恋需求，更可能培养出安全型依恋的子女。

焦虑型、回避型或混乱型依恋的父母可能因自身依恋问题，在育儿中表现出不一致或过度反应的行为，扭曲孩子的认知，导致其形成不安全依恋模式。

研究显示，代际传递的内在机制包括父母对婴儿需求的敏感性、"将心比心"能力（理解和回应孩子心理状态的能力），这些机制共同影响孩子的依恋模式。这一特性强调了早期亲子互动对心理健康的重要性，也为通过改善亲子互动促进儿童心理健康提供了理论支持。

（3）依恋关系的修复与调整。

依恋关系的修复与调整在儿童早期干预中至关重要。早期不安全依恋可能引发儿童的情绪和行为问题。从家庭角度，父母需营造安全稳定的家庭环境，提供情感支持；心理治疗领域可通过依恋聚焦疗法等方法修复依恋关系，即通过建立安全的治疗关系，鼓励患者探索内在感受、合理宣泄情绪，提升情绪调节与表达能力，逐步建立对关系的安全感。

此外，心理教育和技能培训可帮助父母学习科学育儿方式：父母需积极调节自身情绪，为孩子树立榜样；主动关注孩子的情绪，教会其识别与调节情绪的方法。通过这些方法，可修复不安全依恋模式，促进孩子形成安全型依恋，助力心理健康发展。依恋关系的修复是贯穿个体生命历程的动态过程，既关乎儿童早期成长，也影响成年人的心理健康与人际关系质量。

5. 依恋理论在家庭环境中的应用

（1）家庭环境对依恋关系的影响。

家庭结构、氛围、亲子关系、父母教育方式等因素均影响依恋关系的形成与发展。例如和谐、温暖、民主的家庭氛围有助于培养安全型依恋；紧张、冷漠、专制的家庭氛围可能导致焦虑型或回避型依恋。

（2）父母在依恋关系中的作用。

父母作为家庭的主要照顾者，其敏感性、响应性和一致性对依恋关系质量至关重要。例如，敏感的父母能及时察觉并恰当响应婴儿的需求，更易培养出安全型依恋的孩子；而不敏感的父母（如对需求忽视或回应混乱）可能导致孩子形成焦虑型或回避型依恋。

（3）依恋关系的优化与干预。

为促进依恋关系健康发展，家庭成员应保持开放诚实的沟通，定期分享生活与感受，以此增强情感联系，为高职学生提供稳定的心理支持；在他们遇到困难时，主动表达理解与支持，帮助其降低焦虑、增强心理韧性。

同时，家庭成员需共同营造稳定和谐的家庭环境，为高职学生提供坚实的情感安全感，强化其应对外界压力的能力；在提供支持的同时，应注重鼓励他们培养独立思考和解决问题的能力，避免其过度依赖家庭。

6. 依恋理论在心理健康中的应用

依恋关系质量对高职学生的心理健康存在深远影响：安全型依恋的学生通常展现出较高的心理健康水平，其心理韧性与压力应对能力更为突出；而焦虑型、回避型和混乱型依恋的学生，出现焦虑、抑郁、孤独感等心理问题的风险相对较高。

实践中，可从家庭和学校两个层面开展针对性干预：

（1）家庭层面。需与高职学生保持稳定的密切联系（如通过定期电话或视频通话，坦诚分享生活点滴与内心感受）；在提供情感支持的同时，应积极鼓励其培养独立性（如支持其参与社团活动和专业实践，以增强自主意识与责任担当）。

（2）学校层面。应提供系统的心理咨询、团体辅导、心理健康教育课程等资源，助力学生认知并调整自身依恋模式；同时，鼓励学生参与社团活动和团队合作项目，以此提升人际交往能力，构建多元的情感支持网络。

依恋理论为理解早期情感纽带及其对个体后续心理发展的影响提供了重要理论框架。研究表明，依恋关系质量不仅作用于个体早期发展阶段，更会对成年后的亲密关系建立与心理健康状态产生持续且深远的影响。通过优化家庭互动环境、依托学校提供专业心理支持等途径，可有效促进个体依恋关系的健康发展，进而增强其心理韧性。未来研究可进一步探索依恋关系的动态演化机制，以及在不同文化背景下的表现差异，为心理健康教育实践与干预策略制定提供更具针对性的理论支撑和操作指导。

五、亲情关系中的常见挑战与应对

（一）代际差异

1. 表现

（1）价值观冲突。

长辈多秉持传统教育观念，信奉"严师出高徒"，侧重孩子的学习成绩与纪律性（如倾向通过反复督促强化学习，认为"适度惩戒能帮助其纠正错误"）；晚辈则更倾向鼓励式教育，尊重个性发展，聚焦孩子的全方位成长，在孩子犯错时更愿意倾听其想法并引导自省。

职业选择上，长辈受自身成长经验影响，往往偏好稳定且薪资待遇较好的职业（如公务员、教师、医生等），认为这类职业既体面又有保障；年轻一代更热衷新兴行业与自由职业（如自媒体、游戏开发等），注重职业与个人兴趣的契合及创造力的发挥，这种选择常因与长辈期望不符引发矛盾。

婚恋观念上，长辈多遵循传统准则，看重家庭背景、年龄匹配等，催婚催生现象较为普遍；年轻人则崇尚自由恋爱，重视情感共鸣与个人独立，对闪婚闪育多持审慎态度，双方易因婚恋节奏与标准的差异激化矛盾。

（2）生活习惯差异。

长辈习惯早睡早起，晨练、逛早市是日常作息的重要组成部分；年轻人则更倾向于丰富的夜生活，常因学习、娱乐或社交而熬夜，次日起床较晚，这种作息错位易引发长辈的提醒或唠叨。

饮食偏好上，长辈偏爱传统家常菜，讲究饮食清淡（少油少盐）、口感软烂；年轻人则更青睐潮流风味，偏爱重口味、特色小吃或外卖，饮食喜好的差异易在日常餐桌互动中引发小摩擦。

消费观念上，长辈因经历过物资相对匮乏的年代，节俭成为生活习惯（如衣物穿旧后继续使用、物品损坏后修补复用，对大额消费较为谨慎）；年轻人身处消费多元化的社会，更注重生活品质与时尚感，信贷消费也较为常见，这种花钱观念的差异易招致长辈的议论。

2. 应对

（1）尊重差异。

家庭成员需理解代际差异源于不同时代的生活印记，是正常的社会现象。年轻一代可尝试回溯长辈的成长背景，对其多一些体谅；长辈也应尝试接触新潮事物，理解年轻人的兴趣所在，以开放的姿态接纳新的生活方式，筑牢相互尊重的沟通基础。

（2）建立"界限感"。

长辈需理解子女成长过程中需要自主空间，在职业选择、婚姻规划等人生重要事项上，应扮演"参谋"角色，避免强制干预或情感裹挟；子女在追逐个人理想的同时，也应定期向长辈报平安、分享生活感悟，让长辈在"知情"的同时不越界，以亲情为纽带维系和谐的家庭联结。

（二）情感忽视

1. 表现

忙于工作或学业是情感忽视的常见诱因：职场人投身高强度工作，身心俱疲下，回家后往往倒头就睡，无暇关注家人的情绪与需求，孩子的成长细节、老人的日常心事皆被忽略。学生埋首繁重学业，课余时间常辗转于校园与培训机构之间，少有闲暇陪伴家人，家庭间的有效交流较少。

长此以往，家人间的情感联结日渐稀薄，生分感渗透到日常相处中：孩子内心渴望陪伴却无人倾诉，只能刷手机排遣孤独；老人守着空巢望眼欲穿，只能在电话里反复念叨过往琐事，原本浓厚的亲情在持续的忙碌中逐渐褪色。

2. 应对

（1）设定"家庭时间"。

固定的"家庭时间"是修复情感联结的关键：每周安排一次家庭聚餐，围坐餐桌分享美食与各自近况；每月组织一次集体活动（如徒步山林、湖畔野餐、共看电影或参与家庭游戏），全程屏蔽电子设备干扰，沉浸式投入亲情互动。

（2）每天简短交流。

见缝插针的日常交流同样重要：上学、通勤路上，可简短分享校园趣事或职场点滴；晚饭后的闲适时光，聊聊家常、分工处理家务，通过这些微小时刻的积累，逐步织密亲情交流的网络。

（三）突发危机

1. 表现

（1）重大疾病。

家庭成员罹患重疾时，整个家庭易陷入混乱：医院里挤满焦急的身影，检查、手术、护理连轴转，家庭存款迅速消耗，甚至可能负债累累；患者承受着病痛的折磨，家人在焦灼的陪护中心理防线濒临崩溃，恐慌与无助的情绪弥漫整个家庭。

（2）失业。

失业如晴天霹雳，收入的骤然中断导致家庭经济瞬间失衡：房贷、车贷等固定支出如巨石压顶，家庭生活水准被迫下降（如用廉价食材取代精致菜肴，娱乐消费大幅削减）；失业者的自信心严重受挫，易陷入自卑与焦虑，即便家人多方宽慰也难以奏效，负面情绪在成员间相互传染，家庭氛围日益压抑。

2. 应对

（1）建立家庭支持网络。

危机时刻，家庭成员需紧密抱团：重大疾病来袭时，可通过轮流值守病床分担护理重任；在深夜的医院走廊里，彼此依偎取暖、相互鼓劲；同时主动向亲戚、挚友或公益团体求助，借助专业的医疗建议与情感疏导资源，拓宽支持渠道。

（2）分工协作应对压力。

面对经济逆境，家庭成员需各司其职、协同破局：失业者应努力重拾信心，积极投递简历、拓展就业人脉；其他成员则需主动压缩开支、尝试开源增收（如利用闲暇时间兼职、售卖闲置物品等）；定期召开家庭会议共同商讨对策，携手跨越难关。

六、良好家庭关系建立

（一）非暴力沟通

1. 非暴力沟通的定义

非暴力沟通是由美国心理学家马歇尔·卢森堡（Marshall Rosenberg）在20世纪60年代提出的一种沟通方式，也被称为"爱的语言"。它强调在交流过程中，通过观察、感受、需要和请求这四个要素，来实现人与人之间的情意相通、和谐相处，摒弃传统沟通中常见的指责、批评、评判等暴力语言，以一种更加尊重、理解和关爱的态度去倾听他人的心声，表达自己的需求。

暴力沟通表现为批评、指责、辱骂、命令、威胁、嘲讽等。非暴力沟通可以替代暴力沟通，如当孩子没有完成作业时，暴力沟通可能会说"你真是个懒孩子，天天不写作业，就知道玩"，而非暴力沟通则会说"我看到你今天的作业还没完成（观察），我心里有点着急（感受），因为我担心这样会影响你的学习（需要）。你能不能先放下玩具，先把作业完成呢（请求）？"当家人没有及时清理垃圾时，暴力沟通可能会说"你怎么这么懒,垃圾都不倒,真让人失望",而非暴力沟通可以说"我看到垃圾已经满了好几天了(观察),我心里有点不舒服(感受),因为我希望能生活在一个干净整洁的环境里(需要)。你方便的时候能把垃圾倒一下吗(请求)?"

2. 非暴力沟通的重要性

非暴力沟通能有效减少家庭成员间的误解、冲突与矛盾,为家庭营造更和谐温馨的氛围,进而增强家庭的凝聚力与稳定性。它帮助成员深入理解彼此的内心世界,加深情感共鸣,让每个人都能感受到被理解、被尊重与被关爱,从而强化家庭成员间的情感纽带。同时,非暴力沟通提供了一种清晰有效的沟通模式,助力成员学会清晰表达自身想法与感受,也学会耐心倾听他人的意见与需求,以此提升整个家庭的沟通质量与效率。此外,通过实践非暴力沟通,家庭成员能增强自我意识与情绪管理能力,更清晰地认识自身需求与感受,提升冲突解决能力,最终促进个人的心理成长与成熟。

3. 非暴力沟通的四个要素

观察:客观描述自己看到或听到的事实,不加入主观评价或判断。例如,可以说"我看到你已经三天没有整理自己的房间了",而不是说"你总是这么懒,房间乱成一团"。

感受:表达观察到事实后内心的真实感受,需使用具体情绪词汇(如高兴、伤心、害怕、焦虑等)。比如"看到这个情况,我感到有些焦虑,因为我担心影响你的健康"。

需要:深入挖掘并坦诚表达导致自身感受的内在需求或价值观,让对方理解自己真正的期望。如"我需要一个整洁、舒适的环境,这样我们都能更好地生活和学习"。

请求:以尊重、礼貌的方式提出具体请求,明确希望对方采取的行动(而非以命令或指责口吻)。例如"你能不能每天花十分钟整理一下自己的房间呢?"

4. 非暴力沟通在家庭中的应用

(1)亲子沟通。

父母在与孩子沟通时,运用非暴力沟通可以更好地理解孩子的想法和感受,避免因沟通错位引发亲子冲突。例如,当孩子成绩不理想时,父母可尝试:"宝贝,我看到你这次考试的总分比上次低了20分(观察),我心里有些担心(感受),因为我知道你一直很努力想做好(隐含对孩子需求的理解),我们可以一起分析试卷,看看哪些地方能改进，好吗（请求）？"这种表达方式既传递了关心，又尊重了孩子的感受，孩子会更愿意接纳父母的建议，主动配合解决问题。

（2）夫妻沟通。

夫妻间意见不和或产生矛盾时，非暴力沟通能帮助双方清晰表达需求与感受，增进理解与包容。比如，一方因对方未分担家务而不满时，可这样表达："亲爱的，我看到这三天的碗一直放在水槽里没洗，地板也没拖（观察），我心里有点烦躁（感受），因为我希望咱们能一起分担家务，让家里保持整洁（需要）。你今天晚饭后能不能把碗洗了呢（请求）？"相较于指责，这种表述能减少对立情绪，推动双方以合作姿态解决问题，维护夫妻关系的和谐。

（3）处理家庭冲突。

家庭出现冲突时，非暴力沟通可作为有效的化解工具。每个成员通过客观表达观察、真实感受、内在需求，并提出具体请求，寻求共识。例如，家庭聚会因活动安排产生分歧时，可这样表达："我注意到大家对去公园野餐还是在家聚餐有不同想法（观察），我有点着急，因为想让聚会既热闹又轻松（感受+需要），要不我们先投票决定，下次再按少数人的想法安排？（请求）"这种方式能避免冲突升级，让每个成员的诉求得到合理表达，最终达成双方都能接受的方案。

5. 实施非暴力沟通的注意事项

（1）保持冷静和理性。沟通前需先调整自身情绪，避免因激动说出伤害性话语。唯有保持冷静，才能清晰表达观点与感受，也更易理解对方立场，为有效沟通奠定基础。

（2）学会深度倾听。倾听是非暴力沟通的核心环节，需给予对方充足的表达时间与空间，不随意打断或插话，专注理解其观察、感受、需求与请求。可通过复述或总结对方话语（如"你刚才说……对吗？"），确保理解无误。

（3）注重语言精准性。使用清晰、具体的语言表达想法与感受，避免模糊、笼统或攻击性词汇。同时，留意语气、语调及肢体语言（如眼神交流、温和表情），让对方感受到真诚与尊重。

（4）持续学习和实践。非暴力沟通是需反复练习的技能，唯有不断实践才能熟练掌握并灵活运用。家庭成员可共同学习相关知识与技巧，相互监督鼓励，逐步提升家庭沟通质量。

6. 非暴力沟通步骤

（1）自我觉察。沟通前先冷静下来，觉察自身情绪状态，明确感受与需求。例如，感到愤怒时，可深呼吸平复情绪，思考"愤怒源于对方的哪些行为？""自己真正需要的是被尊重还是被理解？"

（2）运用四要素表达。按"观察—感受—需要—请求"的顺序，清晰真诚地表达。比如："我看到你把外套扔在沙发上（观察），有点不舒服（感受），因为我希望家里保持整洁（需要），你能把它挂到衣柜里吗（请求）？"

（3）专注倾听回应。给予对方充分时间回应，耐心倾听其表达的观察、感受、需要与请求，不打断、不评判。倾听时保持专注（如点头示意、眼神专注），让对方感受到被尊重。

（4）确认与反馈。对对方的表达进行确认，确保理解准确，同时传递倾听的诚意。例如："我听你说，因为我没提前和你商量聚会时间，你觉得被忽视了，是这样吗？"

（5）共同协商方案。在双方充分表达与理解彼此的基础上，一起探讨兼顾双方需求的具体解决方案，达成共识。方案需具备可行性，如"下次聚会前，我们提前三天一起确定时间"。

（二）情感支持

情感支持是家庭关系的核心纽带，它通过共情、协作与接纳，让每个家庭成员感受到被理解、被重视和被包容。以下是具体方法的扩展与深化。

1. 共情与理解

每个家庭成员都有独特的情感世界与需求：父母可能希望孩子理解自己工作的辛劳与付出，同时渴望陪伴与关心；孩子则期待父母理解自己的学习压力、兴趣爱好与成长困惑。家庭成员需耐心倾听彼此的想法与感受，真正站在对方立场思考问题，才能深化理解。

例如，当孩子成绩下滑时，父母若能先询问"是不是遇到了学习瓶颈，或者最近压力太大？"并给予理解与鼓励，而非一味指责，会让孩子切实感受到家庭的温暖与支持。

（1）换位思考，以"对方视角"理解问题。主动倾听家人内心需求，当对方表达烦恼时，先暂停自身预设判断，用"如果我是你，可能会感到……"的句式引导共情。比如孩子抱怨学业压力时，可回应："如果我是你，每天面对这么多作业和考试，确实会感到焦虑。能和我具体说说哪门课最让你头疼吗？"

（2）识别隐藏情绪。关注对方言语中的情绪暗示（如语气变化、肢体动作），而非仅聚焦事件本身。例如，伴侣抱怨"你总是加班"时，背后可能是"我感到被忽视"的深层需求，此时可回应："听起来你希望我能多花些时间陪你，对吗？"

2. 表达关心，用具体行动传递温暖

细化关怀方式，避免笼统的"你辛苦了"，转而结合具体场景传递心意。例如，发现家人连续熬夜加班后，可主动说："我看你最近总加班到深夜，今天下班前给你点了一份滋补汤，你到家就能喝；我还帮你把明天的早餐也准备好了，你回来后不用再操心，直接休息就好。"

创造"被需要"的仪式感，通过小事让对方感受到自身的重要性。比如对父母说："今天周末，我想学做你最拿手的红烧肉，你能不能在旁边指导我？少了你把关，我总怕做不出那个味儿"或对孩子说："这道数学题我琢磨了半天没头绪，你思路比我清晰，能不能当我的小老师，教教我？"

（三）共同面对挑战

家庭就像一艘在人生海洋中航行的船，途中难免遭遇风浪，但若家庭成员齐心协力，便能破浪前行。当某位成员陷入困境时，其他人的援手便是最坚实的船桨，助力全家驶向平静的港湾。

当工作压力如汹涌波涛般袭来，将成员淹没时，家庭应迅速化身为避风港。在挑灯夜战的加班夜晚，家人的陪伴是温暖的灯塔：或送上一杯温热的牛奶，驱散身体的疲惫；或默默坐在身旁，传递无言的慰藉；或主动分担琐碎家务，让疲惫的身躯得以喘息。而在学业的漫漫长路上，若孩子遭遇挑战，家人的鼓励便是照亮前路的星光——主动陪伴孩子遨游知识海洋，共同攻克难题；家长以身作则示范解题思路，与孩子携手拆解一道道关卡，用耐心与信任守护他的求学梦。

当病痛不幸降临，威胁成员健康时，家庭会瞬间凝聚成最坚固的堡垒。家人主动扛起照料重任，将关切融入每一个细节：精心烹制营养均衡的膳食，细致打理日常起居；不辞辛劳地陪同就诊，用温柔话语抚慰焦虑情绪。这份相互扶持、共担压力的默契，让患者在与病魔抗争的日子里，始终能感受到家的温暖与力量，从而更有信心战胜病痛，重回健康生活。这些共同经历的艰难时刻，宛如强效黏合剂，将家庭成员的心紧紧连在一起。

面对挑战时，指责如同尖锐的礁石，只会让家庭之船支离破碎；而共担责任，则是修补裂痕的良药。家庭成员需将"我"融入"我们"，把个人利益置于家庭共同目标之下。当孩子考试失利、情绪低落时，父母若能与孩子共同进退，安慰道："这次没考好没关系，我们一起分析错题、找到薄弱点，下学期一起努力进步，好吗？"这样的支持会让孩子明白，家庭是最坚实的后盾，从而卸下包袱，勇敢面对挫折。

赞美是家庭生活中熠熠生辉的明珠，能照亮彼此的心灵，让家充满温馨。当成员取得成就时，具体化的赞美远胜空泛的夸奖：若伴侣成功完成项目，提前交付且优化了成本，不妨真诚地说："你这次不仅提前三天完成项目，还帮团队节省了15%的成本，这既体现了你的专业能力，也让我看到了你的责任心，真为你骄傲！"这样的认可如阳光洒入心田，让被赞美者感受到自身价值被看见，也激励他在未来继续发光发热。

庆祝成就时，仪式感宛如魔法棒，能为家庭生活增添绚丽色彩。创造"高光时刻"的记忆，能让成员的成就更显珍贵：为孩子设立"成长勋章"贴纸墙，每达成一个小目标便贴上一枚，见证他的每一步进步；为伴侣准备专属庆祝晚餐，邀请全家围坐分享喜悦。在这些充满仪式感的时刻，家庭成员的归属感与幸福感会油然而生，家庭的凝聚力也随之愈发强大。

（四）包容与接纳

1. 尊重差异，从"改变"到"欣赏"

每个家庭成员都是独一无二的个体，性格、兴趣、价值观的差异共同构成了家庭生活的丰富性。建立"家庭价值观公约"是尊重差异的重要基础：家庭成员可定期召开家庭会议，坦诚分享各自认同的核心价值观（如诚实、尊重、责任、包容等），并就原则性共识达成一致。例如，全家认同"诚实是立身处世的根本"，便约定无论对内对外，都以真诚相待；而对于非原则性差异，如音乐喜好（有人偏爱古典乐的悠扬，有人钟情流行乐的鲜活）、休闲选择（有人爱宅家阅读，有人喜户外徒步），则需以包容心态接纳，允许彼此保留独特偏好，而非强求一致。

当分歧出现时，"欣赏差异"比"强行改变"更有意义。比如孩子坚持选择艺术专业，而父母原本期望其学医，此时父母可尝试理解孩子对艺术的热爱与天赋，欣赏他为梦想执着的勇气，同时与孩子约定："无论选择什么领域，都要为自己的决定负责——你专注提升艺术素养，我们全力支持你（如参加你的画展、帮你对接行业资源）。"这种相互尊重的氛围，能让家庭成员在追求理想的道路上共同成长。

更重要的是，要善于从差异中发掘闪光点，将其转化为家庭优势。例如父母擅长精打细算，可负责家庭预算规划，确保收支平衡；孩子对新鲜事物敏感，可主导创意活动策划。在筹备家庭旅行时，父母结合预算筛选性价比高的路线与住宿，孩子则设计新颖的打卡项目与互动游戏。如此一来，差异不再是矛盾的导火索，反而成为家庭高效协作的推动力，让生活的方方面面都能迸发活力。

2. 允许脆弱，从"评判"到"接纳"

家庭作为心灵的港湾，应当为每个成员提供安全表达脆弱的空间。设立"情绪安全区"是有效的方式：全家可约定一段"无评判时间"（如每晚晚餐后半小时），在此期间，任何人都能自由倾诉负面情绪（失落、沮丧、焦虑等），其他成员只需专注倾听，不批评、不反驳、不急于给出建议。比如孩子考试失利后，在"无评判时间"里诉说"这次没考好，感觉自己很没用"，家人可通过眼神交流、轻拍肩膀等肢体语言传递关注，让他感受到被重视。

幽默是化解脆弱的温柔利器。用轻松的方式对待负面情绪，既能缓解紧张，又能传递力量。例如孩子因比赛失利哭泣时，父母可笑着说："看来这次对手是'隐藏高手'啊！不过我们家'小勇士'从来不怕输，要不要一起复盘下，下次让他们见识你的厉害？"这种带着鼓励的幽默，能帮孩子从消极中抽离，重新找回面对问题的勇气。

接纳脆弱，本质是接纳人性的完整。要让每个成员明白：偶尔的脆弱不是软弱，而是真实的一部分。当伴侣坦言"最近工作压力太大，有点撑不住"，当父母承认"年纪大了，很多新东西学不会，有点慌"，回应"没关系，我们一起面对"远比"这有什么好怕的"更有力量。这种全然的接纳，会让家庭成员在彼此面前卸下伪装，以最真实的状态相处，从而让亲情在理解与信任中愈发深厚。

（五）营造开放的家庭沟通氛围

家庭是爱的港湾，更是心灵成长的沃土。开放的家庭沟通氛围，恰似阳光雨露，能催生出家庭和谐的繁花硕果，让每个成员都能在这方小天地里畅所欲言，毫无顾虑地袒露心声。家庭成员需用心营造这样轻松、自由、开放的沟通环境，让思想的清泉在其中畅快奔涌。

日常生活中，可固定一个时段作为家庭成员的交流时间。比如每天的晚餐时光：当热气腾腾的饭菜摆上餐桌，劳碌一天的家人围坐在一起，便开启了一天中最温馨惬意的"家庭交流会"。大家放下手机、搁置琐事,孩子最先活跃起来,绘声绘色地讲起学校里的新鲜事——课堂上老师分享的趣味知识,课间和小伙伴玩捉迷藏的雀跃,眼睛里闪烁着兴奋的光芒;父母则聊聊工作中的点滴,或许是攻克棘手项目的成就感,或许是与同事协作的温暖瞬间;长辈们也会分享所见所感,小区里新开的商店、晨练时听到的趣闻轶事,都成了贴心的话题。无论开心或烦恼的事,都能在这张餐桌上被温柔倾听:当孩子皱着眉说出学业困惑,家人便围坐出谋划策,有的提议梳理知识点,有的轻声安慰"别灰心",合力为孩子鼓劲;若父母谈及工作不顺,孩子一句"爸爸今天辛苦了"、长辈一句"歇歇就好",便如微风拂过心湖,吹散心头阴霾。

家规是家庭秩序的"守护者"。制定家规时,需摒弃长辈一言堂,开启全员参与的"头脑风暴"。以孩子的作息时间为例,父母若仅凭自己的想法强行规定"几点必须睡、几点必须起",很容易引发抵触。不妨找个闲暇时刻,以平等姿态与孩子对话:"宝贝,爸爸妈妈希望你作息规律,是担心你的身体和学习状态,这是我们的想法。" 然后认真倾听孩子的心声——"我知道早睡好,但晚上想做些自己喜欢的事,能不能多给点自由时间?我保证不熬夜。"随后和孩子一起商量,或许能碰撞出新奇的约定:比如"晚上 9 点前完成作业,可自主安排 1 小时兴趣时间,10 点前入睡"。这样的规则既保证了健康节奏,又尊重了孩子的个性,让他从心底愿意遵循。

当家庭沟通真正开放,日常分享与规则制定便不再是单向说教或命令,而是充满爱与智慧的深度对话。每个成员在其中学会倾听、表达与理解,家庭的凝聚力与向心力也在一次次坦诚交流中悄然汇聚,让这个小世界始终涌动着温暖与活力。

(六)及时处理矛盾和冲突

家庭生活中的矛盾与冲突,如同空气中的微尘——平日或许隐匿,却可能在某个瞬间被情绪的"微风"扬起,模糊家庭氛围的澄澈。这些摩擦的出现本属常态:每个成员都是独立个体,性格、习惯与观念存在差异,难免在日常碰撞中产生"火花"。但关键在于,面对矛盾不可回避或拖延,正如及时清理路障才能让家庭前行的脚步更平稳,唯有主动应对,才能防止小分歧演变成深隔阂。

当分歧初现时,保持冷静是首要前提。这并不容易——矛盾往往裹挟着情绪的热浪,像心头跃动的火苗,稍不留意便可能燎原。但唯有克制冲动,才能避免情绪化的争吵。要知道,争吵中脱口而出的伤人话语,恰似射出的利箭,一旦落地便会留下难以愈合的伤痕,甚至成为家庭和谐的裂痕。此时,不如深吸一口气,主动按下"情绪暂停键"：可以暂时离开现场喝杯水，或在心里默默数到十，给彼此一个缓冲的空间，待心绪平复后再开启对话。

化解矛盾的核心，在于积极有效的沟通——这不是话语的交锋，而是带着解决问题的诚意，去倾听、表达与理解。以夫妻因家务分工产生矛盾为例：争吵与指责或许能宣泄一时的不满，却只会让双方陷入"对错之争"；若能坐下来心平气和地对话，则能拨开情绪的迷雾，触及问题的本质。

沟通时，不妨先放下"说服对方"的执念，认真倾听对方的心声。让对方将不满、委屈尽情倾诉，过程中不打断、不反驳，只用专注的眼神、温和的点头传递"我在听"的信号。比如妻子抱怨"家务总像做不完"，丈夫若能耐心听完，便会发现她的不满背后，是日复一日操持的疲惫，以及"自己的付出未被看见"的失落。

轮到自己表达时，需清晰且温和地传递感受与需求，避免用指责性语言（如"你从来都这么懒"），改用"我信息"句式——"看到厨房堆着的碗，我会觉得有点焦虑，因为我也希望下班后能轻松一点，咱们能不能一起想想怎么分工更合适？"这种表述不会让对方感受到攻击，反而能唤起共情，让对方理解你的诉求。

双方充分表达后，便要共同协商一个"双赢"的解决方案。比如丈夫可以主动承担每周三次的晚餐烹饪，妻子则放宽对"家务必须做到一尘不染"的要求；或者约定"每人负责自己擅长的领域"——丈夫整理杂物，妻子负责收纳，彼此不越界、不苛求。这种各退一步的妥协，不是"谁输谁赢"，而是向着"让家庭更舒适"的共同目标靠近。

当矛盾在理解中化解，家庭氛围不仅会重归平和，甚至可能比之前更融洽——因为这场沟通让彼此看到了对方的不易，也让心与心的距离更近了一步。

（七）创造美好的家庭回忆

1. 组织家庭活动

定期开展多样化的家庭活动（如家庭旅行、近郊踏青、共看一场电影、举办主题家庭聚会等），既能为生活注入新鲜感，更能在互动中沉淀深厚情感。例如，每年暑假规划一次海边之旅：清晨一起赶海拾贝，听海浪拍打礁石的声响；午后围坐在沙滩上分享清凉水果，听孩子讲述捡贝壳的趣事；傍晚在落日余晖中合影，让笑声随海风飘散——这些具体而温暖的瞬间，像一颗颗珍珠被时光串联，成为每个成员心中不可磨灭的记忆。

2. 传承家庭传统

家庭传统是流淌在血脉里的文化密码，它可以是节日里的固定仪式，也可以是代代相传的生活智慧。比如春节时，全家围坐一起包饺子：长辈教孩子捏花边，讲述"饺子形如元宝，象征团圆富足"的寓意；晚辈则用新学的花样包出卡通造型，让传统里添进活泼的新意；贴春联时，父亲挥毫书写，孩子帮忙递胶带，母亲在一旁念诵吉祥话——这些重复又独特的场景，会让"家"的概念变得具体可感，让每个成员在参与中体会到"我们是一个整体"的归属感，进而强化家庭的向心力。

3. 一起分担家务

家务并非枯燥的任务，而是创造共同记忆的隐形载体。家庭成员按能力与时间合理分工：父母负责买菜做饭，让厨房飘出烟火气；孩子负责餐后洗碗、擦拭餐桌，用小手分担责任；长辈则在一旁指点"洗洁精要少放才环保""擦桌子要顺着木纹擦"——在协作中，或许会有"孩子洗碗溅湿衣袖"的小插曲，或许会有"全家一起大扫除后瘫坐在沙发上笑看彼此满头大汗"的轻松时刻。这些日常碎片看似平凡，却能让每个人感受到"我们一起为这个家付出"的踏实，而这种共同参与的记忆，会让家庭联结更加牢固。

七、家庭冲突管理

（一）家庭冲突常见类型

1. 代际冲突

这是家庭中最普遍的冲突类型之一，主要发生在父母与子女之间。由于成长环境、生活经历、价值观的显著差异，两代人对同一问题的认知往往存在分歧。

（1）学习方面。父母可能秉持"学业优先"的观念，希望孩子集中精力备考、冲刺理想院校；而子女更倾向于平衡发展，渴望分配时间培养兴趣（如参与社团活动、学习乐器或绘画），双方对"成长优先级"的不同理解易引发摩擦。

（2）职业选择上。父母基于自身经验，更青睐稳定性强、社会认可度高的职业（如医生、教师、公务员），认为这是"稳妥的人生路径"；子女则受个人兴趣、理想及多元社会观念影响，可能倾向新兴领域（如自媒体运营、游戏开发）或自主创业，这种选择差异常成为冲突的导火索。

2. 夫妻冲突

夫妻间的冲突多源于性格特质、生活习惯、价值观念的磨合差异，具体表现在：

（1）性格差异。外向者热衷社交聚会、朋友互动，内向者偏爱居家独处、安静氛围，在业余时间安排上易产生分歧。

（2）经济观念。一方注重"未雨绸缪"，主张节俭储蓄、控制非必要开支；另一方更看重"当下体验"，倾向在能力范围内提升生活品质（如旅行、学习新技能），消费理念的差异可能引发争执。

（3）家庭分工。若一方认为"自己工作强度更大，应减少家务负担"，而另一方觉得"家务与育儿需平等分担"，双方对"责任分配公平性"的认知偏差，易导致矛盾升级。

3. 手足冲突

兄弟姐妹间的冲突多与"资源分配""情感关注"的感知差异相关：

（1）关注不均。多子女家庭中，父母若因孩子年龄、性格或需求不同而表现出差异化关注（如对年幼者更细致、对成绩好的更赞许），可能引发其他孩子的失落与嫉妒。

（2）物品争夺。对同一玩具、书本或电子产品的喜爱，若缺乏明确的分配规则（如轮流使用、共同分享），易因"归属权""使用时间"发生争吵。

（3）空间侵犯。随着年龄增长，子女对个人空间与隐私的需求逐渐增强，若出现未经允许翻动日记、闯入房间等行为，可能因"边界被冒犯"引发冲突。

（二）冲突管理的积极沟通态度

1. 保持冷静

冲突发生时，情绪容易陷入激动状态，而保持冷静是有效解决问题的前提。深呼吸是简单实用的调节方法——通过缓慢吸气 4 秒、屏息 2 秒、呼气 6 秒的节奏，能帮助身体脱离愤怒或焦虑的应激反应，让思维回归理性。例如，夫妻因家庭开支计划争吵、声调逐渐提高时，可主动说"我们先暂停 1 分钟"，然后各自深呼吸平复情绪。待心跳与呼吸平稳后，再开口讨论"哪些开支是必要的、哪些可以延后"，避免因冲动说出"你从来不会过日子"这类伤人的话，防止冲突从"事的分歧"升级为"人的攻击"。

2. 尊重对方

即便存在冲突，也要尊重对方的观点与感受。每个人都有表达想法的权利，而相互尊重是开启有效沟通的基础。例如，与父母讨论职业规划时，若父母坚持"考公务员更稳定",而你倾向"尝试新媒体行业",此时你不应说"你们的想法太落伍了",而是先认可"我知道你们是希望我以后的生活有保障,这份心意我懂"。这种对对方立场的尊重,会让父母感受到"我的建议被重视",进而更愿意倾听你的职业理想与规划,为问题解决铺垫包容的氛围。

3. 倾听理解

认真倾听对方的陈述,不急于打断或反驳,通过倾听真正理解其背后的需求与立场。倾听时,可通过眼神专注交流、适时点头,或用"我听下来,你是觉得……对吗?""原来是这样,这确实是个值得考虑的角度"等语言反馈,让对方感受到"你在认真听我说话"。例如,孩子与父母因玩游戏时间产生冲突时,父母若先耐心听完孩子说"每天玩 20 分钟,是想和同学组队完成任务,不然会被孤立",就会理解"游戏对孩子而言不仅是娱乐,也是社交需求",之后再表达"担心影响孩子的学习和视力"的顾虑,便更容易找到"约定周末玩 1 小时、平时不玩"的折中方案。

(三)冲突升级后的处理策略

1. 暂停冲突

当冲突升级至情绪失控、争吵加剧时,主动暂停是避免矛盾恶化的关键。可暂时分开,为彼此创造冷静思考的空间。例如,夫妻争执到声音发抖、言语带刺时,一方可坦诚地说:"我现在脑子有点乱,说出来的话怕伤了你,我们先各自待半小时,喝杯水、看看窗外,等情绪稳定了再聊,好吗?" 分开期间,避免发指责信息,而是试着梳理"自己真正在意的是什么""对方的话里有没有合理的地方",让冷静不流于形式,为后续沟通铺垫理性基础。

2. 寻求第三方帮助

若家庭冲突陷入僵局,难以靠自身化解,可借助第三方力量打破困局。第三方可以是家庭中威望较高的长辈、彼此信任的亲戚,也可以是专业家庭咨询师。例如,兄弟姐妹因家产分配争执不下时,可请了解家庭情况的祖辈调解——老人既能以亲情为纽带劝说"一家人别太计较",也能基于对子女性格的了解,提出"按需求分配、兼顾公平"的具体方案,易被双方接受。

对于复杂且长期的冲突(如夫妻冷战、亲子对抗超过半年),专业咨询师的介入更具针对性:他们会通过结构化沟通技巧,引导成员跳出"对错之争",看见彼此的情感需求(如妻子冷战背后是"渴望被关注",孩子叛逆源于"想被尊重"),从根源上改善互动模式。

(四) 避免常见错误做法

1. 人身攻击

冲突中需坚决避免侮辱性或攻击性语言（如辱骂、讽刺、贬低人格），这类行为只会撕裂情感联结，让问题彻底偏离解决轨道。例如，某高职学生因实训操作失误被家长批评时，家长不说"你这么笨，以后肯定找不到工作"这类像刀子一样刺穿孩子自信心的话，这样的话会让他们从"反思失误"转向"自我否定"，甚至产生"反正我不行"的破罐破摔心理，最终陷入"抵触沟通—更差表现"的恶性循环。真正有效的沟通，应聚焦"行为"而非"人格"，如"这次实训操作步骤没做好，我们一起看看哪里出了问题，下次改进"比"你就是个什么都做不好的人"更有建设性。

2. 翻旧账

翻旧账会让冲突更复杂难解决，应专注当前问题讨论，不牵扯过去矛盾。例如，讨论孩子本次考试失利时，不提及小时候的类似情况或其他旧错——这会增加孩子压力，不利于问题解决，而应聚焦当下，寻找改进方法。

第三部分　心理练习

一、梳理我的家庭关系

任务一　家庭关系表

绘制家庭关系表，记录家庭成员的基本信息及与其的关系。

家庭成员	他的家庭角色	职业	性格	为人	办事风格	他与我的关系

任务二 分析家庭教养模式

家庭角色	对自己的要求（严格/宽松）	与自己的沟通（频繁/缺乏）	总结自己的家庭教养模式	你觉得自己的哪些特征受到家庭影响	对此你的看法是

任务三 家庭功能自评量表

说明：该量表用于评估家庭功能的各个方面，包括问题解决能力、沟通、角色分配、情感反应、情感参与和行为控制等。每个项目按1~5分评分，分数越高表示家庭功能越强。

项目	评分
家庭成员之间能够有效解决问题	
家庭成员之间的沟通是开放和诚实的	
家庭成员的角色分配是明确和合理的	
家庭成员之间的情感反应是积极的	
家庭成员之间的情感参与是适度的	
家庭成员的行为控制是合理的	

任务四 亲子沟通问卷

说明：该问卷用于评估亲子之间的沟通质量。每个项目按1~5分评分，分数越高表示沟通质量越好。

项目	评分
我与父母之间的沟通是开放和诚实的	
父母能够理解我的想法和感受	
我愿意与父母分享我的生活和遇到的问题	
父母能够给予我情感上的支持和鼓励	
父母与我之间的沟通是双向的	

二、共建良好家庭关系

每个人何时何地出生，在哪个家庭生活，有什么样的父母兄弟姐妹，都不是自己能选择的……但这些都是一个人人生的序言，后面的人生需要自己来谱写。

人一生基本会经历两个家庭：一个是出生、成长的原生家庭，由父母构建，承载童年与少年时光；另一个是进入婚姻后组建的新生家庭，是自主选择与经营的新单元。无论是否认同与父母的相处模式，我们的性格、行为都会潜移默化受原生家庭影响。现在，让我们试着探寻成长中家庭留下的印记。

任务一　原生家庭的影响

通过问卷或自我反思，觉察原生家庭对自我的影响。

家庭成员	相处时间（极少/少/适中/多/很多）	职业	性格	为人	办事风格	他们对我有怎样的影响（认知、行为）	我如何看待这样的影响
祖父							
外祖父							
祖母							
外祖母							
爸爸							
妈妈							
兄弟姐妹							

任务二　换位思考

通过换位思考，理解家庭成员的行为和态度。

家庭成员	他的家庭是怎样的风格	他在家庭中想要扮演的角色	为什么他想要扮演这样的角色	他对子女的态度是	为什么他对子女是这样的态度	他的需要是否被满足	他与子女的价值观冲突点在于
祖父							
外祖父							
祖母							
外祖母							
爸爸							
妈妈							
兄弟姐妹							

任务三　角色扮演

通过角色扮演，了解不同沟通方式对关系的影响。

当孩子告诉家长今天考英语四级没考好时	孩子会怎么理解家长的语言？	孩子的感受	孩子的行为反应	事件对家人关系的影响	如果关系变差，是为什么？如果更好了，你认为是什么原因
1. 家长马上责备道："你怎么连这个都不会！"					
2. 家长安慰道："哎呀，我也不知道英语怎么学，我们一起想办法，好吗？"					

讨论：请填写此表，分享你的故事，并讨论如何解决矛盾。

记录一件与家人的矛盾事件	矛盾产生的原因	你近期面临的压力事件是什么？你的需要是什么？	你的情绪是？原因是什么？	家人近期面临的压力事件是什么？他的需要是什么？	家人的情绪是？原因是什么？	面对矛盾你们做了什么？事情是否解决？如果没有解决，是为什么？	怎样才能化解矛盾？

三、家庭实践活动

通过家庭互动实践活动，构建积极健康的家庭互动模式。

任务一　家庭会议

1. 任务描述

每月开展 1 次，固定于每月第一个周末的晚上进行，时长 1~2 小时。提前 3 天，由家庭管理员（可轮流担任）发布会议通知，明确会议时间与初步议程，方便家庭成员提前规划、做好准备。指定专人负责会议记录，需完整记录主要内容及决策结果。会后，将会议纪要整理成文档，发送给全体家庭成员。同时，明确各项任务的责任人和完成时间，保障决策有效落地执行。

2. 任务规则

（1）发言规范。会议中，家庭成员轮流发言，阐述自身想法、感受与建议。发言顺序可通过抽签确定，或按年龄、生日等固定顺序安排。每人每次发言时间控制在

5~10 分钟，保障全员都有充足表达机会。

（2）倾听要求。成员发言时，其余成员不得随意打断，需保持安静，专注倾听。若有不同意见，需待发言人结束后举手示意，经主持人允许再发言。

（3）意见重视。所有成员的意见和建议均被同等重视。讨论问题时，充分考量每个人的想法，协商决策。

（4）决策方式。针对家庭事务决策，采用投票等形式，遵循少数服从多数原则。对于重要事项，尽量达成共识，避免采取强制性决策。

日期	参与成员	家庭事务讨论结果	计划活动	备注

任务二　情感账户

1. 任务描述

把日常家庭互动类比为"存款"与"取款"行为，积极互动（如拥抱、鼓励、赞美）为情感账户"存款"，消极互动（如指责、抱怨、争吵）则是"取款"。维持情感账户正向余额，能有效强化家庭成员间的情感联结。

2. 任务规则

（1）记录与回顾。每位家庭成员准备一本情感账户记录本，每日记录家人间的积极互动（如早晨离家时的拥抱、工作学习中收到的鼓励话语等）。定期（每周或每月）回顾记录内容，体会家庭里的温暖与正能量。

（2）监督与沟通。家庭成员相互监督，减少指责、抱怨的频率。遇到矛盾冲突时，用积极沟通方式解决——表达自身感受与需求，而非一味指责对方过错。

（3）修复与弥补。发生"取款"行为后，及时采取措施修复情感，比如主动道歉、赠送小礼物、帮忙做家务等。

日期	情感互动类型	具体行为描述	情感账户影响	备注
举例：2025-10-02	积极互动	孩子主动帮助母亲做家务	存款	母亲表扬孩子

任务三　家庭日记

1. 任务描述

准备一本精美的家庭日记本，放于家中固定位置，方便家庭成员随时记录。鼓励用文字、图片、绘画等多种形式创作，内容可涵盖家庭活动照片、孩子绘画作品、家庭成员奖状等，丰富日记内涵。

2. 任务规则

（1）记录趣味瞬间。记录家庭成员间的有趣故事、笑声与快乐片段（如一起做饭的搞笑插曲、家庭聚会的欢乐场景），留存珍贵记忆，让成员回忆时感受家庭温暖与欢乐。

（2）践行感恩记录。每日记录一件感恩之事（如家人做的美味饭菜、贴心照顾、鼓励拥抱），培养感恩之心，增强家庭凝聚力。

（3）留存成长轨迹。记录家庭成员的成长（如孩子获得的荣誉、父母的工作成就），以成长记录激励成员奋进。

（4）心情共享与互动。记录个人心情变化，分享喜怒哀乐；其他成员可留言关心支持，增进情感交流。

（5）开展回顾聚会。每月或每季度选择一个家庭聚会时间，共同翻阅家庭日记，回忆美好瞬间、分享感受体会——强化情感联结，营造家庭共同话题与珍贵回忆。

日期	记录人	记录内容摘要	记录形式	备注
举例：2025-10-10	母亲	记录家庭聚餐的欢乐场景	文字描述	孩子画画配合

第四部分 课后应用实践

任务一 掌握一个重点知识：不同家庭教育方式的影响

请简单描述几种家庭教育方式的特点及其对子女的影响。

_____
_____
_____
_____

任务二 带走一个实用方法：积极沟通模型

请记录一件家庭冲突事件，并按照积极沟通模型尝试构建其化解过程。

记录一件家庭冲突事件	个人的感受	我的行为反应	事情是否解决	如果没有解决，是为什么？	怎么理解他的语言？	我做什么才能改变现状？

第五部分 拓展阅读

1. 书籍

《热锅上的家庭》，北京联合出版公司 2015 年版

《热锅上的家庭》是家庭心理治疗的经典之作，通过布莱斯一家的家庭治疗过程，为读者揭开了家庭治疗的神秘面纱。书中讲述了 16 岁女儿克劳迪娅因叛逆、自残被诊断为"问题儿童"，父母卡罗琳与大卫因婚姻疏离陷入争吵，儿子丹和小女儿艾米也因家庭压抑出现行为异常。治疗师通过家庭会谈，揭示了家庭成员间的"三角关系"和代际创伤，引导他们直面矛盾、打破"替罪羊"循环，最终通过重建夫妻关系、改善沟通模式，使这个家庭实现了蜕变。

2. 节目

纪录片《生门》以武汉大学中南医院妇产科为背景，通过镜头记录了多个家庭在迎接新生命过程中的真实故事。影片集中展现了多位高危产妇在生产过程中经历的生死考验，以及她们背后的家庭所面临的经济、情感与道德困境。故事中的每一个家庭，都在生育这扇"生门"前经历了生命的考验与人性的淬炼。

《生门》不仅是一部医疗纪录片，更是一曲关于生命的赞歌。它透过妇产科这扇"生之门"，展现了生命的诞生与家庭的希望，让观众深刻感受到生命的可贵与家庭的支持力量；同时，也引发了观众对家庭关系、社会问题及医疗体系的深入思考，具有重要的教育意义与现实价值。

项目二

友情汇聚能量站：友情关系及构建

学习目标

1. 知识目标

（1）通过生活中的具体例子（如大学生活中的孤独感、与朋友的互动场景），理解友谊的概念及其在个人成长、情感支持、社会适应等方面的重要作用。

（2）掌握友谊从相识、相知到深厚友谊的不同发展阶段及各阶段特点，学会识别影响友谊发展的关键因素。

（3）了解友谊在不同年龄阶段的表现特征，理解友谊如何满足个体的社会性心理需求，进而提升生活满意度与幸福感。

2. 能力目标

（1）通过自我反思和案例分析，客观评估自己在友谊中的角色与表现，识别自身在友谊经营中的不足，并制订切实可行的改进计划。

（2）掌握有效沟通、积极倾听、共情等实用技巧，通过角色扮演和情景模拟，提升建立与维护健康友谊关系的实践能力。

（3）学会分析友谊中的冲突与误解产生的原因，提出具有针对性的解决策略，并通过实践活动（如情景剧表演、案例研讨）展示矛盾化解的具体过程。

3. 素质目标

（1）通过案例分析和小组讨论，培养积极开放、包容尊重的人际交往态度，学会接纳他人差异，增强心理韧性与包容性。

（2）结合自身经历，学会感恩朋友的付出并主动回馈，强化友谊中的责任意识与承诺感。

（3）通过实践活动（如制订友谊维护计划、撰写感恩信），提升情感表达的主动性与能力，促进与朋友的深度情感连接。

第一部分　心海指航

案例 内向男孩的"社交逆袭"：小张的友谊密码

　　小张是某高职院校工商管理系大一的学生，性格较为内向，不善言辞。进入高职后，他忙于专业课程和实习任务，与同学的互动较少。一次，工商管理系的小组项目要求团队协作完成一份市场营销策划案。小张因性格内向、不擅长表达，总是默默地完成自己的部分。室友小刘却因他不主动沟通，误以为他"摆架子"，在一次讨论中，小刘忍不住脱口而出："你每次都自己干，是不是觉得我们都不如你？"小张既委屈又愤怒，反驳道："我只是想快点完成任务！" 两人这一争吵，使得原本就不太融洽的小组氛围变得愈发尴尬，其他成员见状，也渐渐与小张疏远开来。

　　项目结束后，小张独自一人待在宿舍，百无聊赖地翻看高中时与挚友的聊天记录。恰在此时，他收到高中好友发来的消息："最近过得咋样啊？"小张再也忍不住，一股脑地向好友倾诉了自己在学校遭遇的困扰。好友耐心听完后，安慰他说："或许你可以试着主动找小刘好好聊聊，友谊这种东西，是需要双方主动沟通来维系的。" 好友的这句话，如同一束光照进小张心里，让他猛然意识到，一直以来在友情里，自己总是被动地等待别人来靠近，却完全忽略了主动表达的重要性。

　　在之后的心理健康课上，老师分享了"友谊的五个阶段"理论，即初识、磨合、默契、坦诚、维持，并布置了"友谊维护计划"的作业。小张决定尝试运用老师建议的"非暴力沟通"技巧，给小刘发送了一条消息："上次小组项目中，是我在沟通方面做得不够好，没有及时和大家交流想法，我希望之后我们能更好地沟通，一起把任务完成得更出色。" 小刘很快回复道："其实我上次也太冲动了，说话不过脑子。要不我们下周重新规划一下分工，再合作试试？"

　　在接下来新的项目中，小张主动提出运用思维导图的方式，来清晰明确地规划小组分工，并且诚挚邀请小刘负责市场调研部分。随着合作的推进，小刘对小张的态度逐渐缓和。两人在协作过程中惊喜地发现了彼此的优势：小张对数据有着敏锐的洞察力，数据分析能力出众；小刘则思维活跃，在创意构思方面表现得十分出色。最终，在他们的共同努力下，项目圆满完成，所在团队还荣获了"最佳团队合作奖"。

经此一事，小张不仅成功修复了与小刘的关系，还受到鼓舞，主动参加了工商管理系的创业社团。在社团组织的各类活动中，小张结识了许多志同道合的朋友。同时，他也没有忘记和高中好友的情谊，开始定期与高中好友进行视频通话，分享彼此生活中的点滴。在团队合作中，小张更是学会了主动表达自己的需求和想法。学期末，小张在日记中郑重写道："友谊恰似一座桥梁，唯有主动用心维护，方能稳固长久。"

案例分析

性格内向的小张因不善表达，习惯被动等待他人靠近，忽略了友情需要双向付出。团队项目中，他默默做事的方式被室友小刘误解为"摆架子"，引发冲突，导致小组氛围紧张。这种误解既源于性格与表达方式的差异，也因团队分工不明确，这是高职学生协作中常见的问题。

受心理健康课启发，小张用"非暴力沟通"主动表达歉意，修复了与小刘的关系。两人在后续合作中明确分工——小张负责数据分析，小刘主导创意构思，最终带领团队获奖。这一转变不仅修复了友情，更让小张学会在团队中主动发声，社交信心与协作能力显著提升，印证了主动沟通、明确分工对友情与团队的重要性。

友情是大学生活的温暖底色，能提供情感慰藉与前行力量。但不少学生像曾经的小张一样，或被动等待，或因误会错失友情。那么，友情为何重要？在大学环境中该如何主动经营友情？接下来，我们将探讨友情的内涵、价值及维护方法，帮助大家在友情的滋养下更好地应对挑战，让大学生活更加丰富多彩。

第二部分　心理知识

一、友谊的相关概念

（一）友谊的定义

友谊（Friendship）是人际关系的一种。心理学领域中，不同研究者基于研究需求对友谊的界定存在差异：

本尼迪克特（Benedykt）在"友伴的业余兴趣爱好相似性研究"中，将朋友定义为"你愿意花费大部分余暇时间与之相处，且欣赏他、依赖他，在他遇到重大问题时愿意投入时间和精力支持的人"。

心理学家布库斯基和霍查（Bukowski&Hoza）认为，与同伴接纳不同，友谊是以个体为指向的双向结构，反映两个朋友之间一对一的情感联系。

朱智贤将友谊定义为"建立在利益一致和相互依恋基础上的个人之间关系的一种形式"，广义上不仅包含个人关系，还涉及社会关系。

张文新通过研究提出，友谊关系的界定需满足三个条件：（1）两个个体之间相互作用的双向关系，而非简单的喜爱或依恋。（2）较为持久的稳定性关系。（3）以信任为基础、以亲密性支持为情感特征的关系。

另有观点认为，友谊是一种双向交互的情感，需双方共同维系，其核心是亲密——亲密程度是衡量友谊深浅的重要指标。良好的友谊能满足个体的社会性心理需求，提供强烈的情感支持与归属感，提升生活满意度和幸福感，在人们生活中具有重要影响。友谊具备相互喜爱、积极响应、协作互助、兴趣相似等特性。

（二）友谊的相关理论

1. 社会交换理论

社会交换理论由美国社会学家霍曼斯（George Homans）于1958年提出，后经彼得·布劳（Peter Blau）等学者丰富和发展。该理论认为，人际关系的本质是交换关系，人们在互动中会考量投入（时间、精力、情感等）与回报（情感慰藉、实际帮助、成长助力等）。

例如，校园中同学间的互助行为，若能实现互惠平衡，更易建立稳固友谊；这种交换不仅是物质层面的交换，更包含情感与心理的相互满足，唯有平衡才能维系和谐的人际关系。课堂小组合作中，成员通过分享知识、发挥优势（如资料收集、数据分析、报告撰写），交换时间与精力并相互配合，共同完成高质量项目，这种互惠合作能促进友谊；校园活动（如文艺晚会筹备）中，不同部门同学分工协作，通过技能互补与努力付出使活动成功，也会加深彼此联结。

2. 互惠利他主义理论

互惠利他主义理论由美国社会生物学家罗伯特·特里弗斯（Robert Trivers）于1971年在论文《互惠利他主义的进化》中提出，核心观点是：人们对非亲缘关系者的利他行为，是基于对未来可能获得回报的预期，这种交换能使双方获得适应性利益，从而促进友谊建立。

高职校园中，社团活动（如文艺晚会筹备）中成员分工协作、不计较短期得失的行为，正是源于"今日助人，明日可能获助"的预期。这种互助氛围如同友谊的"润滑油"，既推动任务完成，又加深彼此信任，让集体更具凝聚力。

3. 邓巴数字理论

150 定律（即"邓巴数字"）由英国牛津大学人类学家罗宾·邓巴（Robin Dunbar）于 20 世纪 90 年代提出。该理论认为，人类大脑新皮层容量有限，能维持稳定社交关系的人数约为 150 人，其中能保持深厚友谊的人数更少（通常仅少数几位）。

对高职学生而言，校园中虽会结识众多同学，但真正能深交的朋友往往有限，需用心维护核心友谊圈（如与志同道合者建立紧密联系）；同时，也可通过社团、实习等途径拓展社交网络——广泛的社交能提供更多机会与资源，丰富校园生活，但需明白"并非所有人都能成为密友"，需平衡核心友谊与泛泛之交的关系。

4. 亲和动机

美国心理学家戴维·麦克利兰（David C. McClelland）提出的"三种需要理论"中，亲和动机是重要组成部分，指个体寻求被他人喜爱、接纳的愿望，是建立友好亲密人际关系的需求，表现为"寻求或维持与他人情感联系的倾向"。

高亲和动机者更倾向参与社交，偏好合作而非竞争的环境，关注人际关系和谐，对人际互动敏感，渴望友谊与理解，会避免冲突，恐惧失去亲密关系（与成就需求、权力需求不同，更侧重人际和谐）。这种动机能带来他人的肯定，也能赋予个体团体归属感与安全感，还能让个体在面对压力时获得支持。

高职学生中，高亲和动机者更愿参与班级聚会、社团活动，易结识新朋友；在朋友遇困时给予情感支持，能加深友谊；团队合作中倾向协作，助力建立稳固关系。网络时代，亲和动机也体现在线上互动中（如发朋友圈后关注点赞与评论，本质是渴望被关注与接纳）。

5. 自我扩展动机

自我扩展动机由心理学家阿瑟·阿伦（Arthur Aron）提出，核心观点是：人类具有通过与他人建立联结、扩展自我认知、能力与身份边界的本能需求，即通过将他人的资源、观点、认同纳入自我认知体系，增强目标效能感。

这种动机在高职学生中作用显著：

（1）拓展社交圈：与不同背景的朋友互动，接触新观点与经验，从而实现自我扩展。

（2）促进团队合作：课堂项目或实习中，学生与同学分享资源、技能，既能完成任务，又能提升能力、开阔视野。

需注意的是，自我扩展的核心是资源与观点的共享带来的成长，而非对他人权力或财富的依附——健康的友谊中，这种扩展是双向的，能促进双方共同进步。

（三）友谊的发展阶段

友谊是逐步建立与深化的过程，高职学生的友谊发展可大致分为以下阶段。

1. 初识阶段

高职新生的友谊多始于初识，可能通过开学破冰活动、班级课程、社团招新或宿舍生活建立联系。此阶段以表面了解为主，交流基本信息（姓名、专业、兴趣爱好），互动集中在共同参与的活动（如一起上课、参加社团的活动），关系虽浅，但为后续发展奠定基础。

2. 探索阶段

随着接触增多，部分同学会渴望深入了解，进入探索阶段。交流从表面信息转向个人感受、想法、经历等较隐私的内容，通过共同参与社团项目、小组作业等增加互动，检验彼此的相容性。若感受到对方的共情与理解，友谊会进一步发展。

3. 亲密阶段

当双方在探索阶段建立足够信任与理解，友谊进入核心的亲密阶段。此时形成紧密的情感联结，成为彼此信任与依赖的伙伴，会分享深层内心世界（梦想、烦恼、价值观），对对方的情感与需求高度敏感，相互支持（如学习遇困时求助、受挫时鼓励）。校园中，他们会共同创造回忆（如参加比赛、举办小聚会）。

4. 深化阶段

在亲密阶段基础上，友谊可能进一步深化。长期相处中，双方加深理解，接纳彼此优缺点，形成稳定成熟的关系。这种友谊抗干扰性强，即便面临距离、时间或生活变故，感情依然深厚（如毕业后在不同城市工作，仍定期联系，分享成长）。

5. 融合与独立阶段

这是友谊的成熟阶段，双方达到"融合与独立"的平衡——既在心理上相互依赖支持，又保持各自的独立性与空间。关系自然自在，无需刻意维系，彼此已成为生活的常态（如各自忙于学业工作，却始终牵挂对方，在重要时刻给予支持，成为成长的后盾）。

友谊的发展是动态复杂的过程，各阶段之间无明确界限，并非所有友谊都会经历全部阶段（部分可能停留在初识或探索阶段，部分会深入至亲密及以后）。其发展受个人性格、生活经历、环境变化等影响。高职学生可通过积极参与活动、真诚交往，促进友谊向深刻、稳定的方向发展。

二、友谊的年龄特征

（一）儿童期

儿童的友谊较不稳定，互惠性低，且多表现为单向的互动模式。年龄越小的儿童越重视具体的外在因素，年龄越大则越关注抽象、互惠的特质。

学前期儿童（3~6岁）将共同活动和游戏作为友谊核心，主要以外在行为（如能否一起玩、是否分享玩具）界定友谊。其友谊标准基于游戏便利性和玩具吸引力，关系短暂易变，受环境影响大。这一阶段的孩子在友谊中主要寻求陪伴和乐趣，较少考虑对方感受，社交技能仍在发展中。

学龄儿童（6~12岁）的友谊开始融入更多情感因素和互动模式，在学校环境中建立起更稳定持久的关系。友谊受共同兴趣（如相同的体育活动、艺术爱好）和校园中的合作互动驱动，出现"互助""忠诚"的概念——孩子们期望朋友在需要时提供支持，友谊对社交发展和自我认同的影响显著。

（二）青春期

青少年将亲密性视为友谊核心，注重忠诚与信任，更愿意袒露心声，对朋友的需求敏感且积极回应。青春期早期对亲密感的需求是寻求亲密朋友的主要动机，若未能形成亲密友谊，可能导致孤独感和自我价值感降低。研究显示，女性友谊通常比男性更紧密（可能因为部分男性认为自我表露"缺乏男子气概"）。

这一阶段的友谊具有以下特点：

（1）情感深度与私密性提升。青少年寻求能理解内心世界的朋友，分享深层秘密与感受，友谊更私人化、排他性强，助力应对成长挑战。

（2）强调忠诚与信任。对"不离不弃"的期待高，背叛可能严重破坏友谊，反映对稳定人际关系的渴望。

（3）社交技能成熟。青少年逐渐掌握冲突解决能力，学会在友谊中平衡独立性与自我价值，建立成熟关系。

（4）影响身份认同。朋友群体的价值观、兴趣爱好对个体影响显著，青少年通过同伴获得归属感，但学校和家庭需引导他们正确看待同伴影响。

（三）成年早期

与青少年阶段相比，成年早期的家庭、朋友关系及个人责任发生重大变化——在建立新友谊的同时，面临角色转变（如完成教育、开始职业生涯、确定伴侣），可能经历孤独，但多数20~30岁的年轻人会向朋友寻求陪伴、建议与支持，在工作、邻里或社区团体中因共同兴趣结识朋友，并逐渐重视"相互理解、情感支持"等亲密关系品质。

其友谊特征包括：

（1）稳定性与深度提升。友谊建立在共同价值观、人生目标和共同经历的关系场景（如大学室友、工作同事）基础上，更成熟稳定，能经受时间考验。

（2）角色多元化。朋友不仅是情感支持来源，还在职业发展、个人成长中提供帮助（如分享机会、建议），相互影响在职业选择、生活规划中尤为明显。

（3）选择性增强。根据兴趣、目标和社交圈选择朋友，社交圈可能缩小，但友谊更贴合个人需求。

（4）注重独立与支持平衡。虽重视朋友陪伴，但个体仍以追求个人目标为主，友谊支持体现在对彼此梦想的尊重与鼓励上。

（四）成年中期

进入稳定工作与家庭模式的成年中期，因多重角色（如职场人、子女）冲突而忙碌，与朋友相处的时间减少，但友谊的重要性与亲密性未减——朋友仍提供社会支持、情感陪伴，助力适应生活过渡。

这一阶段的友谊特点包括：

（1）重质轻量。倾向与少数亲密朋友维持深厚关系，这些朋友经长期考验，彼此理解信任，见面次数可能减少，但情感联结紧密。

（2）支持更具针对性。朋友在家庭建议、职场减压、生活规划等方面发挥作用，尤其在面对职业压力、健康问题时，互助性凸显。

（3）可能跨代延续。部分友谊延伸至下一代（如父母与朋友的友谊，通过家庭互动让子女也形成亲近关系），体现友谊的延续性。

（五）晚年

老年人通常不追求庞大的友谊网络，更倾向保留少数极亲密的朋友，虽老年人社会资源减少，但亲密友谊能满足其社会需求。因生活经历丰富、时间有限，老年人更珍惜长期建立的深厚友谊。

晚年友谊的核心特征包括：

（1）情感支持与陪伴。朋友成为重要的情感慰藉和生活伙伴（尤其当家人不在身边时），共同参与老年集体活动、短途旅游或相互照料。

（2）应对丧失。老年人需面对亲友离世，友谊的互助体现在陪伴彼此共渡悲伤，缓解失落感。

（3）维护心理健康。积极的友谊能降低孤独感、抑郁情绪，提升生活满意度与幸福感，定期相聚能增强社会参与感。

友谊的年龄特征随人生历程呈现阶段性变化，理解这些特点有助于在不同人生阶段建立和维护健康的友谊关系。

三、友谊的意义

友谊在儿童的同伴关系中作用显著：它能为儿童提供安全感和社会支持（尤其情感支持），研究表明，高友谊质量的儿童反社会行为更少，且存在明显性别差异，例如男孩多喜欢广泛交往，女孩友谊往往更集中。同伴接纳是群体对个体的单向的接纳态度（反映社交地位），而友谊是儿童与同伴间的情感纽带，既能提供安全感、支持与自我肯定，又能抑制孤独感等消极情绪。

友谊能给儿童归属感与安全感：在同伴交往中被接纳、建立亲密友谊（分享快乐与烦恼），可降低孤独感；若与好友产生冲突，则可能引发不愉快，加剧孤独感。儿童能在友谊中获得宽慰、宣泄情感，克服心理障碍，这种归属感与安全感是心理健康的必要条件。

相较于儿童阶段，大学阶段，学生进入陌生环境（新学校、新城市），需重新适应，积极建立并维系友谊对适应环境、维护心理健康至关重要。

（一）情感支持

高职学生处于身心发展关键期，面临多重挑战与压力：部分学生文化基础薄弱，在数学、英语等课程上易遇困难，产生焦虑与挫败感；部分因未考入本科院校，可能存在自卑心理，对前途迷茫。此时，朋友的情感支持尤为重要——成为倾诉对象，给予理解与共情，可缓解压力、减轻孤独感与焦虑感。

离开家庭后，高职学生需重建社会支持系统。对于家庭支持不足的学生，友谊则成为重要的补充，朋友的陪伴与关心能提供心理安全感，使其在面对生活不确定性时更稳定、有依靠。

（二）资源与信息共享

高职学生在职业发展与生活经验上相对有限，朋友间的信息与资源共享能提供实际帮助。

（1）职业发展方面。实习、就业时，朋友可分享招聘信息、职业机会（对家庭支持不足的学生而言，这种分享如同雪中送炭，助其突破信息壁垒）。

（2）学习方面。朋友间可借阅资料、分享学习方法，共同应对课程挑战（如围坐探讨专业知识、交流心得，提高学习效率）。

（三）共同成长

高职学生正处于人生重要的转折阶段，迫切需要与志同道合的朋友携手同行、共同成长，具体体现在以下几个方面：

（1）学习互助。通过分享学习资料、实用方法与心得体会，弥补各自的知识短板（例如数学成绩优异的学生与英语能力突出的学生结成对子，互教互学、取长补短），进而增强学习兴趣与自信心。

（2）团队协作。在小组作业、课程项目等集体任务中，彼此支持配合，根据各自特长合理分工，在实践中培养团队协作能力与责任意识，有效提升学习效果与项目质量。

（3）职业规划。一同参与职业规划讲座、咨询会等活动，坦诚分享各自的职业目标与发展计划，相互提供切实可行的建议，帮助对方明确职业方向，减少规划迷茫。

（4）实习求职。已完成实习的学生可主动分享实习单位的岗位要求、工作环境、业务流程等实用经验，协助其他同学针对性地准备面试、提升岗位适配度，从而增强整体就业竞争力。

（四）扩展社会支持网络

对高职学生而言，融入集体、建立多元人际关系是适应校园与社会的重要课题，而友谊正是扩展社会支持网络的关键纽带，具体体现在三个层面。

（1）提升社交实践能力。在与朋友的日常互动中，学生能在真实场景中练习沟通技巧、协作方法与冲突解决能力。例如，通过协商活动安排、化解小摩擦等经历，逐渐掌握人际交往的分寸与智慧，这些能力将为未来职场合作、社会生活奠定扎实基础。

（2）开阔人生视野，提高适应力。与不同背景的朋友交往（如来自不同地域、拥有不同兴趣或成长经历的同学），能接触到多样的生活经验、思维方式与文化视角。这种多元碰撞不仅能拓宽视野，更能帮助学生学会理解差异、包容多样性，从而增强应对复杂社会环境的适应能力。

（3）扩大社交联结的辐射范围。借助朋友的引荐或共同参与社团活动、班级聚会等契机，学生能结识更多新伙伴，使社交圈子从核心友谊向更广泛的人际网络延伸。这对家庭支持相对薄弱的学生尤为重要——通过拓展社交联结，他们能减少孤独感与被边缘化的感受，更顺畅地融入集体与社会，获得更立体的支持力量。

（五）促进个人发展

友谊对高职学生的成长而言，不仅是情感寄托，更是自我完善与持续进步的助推力，主要体现在两方面。

（1）深化自我认知与潜能激发。朋友作为一面"镜子"，其客观反馈与真诚建议能帮助学生更清晰地认识自身优点与不足，进而有针对性地完善自我。在个人成长中，朋友的鼓励与支持更是重要动力。例如，对家庭中缺乏积极榜样的学生来说，朋友的正向影响可能成为其树立自信的契机——在彼此激励中，他们会逐渐增强应对挑战的勇气，发掘自身潜力，进而培养良好的品德、价值观，实现持续进步。

（2）整合多元成长资源。友谊在高职学生的生活中呈现出"多功能性"，它既是情感支持的港湾，也是共同成长的伙伴，既能助力扩展社交网络，又能丰富人生经验，最终指向个人全面发展。因此，高职学生应主动珍惜并经营友谊，在积极健康的人际关系中积累成长能量，为未来的职业发展与人生道路筑牢根基。

四、友谊的常见心理困扰

1. 猜疑心理

猜疑心理在高职学生友谊建立中较为常见，主要表现为因主观推测而对他人产生不信任的情感体验。存在猜疑心理的学生往往对他人持怀疑态度，不愿坦诚交流，习惯戴着伪装面具交往。例如，看到同学交谈时，可能会误以为在议论自己，进而产生防备心理。

若这种心理未及时调整，可能从怀疑他人发展到怀疑自己：逐渐失去信心，变得自卑、怯懦、消极被动，最终在人际交往中陷入困境。由于难以敞开心扉，他们很难找到交心的知己，常感到孤独与无奈。部分高职学生因猜疑心理，在班级活动中不愿主动参与（害怕被误解或嘲笑），这不仅影响社交生活，还可能对心理健康造成负面影响。

2. 自我中心

存在自我中心心理的学生，往往认为他人应围着自己转，优先满足自己的需求和感受。例如，小组作业中可能强行要求队友按自己的想法执行，完全不顾及他人意见。他们渴望得到尊重，却缺乏对他人的基本尊重。

这种心理会严重破坏友谊的平等性，使关系陷入"不平等"状态，阻碍友谊的建立与维系。久而久之，可能因过度自我中心被同学疏远，导致交友困难，甚至在团队合作中频繁引发冲突。

3. 自卑心理

部分高职学生因自身客观条件或经历（如家庭经济困难、学习成绩不理想）产生自卑心理，过低评价自己的能力和品质。他人主动示好时，常因缺乏自信而退缩（例如，觉得自己低人一等，拒绝同学的善意）。有些学生还会用自负掩饰自卑，这种矛盾心理会让周围同学感到其难以接近，使其交友圈子逐渐变窄，进一步加剧人际交往困难。

4. 恐惧心理

社交恐惧心理在高职学生中较为常见，尤其多见于内向、胆小、心思细腻的学生，可能与过往失败的社交经验相关。这类学生害怕面对面交流和建立新人际关系，例如，课堂上不敢主动发言，活动中回避与陌生人互动。

网络时代，他们更倾向于在社交媒体上寻找友谊（以避免面对面的尴尬），但这可能导致现实社交能力退化，影响人际交往质量——虽然网络提供了"安全区"，却难以替代现实友谊中的深度互动，进而导致现实社交能力退化，影响人际交往质量。

5. 孤僻心理

存在孤僻心理的学生表现为不愿与人交流、回避集体活动，对建立人际关系缺乏兴趣。长期孤僻可能导致寡言少语、感情冷淡、不善交际，甚至产生极端孤独感。他们通常认为"友谊和人际交往不重要"，在行为与心理上双重疏离他人。

这种状态不利于学生心理健康发展。例如，遇到困难时因缺乏朋友支持，可能感到更无助绝望，影响学习和生活；长期孤僻还可能演变为更严重的心理障碍（如社交焦虑障碍、抑郁症等）。学校和教师可通过组织多样化活动，鼓励这类学生逐步参与集体生活，帮助他们建立积极人际关系，促进心理健康与个人成长。

五、影响友谊建立的因素

1. 社会环境影响

（1）功利化。

当前社会环境中，友谊建立的功利性现象较为突出：个别高职学生选择朋友时，会以"对方是否对自己有帮助""是否有权势"为标准。这种功利性友谊缺乏深厚情感基础，难以长久维持。例如，有些学生主动接近学生会或社团中的"有资源者"，只为获取机会和便利，却忽视友谊的情感价值，这种行为不仅让友谊变味，还可能加剧人际关系的疏离。

（2）网络化。

随着网络普及，部分高职学生过度投入游戏、短视频等网络娱乐，导致现实中面对面交流的时间和机会减少。网络娱乐的即时满足感和低风险性，让学生倾向于在虚拟世界逃避现实社交压力（例如，宿舍成员沉迷电子设备，极少交流）。这一现象催生了校园"陌生人现象"：教室常成为"低头族"聚集地，宿舍中"同住不同心"，即便相处数年也缺乏深入交流。这种状态削弱了现实友谊的建立机会，导致学生在社交中情感链接弱化、合作精神缺失。

社会环境中的功利化倾向和网络娱乐泛滥，对高职学生的友谊建立影响深远。学生需意识到友谊的情感价值，减少对网络的过度依赖，积极参与现实社交，才能建立健康稳定的友谊。

2. 自我认知影响

自我认知偏差是影响高职学生友谊建立的重要因素，主要表现为"过高"或"过低"两种极端。

（1）自我认知过高。

这类学生往往自视甚高，认为自己优于他人，易产生傲慢心态：交往中习惯贬低他人观点、打断发言，既不愿倾听，也不愿意分享，总期望他人围绕自己转。例如小组讨论中可能频繁否定队友想法，这种行为会让同学感到被轻视，进而对其反感、疏远，难以建立平等和谐的友谊。

（2）自我认知过低。

这类学生因自卑而过度贬低自身能力和价值，总觉得"自己不够好"，担心被拒绝或嘲笑。交往中表现得过度谨慎、被动：害怕表达真实想法，回避冲突，甚至拒绝他人的主动示好（例如，班级活动中因"怕出丑"不敢参与，朋友遇困时因"觉得自己无能"而回避提供帮助）。这种状态会让他们逐渐边缘化，错失建立友谊的机会。

自我认知偏差会严重影响社交体验：自我认知过高者可能因缺乏真诚朋友而孤独，频繁遭遇人际冲突；自我认知过低者可能陷入自我怀疑，影响心理健康和学业。因此，帮助学生建立客观自我认知（前者需学会尊重他人，后者需增强自信），对建立健康友谊至关重要。

3. 个性影响

部分高职学生的人际交往障碍源于不良个性品质，如不尊重他人、缺乏责任感、情绪无常等，这些品质易引发冲突、招致反感。

（1）不尊重他人。

交往中表现出强烈自我中心倾向：频繁打断他人发言、对他人观点不屑一顾、他人分享时流露出不耐烦（如皱眉、玩手机）。这种行为会否定对方价值，让交流氛围紧张压抑，最终导致他人疏远。

（2）缺乏责任感。

友谊中责任感不可或缺，但有些学生在团队活动中敷衍任务、拖延进度，甚至遇事推卸责任（例如，团队项目中"划水"，出问题时指责队友）。这种行为会消耗他人信任，最终让大家"敬而远之"。

（3）情绪无常。

情绪稳定性对人际关系至关重要，情绪无常的学生表现为：短时间内因微小诱因出现极端情绪转变（前一秒兴奋，下一秒暴怒或沮丧）；对日常事件反应过度（因小事大发雷霆或过度兴奋）；情绪变化无逻辑且不可预测（如无明显诱因的悲伤、对积极事件冷漠），导致朋友需"如履薄冰"；长期频繁波动还会影响社交一致性。

（4）放纵。

部分学生行为过度放纵，完全不顾及他人。例如，宿舍中大声外放音乐、打游戏时吼叫，或乱扔垃圾、无视公共卫生，导致环境脏乱。这些行为干扰他人生活，破坏集体和谐，最终迫使他人选择忍受或疏远，阻碍友谊建立。

（5）苛求他人。

这类学生对朋友要求严苛，期望对方"完美无缺"，严格遵守自己的准则，一旦朋友出错，便过度指责（例如，因朋友迟到几分钟而大发雷霆）。这种态度会给朋友带来巨大压力，最终导致关系疏远。

（6）虚伪。

表面热情友好，实则为个人利益损害朋友利益。例如，承诺为朋友保守秘密却四处宣扬，团队合作中表面赞同却暗中使绊。虚伪一旦被识破，会瞬间摧毁信任，让友谊崩塌。

（7）冷淡。

对他人的问候、关心、求助信号无动于衷。例如，室友友好攀谈时敷衍应答，朋友遇困时漠不关心。这种态度像一堵墙，隔绝了情感链接，让友谊无从谈起。

（8）自私。

只关注自身得失，忽视他人需求。例如，小组作业中只顾自己完成任务，不理会他人困难；分享资料时隐瞒，不愿提供帮助。这种行为会引发他人反感，难以建立深厚关系。

这些不良个性品质不仅影响校园社交，还可能产生心理压力、削弱自尊心。学生可通过自我反思、积极互动、参与团队活动，培养尊重他人、有责任感、情绪稳定等品质，从而收获真挚友谊。

4. 交往能力影响

部分高职学生有交往意愿却因能力不足导致效果不佳，主要体现在沟通技巧和共情能力欠缺，阻碍友谊发展。提升交往能力对高职学生至关重要，这是他们进入社会前提升社交素养的重要学习机会。

(1) 沟通技巧不足。

表达能力弱：语言组织能力差，无法清晰表达想法（例如，小组讨论中因表述不清，导致观点不被理解）。

倾听能力欠缺：过于关注自己，缺乏耐心倾听他人，让对方感到不被尊重。

非语言沟通不当：交流时，眼神游离、表情冷漠、肢体僵硬，给人留下不好的印象。

(2) 共情能力不足。

难以感知他人情绪：朋友情绪低落时，无法体会其痛苦，甚至说不合时宜的话（例如，朋友失恋时说"这点事有什么大不了的？"）。

情感回应不当：面对他人情绪表达时手足无措，不知道如何安慰或支持，让朋友感到失望。

良好的交往能力能帮助学生建立广泛人脉、获取资源，为职业发展奠基，还能提供情感支持，缓解压力，增强心理韧性；同时，增强社交自信，助力团队合作，这些都是友谊建立和维系的关键。

5. 家庭环境影响

(1) 家庭经济状况。

经济状况在一定程度上影响交往：经济条件较好的学生可能因优越感排斥经济条件较差的同学；经济条件较差的学生可能因生活压力和自卑，对人际关系关注较少，更专注于自身生活和前途。

(2) 家庭氛围与教育方式。

温馨和谐的家庭氛围，能培养学生的自信心和社交能力，使其交往时更从容；家庭关系紧张，或缺乏关爱的学生，可能在交往中表现出焦虑、退缩或攻击性，影响友谊质量。

值得一提的是，父母教育方式至关重要。过度保护或过分严厉会限制孩子社交能力发展；民主、开放的教育则有助于孩子形成健康的社交观念，掌握交往技巧。

六、当代大学生的友谊

每个人在社会生活中都不可能独立存在。大学生因对多样化人际关系的需求增强，对友谊的渴望也更加强烈。不同性别、不同个性的大学生，其友谊特点存在差异：开朗外向的学生更热衷于交友，内向腼腆的学生交友意愿相对较弱；男生的友谊多建立在共同兴趣和习惯上，女生的友谊则更多依托共同生活环境和相似个性；一般来说，女生对友谊的依赖程度高于男生，女生因感情更细腻，维系友谊往往需要付出更多精力。

（一）高职学生发展友谊的途径

1. 积极参加社团活动

积极参加社团活动是高职学生拓展人际关系、丰富校园生活的重要方式。社团作为校园重要社交平台，不仅为学生提供发展兴趣、提升素养的机会，更搭建了结交志同道合朋友的桥梁。高职院校的社团类型丰富，涵盖学术、文艺、体育、公益等领域：学术社团为探索专业知识的学生提供交流平台，文艺社团为热爱艺术的学生提供展示空间，体育社团通过赛事和训练增强成员的团队精神，公益社团则培养学生的社会责任感。社团的这种多样化设置，能让学生找到契合自身兴趣的群体，更好地融入校园。

社团会结合自身性质举办丰富多彩的活动，如摄影社团的培训课程、外出采风、作品交流会等。在活动中，学生既能提升技能，又能通过交流心得、协作完成任务（如文艺社团筹备晚会时的分工配合），加深彼此了解，建立深厚友谊。同时，与不同专业、性格的同学合作，能提升沟通、组织和团队协作能力，拓宽社交圈，积累人脉资源。

2. 参加志愿者活动

志愿者活动是培养高职学生社会责任感的有效途径，对友谊建立和个人成长意义深远。

（1）深化社会认知。参与社区服务（如陪伴孤寡老人）、环保活动等，能让学生直面社会需求，从"受助者"转变为"施助者"，将个人追求融入社会价值的实现中。

（2）增强自我价值。通过付出的行动为他人提供帮助（如支教中助力学生成长），能产生强烈的价值感和满足感，激励学生更积极地面对生活。

（3）结交同频朋友。志愿者活动吸引着拥有相同价值观的学生，在共同协作中（如策划公益晚会），学生们通过交流思想、分享经验，易建立深厚友谊。

（4）提升协作能力。活动需团队配合完成（如分工负责场地、宣传等），能锻炼沟通、协调能力，为友谊奠定信任基础。

3. 参加社会实践

社会实践是高职学生衔接校园与社会的桥梁，也是发展友谊的重要契机。

（1）拓展行业人脉。在实践中与行业从业者交流专业知识、探讨行业动态，向资深前辈学习经验，同时接触各行各业人士，拓宽视野。

（2）提升综合能力。将理论知识应用于实际工作（如解决实践中的具体问题），能发现不足并针对性提升，同时积累职场规则认知和协作经验。

（3）深化同伴理解。与同伴共同应对实践中的困难（如完成项目任务），在支持与合作中加深信任，提升交友能力，为未来社交积累经验。

4. 参与班级小组合作与文体活动

班级内的小组合作学习或项目任务，是认识同学、发展友谊的重要机会。积极参与小组活动，主动承担责任、密切配合他人（如市场营销项目中共同调研、撰写报告），能在交流协作中加深了解与信任，建立友谊。

学校举办的运动会、文艺晚会、校园歌手大赛等文体活动，也是交友良机。主动参与这些活动（如运动会中与队友并肩拼搏），既能展示特长，又能在共同为目标努力的过程中，与志同道合的同学增进情谊。

5. 学习小组交流与互动

课堂及课后的学习互动，是发展友谊的重要场景。

（1）课堂协作。专业课程中的小组作业（如计算机专业的编程项目），成员需共同探讨算法、调试代码。过程中，学生能根据彼此能力（外向者分享创意、内向者优化细节）发现同频伙伴，在攻克难题中建立信任。

（2）课堂讨论。围绕专业话题（如"新媒体营销策略"等）各抒己见，在思维碰撞中了解彼此的价值观与知识储备，找到观念契合的朋友。

（3）课后帮扶。基础扎实的学生为学习有困难的同学讲解知识（如高数公式推导），在互助中加深情感，让帮扶关系转化为友谊。

主动向遇到困难的同学提供支持（如解答学习难题时耐心拆解知识点、协助其整理学习笔记时标注重点与易错点），不仅能切实帮对方解决问题，更能在互动中传递善意与真诚。这种不求回报的付出会让对方感受到被重视，进而敞开心扉，从单纯的"受助者"转变为愿意回应的"同行者"，在一来一往的温暖互动中，信任逐渐加深，友谊也随之在细节中悄然升温。

（二）发展友谊的原则

1. 平等与尊重

平等与尊重是友谊的首要原则。当代大学生多为独生子女，部分学生可能易出现自我中心、自卑或自傲等问题，阻碍健康友谊的建立。只有平等尊重他人的人格、习惯与喜好，才能构建和谐关系。

（1）接纳性格差异。每个人性格独特（活泼与沉稳、热情与内敛），相处中需尊重差异而非强行改变。例如，急性子与慢性子朋友可相互学习（前者学对方的沉稳、后者学对方的活力），在差异中发现彼此闪光点。

（2）尊重观念分歧。因成长背景不同，价值观可能存在差异。讨论社会热点时，应先倾听对方看法，再理性表达观点，避免情绪化攻击。即使无法达成共识，也能通过交流加深理解，让友谊在包容中升华。

2. 真诚待人

真诚是友谊的基石，能催生信任、归属感与安全感，让友谊稳固。虚情假意会摧毁信任，破坏关系。

（1）表里如一。交往中不伪装，展现真实自我。刻意模仿他人（如内向者强行融入外向人圈子）会导致心理疲惫与自我迷失，只有真实示人，才能吸引真正接纳自己的朋友。

（2）言行一致。"言必信，行必果"。答应朋友的事需尽力完成，若无法兑现，需及时诚恳说明原因并道歉（如无法赴约时提前沟通、提议改期）。言行一致才能赢得信任，让友谊在真诚中成长。

3. 互利互助

友谊的核心是双向支持，既包括情感共鸣，也包括资源共享。

（1）情感支持。朋友遇挫时（如考试失利、情感受伤），给予关心、倾听与鼓励（如共情式倾听、分析原因、陪伴安慰），让对方感受到温暖。这种支持是双向的，当自己陷入困境时，也会收获朋友的回馈。

（2）资源共享。学习上分享资料、方法与经验（如擅长某课程者辅导朋友攻克难点知识），生活中分享实用信息（兼职、生活窍门）。通过共享资源，拓宽彼此视野，实现共同成长，让友谊更深厚。

4. 适度交往

友谊需要空间与边界，过度亲密或疏远都会影响其质量。

（1）交往频率适度。频繁交往可能让对方感到压力（如形影不离导致无私人空间），过于疏远则可能导致关系淡化。需根据彼此需求合理安排互动，保留个人空间，让友谊在轻松中发展。

（2）尊重个人选择。不干涉朋友的私人事务（如专业选择、恋爱对象选择），可提供建议但不强行主导。过度干涉会让朋友感到束缚，尊重选择是维持友谊的基本前提。

5. 坚守底线

健康的友谊需建立在道德与原则之上，不能为"义气"或利益突破底线。

（1）坚守道德底线。若朋友有不良行为（如考试作弊、违法违纪），需坚决拒绝参与，并劝说其改正。真正的友谊应以道德为基石，突破底线只会损害双方利益。

（2）抵制利益诱惑。面对金钱、权力等诱惑时，不牺牲友谊。例如，合作项目中不因不合理的利益分配损害朋友权益，珍惜友谊，让其成为人生宝贵财富。

高职学生发展友谊需遵循平等尊重、真诚待人、互利互助、适度交往、坚守底线等原则。唯有如此，才能建立健康、持久的友谊，让大学生活因友谊而更丰富，为个人成长奠定坚实基础。

（三）数字时代友谊的新特征

1. 即时性与互动性增强

数字技术让高职学生能通过微信、QQ 等工具打破时空限制，随时与朋友交流。例如课堂间隙、实习现场或在宿舍休息时，都能分享校园生活、专业学习点滴（如实习中遇到问题即时拍照讨论），让友谊在高频互动中升温。

短视频、直播的快速发展更丰富了互动形式，学生可分享校园日常、专业技能展示，朋友即时点赞评论，这种即时反馈强化了彼此的关注度，让友谊更紧密。

2. 兴趣驱动的社交

数字平台的算法推荐功能，让高职学生能精准找到志同道合的朋友。在摄影、电竞等兴趣社群中，系统会根据用户行为推荐兴趣相投的伙伴，建立基于共同兴趣的友谊。共同参与线上兴趣活动（如设计竞赛、编程挑战），能在切磋中分享创意、互相学习（如机器人编程挑战赛中组队调试机器人），加深默契与情谊。

3. 碎片化与浅层化并存

数字时代信息的碎片化也影响着学生社交，交流可能变得简短零散（如社交媒体上的点赞、简短评论），缺乏深度与连贯性，可能削弱友谊的稳定性。

数字社交的便捷性让学生能轻松结交大量朋友，但也可能导致浅层关系增多——部分友谊仅停留在表面互动，缺乏深度情感连接和实际支持（如大型社群中偶尔打招呼，未建立深厚感情）。

4. 匿名性与风险并存

数字社交的匿名性为学生提供了更自由的表达空间：内向或有社交障碍的学生，可匿名尝试不同角色表达自我、分享想法，减轻压力，拓展社交圈。但匿名性也暗藏风险，可能引发网络欺凌、虚假信息传播等，部分学生可能因匿名的不当言论受伤，或难以判断对方真实意图，影响友谊的质量与稳定性。

第三部分　心理练习

一、了解友谊的意义

任务　读故事谈感受

管鲍之交

管仲和鲍叔牙是春秋时期的好朋友。两人一起做生意，管仲出的本钱少，分红时却拿得多，鲍叔牙不认为他贪心，知道他是因为家里穷。管仲三次做官，三次都被罢免，鲍叔牙不认为他没才能，知道是因为没碰到赏识他的君主。管仲三次作战，三次逃跑，鲍叔牙不认为他胆怯，知道他是因为要留着命回去照顾老母亲。后来鲍叔牙推荐管仲做了齐国的相国，管仲帮助齐桓公成就了霸业。管仲曾说："生我者父母，知我者鲍子也。"

读完这个故事，你的感受是什么？

_____

_____

_____

二、树立正确的友谊观

任务 通过读故事和小组讨论，梳理正确的友谊观

胡质巧劝张辽：交友在"容"不在"隙"

三国时期，魏国名将张辽与护军武周原本是密友，只因一点小事突然闹翻，见面竟连话都不说。张辽听说胡质学问与人品俱佳，便托人给胡质捎话，想登门拜访并结交为友。胡质却以身体不适为由辞谢了。

一天，张辽路遇胡质，见他身体结实、红光满面，哪里像不舒服的样子？张辽有些不高兴，埋怨道："老胡啊，我一心想跟你结交，你怎么还嫌弃我呢？"

"这得问你自己呀！"

"怪我？"

"可不是！"胡质诚恳地说，"交朋友应看大节、不计小事，才能长久维系友谊。武周为人不错，你也曾夸奖过他，如今却为鸡毛蒜皮的小事就不理他了。我的才学远不如他，又怎能让你长久信赖呢？所以，我们即便结交，恐怕也好不了多久就会闹翻，还不如不结交呢！"

张辽听后又感激又惭愧，连连称谢。随后，他向武周道歉，武周也作了自我批评，两人和好如初。胡质笑着对张辽说："知过能改，你这个人可交。"说着，便热诚地邀请张辽到家中做客，两人最终成了好朋友。

1. 小组讨论：阅读以上故事，请小组讨论并总结健康的友谊应该具备什么样的特征？（如信任、忠诚、理解、支持、尊重等）

_____
_____
_____
_____

2. 小组分享：小组成员分享"自己与朋友间令人印象深刻的故事"。请记录下你的故事。

_____
_____
_____
_____

3. 小组讨论：你最想和什么样的人交朋友？

_____
_____
_____
_____

4. 小组讨论：你会为朋友做什么？

_____
_____
_____
_____

三、友谊的深度探索

任务一　友谊的层次

根据友谊层次理论，友谊可以分为三个层次：表面友谊、普通友谊和深度友谊。思考你与朋友之间的关系属于哪个层次，并说明理由。选择一个你认为和他之间是深度友谊的朋友，写一段文字描述你们之间的信任和理解程度，以及这种深度的友谊对你生活的影响。

_____
_____
_____
_____

任务二　友谊的挑战

回忆一次你与朋友之间发生的冲突或误解，记录下当时的情境、你们的反应和最终的解决方式。分析这次冲突对你们友谊的影响，思考如果有机会重新处理这次冲突，你会采取什么不同的方式。

_____
_____
_____
_____

任务三　人际矛盾情景剧

1．小组自创情景。例如某室友比较懒惰，每次轮到他值日，他都忘记打扫卫生，时间久了，便引起了寝室其他同学的不满；好朋友向你借作业抄袭，你不愿意借，却又碍于情面难以拒绝；同学未经你同意就翻看了你的日记。

2．小组其他成员分组讨论解决这些人际矛盾的方法，并以小品的形式表演出来。

3．所有成员共同讨论上述各种解决方案的可取之处和不合理之处。

_____
_____
_____
_____

任务四　案例分析

××职业技术学院的学业要求颇为严格，实训任务重、技能达标难度大，202宿舍的4名女生却始终互帮互助。面对复杂的海洋生物技术实训操作，她们轮流整理笔记、分享操作技巧；遇到难题时，便围在实训室操作台前讨论至深夜，一人遇到困难，其他人就分头查资料、向老师请教。

三年学习结束，宿舍4人全部通过海洋生物检测高级技能认证，小琳、小萌凭借优异成绩保送进入某知名大学的海洋工程技术专业继续深造，小悦和小婷通过专升本考试，考入开设海洋科学相关专业的本科院校，四人始终深耕海洋相关领域。正如她们所说："一个人前行或许迅速，但一群人并肩才能走得长远，哪怕只是微光，汇聚起来也能照亮前进的道路。"

"真的特别感谢宿舍的姐妹们，" 小琳笑着说，"刚开始学习深海探测仪器操作时我总出错，是小萌把她的操作视频反复发给我；小悦担心我实训时没时间吃饭，常帮我带食堂的热乎饭；小婷还拉着我们每天早上去操场跑步，说身体是学习的基础……朋友之间互帮互助，让我们觉得再困难的任务都能克服。"

这种互助的氛围也延伸到了班级中，202宿舍的女生们主动带动同班同学成立学习小组，分享实训经验、分担班级事务，所在班级连续两年被评为校级"优秀班集体"。

1．小组讨论：以上案例给我们什么启示？

_____
_____
_____
_____

2．请简单描述如何维护宿舍关系。

_____
_____
_____
_____

四、岁月为名，友谊万岁

任务一　友谊诗歌欣赏

（1）君有奇才我不贫。——（清）郑板桥

（2）海内存知己，天涯若比邻。——（唐）王勃

（3）莫愁前路无知己，天下谁人不识君。——（唐）高适

（4）天下快意之事莫若友，快友之事莫若谈。——（清）蒲松龄

1. 小组讨论：要建立和维护友谊，我们需要怎么做？

___

任务二　友谊的维护

制订一个"友谊维护计划"，列出你将如何在未来一个月与朋友保持联系、分享生活和提供支持的具体行动。

___

选择一个你认为需要加强联系的朋友，计划一次有意义的活动（如一起参加运动、看电影、聚餐等），并记录下活动的准备过程和你们的感受。

___

任务三　友谊的拓展

列出你希望结交的朋友类型（如兴趣爱好相同、性格互补、成长经历或认知视角不同等），并思考你将如何主动与他们建立联系。

___

参加一次社交活动（如社团活动、兴趣小组、社交聚会等），记录你与新朋友交流的过程和感受，以及你如何克服社交焦虑（如果有的话）。

_____
_____
_____
_____

五、友谊的感恩与回馈

任务一　感恩信

选择一个对你影响深远的朋友，给他写一封感恩信，表达你对他的感激之情和对友谊的珍视。

_____
_____
_____

如果可能的话，亲自将信交给朋友，观察他的反应，并记录你们的交流内容和你的感受。

_____
_____
_____
_____

任务二　友谊回馈行动

思考一件你可以为朋友做的特别的事情（如帮助他解决一个难题、为他准备一个惊喜、陪他渡过一段困难时期等），并付诸行动。

_____
_____
_____

记录行动过程中你的感受和朋友的反应，思考这次行动对你们友谊的积极影响。

第四部分　课后应用实践

任务一　掌握一个重点知识：友谊的意义

请简述建立积极健康的友谊对我们生活的意义。

任务二　带走一个实用方法：友谊地图

1. 活动目的

通过绘制友谊地图，帮助学生深入理解自身的友谊网络，识别友谊中的强连接与弱连接，思考如何维护和深化友谊关系。

2. 活动步骤

（1）准备材料。准备一张 A_4 纸、若干彩笔或铅笔。

（2）绘制友谊地图。在纸的中心写下自己的名字，作为友谊地图的起点。从中心出发，用线条连接自己与不同朋友——线条长度可代表关系亲密度或联系频率；在每条线条末端写下朋友的名字，旁边用简短话语描述关系特点（如"共同爱好""学习伙伴""情感支持"等）；使用不同颜色或符号区分友谊类型（如强连接/亲密好友、弱连接/偶尔联系的朋友等）。

（3）分析友谊地图。观察地图，明确哪些是强连接朋友、哪些是弱连接朋友；分析自己在友谊中的角色与表现，找出需要改进的地方；思考如何维护深化与强连接的关系，以及如何加强与弱连接的联系。

（4）制订行动计划。根据分析结果，制订友谊维护与发展计划，内容可包括定期联系、共同参与活动等具体措施。将计划记录在纸上或手机备忘录中，提醒自己坚持执行。

第五部分　拓展阅读

1. 书籍

《真朋友，假朋友》，机械工业出版社2024年版

友谊是一个永恒的话题，有时很难驾驭，即便是成年人也不例外。本书围绕"9~12岁的女孩如何正确认识友谊、与他人建立健康的友谊"这一话题，分享了友谊的9个真相，探讨了欺凌、孤立等与友谊相关的问题。全书从女孩的视角出发，收录了大量同龄人的观点和案例，还穿插了有趣的测验和插图，能有效帮助女孩正确认识友谊，提升交友的技巧与能力。

2. 电影

《牛仔裤的夏天》中，自幼相知的卡门、蒂比、莉娜和布丽姬，在十五岁夏天面临分离时，以一条神奇牛仔裤为信物，约定轮流穿着分享经历。

布丽姬在墨西哥训练营借牛仔裤汲取勇气，直面内心；莉娜在希腊因它鼓起勇气拥抱爱情；卡门穿着它化解与父亲的矛盾；蒂比则在与患癌女孩贝莉的相处中，借牛仔裤传递的情谊体会到生命的珍贵与友情的温暖。

最终牛仔裤丢失，女孩们却懂得：真正的友谊从不需要"魔法"维系，分离中的彼此牵挂、成长时的相互支撑，才是这份情谊最坚实的底色。这个夏天，她们在友情的陪伴下学会爱与被爱，更读懂了友谊跨越距离的力量。

项目三

恋爱甜蜜"心"攻略：爱情关系及构建

---- 学 习 目 标 ----

1. 知识目标

（1）学生能够准确阐述爱情的含义，深入理解爱情的三要素（情爱、理想、性爱），并能在实际案例中准确辨析。

（2）全面掌握大学生恋爱的特点，包括但不限于自主性强、动机简单化、不成熟性与不稳定性、自控力与耐挫力较弱、多元化与差异性等。

（3）清晰了解大学生常见的性心理困扰，如性焦虑、性冲动、性梦、性幻想等，并掌握相应的调适方法。

（4）熟知恋爱与性心理发展的相关理论，如爱情三角理论、性心理发展阶段理论等。

2. 能力目标

（1）提升自我认知与情感管理能力：学生能够通过自我反思、心理测试等方式，明确自己在恋爱与性方面的需求与价值观，并学会以恰当的方式表达个人的情感与需求。

（2）强化沟通能力，尤其是恋爱关系中的沟通技巧（包括倾听、表达、解决冲突等），能够有效处理恋爱中的矛盾与问题。

（3）培养应对压力与挫折的能力：面对恋爱挫折（如失恋）和性心理困扰时，学生能够运用所学知识和技巧进行自我调适，保持心理健康。

3. 素质目标

（1）树立正确的恋爱观，理解爱的真谛，培养爱与被爱的能力，使学生在恋爱中尊重他人、关爱他人，建立健康、平等、相互尊重的恋爱关系。

（2）增强社会责任感，认识到恋爱与性不仅是个人问题，还与家庭、社会密切相关；引导学生树立正确的价值观和道德观，在恋爱与性行为中遵守社会规范和道德准则。

（3）促进个人成长：通过学习恋爱与性心理知识，帮助学生更好地了解自己和他人，提高人际交往能力，为未来的幸福生活和职业发展奠定基础。

第一部分　心海指航

案例　大学生小林的恋爱"困局"与"破局"

小林是一名大二计算机专业的男生，性格温和但有些内向，学业成绩不错，感情方面却一直缺乏自信。高中时，他曾鼓起勇气向喜欢的女生表白，却遭到拒绝，这件事让他对恋爱产生了畏惧心理。进入大学后，他对同班女生小萌产生好感，可每当想要主动接近她时，总会陷入自我怀疑："她会不会觉得我不够优秀？""万一又被拒绝，怎么办？"这种焦虑让他迟迟不敢迈出第一步，只能默默关注对方，甚至刻意回避与小萌的接触。

在人际交往中，小林习惯独来独往，很少主动参与班级联谊或集体活动。室友偶尔组织聚餐、桌游，他也总找借口推脱，觉得"社交太累，不如多敲几行代码"。久而久之，他的社交圈越来越窄，甚至和同班同学的关系也变得疏远。这种封闭状态让他更缺乏与异性相处的经验，进一步加深了不自信。

此外，小林对恋爱存在认知偏差。他认为只有"足够完美"的人才有资格谈恋爱，比如成绩顶尖、社交能力强、经济独立等。对比自己，他总觉得"还不够好"，因此迟迟不敢行动。这种完美主义思维让他陷入自我否定的循环，甚至开始怀疑："像我这样的人，真的会有人喜欢吗？"

案例分析

小林陷入恋爱焦虑的原因是多方面的。心理层面上，高中表白失败的经历让他形成"主动必然被拒"的消极认知，对亲密关系产生畏惧，甚至用回避策略避免可能的伤害。这种防御机制虽在短期内缓解了焦虑，却让他错失建立关系的机会，进一步加深孤独感和自我怀疑。社交层面上，内向性格和有限的社交经验使他缺乏与异性自然互动的能力，面对心仪女生时手足无措，形成"越紧张越表现不佳，越表现不佳越退缩"的恶性循环。此外，他对恋爱存在认知偏差，认为只有"足够完美"才配被人喜欢，这让他不断否定自己，陷入"准备不足—不敢行动—更加自卑"的怪圈。

针对小林的状况，心理老师采取了阶段性干预策略：首先，通过认知行为疗法帮助他调整对恋爱和自我的不合理信念，让他明白亲密关系是双向选择，而非对个人价值的绝对评判；其次，鼓励他参与低压力社交活动（如兴趣社团、学习小组），在轻松的环境中逐步增强社交信心；同时，指导他进行社交技能训练（如学习自然开启话题、倾听对方），增强互动时的舒适感；此外，引导他建立健康的支持系统，通过与朋友、室友的日常互动积累正向情感体验，减少对恋爱失败的过度担忧。

经过一段时间的调整，小林的心态发生了积极转变。他开始主动参与班级活动，在与小萌的小组合作中逐渐放下心理包袱，学会以更自然的方式表达自己。最终，他成功迈出关键一步，不仅与小萌建立了健康的恋爱关系，在人际交往中也变得更加自信。这一成长历程表明，大学生的恋爱困扰往往源于认知、经验和情绪的多重因素，但若采取科学的调适方法，就可能实现心理突破，让生活变得更加丰富。

恋爱与性是人类情感世界中不可或缺的部分。它们不仅是生理需求的满足，更是情感交流、人格成长和社会关系建立的重要途径。在大学这一人生阶段，我们正经历从青少年向成年人过渡的关键时期：身心迅速变化，开始对恋爱、性和人际关系进行更深层次的思考与探索；与此同时，也可能遇到各种困惑，面临各种挑战。例如，如何建立健康的恋爱关系？如何正确看待和调适性冲动？如何在恋爱与学业之间找到平衡点？下面我们一起来深入了解这些问题。

第二部分　心理知识

一、爱情的心理学基础

（一）爱情的定义及类型

爱情，这一神秘而迷人的情感现象，在心理学领域有着丰富且深刻的内涵。它通常被定义为两人间强烈的情感联结与吸引力，这种联结并非流于表面的吸引，而是源自心灵的相互认同。爱情中，彼此会产生关怀、尊重、扶持及无私奉献的情感与行为：关怀体现在关注对方生活细节（如饮食起居、学业、工作）；尊重表现为接纳对方的意见、选择与个人空间，不强加意愿；扶持是在困境中给予支持，共渡难关；无私奉献则是不计回报地付出，只为对方的幸福。

张怀承进一步揭示爱情的本质：爱情是人类个体基于性生理基础产生的相互倾

慕、积极奉献的行为与心理。这一观点既强调性生理的基础，也突出双方的主动性——爱情不仅是情感依赖，更是行为上的付出。情爱、承诺和性爱是爱情的三大基本要素，相互交织构成完整体系：

情爱是情感核心，包含喜爱、眷恋与牵挂，是维系关系的情感纽带（如因对方困境而焦急，因对方喜悦而欣慰）。

承诺为爱情锚定稳固根基，体现为对关系的专属认定与长远期许，使两人在共识中明确前行方向（如共同规划未来生活、约定携手面对人生起伏）。这种对彼此的责任感与坚守，让双方在平淡日常或困境中始终凝聚，在相互扶持中深化羁绊。

性爱是生理层面的体现，通过身体亲密深化情感联结，既是生理满足，也是情感交流的方式。

爱情的类型多样，常见的有以下四种：

浪漫爱情：以激情与浪漫感为核心，追求情感的极致满足。双方沉浸于强烈的情感冲动，渴望时刻相伴（如《泰坦尼克号》中杰克与露丝的爱情，突破世俗束缚，充满理想化色彩）。

伴侣爱情：注重稳定与长期关系，建立在尊重、信任与支持之上，更似相互依托的生活伙伴（如结婚多年的夫妻，在平淡中相互扶持，共同承担责任）。

友谊爱情：以深厚友谊为基础，强调心灵契合与共同成长，缺乏强烈激情，更重平等与理解（如从挚友发展为恋人，注重精神共鸣）。

激情爱情：由性吸引力与情感冲动主导，易因外貌、气质产生瞬间吸引，若缺乏其他要素支撑恐难以持久（如一见钟情的恋情，需逐步培养信任与承诺才能深化）。

（二）爱情的心理学理论——爱情三角理论

美国心理学家罗伯特·斯滕伯格（Robert Sternberg）的爱情三角理论认为，爱情由亲密、激情、承诺三种成分构成，不同组合形成不同爱情类型。

亲密（情感成分）：心灵契合、相互归属的温暖感，表现为坦诚交流、彼此支持与依赖。

激情（动机成分）：与性直接相关的强烈吸引力与冲动，促使双方渴望身体与情感的亲近。

承诺（认知成分）：短期为"决定去爱"，长期为对关系的忠诚与责任（如婚姻中的相守承诺）。

浪漫式爱情：激情与亲密占比高，承诺较弱，常见于恋爱初期。情侣沉浸于浪漫体验（如大学生恋爱，因共同兴趣吸引，注重当下感受，缺乏长远规划）。

陪伴式爱情：亲密与承诺突出，激情较弱，源于长期相处的信任（如多年相互扶持的夫妻，以陪伴与责任维系关系，平淡中见深厚）。

冲动承诺式爱情：激情与承诺强烈，但亲密感匮乏，多因冲动或外界压力而结合（如缺乏了解便仓促结婚，心灵隔阂易导致关系脆弱）。

完美式爱情：亲密、激情、承诺均衡交融，是理想的爱情模式。双方既能分享深层情感，保持浪漫活力，也能坚守长期承诺（如共同成长的伴侣，在挫折中相互支撑，在平淡中保留爱意）。

（三）爱情的发展阶段

爱情的发展具有阶段性特征，理解各阶段特点有助于维护健康稳定的恋爱关系。

1. 晕轮期

爱情初始阶段，受"晕轮效应"影响，双方只关注对方优点，理想化认知显著。多巴胺分泌带来强烈愉悦感，促使双方频繁接触（如因对方某项特质产生好感，忽略其不足，沉浸于浪漫幻想）。

2. 磨合期

随着了解加深，缺点逐渐显现，易因生活习惯、价值观差异产生冲突。需通过沟通、包容与妥协化解矛盾（如一方爱整洁、一方随性，需协商达成共识）。

3. 理性期与平淡期

激情趋于平稳，关系更依托于理解与承诺。双方接纳彼此全貌，在默契中共同成长（如情侣在长期相处中，既能保持独立空间，也能携手应对生活挑战）。

二、高职学生恋爱心理概述

（一）高职学生恋爱的意义

大学生正处于青春期后期，生理与心理均经历深刻变化：身体发育趋于成熟，心理上从青涩向成熟过渡，开始探索情感需求、自我认同与独立性。恋爱作为这一阶段自然的情感需求与体验，犹如一把双刃剑，对其成长而言，既有积极意义，也可能引发消极影响。

1. 积极意义

恋爱为高职学生的情感成长提供了重要契机：

（1）助力亲密关系学习。通过与恋人的互动，学会表达情感（如通过言语、行动传递关怀）、理解对方需求（培养同理心）、接纳爱意并给予回应，为未来稳定关系奠定基础。

（2）深化自我认知。在相处中更清晰地认识自己的反应模式、需求与价值观（如面对分歧时明确自身底线），为亲密关系中的人际关系决策提供依据。

（3）提升社交技能。在沟通、妥协、冲突解决中锻炼能力（如理性表达想法、平衡双方需求），这些技能对未来工作与生活同样重要。

（4）培养责任与承诺。通过共同承担责任（如关心对方学业、情绪），逐渐形成成熟的责任担当意识。

2. 消极意义

恋爱若处理不当，可能带来多重负面影响：

（1）情感困扰与心理压力。失恋易引发焦虑、自我否定，影响心理健康与学业专注。

（2）分散学习精力。为陪伴恋人放弃与学习相关的活动，导致学业落后，错失发展机会。

（3）社交圈狭窄化。过度依赖恋人，忽视其他人际关系，限制综合能力发展（如求职时缺乏人脉支持）。

（4）干扰未来规划。因恋爱忽视学业可能影响升学、就业；过度关注当下感情，可能导致职业、婚姻规划失当。

（二）高职学生恋爱的特点

高职学生的恋爱既有着同龄年轻人共同的特点，也因自身成长背景、生活状态等方面的特殊性，呈现出一些独特表现，主要有以下五个特点。

1. 自主性强

在多元社会观念的影响下，高职学生在恋爱中更倾向于主动表达情感。择偶时，他们往往更关注与对方在个性、兴趣等方面的契合度（例如，因共同的兴趣爱好产生吸引），相比物质条件或家庭背景，更看重双方在精神层面的共鸣，由此建立的关系往往具有更深的情感联结。

2. 恋爱动机简单化

面对学业任务与成长中的竞争压力，部分高职学生希望通过恋爱获得情感上的陪伴与支持：在感到疲惫时与对方分享情绪、彼此鼓励，其恋爱动机更多聚焦于情感互动本身，相对较少涉及复杂的利益权衡。

3. 不成熟性与不稳定性

处于身心发展转型阶段的高职学生，在恋爱中可能表现出不够成熟的一面。例如，择偶时可能更关注外貌、气质等外在特征，对内在品质的匹配度重视不足；有时会更看重浪漫体验与激情，对关系中尊重与信任的培育有所忽视；部分学生在处理感情问题时较为冲动，缺乏长远规划，因此可能因现实因素引发关系困扰。

4. 自控力与耐挫力较弱

热恋阶段，部分学生可能因投入较多精力在恋爱中，影响对学习或集体活动的参与；当遭遇失恋等情感挫折时，一些学生容易出现情绪波动，可能产生悲伤、焦虑等感受，进而对日常生活或身边人产生一定影响。

5. 多元化与差异性

由于个人成长背景、兴趣偏好及价值观的差异，高职学生的恋爱表现呈现出多样性：有的更重视精神层面的共鸣（如共同交流对专业、生活的思考）；有的会较多关注物质条件的匹配；在关系状态上也存在明显不同，有的相处融洽包容，有的则可能时常出现矛盾。

（三）高职学生恋爱常见的心理困扰

1. 寂寞与爱情

高职学生可能因环境适应问题（如离开家人朋友、融入新集体存在困难）或学业上的迷茫（如对专业兴趣不足、学习遇到挫折）产生孤独感。部分学生可能会希望通过恋爱缓解这种感受，将获得陪伴作为重要需求，此时可能对双方价值观是否契合关注较少。这类以填补寂寞为主要出发点的恋爱，由于缺乏深厚的情感基础，在孤独感减弱后，关系容易出现波动。

2. 好感与爱情

异性之间的好感与爱情常被混淆，二者存在本质区别：好感多源于外在特质的吸引（如外貌、特长等），往往具有广泛性和暂时性，一般不涉及对对方的深度接纳；爱情则是基于长期了解形成的复杂情感，包含对对方全部特质（包括优点与缺点）的接纳、身心层面的亲密联结，以及共同面对困境的意愿，具有专一性和排他性。部分学生可能会将一时的好感等同于爱情，从而陷入情感认知的误区。

3. 虚荣与爱情

根据马斯洛需求层次理论，尊重需求（包括自我价值感与他人认可）是重要的心理驱动因素。部分高职学生可能受虚荣心理影响，将"拥有受他人关注的恋爱关系"作为满足尊重需求的一种方式。例如，因看到他人恋爱而急于进入一段感情，对双方情感是否契合关注不足，更多在意对方的外在条件（如外貌、家庭背景等）；或在社交平台上过度展示恋情，以获得他人的关注与羡慕。这类基于虚荣心理建立的关系，在外在吸引力减弱后，容易出现矛盾与裂痕。

4. 友谊与爱情

异性之间的友谊与爱情界限有时较为模糊：友谊通常建立在共同兴趣与相互尊重的基础上，不包含浪漫情愫或性吸引；爱情则包含强烈的情感吸引、情感依赖及身心层面的亲密需求。部分学生可能误将异性朋友的关心（如提供帮助、日常陪伴）理解为爱情的信号；也有学生在意识到对异性朋友产生特殊情感后，因担心破坏现有友谊而压抑真实感受，陷入内心困扰；还有些学生可能在时机或方式不恰当时表达心意，导致友谊受损，甚至陷入尴尬处境。

三、高职学生爱的能力培养

（一）爱的能力内涵

爱的能力是一种综合性心理特质与行为表现，涵盖情感、认知、行为三个层面：情感上，能真诚关心他人、感知对方情绪，形成持久的情感连接；认知上，能深入理解并接纳他人的独特性（如价值观、性格），尊重差异而非强求一致；行为上，能通过言语（如关心、鼓励）与行动（如陪伴、帮助）主动表达爱。其核心是构成健康、深厚的亲密关系，实现爱与被爱的良性互动。

（二）爱的能力构成要素

1. 自我认知与自我接纳

（1）自我认知。清晰了解自身性格、价值观、优缺点及情感模式，明确情感需求与个人边界。例如，内向者知晓自己需要独处空间，在恋爱中会主动沟通这一需求，避免误解。

（2）自我接纳。接纳自身不完美（如外貌、能力局限），不因缺陷否定自我价值。如能接纳自己成绩中等的学生，不会因恋人成绩优异而产生自卑，能平等对待恋爱关系。

2. 共情与同理心

（1）共情。能设身处地感受他人情绪（如伴侣受挫时体会其沮丧），个体需通过观察语言、表情、肢体动作捕捉情感信号。

（2）同理心。在共情基础上，主动回应对方需求。如伴侣因家庭矛盾感到痛苦时，不仅能感受其难过，还会协助其分析问题、提供支持。

3. 有效的沟通能力

（1）倾听能力。专注理解对方话语背后的情感与需求，通过眼神交流、点头等非言语信号传递关注态度。例如，伴侣分享学业压力时，不打断、不评判，让对方充分表达。

（2）表达能力。清晰、温和地传递自身想法与感受。如对伴侣的某些行为不满时，不说"你总是忽略我"，而说"当你忘记我们的约定时，我会感到失落"，减少指责性语言。

4. 关心与照顾他人的能力

（1）察觉需求。敏锐捕捉伴侣的显性与隐性需求。如发现伴侣近期频繁熬夜，主动询问是否需要帮助整理资料。

（2）提供支持。给予实际帮助（如生病时陪护、经济困难时分担）与情感支持（如受挫时鼓励），而非仅停留在口头关心。

5. 尊重与信任他人

（1）尊重差异。接纳伴侣的个性、选择与隐私（如不强迫对方改变兴趣爱好，不随意查看对方手机）。

（2）建立信任。言行一致、信守承诺，如约定共同学习就准时赴约；出现矛盾时坦诚沟通，不隐瞒或欺骗。

（三）培养爱的能力

1. 表达爱的能力

表达爱需兼顾真诚与方式：语言上，用具体话语传递心意（如"你帮我复习的样子让我感觉很温暖"，而非笼统的"我喜欢你"）；非语言上，通过拥抱、递一杯热水等细节传递关怀。避免过度夸张或敷衍，让对方感受到真切的重视。

2. **接受爱的能力**

接受爱是对自我价值的肯定：首先，正视自身优点（如内向者可认可自己的倾听能力），相信"我值得被爱"；其次，理解他人表达爱的多样性，例如有人用陪伴表达，有人用礼物表达，方式虽异但心意相通。

3. **拒绝爱的能力**

恰当拒绝既保护自己，也可以减少对对方的伤害：

（1）态度坚定：明确拒绝，不模糊（如"谢谢你的喜欢，但我目前只想专注于学业"，而非"我可能还没准备好"）。

（2）场合合适：选择私下沟通，避免公共场合让对方尴尬。

（3）方式温和：先感谢对方的真诚（如"被你欣赏我很开心"），再说明拒绝原因，必要时给予鼓励（如"你很优秀，一定会遇到更合适的人"）。

4. **鉴别爱的能力**

鉴别爱需透过表象看本质：真正的爱基于尊重、责任与共同成长，对方会关注你的内在（如价值观、努力），支持你的选择（如职业规划），在你犯错时帮你改正而非指责。警惕虚假的爱：仅关注外貌、物质，或试图控制你的行为（如"你必须听我的"），这类关系往往缺乏真诚。

5. **解决爱的冲突的能力**

冲突源于差异（如生活习惯、性格），解决关键在"协调"而非"争对错"：

（1）主动沟通：用"我感受"代替"你不对"（如"你晚归时我会担心"，而非"你总是忽略我"）。

（2）避免伤害性方式：不冷战、不翻旧账，聚焦当下问题。

（3）协商解决问题：如因"是否参加社团活动"争执时，可约定"每周各参加一次对方的活动"，实现双赢。

6. **面对失恋的心理承受能力**

失恋是成长的契机而非失败：

（1）允许自己悲伤：通过写日记、和朋友倾诉释放情绪，不必强迫自己"立刻好起来"。

（2）理性反思：分析关系结束的原因（如沟通不足、价值观差异），但不否定自我（如"我们不合适，不代表我不好"）。

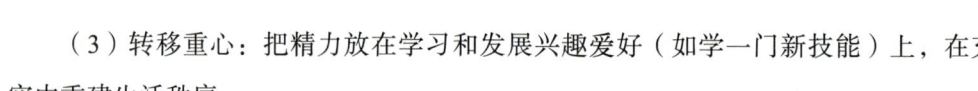

（3）转移重心：把精力放在学习和发展兴趣爱好（如学一门新技能）上，在充实中重建生活秩序。

7. 保持爱情长久的能力

长久的爱情需双方共同经营：

（1）保持对彼此的关注：通过定期交流内心感受与想法（如"最近有没有什么想分享的心事？"），维系情感联结，避免因相处时间较长而忽视对方的感受。

（2）携手促进共同成长：可以一起学习新技能、规划生活与未来（如共同备考专业证书、探讨职业发展方向），让关系在同步进步中保持活力。

（3）尊重并保留各自的个性：不必为了恋爱而刻意改变自我（如坚持自己的兴趣爱好），彼此欣赏对方独立的状态与特质，反而能让相互间的吸引力更持久。

四、高职学生性心理发展及特点

（一）性心理的发展

一般认为，青春期性心理的发展大体经历三个时期：异性疏远期、异性接近期和异性恋爱期。

1. 异性疏远期

这一时期也称"性发育早期"（"性紧张期"）。青春期伊始，少男少女对性差异高度敏感，第二性征的出现让他们对两性关系产生朦胧感，对性知识、两性差异一知半解。他们内心虽有相互吸引的冲动，表面却表现出疏远。男孩可能表现出潜意识的紧张感，外在呈现为口吃、挤眉弄眼等行为；女孩则可能表现出情绪波动（如敏感、易感伤）。

2. 异性接近期

进入青春期中期，随着生理机能成熟与阅历增加，青少年对异性关系的理解加深，不再满足于泛泛的好感，转而渴望通过交往与异性建立更深入的联系。此时，两性间的畏惧感、陌生感逐渐消失：男孩常高谈阔论、逞强或做危险动作以彰显男子气概，吸引异性注意；女孩则通过打扮、温柔声调或细微体贴传递好感，部分会对异性产生含蓄的倾慕。由于缺乏经验，他们的表达方式可能略显笨拙，部分青少年会通过追星等方式，间接表达对理想异性特质的向往。

3. 异性恋爱期

进入青春期后期，青少年的性生理已基本发育成熟，性心理也逐步完善，自我意识、思维能力与人格特质持续发展，生活范围不断拓宽。此时，他们对恋爱的理解更加深入，希望与心仪对象建立亲密关系的意愿逐渐增强，看待异性的态度也更为理性客观。

这一阶段，男女青年会主动尝试接近自己欣赏的对象，并愿意在对方面前展现自身的优点与才能。受社会文化环境的影响，在表达好感的方式上，部分男性可能更为主动直接，部分女性则可能偏向含蓄内敛，这些差异更多是个体选择与环境影响的结果，并无绝对的优劣之分。

随着身心发展的成熟，他们对异性的好感会从广泛的关注逐渐聚焦于特定对象，形成专一的情感联结，情感表达往往真挚热烈，与异性交往的方式也更加成熟得体。不过，当情感发展遇到阻碍或挫折时，他们可能会产生较为明显的失落情绪，这是青春期情感发展过程中常见的心理反应。

（二）高职学生性心理的基本特点

1. 性意识觉醒与发展

高职学生正处于青年阶段，性意识逐渐觉醒并持续发展：对性知识的好奇心显著增强，会主动通过书籍、网络等正规途径了解性健康、性生理相关内容；同时，他们会自然地关注自身身体变化（尤其是第二性征的发育情况），并对自己与他人的身体特征产生合理的兴趣。

2. 性情感的丰富与复杂

性情感呈现出多样化的特征：一方面，对异性产生好感与爱慕时，会表现出主动关注对方、乐于与之交往的倾向（例如部分男生会主动表达好感，部分女生会更在意自身形象以展现良好状态）；另一方面，在恋爱过程中若遇到矛盾或挫折，也可能产生焦虑、困惑、失落等负面情绪（如面对分手时可能出现的痛苦感受与自我反思）。

3. 性观念的多元化与开放性

受社会发展与文化交流的影响，高职学生的性观念呈现出多元开放的态势：他们会对传统性观念进行独立思考，部分学生更注重个人感受与自主选择。例如，部分学生认为婚前性行为是个人隐私与自由选择，另一部分学生则更认同性与婚姻的关联意义，不同观念均反映了个体在价值判断上的差异。

4. 性心理的矛盾性与不稳定性

高职学生的性心理往往存在内在的矛盾状态：他们既对性知识有自然的探索欲、

对亲密关系有合理的向往，又会受到传统道德观念、学校规章制度及个人认知的约束，可能因"自然的情感与生理需求"和"社会规范的要求"之间的平衡问题产生纠结感（例如，在接触性知识时，既因好奇想要了解，又会顾虑是否符合普遍的社会期待）。同时，这一群体的性观念易受媒体信息、同伴看法等外部因素影响而发生变化，稳定性相对较弱。

五、高职学生性心理调适

（一）性心理健康的概念

性心理健康是指个体在性认知、性情感、性行为等方面处于平衡、和谐的状态，同时能够适应社会普遍的性道德与行为规范。它通常包含几个核心层面：对自身性别的清晰认知与接纳，对性欲望、性冲动的合理调节，对性道德与社会规范的理解和尊重，以及在两性交往中展现出的良好心理适应能力。

性心理健康并非简单等同于"没有性心理障碍"，更强调以积极、理性的心态认识和处理与性相关的问题，从而促进身心的整体健康。例如，对高职学生而言，性心理健康意味着能够正视自身的性冲动，既不会因过度压抑这种自然需求而产生心理负担，也不会毫无克制地放纵，而是在合适的情境下（如基于双方信任的稳定恋爱关系），以尊重对方意愿的方式表达，同时始终坚守彼此的边界与底线。

（二）性心理健康的一般特征

性心理健康的状态通常可从以下几个方面来理解，这些特征体现了个体在性心理层面的健康适应状态，为人们认识性心理健康提供了参考。

1. 性需要与性欲望的合理性

性需要与性欲望是人类自然的生物本能与心理需求，其健康状态主要体现为"与身心发展阶段相适配"。

（1）生理层面。青春期后，随着性激素分泌，出现对异性的好奇、性幻想等性冲动，是身体发育成熟的自然表现。

（2）心理层面。在情感关系中，人们会希望通过亲密的接触（比如恋爱时期待拥抱、亲吻）来拉近彼此的距离、增进感情。这种想法如果是建立在双方互相信任、真心相爱的基础上，而不只是为了满足身体上的需求，一般来说是符合这个阶段身心发展的正常情况的。

2. 对自身性别角色的接纳与认同

个体对自身生理性别（如男性/女性特征）有清晰认知并能够认同，同时也能接纳社会性别角色的多元可能性：

（1）不因自身生理特征产生自卑（如男性不因身材瘦小否定自身性别特质，女性不因外貌特征厌恶自己）。

（2）理解社会对不同性别角色可能存在的期待（如责任感、细腻等），但不被刻板印象束缚（如女性也可展现果敢，男性也可流露温柔），在契合社会基本共识与保持个性之间找到平衡。

3. 性心理与性行为和年龄阶段相适配

不同年龄阶段的性心理有其发展规律，高职学生处于青年期，其性心理的健康状态往往表现为：性意识逐渐成熟，对性的认知从单纯的好奇转向对责任的理解；性行为中体现理性与克制，既了解性的生理意义，也重视其情感与社会属性（如在恋爱中会考虑性行为的后果，而非仅凭冲动行事）。

4. 与异性交往中的健康心态与边界意识

与异性交往的健康状态核心是"尊重、平等与边界清晰"：

（1）理解两性在生理与心理上的差异（如女性可能情感表达更细腻，男性可能解决问题更直接），能以包容心态应对分歧。

（2）坚守性边界（如不强迫对方接受性接触，尊重"不愿意"的权利），以健康方式维系亲密关系（如通过沟通而非控制增进情感）。

5. 性行为中的道德与法律意识

性行为的健康状态离不开对社会道德与法律的遵循，核心体现为"自愿、忠诚、负责任"：

（1）双方自愿是底线，任何强迫性性行为都违背道德与法律准则。

（2）在婚恋关系中保持忠诚，不利用性行为伤害他人（如欺骗、羞辱等）。

（3）关注行为可能带来的后果（如做好避孕、预防性传播疾病等），既保护自身，也保障他人的身心安全。

这些特征并非绝对的"标准"，而是人们在长期实践中总结的、有助于个体实现性心理平衡与社会适应的参考方向，体现了对个体身心需求与社会共识的兼顾。

（三）高职学生常见的性心理困扰

1. 性知识缺乏与认知偏差

受性教育普及程度不一的影响，部分高职学生往往缺乏系统、科学的性知识，进而对性生理、性心理现象产生困惑或误解。例如，对月经、遗精等正常生理现象感到羞耻或焦虑，不知如何正确应对；对性传播疾病的预防措施、治疗途径了解不足，自我保护意识较为薄弱。

2. 性冲动与自我约束的矛盾

进入青春期后，随着性激素水平升高，性冲动会自然增强。但受社会道德规范、学校纪律要求及个人心理认知的影响，个体需要对性冲动进行合理约束，这一过程可能引发心理压力。比如部分学生因长期过度压抑性冲动，可能导致情绪烦躁、注意力难以集中等情况。

3. 恋爱关系中与性相关的困惑

在恋爱关系中，学生常面临性需求与情感发展的平衡问题。例如，如何把握性接触与情感联结的界限，如何在兼顾双方性需求的同时维护关系的稳定，如何应对性方面的挫折等。部分学生因缺乏必要的引导，可能出现过早发生性行为、遭遇性伤害或性欺骗等情况，进而对身心造成不良影响。

4. 对性传播疾病的担忧与焦虑

当前性传播疾病的发病率呈上升趋势，部分高职学生由于性健康知识储备不足、自我保护意识较弱，属于潜在的易受影响群体。部分学生在了解其危害后，可能产生过度的担忧与焦虑（如担心意外感染），这种情绪若长期存在，可能影响正常的学习和生活，若未得到及时疏导，还可能诱发其他心理问题。

（四）高职学生性心理调适

1. 自我认知与接纳

（1）深入了解自己的性心理。

高职学生可通过记录与反思（如写日记）梳理性心理状态：记录面对亲密场景（如影视剧中的吻戏）时的情绪（如紧张、好奇），或与异性互动时的特殊感受（如被关心时的心跳加速）。通过持续观察，逐渐明确自身的性偏好（如更重视情感连接而非生理冲动）、性边界（如抵触过快的身体接触），为调适困扰奠定正确的自我认知基础。

（2）接纳自己的身体和性特征。

身体与性特征的多样性是正常现象，需摒弃"完美化"执念：男生不必因肌肉线条不够发达、体毛疏密等身体特征焦虑（这些生理表现存在显著个体差异，且与性别魅力、自我价值无必然关联）；女生无须因身材、月经周期波动自卑（这些均是正常生理表现）。通过学习生理卫生知识（如阅读《性健康教育学》），理解"发育无统一标准"，将注意力从"挑剔缺陷"转向"关注健康"（如规律作息、适度运动），逐步建立身体自信。

2. 培养健康的性观念

（1）学习科学的性知识。

主动获取系统的性知识，打破"性是羞耻话题"的误区：通过学校性教育课程、权威科普平台了解性器官结构、性行为的生理与心理过程、避孕方法（如安全套的正确使用）及性传播疾病预防知识。

（2）树立正确的性道德观念。

性道德的核心是"尊重、自愿与平等"。在与异性的互动中，需始终将对方的意愿放在首位，任何涉及亲密关系的接触都应以双方自愿为前提，不强迫、不诱导他人违背本心（例如，邀约对方单独相处时，若对方明确表示不愿，应坦然接受而非纠缠）；在情感关系里，要明白"亲密互动的程度应由双方共同决定"，既不因他人的期待而勉强自己突破边界，也不将自身意愿强加给对方，始终保持关系中的平等地位。同时，要坚决抵制任何形式的性骚扰等违背他人意愿的行为，明确"对他人的尊重是一切亲密关系的基础"，无论何种情境下，都不能以"喜欢""爱"为借口侵犯他人的身体与心理边界，真正的性道德，始终以不伤害他人、不违背公平正义为底线。

3. 构建多元支持网络

（1）家庭的支持与理解。

父母应以开放包容的态度与孩子沟通性相关话题：当孩子提及性方面的困惑（如"如何把握恋爱中的亲密边界"）时，避免指责"不学好"，而是引导其思考行为背后的责任与自身需求；通过日常交流传递"性是自然且需要理性对待的事"，避免因刻意回避或遮遮掩掩强化孩子的羞耻感。例如，母亲可对女儿说："你的身体和意愿永远值得被重视，不必为了迎合他人勉强自己。"

（2）学校的教育与辅导。

学校需搭建多层次的支持体系，例如开设必修的性心理健康课程，将"性伦理""边界意识"等内容纳入教学；定期举办主题讲座（如"恋爱中的尊重与边界"），邀请心理咨询师结合案例解析；心理咨询室提供"一对一保密咨询"，为有困扰的学生（如因性冲动产生焦虑者）提供个性化指导（如教授"注意力转移法"缓解情绪）。

（3）同伴的支持与陪伴。

与信任的同伴坦诚交流性方面的困扰（如"担心对方过度索求亲密接触"），通过彼此倾听减少孤独感。同伴间可共同学习性知识（如一起观看科普视频），互相提醒"坚守自身边界"（如"拒绝时不必愧疚，尊重自己才是对关系负责"），形成正向互助的同伴氛围。

4. 寻求专业心理咨询与帮助

当自我调适及多元支持网络的协助效果有限（如长期受性恐惧、性创伤记忆等困扰，影响正常睡眠与学习），应及时向专业力量求助：校内心理咨询师或正规医疗机构的心理科医生会通过专业评估制定针对性方案——认知行为疗法可帮助修正"性是肮脏的"等负面认知；人本主义疗法能引导个体接纳内心感受，重建性与情感的健康关联。

求助过程中，学生需要建立对专业关系的基本信任：心理咨询师会严格遵守伦理规范，对咨询内容全程保密（除非涉及自伤、伤人等极端情况），因此无须担心隐私泄露。如实反馈困扰（如"对亲密接触存在强烈焦虑，甚至影响正常社交"）能帮助咨询师更精准地判断问题核心，而积极配合练习（如认知重构训练、放松技巧练习）则是实现改变的关键——专业帮助并非"单方面治愈"，而是咨询师与求助者共同协作的过程。

值得强调的是，寻求专业帮助与"软弱"毫无关联。性心理如同情绪、认知一样，是个体心理系统的重要组成部分，出现困扰时寻求专业支持是非常正常且正确的选择。当困扰超出自我调节能力范围，借助专业力量打破恶性循环，恰恰体现了对自身心理健康的重视。实践表明，在专业干预与自我努力的双重作用下，多数性心理困扰能得到有效缓解，个体也会在这个过程中形成更成熟的心理调适能力。

第三部分　心理练习

一、树立正确的恋爱观

任务一　区分健康和不健康的爱

判断以下行为属于健康的爱还是不健康的爱，并说明原因。

（1）小杨在得知女友晚上加班后，主动提出去接她下班，并带上她喜欢的夜宵。

（2）争论中，小华的男友突然提高声音，威胁如果小华不按照他的想法做，就会有不好的后果。

（3）小丽和男友经常一起参加朋友聚会和活动，彼此融入对方的社交圈，分享美好生活点滴。

（4）小杰经常检查女友的手机和社交媒体账户，对她的行为和言论表示不信任，并要求她解释和证明自己的忠诚。

（5）在恋爱关系中，小红和男友经常互相支持，并鼓励对方追求个人梦想，即使这意味着要经常分开。

（6）小芳的男友经常嘲笑她的外貌和打扮，这让她感到自卑和不安。

（7）小红和男友共同制订了一个周末计划，包括一起做饭、看电影和参加户外活动。他们各自都有参与和选择的权利。

（8）小刚对女友的控制欲很强，不允许她与其他朋友交往，甚至监视她的社交媒体账户。

（9）小李和女友在发生冲突时能够冷静处理，通过沟通解决问题。

（10）小丽在恋爱关系中经常感到被忽视，男友很少关心她的感受和需求。

属于健康的爱：

属于不健康的爱：

> **任务二** 小组讨论:"健康的爱"与"不健康的爱"的特征

小组讨论:"健康的爱"与"不健康的爱"分别有哪些特征?

健康的爱的特征	
不健康的爱的特征	

二、培养爱的能力

> **任务一** 情景剧表演

请根据情境,以 5 分钟短剧的形式演出。每组确定两人扮演男女朋友,其他人负责编制、排演。

情境一:情感表达的挑战

背景:情侣在表达情感时遇到困难,可能因沟通方式不当、个人情感需求不同或误解导致矛盾。

情节:

表达方尝试传达情感,却因方式或用词不当让对方误解;

接收方感到困惑或不适,导致情感隔阂;

双方学习重新沟通,更有效地表达自身情感与需求。

情境二:处理嫉妒与信任问题

背景:情侣中一方产生嫉妒,可能因对方的社交活动、前任关系或谣言引发。

情节:

嫉妒方因某些迹象或传闻对伴侣产生怀疑与不信任;

被怀疑方感受到伴侣的嫉妒和质疑,感到困扰与伤害;

双方通过坦诚沟通解决问题,重建信任。

情境三:异地恋的挑战

背景:情侣因工作或学业被迫分隔两地,需面对距离带来的考验。

情节：

双方尝试维持情感联系（如定期视频通话、文字聊天、计划见面）；

显现异地带来的孤独感、沟通障碍与信任问题；

共同探索克服挑战的方法，保持关系的稳定与亲密。

情境四：面对分手与和解

背景：情侣因分歧与矛盾陷入分手危机。

情节：

一方因某些原因提出分手，另一方感到震惊与痛苦；

双方深入沟通，尝试理解并解决导致分手的问题；

思考是否有可能和解，以及如何重建关系的信任与稳定。

1. 小组讨论：对一段长久的、幸福的爱情来说，找到合适的对象，和对这段感情的经营，哪个更重要？

_____

_____

_____

_____

2. 小组讨论：经营感情需要双方共同努力，你认为如何才能经营好一段感情？

_____

_____

_____

_____

任务二　培养沟通能力

案例：妻子在做饭，嫌丈夫不帮忙，冲着丈夫吼："你看不见我有多忙吗？你为什么不来帮我一下？"丈夫也生气了："需要帮忙你就说一声，我可以帮，但是你能不能好好说话？"

思考：妻子的需求是什么？丈夫的需求是什么？

_____

_____

非暴力沟通公式：阐述客观事实，表达自己的感受，说出自己的需求，提出具体的请求。

采用非暴力沟通的方式表达示例：现在已经有点晚了，晚饭还没有准备好，我今天工作很累，我一个人在这准备晚饭心里有点不舒服，而且家务本来就是我们两个人的事，对吗？你可以来帮我一起准备晚饭吗？这样我们就能早点吃饭了，并且还能聊聊天。

练习情景1：你今天一天没有收到对方给你发的消息，你的心情非常低落。
请使用非暴力沟通的方式和对方进行沟通。

_____

_____

_____

练习情境2：你和对方因为某个话题产生了情感上的冲突，感到受伤或愤怒。
请使用非暴力沟通的方式和对方进行沟通。

_____

_____

_____

二、正确面对失恋

任务一　齐心协力寻找失恋的"十大好处"

尽管失恋往往伴随着痛苦与失落，但换个角度看，它并非全然是坏事，甚至可以成为成长与蜕变的契机。各小组请围绕这一视角，共同探讨失恋带来的积极意义。

请以下面的句型为模板，完成十句话。

虽然我失恋了，但我获得了_____

虽然我失恋了，但我获得了_____

虽然我失恋了，但我获得了_____

虽然我失恋了，但我获得了_____

虽然我失恋了，但我获得了_____

虽然我失恋了，但我获得了_____

虽然我失恋了，但我获得了_____

虽然我失恋了，但我获得了_____

虽然我失恋了，但我获得了_____

虽然我失恋了，但我获得了_____

全班讨论分享，共同评比出最合理的"好处"。

任务二　探索失恋后的轻松开心之道

尽管失恋后心情不好，但我不会永远这样。我可以用这些方法来使自己放松。请各小组展开讨论，齐心协力寻找让自己开心的方法。

方法一：_____

方法二：_____

方法三：_____

方法四：_____

方法五：_____

全班讨论分享，共同评比出最合理的放松方法。

第四部分　课后应用实践

任务一　掌握一个重点知识：爱的能力

请简述爱的能力包括哪些？如何培养这些能力？

_____

_____

_____

_____

任务二　带走一个实用方法：爱的五种语言

请用爱的五种语言恰当地表达爱，并记录表达爱的过程以及感受。

_____

_____

_____

_____

第五部分　拓展阅读

1. 书籍

《爱的五种语言》中国轻工业出版社2006年版

作者：盖瑞·查普曼

简介：《爱的五种语言》提出人们通过"肯定的言词""精心的时刻""接受礼物""服务的行动""身体的接触"五种方式表达和感受爱。

作者分析了这五种爱语在婚姻关系中的关键作用，指出夫妻双方常因爱的表达方式不同产生矛盾。例如，一方擅长用语言肯定伴侣，另一方却更渴望通过共同活动（精心的时刻）感受爱意。对此，作者建议读者识别自己与伴侣的主要爱语，学会用对方的爱语沟通，以此化解矛盾、增进感情。

这本书不仅适用于婚姻关系，对恋爱中的男女乃至日常人际关系的改善也极具参考价值，能帮助高职学生在亲密关系中突破沟通困局，建立更和谐的互动模式。

2. 电影

《怦然心动》是由美国导演罗伯·莱纳执导的青春爱情喜剧电影。影片采用双视角交叉叙事手法，分别从少年布莱斯和少女朱莉的视角出发，讲述了两人从最初的懵懂情愫到相互排斥，再到彼此欣赏、共同成长的纯真初恋故事。

成长过程中，他们逐渐理解了爱与成长的意义，学会了尊重和欣赏彼此的独特之处。影片以细腻笔触描绘了青春期爱情的美好与青涩，传递出积极向上的价值观，对高职学生树立正确的恋爱观和人生观具有一定启示意义。

模块四

勇闯社会"大江湖":
融入社会大舞台

项目一

社会群体大揭秘：个体对社会群体的认知

1. 知识目标

（1）结合过往经历，梳理不同成长时期接触的社会群体，深入理解社会群体的概念及来源。

（2）能列举并解释社会群体的基本特征（如一定规模、成员间明确的互动模式、共同目标或利益、特定结构与文化等），并运用这些特征分析现实中的群体现象。

（3）能阐述社会群体的形成原因（如地理位置、共同利益、相似背景、社会分工等）。

（4）能阐述社会群体对个体的功能（如提供归属感、满足情感需求、促进社会化）及对社会的作用（如推动社会进步等）。

2. 能力目标

（1）能依据社会群体的来源及特征，精准寻找自身所需的新社会群体。

（2）能识别不同类型社会群体在特定情境下的表现与作用；能反思自身所属群体，明确个人在群体中的角色与责任。

3. 素质目标

（1）认识到"人是社会性动物"，群体生活是人类社会的基本形态，培养积极的群体意识。

（2）传承家风情怀，增强家庭责任感与亲切感；在群体决策中运用民主原则，促进共识形成。

（3）认识到群体多样性与包容性的重要性，尊重不同群体文化；理性看待群体间的竞争与合作，追求共赢。

第一部分　心海指航

案例　中文专业新生小瞿的"未知社交圈"

刚踏入大学校门的兴奋劲儿，还没被九月的阳光晒透，就被寝室里沉默的空气一点点吸走了。我是小瞿，一个刚告别家乡、独自来到陌生城市的中文专业新生。开学已三周，行李箱里的衣服被一件件取出、穿脏，我的世界却始终没能真正展开。

每天，我漫无目的地在寝室游荡。室友们要么在课堂上专注听讲，要么在图书馆奋笔疾书，要么和朋友有说有笑地进出食堂、穿梭校园。而我，像被罩在一层无形的玻璃罩里，看得见外面的热闹，却融不进去。我的床铺像座孤岛，周围是喧嚣的海面，我是被困的鲁滨孙。多想有人主动聊聊天，哪怕只是说说今天的饭菜、家乡的天气，可每次鼓起勇气想加入她们的谈话，那些声音就像受惊的小鸟般扑棱棱飞走，只留下我和空气中飘散的只言片语。我像一块找不到位置的拼图，深深的无力感像潮水，一波波将我淹没。

夜晚躺在床上，盯着天花板，耳边是室友均匀的呼吸。手机屏幕亮了又暗，朋友圈里同学们晒着灿烂的笑脸和精彩生活，我却像条困在瓶里的鱼，徒劳挣扎，找不到出口。开始胡思乱想：她们是不是不喜欢我？觉得我无趣？我究竟做错了什么？这些问题像群嗡嗡的蜜蜂，在脑海里挥之不去。

寝室安静得像被遗忘的角落。室友们一起上课、吃饭、逛街——她们一起做任何事，除了和我。我试着搭话，却像石沉大海，激不起一丝波澜。她们不是不友好，只是我与她们像两条平行线，永远没有交集。这种被忽视的感觉，像钝刀割心，疼得喘不过气。

每天的生活单调得像杯白开水：上课、吃饭、睡觉，周而复始。我甚至开始怀念高中被试卷淹没的日子，至少那时有目标、有动力，而现在，我像只失去方向的船，在茫茫大海上漂泊，不知驶向何方。

我有时会想：是不是我太无趣？不够优秀？根本不适合大学生活？这些想法让我无比焦虑沮丧，心里像压着块巨石，喘不过气。我甚至开始害怕上课、害怕走在校园，害怕看到别人三五成群、欢声笑语。每当这时，我都会低下头加快脚步，只想逃回那个虽孤独却"安全"的寝室。

多希望有人拉我一把，把我从孤独的泥潭里拽出来。可谁会是我的"救命稻草"呢？又在哪儿能找到属于我的光呢？我开始怀疑自己的一切，这种自我怀疑像毒蛇，一点点侵蚀着自信，让我越来越沉默、越来越封闭。

案例分析

小瞿正面临新生常见的适应难题。离开熟悉的家乡与亲人，独自来到陌生城市，面对全新的环境和人际关系，她时常感到手足无措，尤其在社交方面不知如何开启新关系，由此产生了严重的焦虑。这种焦虑源于对未知的恐惧、对自身社交能力的怀疑，以及被接纳的渴望与现实间的落差。

小瞿的情况折射出大学生群体中普遍存在的社交适应问题，具体原因包括：

一是环境转变带来的不适应。高中阶段以学业为核心，社交圈相对固定；大学则更注重自主性与多元发展，社交需求明显增加，这对性格内向或不擅长社交的学生来说，无疑是一项挑战。

二是缺乏必要的社交经验与技巧。小瞿或许不擅长主动建立关系，既不知如何自然发起对话、清晰表达自我，也不懂如何妥善处理可能出现的冲突，这些技能的缺失进一步加剧了她的焦虑。

三是存在自我认知偏差。诸如"觉得自己无趣""不够优秀"等负面自我认知，不断削弱着她的自信，使得她在社交中愈发退缩。

四是对社交失败的过度恐惧。过分在意他人评价，总担心自己出丑或被拒绝，这种心理逐渐形成障碍，让她迟迟迈不出社交的第一步。

针对小瞿的情况，可从以下几方面帮她克服社交焦虑、建立新关系：

首先，调整心态，培养积极的社交观念。要引导她识别并改变负面认知，客观看待自己——每个人都有优缺点，社交中出现小失误很正常；同时，降低心理预期，明白尴尬或被拒绝都是成长的必经之路；更要学会关注社交过程而非结果，哪怕没能成为朋友，也能锻炼表达能力。

其次，借助现有资源拓展社交圈。可以鼓励她向老乡、高中同学或室友坦诚自己的困扰，请他们帮忙介绍新朋友；根据兴趣加入社团（如辩论社、志愿者协会），在共同参与活动的过程中结识志同道合的朋友；也可以利用学校论坛、新生群等线上平台，主动寻找共同话题。

再次，从身边关系入手，逐步建立亲密连接。试着主动与室友发起轻松对话，比如聊聊家乡的趣事、彼此的兴趣爱好或课程内容，哪怕只是简单的问候，也能慢慢拉近距离。

最后，将行动与反馈结合起来。制订具体计划，比如每周参加 1 次社团活动、每天和 1 位室友交流几句、每周尝试认识 1 位新朋友；及时记录社交经历，总结经验教训并调整策略；若情况已严重影响生活和学习，要鼓励她寻求学校心理咨询中心的专业帮助。

总之，小瞿的社交焦虑是新生适应期的常见问题，只要调整好心态、主动寻求支持、坚持积极行动，她一定能逐渐克服焦虑，建立起新的人际关系。这需要时间、耐心与持续的努力，而本项目中的"梳理人际关系图谱"练习，也能帮助她找到社交的突破点。

第二部分　心理知识

一、社会群体的概念

人的本质与人类社会的特征决定了：社会性的人唯有在一定的社会关系中才能彰显自身本质，也只有在社会性群体中才能过上符合社会属性的生活。由此，人类生活的群体性便成为值得研究的问题，其中包括人们如何结成群体、在群体中怎样生活、个人与群体的关系如何等。

什么是社会群体？简单来说，社会群体是处于社会关系中的一群人的集合体。若结合其主要特征，可定义为：人们通过互动形成、由某种社会关系联结起来的共同体。在这一共同体中，成员拥有共同身份、一定的团结感以及共同期待。社会学中将人们生活于其中的这类群体称为"社会群体"，例如家庭、班级、公司、兴趣小组等。

社会群体是构成社会的基本单位之一，每一群体都具体体现了个人与个人之间、个人与整个社会之间的某些特定相互关系。从广义上看，它指一切通过持续社会互动或社会关系结合起来、进行共同活动且有共同利益的人类集合体；从狭义而言，指由持续社会交往联系起来、具有共同利益的人群。

二、社会群体的基本特征

社会群体是人类社会的基石，作为人类共同生活的基本形式，它们如同紧密相连的齿轮推动社会运转。社会群体并非简单的个体集合，而是具有独特特征和内在规律的复杂系统。以下从五个方面深入解析其特征。

（一）成员之间联系紧密，互动有序

社会群体是由无数纽带连接的网络，成员间的社会关系是纽带的核心，具有直接性、明确性和持久性三大特点。

直接性互动：成员互动是面对面的直接交流（如语言沟通、肢体接触、眼神交会），这种直接性让信息传递高效且富有情感，是群体紧密联结的基础。

明确性：每个成员在群体中角色清晰，权利、责任与义务如同"无形契约"（如家庭中父母养育子女、子女赡养父母的责任，公司中领导决策、员工执行的分工），规范着成员行为，避免混乱。

持久性：群体关系并非短暂存在，而是通过长期互动和共同经历形成稳定联结（如贯穿一生的亲情、持续数十年的友谊），这种稳定性是群体存续的关键。

这些社会关系是群体存在的根基，通过有序交往协调成员行为，共同推动群体目标实现。

（二）共同的身份和群体意识

共同的身份与群体意识是群体的"灵魂"，赋予成员归属感与凝聚力。

共同的身份：身份是群体的"标签"，将成员与其他群体区分开来（如"高职学生"区别于中学生，"同乡会成员"指向同一地域出身者）。共同身份拉近成员距离，让个体产生"我们同属一个群体"的归属感。

群体意识：这是成员对群体的认同感与归属感，体现为"我们感"与"一体感"。成员将自身视为群体的一部分，意识到个人利益与群体利益相连（如体育赛事中球迷为支持的球队呐喊，因"球队荣耀即自身荣耀"的意识凝聚）。这种意识还包含成员间的相互认同，进一步强化群体凝聚力。2008年北京奥运会开幕式上，当五星红旗升起、国歌《义勇军进行曲》奏响时，现场中国观众与全球华人共同感受到强烈的"中国人"身份认同。这种共同身份超越地域、民族差异，让个体意识到"自己是中华民族的一员"，国家荣耀即个人荣耀，形成强大的群体凝聚力。国旗、国歌等象

征载体，更强化了这种"我们感"，成为凝聚民族精神的重要纽带。

（三）明确的群体边界

群体边界是区分"我们"与"他们"的无形界限，其形成与作用具有以下特点。

边界的形成：由成员构成、群体认同感及权利义务关系共同决定。例如，班级的边界以成员名单为标识，"属于/不属于"的从属关系直接划分群体范围；但更本质的是认同感——同一群体成员彼此接纳，对外部群体则可能缺乏认同。

边界的模糊性：群体边界常因认同感的变化而调整。个体可能同时属于多个群体（如"学生""志愿者""同乡"），对不同群体的认同感强弱不同，导致边界灵活变动。

边界的功能：既保护群体内部稳定（维护独立性与完整性），也可能限制外部交流，导致封闭与保守。

（四）群体内部的秩序与动力

高效运转的社会群体如同精密咬合的齿轮组，依赖分工协作、领导与服从、内部权威三者形成秩序与动力。

分工协作：成员根据自身优势进行分工（如项目中"策划者""执行者""监督者"的角色分配），通过信息共享、资源整合形成"1+1>2"的协同效应，这是群体实现目标的基础。

领导与服从：因能力、经验、威望的差异，群体中会自然形成领导与服从的关系。领导者负责战略制定与协调，被领导者基于信任执行指令（如球队队长指挥战术，队员配合执行）。这种关系并非盲目顺从，而是基于理性判断与共同利益。

内部权威：源于领导者的能力、品德及成员的认可，是维护群体秩序的"无形指挥棒"（如领导者的话语权、成员的信任）。权威需要受到监督，以避免因滥用而损害群体利益。

三者相互依存，共同推动群体的运转与发展。

（五）共同的期待与行动能力

社会群体是充满活力的有机体，动力源于共同期待与行动能力。

共同的期待：成员因共同目标加入群体，目标是群体存在的意义，也是凝聚力量的核心。

行动能力：群体不仅有目标，还能团结一致采取行动（如公司协同应对竞争）。行动能力受组织结构、领导力、资源等方面的影响，通常来说，结构合理、领导力强且资源适配的群体往往更高效。

综上，社会群体的五大特征相互关联，共同构成其独特属性。理解这些特征，有助于我们把握群体行为规律，更有效地参与群体生活，推动构建和谐高效的群体关系。

三、社会群体形成的原因

社会群体的形成是多因素共同作用的复杂过程，涉及个体心理、共同目标、社会互动等多个维度，具体原因如下。

（一）社会认同与归属感

社会认同理论指出，个体倾向于通过"归类"将自己归入某一群体，以此建立身份认同并与其他群体区分。这种对"归属感"的需求是群体形成的核心动力——当个体感受到"我属于这个群体"，且自身身份被他人认可时，群体便随之凝聚。

（二）共同目标与利益

当一群人因共同的目标或利益而聚集时，群体容易自然形成。目标既可以是具体的（如完成一项项目），也可以是抽象的（如维护共同的价值观），这种共同追求会让个体产生协作的动力。

（三）社会互动与情感支持

群体为个体提供了持续互动交流的平台，成员在日常相处中通过分享喜怒哀乐、倾诉困惑烦恼、给予鼓励安慰等方式，进行频繁的情感交流与支持。这种互动并非简单的信息传递，而是能让个体感受到被理解、被接纳、被需要，比如学生社团里，成员会为同伴的进步喝彩，也会在有人遇到挫折时主动伸出援手。

（四）社会分工与协作

在群体中，成员会依据各自的能力特长、经验储备进行合理分工。例如有人擅长统筹规划，负责制定方向；有人精于细节执行，确保落地见效；有人善于沟通协调，维系内外联动。这种各展所长的分工并非孤立割裂，而是通过信息互通、资源互补形成紧密的协同合作。比如科研团队中，理论研究者提供学术支撑，实验人员负责数据验证，数据分析者提炼结论，各方无缝衔接推动项目进展。

（五）社会结构与权威

群体内部往往存在清晰的结构形态，既包括领导与成员的角色分化、权利与责任的明确划分，也包含被普遍认可的内部权威。这种秩序并非强制约束，而是通过共识形成的动态平衡：领导者凭借能力与威望负责统筹协调，成员基于信任主动配合，权威则作为隐性规范调节互动。例如同班级中，班长统筹事务、同学各司其职，师生共同认可的规则保障班级有序运转。这种结构性秩序既能减少内耗、规避混乱，为群体稳定提供基础，又能通过明确的协作逻辑提升行动效率，确保群体在目标导向下高效运转。

四、社会群体的类型

社会群体是个体社会生活的基本单元，从不同维度可划分为多种类型。

（一）初级群体与次级群体

这两类群体的核心区别在于成员关系的"情感深度"与"互动性质"上：

初级群体以情感纽带为核心，通常规模较小，成员间关系亲密且持久，互动多为面对面的直接交流（如家庭、密友圈子）。比如春节家人团聚时，围坐畅谈的温馨氛围、彼此间无须言说的默契，正是初级群体浓厚情感联结的生动体现。

次级群体则以目标或任务为导向，规模往往较大，成员关系相对疏离，互动多为围绕具体事务的间接协作（如学习小组、项目团队）。学生社团成员可能因共同兴趣聚集，但活动结束后联系减少、关系逐渐淡化，便是这类群体的典型特征。

值得注意的是，两者的界限并非绝对：若次级群体成员通过长期互动积累了深厚情感（如学习小组在合作中发展为密友圈），也可能转化为初级群体。

（二）正式群体与非正式群体

两类群体的差异体现在"组织性"与"纽带性质"上：

1. 正式群体

这类群体具有明确的规章制度、固定的组织架构和清晰的角色分工，核心目标是高效达成既定任务。

其特征包括：有规范成员行为的"章程"（如学生守则、员工手册）；有层级分明的架构（如公司的"董事长—经理—员工"层级体系）；有具体的职责划分（如学生会中"策划部负责活动设计、宣传部负责推广宣传"的分工）。

2. 非正式群体

这类群体没有成文规章或固定架构，成员多因情感共鸣、共同兴趣或利益关联自发聚集，是正式群体的重要补充。可细分为以下类型。

（1）兴趣联结型群体。

这类群体以共同的兴趣爱好或价值共鸣为核心纽带，既包含因亲密互动形成的小圈子，也涵盖围绕爱好展开交流的组织，本质是"热爱"驱动下的情感与兴趣聚合。

具体来看，既有班级中因共同热爱篮球而常一起训练、观赛的伙伴——他们在频繁相处中建立深厚信任，彼此支持鼓励，成为青春里"一起欢笑、一起拼搏"的情感寄托；也有摄影协会、动漫社这类组织——成员分享作品、交流技巧或合作创作，在自由开放的氛围中互助学习，不断激发创造力与热情。

前者更侧重日常相处中的情感联结，后者更偏向爱好驱动的交流协作，但核心都源于对某类事物的共同喜好，是个体在兴趣共鸣中获得归属感与成长的重要载体。

（2）利益型群体。

为维护共同利益而形成，例如消费者维权小组。这类群体的运作依赖信息共享与集体行动，既能推动公平正义（如促使商家改进服务、保障消费者权益），但也可能因过度聚焦私利而引发冲突（如少数企业联盟影响市场价格）。

（3）信仰型群体。

以共同的理想、信念或价值观为精神纽带聚集而成，成员因对某类理念的深度认同而形成紧密联结。例如环保组织以"人与自然和谐共生"的可持续发展理念为核心，公益志愿者团体以"互助互爱"的奉献精神为指引，它们都是典型代表。

这类群体的成员不仅通过学习理论深化认知，更会主动参与实践活动。例如环保组织开展的生态保护宣讲、志愿者团体推进的公益帮扶行动，在"知行合一"中持续强化信仰共识。他们的行动不为短期利益驱动，而是源于对精神追求的执着，这种基于价值认同的凝聚力往往更为持久，也更能激发成员的主动性与使命感。

（4）同乡型群体。

因共同的故乡地域与文化背景自然形成，异地求学时的"老乡会"便是典型。在陌生环境中，熟悉的乡音、相通的习俗能快速拉近成员距离，带来强烈的归属感与安全感。成员间常以"同乡"身份相互关照，小到分享本地生活技巧，大到推荐就业机会、整合资源互助，形成温暖的支持网络。

不过，这类群体也需警惕潜在问题：若过度强调"地域认同"，可能滋生排外心态或小团体主义，反而阻碍与更广泛群体的融合，这是维系过程中需要平衡的要点。

五、高职学生个体的社会群体关系来源

高职学生的社会群体关系是一个多元交织的网络，基于其身份特征和生活场景，主要来源如下。

（一）基于血缘或姻亲的亲人群体关系

这是由血缘（如父母、兄弟姐妹）或姻亲（如配偶的亲属）连接形成的群体，是个体生命中最基础、最稳定的支持系统。其核心特征在于不可替代性——血缘关系与生俱来，从出生便已确定，具有天然的持久性；姻亲关系则因婚姻制度的确立而形成，虽为后天联结，却同样承载着家庭责任与情感纽带。

对高职学生而言，亲人群体的支持体现在多个维度：情感上，是离家求学时的牵挂与慰藉（如深夜通话中父母的叮咛）；物质上，提供学费、生活费等实际保障，为求学之路解除后顾之忧；社会化层面，通过日常相处传递的价值观、行为准则，潜移默化地影响着学生的人格塑造（如教导诚信、责任等品质）。

（二）基于学习经历的学业群体关系

这类群体因共同的学习场景（如班级、专业集体、课程学习小组）而形成，核心纽带是一致的学习目标与相近的知识背景。

对高职学生而言，学业群体是获取知识、提升技能的重要场域。成员间的良性互动，例如课堂讨论中碰撞思路、课后互助解决专业难题、小组项目中分工协作，都能有效营造积极的学习氛围，形成"比学赶超"的正向循环，推动群体共同进步。

（三）基于共同兴趣的爱好群体关系

这类群体由兴趣、爱好或价值观相近的个体自愿组成，核心特征是高度的自主性与选择性——成员加入并非因血缘绑定或制度强制，而是源于对某类事物的主动热爱

与认同。

对高职学生而言，爱好群体是发展特长、拓展社交的重要空间。例如，参与摄影社的采风活动、动漫社的创作交流、运动社团的赛事筹备等过程中，既能在与同好的切磋中精进技能，也能在自由轻松的互动中结交志同道合的朋友。

（四）基于工作场景的职业群体关系

因短期实践（如企业实习、项目实训）或长期事务（如学生会任职、兼职工作）形成，核心纽带是具体的合作任务与明确的职责分工。

这类群体为高职学生提供了提前适应职场规则、锤炼核心能力的机会。例如在协作过程中，成员需要通过沟通协调凝聚共识、通过任务拆解推进工作、通过责任担当保障成果，这些在实践中积累的经验，能直接为未来的职业发展奠定基础。

六、社会群体功能

社会群体既是个体与社会连接的纽带，也是社会运行的基本单元，其功能体现在社会与个体两个维度，既支撑社会有序运转，也塑造个体成长轨迹。

（一）社会群体的社会功能

社会群体是社会结构的基本组成部分，其对社会运转的关键作用体现在以下三方面。

1. 承担社会分工，推动社会发展

人类社会的进步依赖于精细化的分工与协同，社会群体通过承载不同职能，共同推动社会目标的实现。

经济群体（如企业、产业联盟）：不仅生产商品、提供服务以满足物质需求，更通过技术创新、产业链协同创造就业岗位，驱动经济循环与产业升级。

政治群体（如政党、政府部门）：在制定公共政策、维护社会公平的同时，通过公共服务供给（如教育、医疗保障）保障社会基本运行。

文化群体（如学术团体、非遗传承组织）：既通过研究、创作传播知识与文化，也通过培育审美、传承精神内核提升社会文明素养。

公益群体（如志愿者协会、慈善组织）：聚焦弱势群体需求（如困境儿童帮扶、残障人士支持），填补公共服务缺口，促进社会资源均衡分配。

2. 维护社会秩序，促进社会稳定

社会稳定的根基是群体的有序运转，这一功能通过三大机制实现。

规范内化：群体通过制定规则（如校规、行业公约），并辅以奖惩机制（如评优、惩戒），将社会规范转化为成员的自觉行为，明确个体行为的边界（如企业通过考勤制度培养员工的时间观念）。

矛盾调节：群体作为社会矛盾的"缓冲带"，通过内部协商机制化解冲突，如社区调解委员会协调邻里纠纷、工会介入劳资谈判，减少矛盾向社会层面扩散。

社会整合：将分散的个体与利益凝聚为整体力量，如行业协会整合行业资源以应对市场风险，增强社会凝聚力与向心力。

群体作为社会的"细胞"，其内部的安定有序是社会整体稳定的基础，只有每个群体都能良性运转，社会的和谐发展才能得以保障。

3. 传承社会文化，激发社会创新

社会群体是文化传承与创新的核心载体。家庭通过日常互动传递孝亲敬老、诚信友善等传统美德；学校通过课程体系与校园文化延续知识脉络，同时鼓励师生突破思维定式（如高校实验室的技术研发）；艺术团体既坚守戏曲、民乐等传统文化精髓，又融入现代元素（如国潮设计、跨界创作）实现突破；科研群体则在继承前人成果的基础上，通过协作攻关推动技术革新。这种"传承中创新"的过程，让文化既扎根传统，又适应时代需求。

（二）社会群体的个人功能

社会群体对个体的塑造作用具有不可替代性，主要体现在以下两方面：

1. 满足个体多元化需求

基于马斯洛需求层次理论，社会群体为个体提供全维度支持，覆盖从基础生存到高阶发展的需求。

生理与安全需求：家庭提供衣食住行等物质保障，工作单位通过薪酬与劳动保护构建安全的生存环境（如企业为员工缴纳社保、提供职业健康防护）。

归属与爱的需求：朋友群体的陪伴、家庭的关怀、兴趣社团的接纳，能有效缓解孤独感，让个体获得"被需要"的温暖（如空巢老人通过社区互助小组获得情感慰藉）。

尊重需求：在班级、社团中，个体通过承担责任（如担任班长、项目负责人）或贡献价值（如为团队解决难题）获得认可，进而增强自尊与自信。

自我实现需求：科研团队为研究者提供突破学术瓶颈的平台，志愿者组织让个体通过支教、环保等行动践行理想，这些经历能让个体感受到"价值被实现"的成就感。

2. 促进个体社会化，塑造健全人格

个体从"自然人"成长为"社会人"的过程，本质是通过参与群体逐步学习社会规则、形成价值观的过程。

家庭是社会化的起点，父母通过言传身教传递基本行为规范（如"待人礼貌""诚实守信"），奠定个体人格的底色。

学校通过集体生活（如小组合作、班级活动）培养个体的团队意识与责任感。例如，学生在筹备校园晚会时，需学会协调意见、分担任务，这正是对社会协作规则的初步适应。

工作群体则帮助个体完成角色转换（如从"学生"到"职场人"），通过师徒带教、团队协作传递职场规则（如沟通礼仪、责任边界），推动个体适应社会分工。

正如和谐的家庭环境易培养出安全感强的孩子，积极的班级氛围能引导学生形成集体荣誉感，群体的特质会潜移默化地融入个体人格，成为其社会适应能力的重要支撑。

第三部分　心理练习

一、梳理自己的群体关系图谱

通过梳理自己的群体关系图谱，了解自己的群体关系来源。

任务一　制作亲缘关系图

根据下面给出的亲缘关系模板，同学们自行梳理自己的亲缘关系，并制作亲缘关系图。

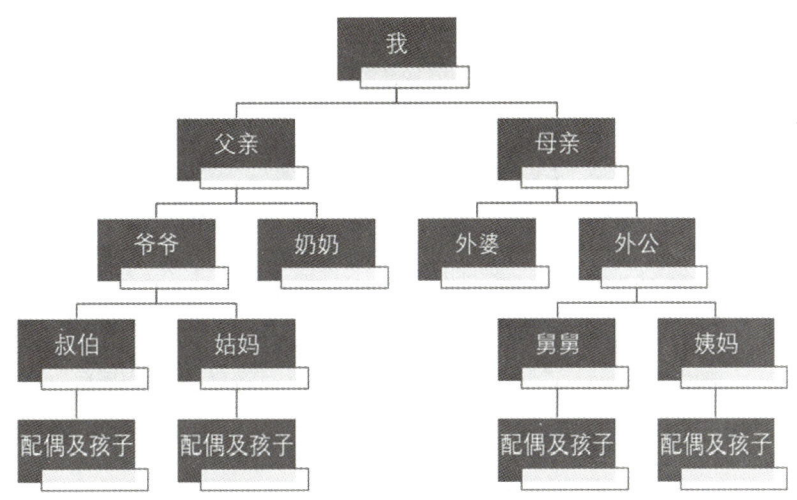

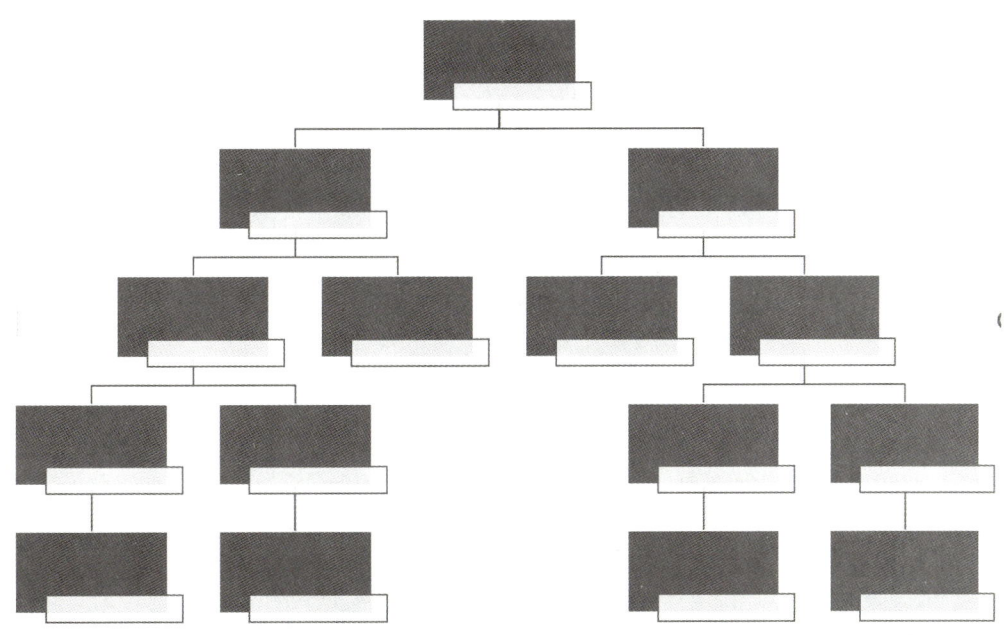

任务二　制作朋友关系图

根据下面给出的朋友关系模板,同学们自行梳理自己的朋友关系,并制作朋友关系图。

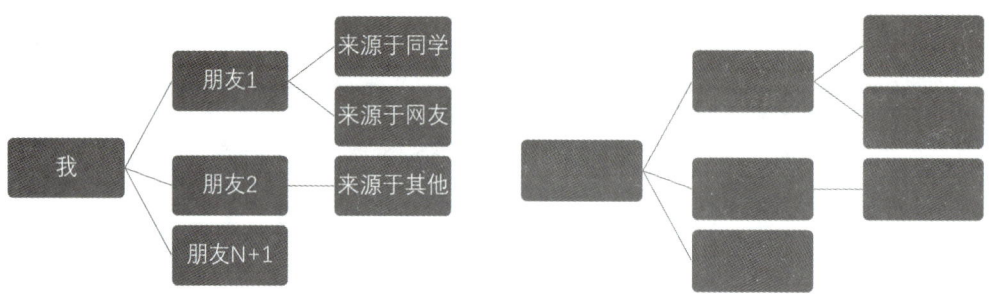

任务三　制作社会群体关系图

寻找"我"生命中其他重要的人。你可以参照下方的社会群体关系图例来制作专属于"我"的社会群体关系图,也可以充分发挥创意自行绘制。

我的社会群体关系图

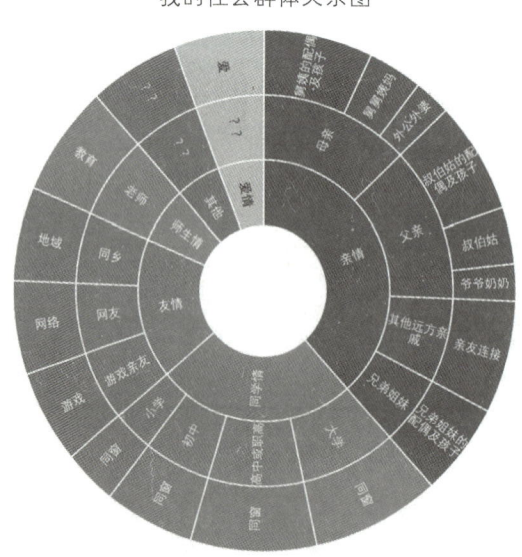

二、了解我的社群交往需求

任务一　寻找我的社群交往需求

请学生按重要性排序自己的十个社交关系，并填写以下内容：

1. 关系亲密度
2. 对方吸引你的地方（外表、才华、能力、人格等）
3. 你们之间最难忘的一件事
4. 你从对方身上最能学到的东西
5. 你们的相似之处
6. 你们通常多久联系一次
7. 你们现在的距离有多远

我生命中那些重要的人

编号	姓名或者代号	属于哪个群体	关系亲密度（0~10分）	对方的什么特点吸引你（外表、才华、能力、人格）	你们在一起最让你难忘的一件事情	你觉得你最能够从对方身上学到什么	你们有什么相似之处	你们一般多久联系一次	你们现在距离多远
01	陈某	学业群体	8	智商高	在野外迷路时，通过观察计算找到正确的路	看待问题的视角和分析问题、解决问题的能力	都喜欢看哲学类书籍	1个月	1000千米
02									
03									
04									

续表

编号	姓名或者代号	属于哪个群体	关系亲密度（0~10分）	对方的什么特点吸引你（外表、才华、能力、人格）	你们在一起最让你难忘的一件事情	你觉得你最能够从对方身上学到什么	你们有什么相似之处	你们一般多久联系一次	你们现在距离多远
05									
06									
07									
08									
09									
10									

任务二 写出现阶段你感兴趣的群体的名字，以及这些群体吸引你的地方

群体1：
_____
_____
_____
_____

群体2：
_____

群体3：

| 任务三 | 写出你梳理自己的社会群体之后的感受 |

第四部分　课后应用实践

| 任务一 | 掌握一个重点知识：社群关系 |

请简述个体社群关系的来源。

任务二　带走一个实用方法：结交新朋友

请主动认识 3~5 个新朋友，并记录你喜欢和对方交往的理由。

编号	姓名或者代号	认识的方式	对方的什么特点吸引你（外表、才华、能力、人格）	对方做的最让你称赞的事情是什么	你觉得你最能够从对方身上学到什么	你们有什么相似之处	你们现在多久联系一次	未来你打算为这段关系做些什么？
01	陈某	室友介绍	智商高	在野外迷路时，通过观察计算找到正确的路	看待问题的视角和分析问题、解决问题的能力	都喜欢看哲学类书籍	每天	每周聚一次
02								
03								
04								
05								

第五部分 拓展阅读

1. 书籍

《社会学教程（第三版）》，北京大学出版社2010年版

《社会学教程》是一本兼具概论性质与入门经典价值的社会学教科书。本书从人与社会的关系、社会结构、社会过程与社会变迁等角度，系统介绍了社会学的基本问题与理论，涵盖个人与社会的关系、社会化与社会互动、初级群体与社会组织、社会分层与社会流动、社区与城镇化、社会制度与制度建设、社会问题及对策、社会控制与社会治理、社会保障与社会政策等内容，为读者构建了全面的社会学知识框架。

2. 电影

《蓝白红三部曲之蓝》以蓝色象征自由，讲述朱莉在丈夫与女儿车祸身亡后，从创伤中挣脱束缚、获得心灵自由的故事。影片通过细腻叙事，展现其从绝望到重建的心路历程，核心探讨自由、孤独与救赎。

从社会心理学视角看，朱莉最初的群体边界聚焦于家庭这一亲密群体，是其归属感的核心。车祸后，她失去群体归属沦为"局外人"，边界瓦解带来痛苦，却也成为挣脱身份束缚的契机——她曾以"作曲家贤内助"的社会标签存在，灾后试图摆脱固化角色，重新定义自我，体现了个体在社会压力下的认同挣扎。

她的经历完整呈现了群体归属崩塌后的心理防御（如自杀倾向）与重建平衡的过程（直面痛苦、重融社会），既揭示个体与社会的复杂张力，也成为探讨群体边界、自我认同的鲜活案例，兼具艺术价值与心理学启示意义。

项目二

群体力量面面观：社会群体对个体的影响

1. 知识目标

（1）掌握社会化是个体通过学习文化、内化规范、获社会角色，从"自然人"成长为"社会人"的定义；明确家庭、学校、媒介三大来源及其对高职学生职业适应与行为养成的影响。

（2）概括社会化的核心内容（包括学习基本生活技能、内化社会规范、形成自我概念、培养社会角色等），解释这些内容如何帮助个体适应社会生活、成为合格社会成员；举例说明不同年龄阶段社会化内容的侧重点与变化。

（3）掌握影响社会化的因素，识别并分析遗传因素、家庭环境、学校教育、社会文化、个人因素等主要影响因素；讨论这些因素如何相互作用并影响个体社会化结果，评估不同因素的影响程度与重要性。

2. 能力目标

（1）运用社会群体的概念和特征，分析现实生活中的具体群体案例（如家庭、朋友圈、工作团队、网络社群等）。

（2）识别不同类型社会群体在特定情境中的运作机制。

（3）运用社会群体来源的理论，解释特定群体的形成动因与过程。

3. 素质目标

（1）认识到人是社会性动物，群体生活是人类社会的基本形态，培养积极的群体意识；理解合作在群体生活中的重要性，培养团队协作精神与互助意识。

（2）认识到个体与群体的相互依存关系，理解个人行为对群体的影响，培养社会责任感。

第一部分 心海指航

案例 从"独行"到"同行"——小李的群体融入之路

小李是一名大一新生，性格内向，来自相对封闭的小县城。刚入大学时，面对陌生的社交环境，他总因害怕与人交流而未加入任何社团。班级里，同学们很快形成了不同小群体：有的组队参加学科竞赛，有的结伴运动，但小李因觉得兴趣不合，始终独来独往，没交到亲近的朋友。

课堂小组讨论时，他因不敢发言而沉默，渐渐被同学忽视，协作机会越来越少，这让他愈发失落自卑，甚至怀疑自己的能力。一次班级户外拓展活动中，他因跟不上节奏，遭到小组成员的抱怨，这让他深受打击，此后连续几天茶饭不思、上课走神，对一切都提不起兴趣。

辅导员发现后，主动与他谈心，鼓励他加入门槛低、氛围轻松的书法社团。凭借对书法的兴趣，小李慢慢找到共同话题，逐渐融入群体。同时，辅导员在班级组织团队建设活动，特意引导同学关注他，给他更多表达机会，帮助他重拾自信，逐步融入班级。

案例分析

从案例中能清晰看到社会群体对个体的多方面影响：

社交与心理层面：小李因未融入班级群体，缺乏有效互动，产生强烈的孤独感和被孤立感，进而陷入自卑、自我否定，影响了心理健康。

群体评价的作用：小组活动中，成员的负面反馈加剧了他的心理压力，让他对自我价值产生怀疑，体现了群体态度对个体自我认知的直接影响。

环境对比的影响：班级活跃的社交氛围与自身孤独感的反差，更凸显了他的"格格不入"，进一步加重了小李的心理负担。

小李的案例让我们看到：积极的群体环境能为个人成长添力，而消极的群体影响则可能诱发心理问题。学校和老师要重视营造友好的班级与校园氛围，关注学生的社交需求；学生自身也应主动调整心态，提升社交能力，勇敢融入适合自己的群体，这样才能更好地成长。

第二部分 心理知识

一、社会化的定义

社会化研究起源于19世纪末至20世纪初，是社会学、心理学与教育学交叉融合的产物。彼时工业革命与城市化浪潮推动社会结构剧烈变革，个体如何适应全新的社会环境成为学界关注的核心议题，这为"社会化"概念的诞生奠定了现实与理论基础。

社会化是个体融入公共生活、走进现实社会的起点，其本质是"自然人转变为社会人"的动态过程：一方面，个体通过接纳社会影响，吸纳群体的信仰与价值观，学习生存技能和行为规范以适应环境；另一方面，个体也会反作用于社会，以自身的信仰、价值观和人格特征影响他人。因此，对个体而言，社会化是完成社会适应的必经之路；对社会而言，社会化则是实现规范约束与有序运转的重要机制。

二、社会化的来源

（一）家庭

家庭是个体社会化的首个场所，也是最核心的载体之一。家庭中的亲子互动、父母教养方式与家庭氛围，对个体早期社会化影响深远。儿童在家庭中习得语言、情感表达与基本行为规范，形成最初的自我认知与社会认知。

家庭的社会化作用具有潜移默化且贯穿终身的特点：它不仅传授基础知识，更塑造个体的价值观、行为模式与人格特征。父母的言传身教、家庭成员的互动方式，为个体提供了最初的社会化范本——和谐的家庭氛围有助于培养心理健康、性格健全的个体；而家庭冲突或不良教养方式，则可能导致个体社会化出现偏差。

（二）学校

学校是正式的社会化机构，具有系统化、组织化与规范化特征。它不仅传授知识技能，更通过课程设置、集体活动、同伴互动等，有目的、有计划地培养学生的社会性，如规则意识、合作精神、责任感等。

学校教育的核心特点在于规范性与普遍性，通过统一的教育内容，落实社会对公民的基本要求；教师的言行、校风校纪等，也会潜移默化地影响学生的价值取向。

（三）媒介

现代社会中，大众传媒（尤其是互联网）是社会化的重要载体，其信息传播能力强、覆盖面广，深刻影响个体的价值观、行为模式与社会认知。

传媒的核心影响体现在三个方面：一是塑造价值观，如影视作品通过情节与角色传递善良、正义等道德取向；二是引导行为模式，如广告通过产品信息影响消费选择，新闻通过事件报道推动公众关注社会问题；三是构建社会认知，如通过对环保、公平等议题的深度报道，增强公民的社会责任感与公共参与意识。

互联网带来的机遇和挑战是同时存在的：

机遇方面，它让信息获取不再受限于少数渠道，能帮人们看到更广阔的世界；让即时交流成为可能，拉近了人与人之间的距离，增进了社会联系；还能提供适合不同人需求的学习内容，让学习更有效率。挑战方面，海量信息让人难以筛选，加上"信息茧房"的影响，容易让人形成片面的认识；沉迷网络会损害身体和心理健康；而虚假消息、网络上的恶意攻击等，也会对人正常融入社会造成干扰。

（四）其他群体（以参照群体为例）

参照群体是个体在形成态度、确立价值观时所参照的标准群体，既可以是现实中存在的群体，也可以是想象中的群体。其对个体社会化的影响主要通过以下两种机制实现。

规范机制：为个体提供具体的行为准则，引导其调整行为以符合群体期待。例如，学生以品学兼优的同学为参照，规范自己的学习习惯和言行举止。

比较机制：个体通过与参照群体的对比，形成对自身的评价与定位，进而调整发展方向。例如，职场新人以经验丰富的资深员工为参照，明确自身能力差距并调整努力目标。

参照群体的作用在于为个体提供了可借鉴的框架，帮助其在社会化过程中更清晰地认识自我、适应社会规范。

三、社会化的基本内容

社会化是一个复杂且贯穿终身的过程，覆盖了个体从出生到死亡整个生命历程的各个层面。通过这一过程，个体不仅习得生存技能，还逐步形成独特的个性与价值观，最终成长为符合社会要求的成员。下文将详细阐述社会化的基本内容，并从多维度进行解读。

（一）生活技能的社会化

生活技能的社会化是个体适应社会生活的基础。它不仅包括基本生存技能，更涵盖个体在人际互动、日常事务处理、环境变化适应等方面的综合能力。这些技能的习得，能让个体实现独立生活，并有效参与社会活动。

1. 生活自理能力

生活自理能力是最基础的生活技能，涉及衣食住行等日常事务的独立处理能力。这类能力的培养多始于家庭，并随年龄增长逐步完善。例如，大学新生小杰首次离家求学时，因缺乏独立生活经验，在洗衣、开支规划、集体生活适应等方面屡屡碰壁。在辅导员和室友的帮助下，他逐渐掌握了这些基本技能，慢慢融入了新环境。

2. 生活适应技能

生活适应技能指个体面对环境变动、生活压力、人际关系等问题时，灵活调整自身状态以应对的能力。比如，如何处理室友矛盾、缓解学习压力、适应陌生生活环境等。掌握这些技能，有助于个体更好地适应社会生活，维护身心健康。

（二）职业技能的社会化

职业技能的社会化是个体进入社会、从事特定职业的准备过程，不仅包含特定职业所需的专业知识与技能，还涉及职业态度、职业道德、职业规划等方面的培养。通过这一过程，个体能更好地适应职业生活，在工作中实现自我价值。

1. 职业技能

职业技能指从事特定职业必备的专业知识和实操能力，如医生需掌握医学诊疗知识、教师需具备教学技能、程序员需精通编程技术等。这些技能主要通过学校教育、职业培训、继续教育等途径习得。例如，从小对汽车感兴趣的小李，高中毕业后进入职业技术学院学习汽车维修专业，不仅系统掌握了汽车构造、发动机原理等专业知识与实操技能，还养成了认真负责、精益求精的职业态度，毕业后顺利入职汽车 4S 店，逐步成长为优秀的维修技师。

2. 职业态度

职业态度是个体对职业的认知、情感及行为倾向,包括工作热情、责任心、敬业精神、团队协作意识等。其培养受家庭引导、学校教育、社会氛围等多方面影响,是职业适应的重要基础。

3. 职业道德

职业道德是职业活动中应遵循的道德规范,如诚实守信、公平公正、尊重他人、保守职业秘密等。职业道德的培养,有助于维护职业活动的正常秩序,也能推动社会的和谐发展。

4. 职业规划

职业规划指个体结合自身兴趣、能力、价值观,对未来职业发展进行的规划与设计。具备这一能力有助于个体明确职业目标,提升职业满意度。

相关理论与视角为职业技能社会化提供了支撑:

霍兰德的职业兴趣理论指出,个体职业选择受职业兴趣影响,兴趣分为现实型、研究型、艺术型、社会型、企业型、常规型六种,个体倾向选择与自身兴趣匹配的职业。舒伯的职业生涯发展阶段理论将职业生涯划分为成长、探索、建立、维持、衰退五个阶段,不同阶段有不同发展任务。

(三)行为规范的社会化

行为规范的社会化是社会化的重要内容,关乎个体如何在社会中行事、如何与他人互动,以及如何形成稳定的人格特征。这一过程具有持续性,贯穿个体的整个生命历程。

1. 政治规范的社会化

政治规范的社会化,指个体学习行使公民权利、履行公民义务、参与政治活动的过程。它能帮助个体成长为合格公民,主动参与社会政治生活。

2. 法律规范的社会化

法律规范的社会化,是个体学习并内化社会法律制度、法律规范与法律意识的过程。例如,学习遵守法律法规、维护自身合法权益、参与法治建设等。这一过程有助于个体树立法治观念,进而维护社会的公平正义。

3. 角色规范的社会化

角色规范的社会化,即个体学习并内化社会对不同角色的期待与要求的过程。比如，学习如何扮演好子女、学生、朋友、员工等角色。这能帮助个体更好地适应社会生活，履行相应的社会责任。

从心理学视角来看，角色规范的内化与道德发展密切相关：

皮亚杰的道德发展理论指出，儿童的道德发展会经历前道德阶段、他律道德阶段到自律道德阶段。前道德阶段的行为受本能支配；他律阶段以行为结果为判断依据；自律阶段则关注行为动机与意图。这一过程与个体学习角色规范时"从被动遵守到主动内化"的转变相呼应。

柯尔伯格的道德发展理论将道德发展划分为三个水平六个阶段：前习俗水平（服从与惩罚定向、利己主义定向）、习俗水平（人际和谐定向、维护权威与社会秩序定向）、后习俗水平（社会契约定向、普遍的伦理原则定向）。其中，"维护权威与社会秩序定向"阶段直接体现了个体对角色规范的认同，通过遵守社会对角色的期待，维护群体秩序。

（四）生活目标的社会化

生活目标的社会化，是个体将社会目标内化为自身生活目标的过程，也是个体能动地将自身知识、技能、才智与创造力外化于社会、为社会造福的过程。通过这一过程，个体既能找到生活的意义与方向，也能为社会发展贡献力量。

1. 社会目标内化为个体目标

这指个体将社会的发展目标、价值追求等转化为自身的生活目标与价值取向。例如，将国家富强、民族振兴、人民幸福等社会目标，内化为自己的学习方向、职业规划乃至人生理想。

2. 个体目标外化为社会贡献

这指个体通过发挥自身知识、技能、才智与创造力，为社会发展进步提供实际贡献。比如，通过勤恳工作创造社会财富，通过科技创新推动时代发展，通过志愿服务帮助他人、服务社会等。

相关理论与视角为这一过程提供了支撑：

心理学的自我决定理论指出，个体行为受自主性、胜任感、归属感三种基本心理需要驱动。当这些需求得到满足时，个体更有动力追求目标并为社会贡献力量。

目标设置理论认为，明确、具体、具有挑战性且被个体认同的目标，能有效激发动机并引导行为。

从文化视角看，不同文化背景下，生活目标的社会化存在差异。例如，集体主义文化可能更强调个体目标与社会整体目标的统一，而个人主义文化可能更侧重个体目标的独特性与自我实现。

（五）性别角色社会化

性别角色社会化是个体在社会生活中，学习并遵循社会对不同性别角色的期待与要求而行动的过程。这一过程具有持续性，受生物因素、心理因素与社会因素的共同作用。

性别的差异：指男女在生物学层面的区别，如基因、内分泌系统、解剖结构及生理机能等方面的差异。这些差异构成了性别角色社会化的生物学基础。

性别特质的形成：指男女在人格特征上呈现的差异（如通常所说的"男性特质""女性特质"）。这类特质的塑造，是生物因素、心理因素与社会因素共同作用的结果。

性别角色期待的内化：指个体将社会对不同性别在态度、角色及行为方式上的期待，转化为自身行为准则的过程。例如，社会普遍期待男性表现出独立、坚强、有责任感的特质，期待女性展现出温柔、体贴的特质。个体在成长中会逐渐接纳这些期待，内化为自身的行为规范。

（六）道德社会化

道德社会化是个体将社会道德规范逐步内化，最终转化为自身行为准则的过程。这一过程复杂且贯穿终身，受家庭、学校、社会等多重因素影响。

1. 道德观念的形成

道德观念的形成，指个体在社会化过程中，通过习得并内化社会道德规范，逐步建立对善恶、是非、正义与非正义等道德范畴的认知与理解。这是个体道德发展的核心环节，集中体现了社会对个体行为的规范性期待。

具体来看，个体通过家庭教养、学校教育、同伴互动及社会文化熏陶等多种渠道，接触到一系列社会普遍认同的道德准则与行为规范。例如诚实守信要求言行一致、信守承诺，杜绝欺骗与欺诈；公平公正强调处理事务时不偏不倚，平等对待各方以维护社会公平；尊重他人倡导承认并珍视他人的权利、尊严与感受，以平等友善的态度相处；关爱社会则鼓励个体超越私利，关注公共利益，主动参与公益事业，为和谐社会建设贡献力量。

这些道德规范通过个体持续的认知学习、情感体验与行为实践，逐渐被理解和接纳，最终内化为稳定的道德信念与行为准则，进而指导个体的行为选择，对其道德判断与实践产生深远影响。道德观念的形成是一个动态发展的过程，需要个体在不断学习、反思与实践中，持续提升自身的道德水平与精神境界。

2. 道德判断的发展

道德判断的发展，指个体在面对道德情境时，进行道德推理与判断的能力的逐步演进。这种能力让个体能够对特定情境中的行为进行道德评价，判断其善恶属性，并做出"应当"或"不应当"的行为选择。

个体道德判断能力的发展是循序渐进的，通常会经历从他律到自律、从注重行为效果到关注行为动机的转变。在道德发展初期，个体的道德判断主要依赖外部权威和规则，此时更关注行为的结果而非动机，判断依据多为"是否遵守规则"或"是否带来积极效果"，即偏向"效果论"取向。例如，儿童可能认为"打碎10个杯子的孩子比打碎1个杯子的孩子更坏"，仅以结果严重程度评判对错。

随着认知能力的提升和社会经验的积累，个体的道德判断逐渐进入自律阶段。此时，个体已将道德准则内化为自身的价值观念，判断依据从外部规则转向内心的道德原则；同时，道德判断的重心也从行为效果转向行为动机，开始关注行为者的意图、目的及背后的理由，即形成"动机论"取向。比如，同样是"说谎"，个体能区分"为保护他人免受伤害而说谎"与"为私利而欺骗"的道德差异，更侧重以动机衡量行为的善恶。

这种从他律到自律、从效果到动机的转变，既体现了个体道德判断能力的成熟，也反映了其道德认知的深化与道德水平的提升。成熟的道德判断能力对个体的道德行为和社会适应至关重要，能帮助个体在复杂情境中做出更合理、负责任的道德决策。

3. 道德情感的培养

道德情感的培养，是指个体在形成道德观念的过程中，逐渐发展出与道德认知相伴随的内心体验与情感反应。这种情感并非孤立存在，而是与个体对善恶、是非的判断紧密关联。例如，当个体践行善举时，会油然而生快乐与自豪；当做出违背道德的行为时，则会产生内疚与羞耻。

从表现形式来看，道德情感具有多层次性：既可能是瞬间的直觉体验（如看到不公现象时本能的愤慨），也可能是依托具体形象产生的体验（如通过英雄事迹引发的崇敬），还可能是经过深度思考形成的深层体验（如对社会正义的持久认同）。

从内容维度而言，道德情感涵盖丰富的社会伦理内涵，包括对公平正义的追求（正义感）、对劳动价值的尊重（劳动情感）、对群体成就的认同（集体荣誉感）、对国家与民族的归属感（爱国情感）等。这些情感的培养，能强化个体对道德规范的情感认同，成为推动道德行为的内在动力，使道德选择不仅基于理性判断，更融入情感自觉。

4. 道德行为的表现

道德行为的表现，是指个体在日常生活中，基于自身的道德认知与道德情感，所展现出的对他人及社会具有道德意义的具体行动。这些行动是个体践行道德规范的直接体现，既是道德社会化的最终目标，也是内在道德品质的外在显现。它不仅反映个体的道德修养，更对社会风尚的塑造与道德秩序的维护具有积极作用。

道德行为的具体表现形式丰富多样，涵盖社会生活的多个层面：帮助他人，体现对他人的关怀与共情；见义勇为，展现面对不义时的勇气与正义感；保护环境，反映对自然生态的责任意识；遵守公德，彰显对公共秩序的尊重与维护。

这些行为既是个体道德品质的具象化呈现，也是社会公德得以存续的重要基石。培养和促进个体的道德行为，是道德教育与社会教化的重要任务。通过持续的教育引导与实践锻炼，个体能不断深化道德认知、强化道德情感，将道德准则内化为自觉的行为习惯，最终实现道德行为的常态化与社会化，为和谐社会的构建注入实践力量。

四、社会化的特点

社会化作为个体适应并融入社会的过程，具有鲜明特点。这些特点既影响个体社会化的方式与结果，也反映社会对个体发展的要求。理解这些特点，对促进个体社会化与社会和谐发展具有重要意义。主要特点如下：

（一）社会强制性

社会强制性指社会化过程并非个体完全自主选择，而是受社会环境、文化规范、法律法规等外部因素的强制作用。个体从出生起就处于特定社会文化环境中，必须学习并遵守社会规范以适应生活。这种强制性通过教育、法律、舆论等手段约束和引导个体行为，其核心作用是确保社会秩序的维持与文化的传承。通过建立共同的行为准则和价值观，使个体能够相互理解协作，保障社会正常运行。

不过，过度强制可能压抑个体个性，导致社会僵化。因此，社会强制性需与个体主观能动性平衡，才能促进社会健康发展。例如，某高职院校在技能大赛备赛期间规定：参赛团队需统一采用学校推荐的技术方案框架，但允许在细节设计中融入团队特色。具体来说，机械专业的参赛团队必须遵循"安全操作流程""标准化零件选用"等基础规范（这是行业通用的强制性要求），但在设备功能拓展、故障预警方式优化等细节上，可自主尝试新方法——有团队曾在规范框架内为设备增加了智能传感器预警功能，既符合安全标准，又提升了设备的自动化水平，最终获得奖项。

（二）主观能动性

尽管社会化具有强制性，个体并非被动接受社会影响，而是始终展现出主观能动性。这种能动性体现为：个体会基于自身的人格特质、价值观、兴趣爱好等内在因素，对社会文化、规范进行有选择的接纳与内化。例如，面对多元的职业价值观，有的高职学生更倾向于接受"精益求精的工匠精神"，并将其融入职业规划；有的则更认同"跨界融合的创新理念"，主动学习跨专业技能。

在此基础上，个体还会创造性地将内化的社会规范外化为具体行动，进而影响周围环境和他人。比如，某高职护理专业学生在学习"耐心服务患者"的职业规范时，不仅严格遵守护理流程，还结合老年患者的心理特点，自创了"故事化健康宣教"方式，既践行了职业要求，又用创新方法提升了服务质量，甚至带动了班级同学探索更具人文关怀的护理模式。

同时，个体间的相互作用也是主观能动性的重要体现：学生通过社团活动、技能竞赛等场景交流思想、碰撞观点，在影响他人的同时也被他人启发，共同推动对社会规范的深层理解与实践——这种双向互动让社会化不再是单向的"灌输"，而是个体主动参与、共同建构的过程。

（三）毕生持续性

社会化并非一蹴而就，而是贯穿个体一生的持续过程。个体在不同生命阶段会面临独特的社会化任务，需要不断学习新的社会规范和行为方式，以适应持续变化的社会环境。这种动态性与个体成长、社会发展紧密相连，从未停止。

以高职学生的成长轨迹为例：

求学阶段：聚焦"职业启蒙"，学习专业技能规范（如数控编程标准）、行业价值观（如"质量为本"），完成从"学生"到"准职业人"的角色过渡。

职场初期：转向"职业适应"，掌握岗位实操技巧（如新车型维修）、职场规则（如团队协作权责），成为"合格技术人才"。

职业成熟期：面临"角色拓展"，可能承担带教新人、管理任务，同时学习新技术（如传统技工掌握智能制造工具），平衡职业与家庭责任。

退休前后：实现"价值转型"，通过实训指导、社区服务等方式传承经验，适应从"职场主力"到"经验传承者"的身份变化。

五、社会化的影响因素

社会化是一个复杂过程，受多种因素共同影响，可大致分为主观因素（个体自身特质与能力）和客观因素（外部环境与社会条件）。两类因素相互交织，共同塑造个体社会化的路径与最终状态。

（一）主观因素

主观因素是个体自身具备的特质和能力，在社会化中起重要作用，主要包括遗传素质、思维能力、语言能力、学习能力。

1. 遗传素质

心理学家埃里克森（Erik Erikson）在"心理社会发展阶段理论"中指出，个体社会化以遗传素质为基础，其八个发展阶段均依赖遗传素质的健康发展。

遗传素质指个体从父母处继承的生物特征，是社会化的物质前提。对高职学生而言，这一影响体现在职业技能学习中。例如，某汽车维修专业学生因先天手部精细动作协调能力较弱（受遗传因素影响），在进行发动机精密部件拆装时，难以精准控制工具操作力度和角度，相比其他同学需要花费更多时间练习才能达到实训要求。这种遗传带来的生理特质差异，直接影响其职业技能的习得效率。

2. 思维能力

思维能力是个体加工、分析、判断和推理信息的核心智力素养，直接影响社会化效果。

皮亚杰（Jean Piaget）的认知发展理论表明，儿童认知需经历感知运动、前运算、具体运算、形式运算四个阶段，每个阶段的思维特点决定了对社会化信息的理解深度。例如具体运算阶段能理解简单规则，形式运算阶段可掌握复杂道德规范。对高职学生而言，这种差异体现在专业学习中。以数控技术专业学生编写加工程序为例，具备具体运算思维的学生，能按模板完成"直线切削"等单一指令的编写；而具备形式运算思维的学生，则能结合"材料硬度、刀具转速、切削路径"等多因素推理优化方案，甚至预判加工中可能出现的误差并提前规避。这种思维深度的差异，直接影响学生对"复杂工艺设计"这一职业要求的掌握程度，进而决定其职业社会化的质量。

3. 语言能力

语言能力是个体运用语言开展社会交往、参与文化传承的核心素养，其强弱直接关系到社会化进程的顺畅程度与深度。

诺姆·乔姆斯基（Noam Chomsky）认为，人类天生具备语言习得机制，使母语的理解与运用具有先天优势。对高职学生而言，这种先天语言能力是其学习与社交的基础。例如，在实训课堂上，学生能快速理解教师用母语讲解的操作指令（如"调整车床转速至 500r/min"），并通过母语与同学沟通协作（如"递一下扳手"），这种对母语的自然运用能力，正是语言习得机制的体现，也是他们融入专业学习群体、完成技能社会化的基础；反之，若因母语理解能力薄弱（如听力障碍导致的语言接收困难），则会直接影响对实训要求的把握，延缓社会化进程。

4. 学习能力

学习能力是个体主动获取知识、技能和经验的内在素养，是社会化的重要支撑，直接决定社会化的速度与深度。

其核心在于"将外部信息（如行业规范、实操技巧）内化为自身能力的效率"。对高职学生而言，这种能力的差异尤为明显。例如，面对同一项焊接技术操作，学习能力强的学生能快速通过观察师傅的手法、理解操作手册的要点，在短时间内掌握运条角度与电流调节的匹配规律；而学习能力较弱的学生可能需要反复练习才能形成肌肉记忆。这种效率差异直接影响他们适应实训要求、掌握职业技能的进度，进而决定其从"学生"到"技术技能人才"的社会化进程快慢。可见，学习能力是个体在职业与社会环境中快速融入的关键，也是社会化中最具普遍性的主观驱动因素之一。

（二）客观因素

客观因素是个体所处的外部环境与社会条件，主要包括家庭、学校、同辈群体和大众传播媒介。这些因素通过直接互动、规范传递、文化渗透等方式，为个体社会化提供具体场景和外部推力。

1. 家庭

家庭是社会的基本单元，也是个体早期社会化的首要场所，其背景（如经济条件、文化氛围）、教养方式、亲子互动模式等，直接塑造个体最初的价值观和行为习惯。

心理学家鲍姆林德（Diana Baumrind）将父母教养方式分为权威型、专制型、放任型三类：权威型教养（既有规则约束，又有情感支持）下的个体，往往更易形成较强的自尊感、自控力和社交适应力；而专制型或放任型教养可能导致个体在规则认知、情绪管理上出现偏差。对高职学生而言，家庭中注重"动手实践""责任担当"的氛围，会使其更易接纳职业教育中的技能训练要求；反之，若家庭过度保护、缺乏独立锻炼，学生可能在实训中表现出畏难或依赖心理，影响职业角色适应。

2. 学校

学校是专门化的教育机构，通过系统性教学和规范化管理，向个体传递知识技能、社会规范和职业价值观，是个体从"家庭人"过渡到"社会人"的关键桥梁。

社会学家帕森斯（Talcott Parsons）指出，学校的核心功能是帮助学生完成角色转换。例如高职教育中，通过专业课程传授"机械加工精度标准""护理操作流程"等职业规范，通过校企合作实训培养"安全生产意识""团队协作精神"，通过技能竞赛强化"精益求精的工匠精神"，这些都在为学生进入职场、适应社会角色做准备。

3. 同辈群体

同辈群体是由年龄、兴趣、社会地位相近的个体组成的群体（如同班同学、社团伙伴），其影响在青少年及青年阶段尤为显著，往往通过"同伴认同""群体压力"等机制作用于社会化过程。

心理学家哈里斯（Judith Rich Harris）在《教养的迷思》中提出，同辈群体的影响有时甚至超过家庭。例如，高职学生若所在宿舍或社团中，多数人积极参与技能考证、钻研技术难题，个体更易形成"主动提升职业能力"的动力；反之，若同辈群体沉迷娱乐、忽视学业，可能导致个体对职业规划产生懈怠，甚至偏离主流价值观。

4. 大众传播媒介

大众传播媒介是通过书籍、网络、影视、短视频等渠道大规模传递信息的工具，在现代社会中，其对个体价值观、行为方式的塑造作用日益凸显。

传播学者麦克卢汉（Marshall McLuhan）提出"媒介即信息"，强调媒介形式本身会影响思维与行为。例如，高职学生通过行业纪录片了解"大国工匠"的成长故事，可能强化其职业认同感；而过度接触"急于求成的成功故事"类网络内容，则可能使其对技能积累的长期性产生认知偏差，影响职业耐心的培养。

客观因素与主观因素并非孤立存在。例如，家庭氛围（客观）会影响学生的学习动力（主观），而学生的思维能力（主观）又会决定其对学校传授的规范（客观）的理解深度。这种复杂交织的关系，共同构成了社会化的动态过程。理解这些因素，有助于个体主动利用积极环境、规避消极影响，也为教育者优化社会化引导方式提供了依据，最终促进个体与社会的良性互动。

第三部分　心理练习

一、探索社会群体影响

深入理解社会群体对个体的多维度影响，明确社会化特点在群体作用中的体现，精准剖析自身所属群体的主客观影响因素，从而提升对社会互动与自我成长关联的认知。

任务一　梳理社会群体对个体的多元影响

回忆与罗列群体：静心回顾成长历程，列出 5~8 个对自己有重要影响的社会群体（如家庭、高中班级、常参与的社团、网络交流小组等）。

多维度分析影响：针对每个群体，结合具体事例，从以下四个维度分析其影响：

技能习得：在群体中学会的生活或职业相关技能（如家庭中长辈传授的做菜技巧、社团活动中掌握的组织能力）。

价值观塑造：群体传递的道德观念或价值取向（如家庭传承的诚实守信理念、班级中形成的集体奋斗精神）。

行为模式：在群体互动中养成的沟通与处事习惯（如家庭中"遇事协商"的方式、社团里"分工协作"的模式）。

身份认同：在群体中形成的自我认知（如家庭中"子女"的责任与被爱感、班级中"学生"的荣誉感）。

任务二　分析群体影响中社会化的特点

选取典型群体：从任务 1 的群体中，挑选 2 个具有代表性的群体（如家庭可体现"社会强制性""毕生持续性"，网络社群可体现"主观能动性""动态性"）。

对应特点分析：结合社会化的核心特点（如社会强制性、主观能动性、毕生持续性等），分析所选群体的影响如何体现这些特质。

任务三　剖析自身所属群体的主客观影响因素

选定密切群体：确定当前与自己联系最紧密的 1~2 个社会群体（如职场团队、大学社团）。

拆解影响因素：从主观和客观两个维度，分析群体对自身的影响逻辑。

主观因素：自身的遗传素质（如逻辑思维、语言天赋）、思维与学习能力（如快速掌握新技能、理解复杂观念的能力）在群体中如何发挥作用，影响个人发展。

客观因素：聚焦群体规则（如团队的工作复盘制度）、成员互动模式（如同事间的经验分享方式）、外部资源（如团队可接触的项目类型），剖析它们如何塑造自己在群体中的行为模式，进而影响成长轨迹。

二、社会群体影响分析

完成练习后，把三个任务的内容整理成"社会群体影响分析笔记"，定期回顾，随着人生阶段变化，更新对群体影响的认识，持续加深对社会化进程的理解。

第四部分　课后应用实践

任务一　掌握一个重点知识：社会化

请简述社会化的基本内容。

任务二　带走一个实用方法：加入社会群体

请主动加入1~2个社会群体，分析这个群体对自己的影响。

操作思路：可选择一个和专业相关的校园社团（如汽车维修社团），记录学习的实操技能、群体默认规则（如工具用完归位）、和成员的互动（如学长教授故障排查技巧），对比加入前后自己在技能、做事习惯、自信心上的变化。

第五部分　拓展阅读

1. 书籍

《群氓的时代》，江苏人民出版社2003年版

本书深入探讨了群体心理的形成机制及其对社会行为的影响。作者莫斯科维奇不仅梳理了勒庞、塔德和弗洛伊德等先驱的理论，还结合现代社会特点，分析了群体心理在现代社会中的表现形式和作用机制。

从社会心理学角度，其研究揭示：群体心理形成使个体丧失独立性，陷入集体无意识，会影响个体行为、冲击社会秩序。书中还探讨群体心理新表现，如信息化时代，社交媒体使群体心理易被动员操纵，导致网络暴力、群体性事件等问题。

该书通过整合前人理论与社会现象，揭示群体心理复杂多样，为现代社会治理提供理论支持，提醒人们在群体行为中保持理性独立，以维护社会和谐与个体尊严。

2. 电影

《卡斯帕尔·豪泽尔之谜》由德国导演沃纳·赫尔佐格执导。影片主人公卡斯帕尔·豪泽尔自幼被囚于地下室，与外界彻底隔绝。成年后，他被遗弃至纽伦堡街头，面对全然陌生的社会，开始艰难学习语言、行为规范与社会规则，却始终无法真正融入，最终在社会的冷漠中走向悲剧结局。

卡斯帕尔前十余年在地下室度过，严重缺失社会化过程。他语言能力匮乏，对社会行为规范毫无概念，社会认知近乎为零。步入社会后，他身份定位模糊，既无家庭归属，又难获社会接纳。依据社会心理学的"社会认同理论"，个体需借由归属于某一群体来确立身份认同，卡斯帕尔的模糊身份，使其内心充满挣扎。尽管他努力适应，社会却对他冷漠以待，甚至加以排斥。这清晰表明，社会环境对个体心理发展极为关键，缺乏社会化的个体，生存艰难，更无法形成完整的自我认知。

这部影片深刻探讨个体与社会的关系。从社会心理学视角，它揭示社会化、身份认同、社会排斥及权力控制等主题对个体心理的深远影响。卡斯帕尔的悲剧，促使我们关注社会边缘化个体的处境，反思社会环境对个体心理发展的重要作用。它既是一部富有哲学深度的佳作，也是社会心理学研究的生动案例。

项目三

社会融入进行时：个体融入社会群体

学习目标

1. 知识目标

（1）掌握亲社会行为的基本动机，理解个人品质对亲社会行为的影响。

（2）理解外在情境因素对亲社会行为的作用机制。

（3）理解个体融入群体可能导致的个性压抑与丧失，包括从众压力、群体思维和去个性化的概念及形成机制。

（4）了解群体对个体自由和独立性的限制，包括时间约束和责任分散现象。

（5）认识群体冲突与排斥的成因，包括内外群体偏见、群体排斥及群体间竞争的具体表现。

2. 能力目标

（1）能够运用所学理论分析现实中的亲社会行为案例，解释其背后的动机与影响因素；能够分析个体在群体中可能遇到的问题并阐明原因。

（2）能够批判性评估群体对个体的影响，区分积极与消极作用。

（3）能够结合个体情况提出积极融入社会群体的策略；能够针对群体中可能出现的弊端，提出预防与应对措施。

（4）能够就个体与群体互动的相关话题进行有效沟通与讨论。

3. 素质目标

（1）培养社会责任感，积极参与亲社会行为，为社会贡献力量；增强对社会问题的关注度，提升与社会群体协作解决问题的意愿和能力。

（2）培养同理心，能够理解和感受他人的情绪与需求；提升共情能力，促进人际交往中的友善与包容。

（3）培养团队合作精神，能够在群体中发挥积极作用，与他人协作完成任务；增强集体荣誉感和为集体利益贡献力量的意识。

第一部分　心海指航

案例　剪刀与机床的"咬合"——当剪纸少年遇见机械课堂

高职机械制造专业新生小李，入学时总背着一个装剪纸工具的帆布包。这项从小学跟着奶奶学的手艺，成了他与其他专注机床操作的同学最鲜明的区别。

刚入班时，他总在实操课间隙躲在角落剪纸。有同学打趣："学机械的搞这个，有点'不务正业'吧？"小李没辩解，默默把剪好的"机床图案"贴在实训台旁，反倒让大家眼前一亮："原来剪纸还能这么玩，把咱们的机床剪得这么带劲！"

一次班级布置技能大赛展台，班长正愁装饰方案，小李主动提议用剪纸做主题背景。他结合机械零件结构设计纹样，还带着几个同学一起剪——平时抢扳手的男生们握着小剪刀，从生疏到熟练，不仅完成了独特的展台装饰，更在合作中发现：小李的"独特"不是隔阂，而是能为集体添彩的亮色。

后来，小李加入学校剪纸社团，社团里的马来西亚华裔学姐艾米对中国剪纸很感兴趣，却总剪不好对称图案。小李试着用机械制图里的"对称轴线"概念讲解，艾米则分享了东南亚蜡染的几何纹样。两人合作的融合机械线条与热带花卉的作品，在校园文化节上获了奖。

这事传开后，机械班同学开始主动向艾米请教英语，艾米也常来实训室看大家操作机床，感慨道："原来机械加工和剪纸一样，都需要精准到毫米的耐心。"曾经"机械生只懂钢铁""剪纸是老年人爱好""留学生不好沟通"的刻板印象，在一次次互动中渐渐消散。

小李始终没丢下他的剪纸包，实训服口袋里总装着小剪刀，这是他的独特印记；但他也学会了用机床术语和同学讨论剪纸结构，用剪纸作品记录班级技能大赛的瞬间。他的经历像一块棱镜：个体的独特性不必为融入群体而磨损，不同群体的差异也能通过理解折射出和谐的光。正如他常说的："机床需要不同型号的零件才能运转，社会也需要不同特质的人互相支撑，关键是找到彼此咬合的'接口'，而沟通就是最好的工具。"

案例分析

小李的经历为高职学生如何在群体中保持独特性并实现深度融入提供了生动注解。当剪纸这一看似与机械专业"不搭界"的爱好遇上机床操作的硬核课堂,最初的差异感引发了"不务正业"的调侃,却在他将机床图案剪成剪纸、用机械零件纹样装饰展台的巧思中,逐渐转化为群体眼中的"亮色"。这背后藏着个体与群体互动的深层逻辑:差异本身并非融入的阻碍,关键在于能否找到连接独特性与共性的纽带。就像他用机械制图的"对称轴线"帮艾米理解剪纸,又借剪纸让同学看到传统手艺与精密加工的共通性,沟通与转化让原本割裂的特质成了桥梁。

更值得深思的是,这场融入从未以牺牲自我为代价。小李始终带着他的剪纸包,却也学会了用机床术语聊剪纸结构,这种"各美其美"的平衡,打破了"融入即同化"的固有认知。当机械生向留学生请教英语,当留学生在机床旁领悟"毫米级耐心"的共通,那些"机械生只懂钢铁""留学生不好沟通"的刻板印象在互动中消融,恰说明群体的和谐不在于千人一面,而在于不同特质能像机床的零件般精准咬合。正如小李所言,社会需要多样的"零件",而沟通就是让它们协同运转的"接口"。这或许正是高职学生社会化最珍贵的启示:在专业技能之外,学会带着自己的"剪纸包"与世界对话,才能既扎根本土,又向光生长。

第二部分 心理知识

个体积极融入社会群体的核心表现,在于亲社会行为的实践。亲社会行为指一切对他人或社会有益的行为,其涵盖范围广泛,既包括日常的善意举动(如主动分享、礼貌谦让),也包含更具影响力的助人行为(如志愿服务、紧急救援),且不以外在动机为评判标准。

理解亲社会行为的深层动机、关键影响因素及有效促进策略,不仅是构建和谐社会的重要支撑,更与个体幸福感的提升密切相关。当个体通过助人行为与他人建立联结时,其社会归属感与自我价值感也会随之增强。

接下来,我们将从进化心理学(如利他行为的生存优势)、社会认知(如对情境的解读与责任判断)、人格心理学(如共情特质的作用)及社会心理学(如群体规范与社会影响）等多个视角，深入剖析"人们为何会主动帮助他人"，并探索如何为亲社会行为的发生创造更有利的条件。

一、亲社会行为的基本动机

（一）本能与基因

进化心理学认为，亲社会行为并非单纯由道德教化催生，而是深植于人类进化历程中的生存策略——合作与利他行为通过提升种群存续概率，逐步成为刻入基因的本能倾向。

1. 亲属选择理论

汉密尔顿（W. D. Hamilton）提出，个体更倾向于帮助基因相似度高的亲属，这种行为看似"利他"，实则是通过保障亲属的生存繁衍，间接实现自身基因的传递。例如，父母为保护子女甘愿冒险，正是因子女与自身共享大量基因，这种选择能最大化基因延续的可能性。

2. 互惠利他主义

特里弗斯（R. L. Trivers）进一步指出，即便面对非亲属，个体也可能展现利他行为，核心在于"互惠预期"——当下的付出能在未来获得回报。这种"我帮你，你帮我"的模式，推动了人类合作行为的演化：原始社会中，人们通过分享食物、互助狩猎建立互惠关系，既降低了个体生存风险，也增强了群体的整体适应力。

3. 群体选择理论

威尔逊（D. S. Wilson）等学者提出的群体选择理论认为，合作与利他行为的演化不仅关乎个体或亲属，更与群体的生存竞争力紧密相关。在群体内部，利他行为能增强成员间的信任与凝聚力，提升整体协作效率，从而使该群体在资源竞争或环境适应中更具优势。例如，在资源匮乏的环境中，群体成员共享食物、互助抵御风险，通过个体的利他行为提升了整个群体的生存概率，这种"为群体让利"的行为模式会随群体的延续而被强化。

进化心理学为亲社会行为的起源提供了深层视角：亲属选择、互惠利他、群体选择等机制，共同揭示了帮助他人为何是人类进化中的优势策略——它既保障了基因传递，又促进了群体协作，最终推动着亲社会行为从本能演化为人性特质，而这恰恰也是个体融入社会群体的本能驱动力。

（二）助人的成本与收益

社会交换理论将社会互动视为资源交换过程，涉及物质、社会、信息、情感等多种资源。人们在互动中会主动权衡行为的成本与收益，倾向于选择"收益最大化、成本最小化"的行动策略，助人行为也不例外。

在助人决策中，个体首先会评估成本与收益：成本包括时间、精力、金钱的投入，以及可能面临的风险（如帮助陌生人时的安全顾虑）；收益则涵盖社会赞许、他人互惠、人际关系改善、自我价值感提升等。当感知到的收益超过成本时，助人行为发生的概率会显著提高。

社会交换遵循三大原则：互惠原则（期待助人行为得到回报）、公平原则（希望交换双方的付出与所得对等）、自我利益原则（个体决策以自身需求满足为基础）。具体而言，助人的回报可分为四类：

内在回报：助人过程中产生的愉悦感、满足感（如帮助他人后内心的踏实感）；

外在回报：外部给予的奖励（如因助人获得的表扬、奖状）；

直接回报：受助者的即时反馈（如感谢、日后的对等帮助）；

间接回报：通过助人积累的社会声望、更广泛的人际支持等。

社会交换理论揭示，助人行为未必是纯粹的"无私"，而是常受成本收益权衡的影响。个体通过遵循交换原则评估利弊，最终决定是否伸出援手——这种理性计算，本质上是个体在社会互动中实现资源平衡与自我保护的策略。

（三）共情与利他

社会交换理论虽能解释部分助人行为，却难以涵盖现实中那些无私、不求回报的善举。对此，巴特森（C. D. Batson）提出的"共情—利他主义假设"给出了另一重解释：共情会催生纯粹的利他动机——个体帮助他人，并非为获取个人利益，而是源于减轻他人痛苦的直接愿望。

共情是理解并感受他人情绪的能力，包含两个层面：认知共情（理解他人的想法与感受）与情感共情（切身感受他人的情绪体验）。当个体对他人的痛苦产生共情时，往往会本能地想要采取行动缓解这种痛苦，从而激发助人行为。不过，共情的作用并非绝对：若共情引发的痛苦过于强烈，个体可能选择回避而非助人（即"共情逃避"）；同时，共情也可能因偏向特定对象而产生偏见，限制助人行为的普遍性。

利他主义则特指出于对他人利益的关心而采取的助人行为，即便可能损害自身利益也在所不惜。纯粹的利他主义不追求任何形式的回报，将他人福祉置于自身利益之上。关于其是否真实存在，学术界尚存争议：一方认为，看似无私的行为背后仍可能隐藏着潜在收益（如社会赞许、自我价值提升）；另一方则坚持，利他主义是一种独立存在的原生动机。

总体而言，共情与利他主义为解释无私助人行为提供了关键视角：共情是激发助人动机的重要情感基础，利他主义则展现了"为他人利益牺牲自我"的极致形态。但二者的边界与局限，仍有待更深入的研究探索。

二、个人品质对亲社会行为的影响

人格特质是个体在思想、情感与行为中表现出的稳定特征，其中与亲社会行为密切相关的特质被统称为"利他人格"，其核心要素包括：

同理心：如前文所述，作为理解和感受他人情绪的能力，是利他人格的核心，直接驱动个体对他人需求的关注与回应；

慷慨：表现为乐于给予与分享，不纠结于个人得失，是亲社会行为在资源互动中的直接体现；

责任感：体现为对他人与社会的担当意识，促使个体主动承担助人责任，而非被动应对；

合作性：表现为乐于与他人协作达成共同目标，在群体场景中为亲社会行为提供行动基础；

内疚倾向：指个体在伤害他人后易产生内疚感，这种情绪会推动其采取补偿行为，间接促进亲社会行为的发生。

利他人格作为稳定的特质，使个体更倾向于表现出助人行为。心理学界已开发多种量表对其进行量化测量，例如"人际反应指针量表（IRI）"从观点采择、想象性同理心、情绪性同理心、同情关怀四个维度评估同理心水平；"利他主义量表"则专门测量个体的利他倾向。

三、外在情境因素对亲社会行为的影响

（一）居住环境

居住环境的差异会显著影响亲社会行为的发生频率，这种影响与社区氛围、人际

互动模式密切相关。

通常来说，乡村地区的亲社会行为更易发生，核心源于其独特的社会生态：较强的社区归属感与凝聚力使居民彼此熟悉、信任度高，且个体行为更易被社区成员观察和评价。这种"低匿名性"环境会形成隐性的社会监督，促使个体更注重践行亲社会行为以维护社区关系。

相比之下，城市环境对助人行为的影响则更为复杂。人口密集但互动松散的特点带来了较高的匿名性，快节奏的生活常使人们更专注于自身事务，容易忽略他人需求，进而在一定程度上抑制助人行为。但城市中也存在促进亲社会行为的因素，例如多样化的公共空间、志愿服务体系等，可能为助人行为提供更多场景和渠道。

总体而言，乡村的强社区联结与低匿名性更易催生亲社会行为，而城市的匿名环境与高效生活节奏可能构成一定制约，但这种差异并非绝对，而是随具体社区氛围和社会互动模式动态变化。

（二）居住流动性

居住流动性指人口在一定时期内的跨区域迁移（包括城市内部、城际及跨国流动）。在高流动性地区，人口结构呈现多样性与动态性——人们背景各异且迁入迁出频繁，这种特点会通过两条路径影响亲社会行为：

一是社区感弱化。频繁流动使邻里间难以建立稳定联系，长期互动的缺失导致紧密社会网络难以形成，个体对社区的归属感和主动参与意识随之降低，进而减少为社区公共事务付出的动力。

二是信任度下降。人口流动带来的"陌生感"让人们对他人的警惕性升高，对"是否值得帮助""帮助后是否有风险"的顾虑增加，直接阻碍了互助行为的发生。

这种影响若长期存在，可能进一步削弱社会凝聚力，加剧人际关系的疏离感，甚至诱发更多社会问题。因此，在人口流动常态化的背景下，通过搭建社区互动平台（如邻里活动、公共事务参与机制）重建联结、增强人际信任，成为促进亲社会行为的关键举措。

（三）旁观者效应

旁观者效应是指，当现场旁观者人数增加时，个体采取助人行为的可能性反而会下降。

这一现象因 1964 年纽约的一宗谋杀案引发广泛关注。案件中 38 名目击者均未施救，促使心理学家拉塔内（Latané）和达利（Darley）提出"责任分散理论"以解释这种"旁观者冷漠"：当有其他旁观者在场时，个体的责任感会被分摊，"谁都该负责"反而导致"谁都不负责"，最终降低了行动意愿。

旁观者越多，责任越分散，个体行动的可能性越低。后续研究进一步发现，影响因素包括：紧急情况的清晰度（模糊情境更易抑制助人行为）、旁观者数量（越多则责任越分散）、人际关系（熟人在场更易助人），以及个体的性格、情绪等。

（四）数字环境中的外部影响：网络空间与媒体内容

数字时代的网络空间与媒体内容，通过独特的传播机制影响着亲社会行为的发生，其作用兼具复杂性与双面性。

网络空间的责任分散表现得尤为突出：一方面，匿名性导致"去个体化"——隐蔽的网络身份弱化了个体的自我约束，使其责任感下降，更易成为冷漠的旁观者；另一方面，信息传播的广泛性扩大了围观规模，进一步加剧责任分散。例如网络欺凌事件中，多数人因"法不责众"的心理选择沉默。应对这一问题需要多方协作：推行适度实名制以强化个体责任意识，平台需明确社区规范并鼓励用户主动举报不良行为，同时通过教育提升网民的"数字公民意识"，共同维护健康的数字生态。

媒体内容（如视频游戏与音乐歌词）的影响则因内容性质呈现显著差异：暴力游戏或含仇恨、攻击倾向的歌词，可能降低个体同理心、诱发攻击性行为，从而抑制亲社会行为；反之，合作类游戏能培养团队协作与互助意识，传递友善、积极理念的歌词则可强化利他倾向，促进亲社会行为的发生。

可见，数字环境对亲社会行为的影响，既与空间特性（如网络匿名性）相关，也取决于内容传递的价值导向，且始终与个体在数字场景中的心理状态（如责任感知、情绪唤起）紧密关联。

四、个体融入社会群体的可能性弊端

个体融入社会群体，能收获情感归属感、实际支持与社会资本（包含人际资源及信任、合作规范等），这些是个体发展与社会运转的重要支撑。但因群体与个体存在目标、需求差异，融入中可能出现规范与个性的冲突、独立性弱化等问题，个体需理性审视。

（一）个性发展的约束风险

个体融入群体的过程，可能伴随个性被群体规范同化的风险。群体为维护一致性，往往形成特定的价值观与行为准则，这种隐性压力可能成为个性发展的约束。

1. 从众压力

个体为获得接纳，可能放弃独立思考，盲目跟随群体规范，导致独特性被压抑。例如高职实训课堂中，若多数学生默认"完成操作流程即可，无需深究原理"，个别想钻研技术细节的学生可能因担心被视为"较真""不合群"，放弃独立思考，跟着大家应付操作，这种为融入群体而压抑探索欲的行为，正是从众压力对个性的削弱。

2. 群体思维

当群体过度追求和谐，成员可能主动回避不同意见，形成"思维闭环"，阻碍创新与多元视角的表达。例如，某高职机械创新小组筹备竞赛时，组长提出设计方案后强调："这个方案必须全票通过，否则评委会觉得我们内部不团结，影响评分。"多数成员快速附和，仅成员小李发现方案存在传动结构过载风险，但犹豫是否质疑。此时，副组长打断讨论："别浪费时间挑刺了，组长拿过奖，他的方案肯定没问题。"其他成员也纷纷表态支持，并开始讨论如何美化展示PPT。小李最终选择沉默，心想"可能是我多虑了"。结果，作品在演示中因传动过载卡死，评委指出："基础力学设计有明显漏洞，团队中为何无人质疑？"

3. 去个性化

群体中个体易丧失自我意识，做出独处时不会采取的行为（如盲目顺从加班文化、忽视自身需求），逐渐模糊自我边界。例如某高职班级盛行"考前集体划重点、少花时间系统复习"的风气，即便有学生原本习惯扎实备考，也可能在群体影响下跟风投机。虽侥幸过关，却逐渐丧失自主学习的节奏与能力。这正是个体在群体中模糊自我边界、做出独处时不会选择的行为表现。

（二）自由与独立性的平衡难题

群体生活在提供联结的同时，也会对个体自由形成一定限制，需在集体与个人间寻找平衡。

1. 时间与精力分配

参与群体活动、维护关系需持续投入，可能挤压个人兴趣与目标的发展空间。高职学生加入技能竞赛集训队后,需配合团队固定时间训练、研讨方案,常占用课余时间。例如某数控专业学生原本计划利用晚自习练习编程进阶技巧,但因集训队每晚排满实操磨合,只能搁置个人提升计划,长期下来导致自主学习节奏被打乱,个人技术短板难以弥补。

2. 决策妥协

群体决策中,个体常需放弃最优选择以配合集体,甚至因担心不被接纳而隐藏观点,抑制创造力。例如,某高职市场营销社团筹备校园展销会时,成员小李提出"线上线下联动促销"的创新方案,却因多数成员认为"传统摆摊更稳妥"而被否决。小李担心坚持己见会被视为"不合群",最终选择沉默,放弃了更符合当下消费趋势的思路,这种妥协虽维持了团队表面一致,却抑制了个性化创意的落地。

3. 责任分散效应

个体可能因"责任共担"产生依赖,认为"个人作用有限"而轻视自身职责,降低行动主动性。在高职校企合作的项目实训中,若团队分工模糊,部分学生可能因"大家一起负责"而放松对自身的要求。比如某汽车检测团队在拆解发动机时,成员小王本应检查活塞磨损情况,却觉得"反正其他人也会看",便敷衍了事,最终因漏检导致组装后发动机运行异常。这种对个人职责的轻视,正是责任分散削弱独立性的典型表现。

(三)群体边界带来的冲突隐患

群体的"内—外"划分可能引发偏见与排斥,影响个体与群体的良性互动。

1. 内群体偏好与外群体偏见

个体易对所属群体过度认同,对外部群体形成刻板印象,加剧群体间对立。高职校园中,不同专业学生常因"内群体认同"产生隐性对立。例如,机械专业学生可能认为"技能实操才是硬本事",对经管专业"整天背理论"形成刻板印象;而经管专业学生则觉得"机械生不懂市场思维",双方在跨专业合作项目中易因误解轻视对方而产生摩擦,甚至拒绝采纳合理建议。这种对"自群体优势"的过度放大,本质上是外群体偏见对合作的阻碍。

2. 群体排斥风险

若个体的行为与群体默认的规范相悖,或难以满足群体对成员的期待(如价值观差异、行为模式冲突等),可能会被群体成员有意无意地孤立、忽视甚至边缘化。这种排斥不仅会给个体带来孤独感、自我怀疑等心理压力，削弱其对群体的归属感，长期来看，也会因"不合群"被排斥而导致群体内部多样性缺失，进而弱化整体的凝聚力与活力。某高职宿舍形成了"周末集体打游戏"的隐性规范，成员小张因喜欢编程不愿参与，起初被室友调侃"不合群"，后来讨论游戏时故意不叫他，小组作业也默认排除他的意见。小张逐渐感到被孤立，产生强烈的焦虑感，而宿舍整体的协作氛围也因这种排斥变得尴尬。这正是个体因不符合群体期待而遭遇排斥，最终双向伤害的典型。

3. 群体间冲突卷入

不同群体因资源、价值观差异产生竞争时，个体可能被动卷入对立，甚至加剧群体分裂。两所高职院校争夺省级技能大赛的推荐名额时，两校学生可能因"维护本校荣誉"陷入对立。例如，两所高职院校在联合举办技能竞赛时，因场地分配问题产生分歧：A校学生认为"本校承办经验更丰富，应主导核心展区布置"，B校学生则觉得"资源需平均分配，不应侧重一方"。双方学生会成员在协调会上各执己见，部分参与讨论的学生因维护本校立场，逐渐在私下交流中形成对立——A校学生觉得"B校学生过于计较"，B校学生则认为"A校学生傲慢轻敌"。这种原本针对具体问题的分歧，因群体归属意识被放大，导致两校学生在后续的联合彩排中配合变得生硬，甚至影响了活动流程的顺利推进。

（四）过度依赖导致的脆弱性

个体对群体的过度依附，可能削弱独立生存能力，增加应对变化的脆弱性。

1. 能力退化风险

习惯依赖群体支持的个体，可能忽视自身技能培养，遇问题时优先寻求群体帮助，而非独立解决。例如某高职焊接实训小组中，成员小林长期依赖组长的技术指导——从焊接参数设置到缺陷修正，都习惯等待组长给出具体方案，自己从不主动钻研工艺原理。一次技能考核要求独立完成操作，小林因无法自主判断电流与焊条的匹配关系，多次出现焊道裂纹，成绩远低于预期。这种对群体中"权威成员"的过度依赖，直接导致其独立操作能力的退化。

2. 群体变动的冲击

若群体因变故解散，过度依赖的个体可能因失去依托陷入迷茫，难以快速适应新环境或重建社交网络。例如，某高职"创业孵化团队"因核心成员毕业解散，成员小周突然陷入困境：过去习惯由团队分工完成市场调研、方案撰写等工作，他仅负责执行环节；团队解散后，面对新的创业比赛，他既不会独立分析数据，也不知如何搭建新的合作网络，原本的创业热情因无法适应独自应对的状态而迅速消退，甚至萌生退赛想法。这种因群体解散而暴露的适应力不足，正是过度依赖带来的脆弱性体现。

因此，个体在融入群体时，需在"联结"与"独立"间保持平衡，既借助群体获得支持，也警惕过度同化与依赖，始终保留自我发展的空间与应对变化的韧性。

五、个体积极融入社会群体

个体与社会群体存在相互影响的关系。为在群体中实现自我价值、获得归属感与发展机会，个体需主动采取有效策略——融入是一个循序渐进、持续调整的过程，通过提升融入的可行性与和谐度，最终实现与群体的和谐共融。以下是具体策略与方法。

（一）选择合适的群体

1. 精准匹配群体属性

社会群体类型多样，每种群体都有其独特的文化氛围、行为规则与价值导向。融入前须主动了解群体的核心特点。例如兴趣社团的活动风格、专业团队的协作模式、志愿组织的服务理念等，优先选择与自身兴趣、价值观契合的群体。盲目加入与自身特质不符的群体，易导致"格格不入"的疏离感；而与自身匹配的群体，能减少适应成本，带来真正的归属感与成长空间。

2. 以小群体为融入起点

对社交经验较少的个体而言，从小群体（如 3~5 人的兴趣小组、项目小组）入手更易适应：小群体人数少、互动频率高，成员间能快速建立深度联结，且沟通成本低，便于新成员表达观点、参与协作。这种"小范围适应"既能降低融入压力，也能积累社交经验（如倾听技巧、冲突处理方式），为后续融入更大群体奠定基础。

3. 理性应对融入过程中的动态调整

融入群体不可能一蹴而就，需以积极心态面对适应期的挑战。

接纳磨合周期：群体成员间已形成默契，新成员需给彼此时间熟悉，不必因初期的"不适应"而焦虑，循序渐进更易建立稳定关系。

客观看待挫折：若遭遇拒绝或冷落，可先从"时机匹配度""群体需求与自身特质的契合度"等角度分析，避免过度否定自我，通过调整沟通方式或参与节奏重新尝试。

保持开放与坚守并存：理解群体文化与自身观念的差异，在尊重共性的同时，不必为迎合而刻意改变核心特质。

在试错中明确方向：融入过程中的"不顺利"实则是筛选圈子的契机——多次尝试后，既能更清晰地认知自我需求，也能找到真正适配的群体，而历经调整获得的归属感，会因"来之不易"更显珍贵。

（二）善用网络平台拓展联结

信息时代，网络平台打破时空限制，为拓展社交提供便利。善用网络可有效拓展社交圈，建立有价值的关系。

1. 精准加入线上社群

线上社群（如专业领域的论坛、兴趣导向的豆瓣小组、行业垂直的知乎话题圈等）的核心特点是"基于共同属性聚合"——无论是特定技能爱好者、职业发展同行，还是某类兴趣群体，都能找到精准匹配的社群。加入后，通过主动分享实践经验（如高职学生在"技能实训交流群"分享焊接操作技巧）、参与专业话题讨论（如在"智能制造论坛"探讨技术趋势），可快速与志同道合者建立共鸣，形成线上社交圈。

2. 深度参与线上互动活动

线上社群常依托直播、腾讯会议等工具组织主题讨论、经验分享会、技能工作坊等活动，积极参与这类活动能深化关系。例如，在"高职创新创业分享会"中主动连麦提问，在实时互动中展现观点；活动后通过私信交流感悟、添加好友，或在群内持续分享相关资源（如行业资讯、学习资料），可将短暂互动转化为长期联系。若条件允许，还可尝试将线上关系延伸至线下（如同城成员小聚、技能互助实践），让联结更立体。需注意的是，网络社交的虚拟性可能隐藏信息偏差，需保持理性判断：核实社群资质、保护个人隐私、避免过度投入虚拟关系，在安全与开放间找到平衡，才能让网络平台真正成为拓展社交的助力。

（三）主动参与和积极互动

融入群体的核心在于通过行动建立联结，主动参与、真诚互动是缩短与群体距离的关键，具体可从以下方面入手。

1. 深度参与群体活动

参与活动是融入的直接途径，需注重"全程投入"：活动前提前了解主题（如技能社团的"PLC 编程实训"），主动报名并做简单准备；活动中主动打招呼、加入讨论（如"这个编程逻辑我不太熟，能说说你的思路吗？"），或主动承担小任务（如整理工具、记录要点），用积极性传递融入意愿；活动后通过群聊分享感受（"今天学到的梯形图设计很实用"），或与聊得来的成员交换联系方式，将短暂互动转化为持续关系。参与志愿服务、公益实践等活动时，还能在助人过程中自然结识价值观相近的同伴，让联结更有温度。

2. 从细节开启日常交流

用轻松的小事打破陌生感：见面时一句"早啊，今天的实训材料你准备好了吗？"，午休时分享一篇"数控加工精度提升技巧"的文章，或适度求助（"你知道下周技能竞赛的报名入口吗？"），都能成为互动的起点。交流时聚焦共同场景（如专业课程、实训难题），让话题更易深入。比如，在汽修实训后聊"刚才拆装变速箱时，你觉得哪个步骤最容易出错？"既贴合群体语境，也能展现对对方的关注。

3. 以倾听建立信任基底

倾听是最有效的"共情密码"：交流时放下手机，用眼神专注对方表达，通过点头、"原来是这样"等回应传递重视；不随意打断对方思路，待对方说完后，用开放性问题延伸话题（如"你当时怎么想到用这个焊接手法的？"），既体现对其经验的认可，也能让对话更深入。若对方倾诉烦恼（如"这次技能考核没发挥好"），不必急于给建议，一句"确实挺让人着急的，你当时肯定很紧张吧"的共情回应，往往比说教更能拉近距离。

4. 真诚分享自身想法

适度暴露自我能增进了解：结合群体主题分享真实经历（如"上次做单片机项目时，我试过用这个模块，效果还不错"），或表达观点（"我觉得这个方案在成本控制上可以再优化"），让他人看到你的独特性。分享时不夸大、不迎合，对不同意见保持开放（如"你说的这点我没考虑到，能再详细说说吗？"），将讨论视为互相学习的过程，而非"说服对方"的较量。

5. 主动提供力所能及的支持

细微的善意最能温暖人心，进而拉近彼此的距离：同学在 CAD 绘图时卡壳，主动分享自己整理的"快捷键手册";团队准备汇报 PPT 时,主动提出"我可以负责技术参数部分";有人因失误沮丧时,说一句"上次我也犯过类似的错误,后来这样调整就好了"……帮助时不勉强自己(如"这个问题我不太熟,但可以帮你查资料"),也不期待回报,单纯的善意更能让关系纯粹持久。

6. 在共性中拉近距离

通过交流捕捉共同点:发现对方也喜欢"工业机器人编程",可以约着一起看技术直播;得知有人和自己一样备考"高级电工证",可以组队刷题、分享考点。即便存在差异(如对方擅长理论、自己擅长实操),也可尊重互补性(如"你整理的理论笔记太清晰了,我来帮你验证下实操效果吧"),在包容中让关系更有韧性。

(四)保持真诚和尊重

真诚与尊重是群体互动的基石,既能让个体在融入中保持本真,也能为群体关系注入持久活力。

1. 以真诚筑牢信任根基

真诚是人际交往的"黏合剂",核心在于言行一致的可信度:表达感受时,用"我视角"坦诚沟通(如"这次方案调整让我对进度有些担心,我们可以再核对下时间节点吗?"),避免指责性语言引发对立;承诺的事无论大小都尽力兑现,比如答应帮同学带一份实训资料,即使临时有事也不敷衍推脱;倾听时不仅关注话语内容,更能捕捉对方的潜台词(如同学说"这个操作好难"时,察觉其背后的焦虑而非单纯抱怨)。这种不伪装、不敷衍的态度,会逐渐积累他人的信任,而信任正是长期关系稳固的核心支撑。

2. 以尊重接纳多元差异

每个人的成长背景、思维方式各不相同,尊重差异是群体和谐的前提:试着换位思考理解他人行为的成因。比如来自不同地区的同学对"团队协作节奏"有不同期待,可能源于其过往的学习经历;不将自己的标准绝对化,更不轻易评判不了解的人和事。例如,高职电商社团中,有人擅长直播带货的"热情风格",有人偏爱"图文种草"的"理性分析",尊重这种差异而非强求统一,反而能让团队覆盖更多用户需求。毕竟,群体的活力正源于多元视角的碰撞。

3. 在坚守自我中实现价值共生

融入群体不意味着"消弭个性",而是在尊重共性的同时守住原则与独特性:需清晰认知自身的价值观与底线（如对"诚信""质量"的坚持），不为获得认同而妥协；同时持续深耕个人优势，保持独立思考能力。

（五）提升自身素质和技能

个体融入群体的过程，本质上是与群体相互成就的过程。通过持续提升综合素质与技能，既能增强自身在群体中的吸引力与贡献力，也能更从容地应对社交中的多元场景，实现"以实力促融入，以融入促成长"的良性循环。

1. 深耕兴趣爱好，搭建情感联结

兴趣是跨越陌生的天然桥梁：培养摄影、手工、电竞、户外徒步等爱好，主动参与相关社群活动（如高职校园的"无人机航拍社团""汉服文化社"），在共同兴趣的碰撞中自然拉近距离。例如，某高职学生热衷 3D 打印，加入校园创客社团后，通过分享模型设计思路、合作完成"校园文创摆件"项目，不仅精进了技术，更与同好建立了深厚友谊——爱好带来的共鸣，比刻意社交更易形成持久联结。

2. 打磨专业技能，筑牢价值根基

专业能力是进入优质群体的"硬通货"：在领域内深耕核心技能（如汽修专业钻研新能源汽车检测、护理专业精进急救技术），通过技能大赛、校企合作项目展现实力，或在"职教云"等平台分享实训心得。某高职数控专业学生通过考取高级技工证、在省级技能大赛中获奖，被行业协会吸纳为青年会员，由此结识了众多资深技术人才——当自身能力成为不可替代的"价值标签"，建立的关系往往更稳固且具成长性。

3. 习得社交智慧，提升互动质量

掌握基础社交技巧能让沟通更高效：表达时用"具体案例+明确观点"的逻辑（如"这个活动策划里的流程有点绕，或许可以按时间顺序重新排一下？"），避免模糊表述；倾听时用"复述确认"回应（如"你刚才说的关键是控制切削速度，对吗？"），让对方感受到被重视；面对分歧时，用"共同目标"锚定方向（如"我们都想让项目按时完成，或许可以试试这样调整"），将对立转化为协作。这些技巧不是"套路"，而是尊重他人的体现，能有效减少社交摩擦。

4. 建立内在自信，释放个体魅力

自信的内核是"接纳自我+相信能力"：可通过拆解目标积累底气，比如从"在小组会议上发言 1 分钟"到"独立主持一次实训复盘"，逐步突破心理障碍；正视自身优势（如"我擅长将复杂操作步骤简化成流程图"），不被"不够优秀"的焦虑裹挟；用"我可以尝试"替代"我做不到"，在试错中强化掌控感。某高职学生曾因内向不敢参与社团竞选，通过一次次在课堂上主动演示操作、分享技巧，逐渐变得从容，最终当选技能社团负责人——自信不是"完美无缺"，而是"敢于展现真实的自己"。

5. 涵养积极心态，传递正向能量

积极的心态是群体中的"活力源"：把实训中的失误看作"优化操作的契机"，而非自我否定的理由；面对团队分歧时，用"我们一起找找解决方案"的建设性态度替代抱怨；日常多关注身边的正向细节，比如同学分享的解题技巧、老师一句鼓励的点评，用感恩心放大幸福感。这种"不被负面情绪裹挟"的状态，会自然吸引同频的人，让融入过程更轻松。正如某高职创业团队成员所说："大家更愿意和能一起解决问题的人合作，而不是整天唉声叹气的人。"

（六）寻求帮助和支持

融入群体的过程中遇到阻碍时，主动求助并非软弱，而是理性解决问题的智慧选择。恰当的支持能帮我们更快走出困境，避免陷入孤立无援的僵局。

1. 向朋友或家人借力

亲友是最温暖的"缓冲带"，他们的支持兼具情感慰藉与现实参考价值：当在群体中感到受挫（如被误解、融入困难），向朋友倾诉"今天在社团里没跟上大家的话题，有点失落"，能通过倾听与鼓励缓解焦虑；家人也能以旁观者视角提醒，"是不是可以先从你擅长的活动切入，慢慢熟悉大家？"为调整融入节奏提供思路。这种基于信任的支持，能让我们在迷茫时获得安全感，重拾主动尝试的勇气。

2. 向专业力量寻求突破

若困境持续困扰（如长期感到被排斥、自我怀疑影响学习生活），寻求专业帮助是更高效的解决方案。例如，高职学生可通过学校心理咨询中心预约辅导：咨询师会通过沟通帮你梳理"是否因群体文化与自身特质差异导致不适"，或提供具体的社交练习方法（如"如何自然加入话题"的场景模拟）；对社交焦虑较明显的同学，还可能链接"人际互动工作坊"等资源，通过系统训练提升适应力。需明确的是：寻求专业帮助是积极的自我关怀，与"能力强弱"无关，不必因顾虑而错失改变的机会。

第三部分　心理练习

任务一　分析你身边群体的特点和价值观

通过完成以下量表，了解自身同理心状况，及时调节自己的共情能力。

同理心量表

这套问卷由英国临床心理学家西蒙·巴伦-科恩（Simon Baron-Cohen）及其团队开发。巴伦-科恩团队将共情划分为"识别"（认知共情）与"反应"（情绪共情）两个核心维度，量表设计即围绕这两个维度展开，能有效区分低共情群体与普通人群的共情水平。

请根据自身实际情况选择答案（A. 强烈同意；B. 有点同意；C. 有点反对；D. 强烈反对）：

1. 我能轻易看出别人是否想加入对话。
2. 我觉得向别人解说我能轻易理解的事很困难，除非他们一点就明。
3. 我很喜欢关心别人。
4. 我很难明白在社交场合该做什么。
5. 常有人说我在讨论中过分坚持自己的观点，乃至使人反感。
6. 在和朋友约会时迟到，我并不太在意。
7. 交朋友和谈恋爱都太难了，我还是不要浪费这个心思了。
8. 我常常难以判断某人是粗鲁还是礼貌。
9. 在对话中，我倾向于专注自己的想法，而不是考虑听我说话的人可能在想什么。
10. 我小时候很喜欢把蠕虫切开并观察结果。
11. 我能迅速听出别人的言下之意。
12. 我很难弄懂为什么别人会对有些事情特别生气。
13. 我很容易设想别人的立场。
14. 我很善于预测别人的感受。
15. 我能很快发现团体中的某人是否觉得尴尬或者不适。
16. 如果我说的话冒犯了别人，我认为那是他们的错，不是我的。

17. 如果别人问我喜不喜欢他们的发型，我会照实回答，就算不喜欢也会直说。

18. 我有时候不明白为什么有人会被一句话冒犯。

19. 看见别人哭，我的内心没有多少反应。

20. 我非常直言不讳，有人说我粗鲁，但我不是故意的。

21. 我不觉得社交场合会使人困惑。

22. 别人告诉我，我很善于体察他们的感受和想法。

23. 和别人说话时，我倾向于谈论他们的体验，而不是我的。

24. 我看见动物受苦时会感到难受。

25. 我在决策时能够不受其他人感受的影响。

26. 我轻易就能看出别人认为我说的话是有趣还是无聊。

27. 我在新闻上看到别人受难时会觉得难过。

28. 朋友们常会向我倾诉他们的烦恼，他们都说我善解人意。

29. 我能感觉到自己有没有侵入别人的领域，就算对方没有明说。

30. 有时候别人会对我说，我捉弄人的手段太过分了。

31. 别人总是说我不够敏感，可我常常不明白为什么。

32. 在群体中看见一个陌生人时，我会认为融入群体是他的责任。

33. 我在看电影时一般不会投入情绪。

34. 我能快速地、不假思索地体会到别人的感受。

35. 我能轻易推测出别人想说的话。

36. 我能看出别人是否在掩饰自己的真实情绪。

37. 我不用刻意琢磨就能体察到社交场合的规则。

38. 我很擅长预测别人会怎么做。

39. 朋友遇到麻烦时，我的情绪也会卷入。

40. 我能轻易领会别人的观点，即使我并不同意。

计分方法

正向计分题（以下题目选择"强烈同意"计 2 分，"有点同意"计 1 分）：

1，3，11，13，14，15，21，22，24，26，27，28，29，34，35，36，37，38，39，40

反向计分题（以下题目选择"强烈反对"计 2 分，"有点反对"计 1 分）：

2，4，5，6，7，8，9，10，12，16，17，18，19，20，23，25，30，31，32，33

将所有题目得分相加，即为 EQ 总分。

分数解读：

0~32 分：低共情水平（多数阿斯伯格综合征或高功能孤独症患者得分约 20 分）。

33~52 分：平均水平（群体均值：女性约 47 分，男性约 42 分，反映群体趋势，非绝对标准）。

53~63 分：高于平均水平。

64~79 分：高共情水平。

80 分：最高共情水平。

共情等级特征（基于巴伦-科恩研究框架）

共情商数分布大致呈正态分布，巴伦-科恩将其划分为 7 个等级（虽简化了共情的连续谱特征，但在实践中具有参考价值）。

0 级：严重共情障碍。部分人可能因无法理解他人感受出现极端行为（如暴力），但并非所有 0 级个体均有攻击性，部分仅表现为严重社交困难，无法体会悔恨或内疚。

1 级：共情回路部分受损。能反思行为并表现懊悔，但冲动时无法克制伤害行为，情绪激动时"共情暂停"。

2 级：仍有显著共情障碍。无身体攻击行为，但可能言语伤人；需明确反馈才意识到行为过分，常因失礼言行陷入困境却不明原因。

3 级：自知共情不足。会主动回避高社交需求场景（如选择少与人接触的工作），社交互动需"刻意模仿正常"，耗费大量精力，独处时才感觉放松。

4 级：接近平均共情水平（男性较多）。共情略迟钝，偏好讨论实际问题而非情绪，友谊多基于共同活动，无明显社交困扰。

5 级：略高于平均共情水平（女性较多）。重视情绪联结与相互支持，互动中谨慎避免冒犯他人，决策前习惯咨询多方意见。

6 级：高共情水平。对他人感受高度敏感，主动提供关怀支持，共情反应活跃。

说明：量表结果仅反映共情水平的群体趋势，不直接等同于心理诊断。高共情者需注意"共情疲劳"，低共情者可通过社交训练提升共情能力，解读时需结合个体具体情况综合判断。

任务二　社会群体特征分析

1. 寻找你身边能够加入的社会群体，分析这些群体的特点、价值观和活动内容。根据表1，至少分析出2个社会群体的相关信息，并将其填入表2和表3中。

表1　社会群体的特征分析（案例分析）

社会群体的特征分析			
社会群体特征	社会群体名称		个人关注点
	（例）中华志愿者协会		
群体标识	群体的名称、logo、口号、服装、标志性行为	中华志愿者协会 China Volunteers Association	爱心
活动内容	聚会、比赛、志愿活动、学术交流等，可以了解群体的兴趣点和关注领域	芍药居四社区启动"益阳花开，芍药传馨"妇女心理赋能计划；中华志愿者协会在湖南汨罗市开展"新时代卫生健康志愿服务行动"大型义诊活动	丰富的活动
成员构成	年龄、性别、职业、背景，可以推测群体的性质和定位	法律援助志愿者委员会、应急救援志愿者委员会、扶贫助困志愿者委员会、敬老助残志愿者委员会、社区志愿者委员会、医疗救助志愿者委员会、文化艺术教育志愿者委员会、科普环保志愿者委员会	应急救援
线上平台	许多群体都有自己的网站、论坛、社交媒体账号等，通过这些平台可以了解群体的历史、宗旨、活动动态、成员互动情况等	协会宗旨：普及志愿理念、弘扬志愿精神，培育志愿文化，发展志愿服务事业，营造文明健康社会风尚、融洽和谐人际关系，推动经济社会又好又快发展，为全面建成小康社会、实现中华民族伟大复兴做出积极贡献	成员之间互相协作

续表

社会群体的特征分析			
社会群体特征	社会群体名称		个人关注点
^	（例）中华志愿者协会	
群体价值观	了解群体所倡导的价值观、道德准则、行为规范等，这是判断你是否与该群体契合的关键因素。可以通过阅读群体章程、成员发言、活动主题等来了解	中华志愿者协会是全国性的公益性组织，协会将积极弘扬志愿服务精神；推动志愿者队伍建设；打造志愿服务项目品牌；加强志愿服务政策理论研究；健全志愿服务工作机制。同时逐步建立志愿者组织的社会认同和激励机制，保障志愿服务事业的社会化和可持续发展，改善社会风气和人际关系，推动志愿服务体系和多层次社会保障体制的建立和完善，大力推进我国社会主义精神文明建设	用志愿服务来推动我国精神文明建设
群体文化	每个群体都有其独特的文化氛围，例如是轻松活泼还是严肃正式，是开放包容还是相对保守。可以通过参与一些简单易加入的活动来感受	志愿者是追梦人，是为社会作出贡献的前行者、引领者。 志愿者是有志之士，有志者事竟成。 志愿者是有美好梦想和愿望的人，实现梦想和助人圆梦，是世界上最美好的事。 志愿者是用生命影响生命的人，是灵魂的工作者	开放、包容、主动、积极
群体结构	了解群体的组织架构、领导层构成、决策方式等，能帮助我们掌握群体的运作模式	详见中华志愿者协会官网	组织架构清晰明确
群体历史	了解群体的成立背景、发展历程、重要事件等，可以更好地理解群体的现状和未来走向	中华志愿者协会是由民政部、中央文明办、全国妇联、中华全国总工会、教育部、共青团中央、中国红十字会、原卫生部等八部委共同发起成立的公益性、全国性社会团体组织。协会是由志愿者以及关心和支持志愿服务事业的单位或组织自愿组成。协会接受业务主管单位民政部和社团登记管理机关的业务指导和监督管理，同时接受中央精神文明建设指导委员会办公室的业务指导	群体目前极具影响力，不仅志愿者人数众多，而且专业性很强

参考表1，请写出1~2个你想加入的社会团体的相关情况。

表2 社会群体的特征分析

我想要加入的社会群体1的特征分析			
社会群体特征		（　　　）社会群体	
		社会群体概况	个人关注点
群体标识	群体的名称、logo、口号、服装、标志性行为		
活动内容	聚会、比赛、志愿活动、学术交流等，可以了解群体的兴趣点和关注领域		
成员构成	年龄、性别、职业、背景，可以推测群体的性质和定位		
线上平台	许多群体都有自己的网站、论坛、社交媒体账号等，通过这些平台可以了解群体的历史、宗旨、动态、成员互动情况等		
群体价值观	了解群体所倡导的价值观、道德准则、行为规范等，这是判断你是否与该群体契合的关键因素。可以通过阅读群体章程、成员发言、活动主题等来了解		
群体文化	每个群体都有其独特的文化氛围，例如是轻松活泼还是严肃正式，是开放包容还是相对保守。可以通过参与一些简单易加入的活动来感受		
群体结构	了解群体的组织架构、领导层构成、决策方式等，能帮助我们掌握群体的运作模式		
群体历史	了解群体的成立背景、发展历程、重要事件等，可以更好地理解群体的现状和未来走向		

表3 社会群体的特征分析

我想要加入的社会群体2的特征分析			
社会群体特征		（　　　　）社会群体	
		社会群体概况	个人关注点
群体标识	群体的名称、logo、口号、服装、标志性行为		
活动内容	聚会、比赛、志愿活动、学术交流等，可以了解群体的兴趣点和关注领域		
成员构成	年龄、性别、职业、背景，可以推测群体的性质和定位		
线上平台	许多群体都有自己的网站、论坛、社交媒体账号等，通过这些平台可以了解群体的历史、宗旨、活动动态、成员互动情况等		
群体价值观	了解群体所倡导的价值观、道德准则、行为规范等，这是判断你是否与该群体契合的关键因素。可以通过阅读群体章程、成员发言、活动主题等来了解		
群体文化	每个群体都有其独特的文化氛围，例如是轻松活泼还是严肃正式，是开放包容还是相对保守。可以通过参与一些简单易加入的活动来感受		
群体结构	了解群体的组织架构、领导层构成、决策方式等，能帮助我们掌握群体的运作模式		
群体历史	了解群体的成立背景、发展历程、重要事件等，可以更好地理解群体的现状和未来走向		

任务三　分析你的特点和群体的契合度

1. 梳理自己的兴趣、爱好、性格特点、目标期望等，自我评估这些群体中，哪些是与自己兴趣和价值观相符的群体？

兴趣爱好：你喜欢什么样的活动？你对什么领域感兴趣？

_____
_____
_____
_____
_____
_____
_____

价值观：你最看重什么？你的道德准则是什么？

_____
_____
_____
_____
_____
_____
_____

性格特点：你是内向性格还是外向性格？你喜欢什么样的社交方式？

_____
_____
_____
_____
_____
_____
_____

目标期望：你希望通过加入群体获得什么？是学习新知识、拓展人脉，还是寻求情感支持？

任务四　我对群体的贡献

通过系列协作活动，体验团队中的分工、角色定位、互助与配合，明确自身在群体中的行动对团队的具体贡献，理解"贡献"的多元形式（如技能支持、情感支持、流程推进等）。

活动1：共建"团队地标"——分工与基础贡献

目的：在协作搭建中，发现自身擅长的分工，理解"基础行动"对团队目标的支撑作用。

时间：20分钟。

材料：A_4纸10张、透明胶2卷、剪刀1把（每组）。

流程：

（1）每组5~6人，共同商定一个"团队地标"主题（如"梦想图书馆""互助空间站"），需体现团队特色。

（2）限时15分钟合作搭建：利用材料制作可移动、抗轻微吹气（如正常说话的风力）的立体模型。

（3）搭建中需明确谁负责设计、裁剪、粘贴、稳固等分工，可灵活调整。

反思维度	具体内容
我做了什么	（如负责裁剪纸张/粘贴连接处/调整结构稳定性）
为什么这么做	（如擅长细致操作/发现结构不稳需加固/主动补位未覆盖的环节）
过程中的感受	（如专注/有成就感/担心拖慢进度）
对团队的影响	（如保证了模型的稳固性/加快了搭建效率/避免了材料浪费）
我的贡献价值	（如为团队提供了基础的结构支撑/填补了分工漏洞/保障了任务按时完成）

活动2："报纸同舟"——角色定位与关键贡献

目的：在空间限制中找到自身角色，理解"合适的定位"对团队存续的关键作用。

时间：15分钟。

材料：每组1张全开报纸（可折叠）、备用报纸2张、计时秒表。

流程：

（1）每组6~7人，将报纸铺在地面作为"小船"，全体成员需同时站在报纸上（双脚均需在报纸内），坚持10秒就算成功。

（2）若报纸破损，可折叠缩小面积后重新挑战（每次破损只能用1张备用报纸），限时10分钟，记录成功时的最小报纸面积。

（3）活动过程中需讨论"谁站中心/边缘/如何调整姿势"，明确每个人的位置和意义。

反思维度	具体内容
我站在哪个位置	（如中心承重位/边缘平衡位/协助调整他人姿势的辅助位）
为什么选这个位置	（如体重较轻适合边缘/力气大适合中心稳定/灵活度高适合协调姿势）
过程中的感受	（如紧张但有默契/意识到自己的位置不可替代/担心失误影响整体）
对团队的影响	（如稳定了中心重心/为他人腾出空间/帮助调整姿势避免报纸破损）
我的贡献价值	（如通过定位为团队节省了空间/关键姿势调整避免了失败/支撑了团队的平衡）

活动3:"守护伙伴"——互助支持与情感贡献

目的:体验"被排斥"与"被支持"的差异,理解"主动互助"对团队凝聚力的情感贡献。

时间:15分钟。

材料:绳圈1个(直径2米)、计时器。

流程:

(1)每组8~10人,先抽1人站在绳圈内作为"核心伙伴",其他人站在圈外。

(2)第一轮:圈外人需在1分钟内,用"善意互动"(如说鼓励的话、做加油手势)支持"核心伙伴",但不可触碰。

(3)第二轮:抽1人作为"孤立者"站在圈外,其他人暂时不与其互动,1分钟后,全体讨论感受,再主动邀请其加入圈中,共同完成一次集体拍手。

反思维度	具体内容
我做了什么	(如对核心伙伴说"你做得很好"/主动牵起"孤立者"的手/组织大家一起鼓掌)
为什么这么做	(如想让核心伙伴感受到被认可/意识到孤立会让人难过/团队需要所有人参与)
过程中的感受	(如帮助他人时很温暖/看到"孤立者"沉默时内疚/全体互动时很有归属感)
对团队的影响	(如让核心伙伴更自信/化解了"孤立者"的尴尬/增强了团队的包容感)
我的贡献价值	(如用语言传递了支持/用行动打破了隔阂/为团队注入了情感凝聚力)

活动4:"接力传信"——高效配合与结果贡献

目的:通过接力完成任务,理解"高效执行"与"责任闭环"对团队结果的直接影响。

时间:20分钟。

材料:每组3张任务卡(每张写1个短句,如"团队的力量源于信任")、计时器1个。

流程:

(1)每组4~5人成纵队,起点与终点相距5米,终点放置任务卡。

(2)规则:第一人跑到终点记住第1张卡片内容,跑回口述给第二人;第二人跑到终点核对后，记住第 2 张卡片内容，跑回口述给第三人；依次接力，最后一人需准确说出所有卡片内容。

（3）限时 10 分钟，可练习 2 次，记录最终完成时间与准确率。

反思维度	具体内容
我做了什么	（如快速记忆并准确转述 / 提醒队友注意细节 / 主动放慢速度确保信息无误）
为什么这么做	（如意识到信息错漏会拖慢进度 / 自己擅长细节核对 / 想为团队减少失误）
过程中的感受	（如紧张但专注 / 队友信任时很有动力 / 完成时很有成就感）
对团队的影响	（如保证了信息传递的准确性 / 缩短了整体完成时间 / 让团队更有信心）
我的贡献价值	（如为团队高效执行提供了保障 / 用责任心减少了失误 / 助力团队达成目标）

完成 4 个活动后，填写《我的群体贡献清单》：

（1）我在哪个活动中贡献最突出？是什么类型的贡献（技能 / 情感 / 执行）？

（2）哪些时刻让我意识到"微小行动也能帮到团队"？

（3）结合所有活动，我认为"对群体的贡献"最核心的是_____（如主动补位 / 理解他人需求 / 坚持责任）。

通过系列活动，逐步认清自身在团队中"能做什么""该做什么""如何做得更好"，最终理解：贡献不分大小，关键是与团队目标同频，用行动支撑彼此。

第四部分　课后应用实践

任务一　掌握一个重点知识：亲社会行为的基本动机

简述亲社会行为的基本动机。

_____
_____
_____

任务二　带走一个实用方法：三步融入法

"三步融入法"：从陌生到归属的群体连接指南。

步骤1　群体融入记录与复盘（请主动加入几个群体，并写出你喜欢这个群体的理由以及在这个群体中的收获）。

步骤2　社群融入计划。

（1）每日社群发言量？

（2）每日单独聊天人数？

（3）初次私聊的话题设计。

（4）线下见面活动安排。

步骤3　群体融入所需的素质与技能分析。

若遇阻碍，可寻求哪些帮助？

第五部分　拓展阅读

1. 书籍

《乌合之众：群体心理研究》，广东人民出版社2020年版

《乌合之众：群体心理研究》通过解析历史事件与社会现象，揭示了群体心理的形成机制及其对个体行为的深层影响。其核心在于提炼群体心理三大特征：个体在群体中易丧失理性，被情绪与本能主导；易接受并传播外部暗示；独立思考能力弱化，行为呈现无意识的集体倾向。勒庞进一步指出，群体心理在政治、宗教等领域的具体表现——群体既可能推动社会变革，也可能因被操纵而引发极端行为。

从社会心理学视角，该书的核心价值在于：明确个体在群体与独立状态下的行为差异；强调暗示、情绪传播及领导力对群体行为的关键作用（如领导者以情绪化语言、象征符号驱动集体行动）；为解释舆论极化、社会运动等现象提供理论框架，对理解现代群体行为仍具参考意义。

2. 电影

《中国合伙人》讲述了一个关于梦想、友谊与创业的故事。影片以 20 世纪 80 年代为背景，聚焦三位性格迥异的年轻人——成东青、孟晓骏和王阳。他们因共同的理想走到一起，在改革开放的浪潮中创办英语培训学校"新梦想"，最终实现了属于他们的"中国式梦想"。这部电影不仅是一段创业传奇，更生动展现了社会心理学中群体行为与协作的深层逻辑。

三人分别展现韧性执行力、战略理性与调和创造力，通过"教学落地、战略布局、团队调和"的分工释放优势，印证了"差异促进协作"的群体动力学原理。其间虽因理念、利益产生分歧，但共同目标始终是凝聚的核心纽带。

影片具象化了群体凝聚力、信任沟通等概念：高效群体既需成员优势互补，也需共同目标驱动，更需化解冲突的智慧。该电影最终揭示：群体的价值，在于让个体光芒通过协作汇聚成更强力量。

参考文献

[1] 彭聘龄. 普通心理学 [M]. 5 版. 北京：北京师范大学出版社，2019.

[2] 理查德·格里格，菲利普·津巴多. 心理学与生活 [M]. 19 版. 王垒，等译. 北京：人民邮电出版社，2016.

[3] 龙旭，胡永松. 高职学生心理健康与成长 [M]. 重庆：重庆大学出版社，2013.

[4] 樊富珉，王建中. 当代大学生心理健康教程[M]. 武汉：武汉大学出版社，2006.

[5] Jerry M. Burger 人格心理学 [M]. 8版. 陈会昌，译. 北京：中国轻工业出版社，2014.

[6] 朱卫国，桑志芹. 大学生心理健康教程 [M]. 2 版. 南京：南京大学出版社，2014.

[7] 艾·弗洛姆. 爱的艺术 [M]. 李健鸣，译. 上海：上海译文出版社，2011.

[8] 储克森. 大学生心理健康指导十课题 [M]. 北京：机械工业出版社，2011.

[9] 岳晓东. 怎样做最好的自己 [M]. 合肥：安徽人民出版社，2010.

[10] 艾瑞克·伯恩. 人间游戏：人际关系心理学[M]. 张积模，江美娜，译. 北京：北京联合出版公司，2022.

[11] 张澜，杨晓荣. 自助与成长——大学生心理健康教育（高职高专版）[M]. 2版. 北京：教育科学出版社，2016.

[12] 布莱克曼. 心灵的面具：101 种心理防御 [M]. 郭道寰，等，译. 上海：华东师范大学出版社，2011.

[13] 张平. 每天一个心理游戏 [M]. 北京：中国华侨出版社，2012.

[14] 陶爱荣. 快乐前行：高职生心理健康与发展 [M]. 南京：南京大学出版社，2014.

[15] 莎伦·伦德·奥尼尔，埃尔沃德·N. 查普曼. 职场人际关系心理学 [M]. 12版. 石向实，郑莉君，等，译. 北京：中国人民大学出版社，2011.

[16] 张奇勇，卢家楣，闫志英. 有人际关系困扰的大学生的内隐心理活动 [J]. 中国心理卫生杂志，2013，27（09）.